Le Volum'

W0200524

Notariat

Rachel Albrecht
Enseignante en BTS Notariat
Pierre Arcuset
Enseignant en BTS Notariat

FOUCHER

Un lexique, situé en fin d'ouvrage, explique les principaux termes liés à l'activité notariale.

ISBN 978-2-216-14631-4 (Nouvelle édition)
ISBN 978-2-216-12427-5

AVANT-PROPOS

Par l'authenticité qu'ils confèrent aux actes et le conseil qu'ils prodiguent à leurs clients, les notaires assurent une mission de service public : sécuriser les transactions entre les citoyens et leur garantir un égal accès au droit sur l'intégralité du territoire.
Pour mener à bien cette mission, les notaires sont entourés de collaborateurs (anciennement dénommés *clercs*) en charge de l'accueil du client et de la demande des pièces. Ils participent également à la rédaction d'actes, à la réalisation des formalités après la signature de l'acte ou encore à la négociation de biens à vendre ou à louer.
Tous les collaborateurs contribuent à la qualité du service rendu par le notaire. Forts de cette exigence, ces techniciens du droit doivent développer des compétences de communication, d'organisation et d'analyse face à la multiplicité des tâches qui peuvent leur être confiées. Associés à des dossiers variés (liés aux mutations immobilières, aux relations du couple, aux successions, au monde des affaires, au droit rural...), les collaborateurs mènent des analyses rigoureuses et adaptées à chaque dossier et maîtrisent des savoirs très divers, reflets de la richesse de l'activité notariale.
Depuis 2008, la formation des collaborateurs débute par deux années de formation dédiées à l'obtention du Brevet de Technicien Supérieur « Notariat ». L'étudiant peut ensuite poursuivre sa scolarité à l'Université en Licence professionnelle « Métiers du Notariat », puis prétendre à l'obtention du diplôme de l'Institut des métiers du notariat.

Ce manuel recouvre l'intégralité du programme en vue de l'épreuve E5 de « Techniques notariales » du BTS (la communication est abordée dans des exemples pratiques). Il constitue également un outil utile pour les étudiants lors de leurs stages, leur poursuite d'études ou leurs premiers pas dans la vie active. Cet ouvrage ne prétend pas figer les étapes de réalisation d'un dossier en des processus systématisés. Il vise à familiariser le futur collaborateur au questionnement, à la rigueur et à la vigilance nécessaires au traitement des dossiers courants d'une étude notariale. Chacune des fiches, illustrée soit par des exemples soit par des documents tirés de la pratique (au sein du Carnet professionnel, enrichi dans cette 3e édition), a été conçue dans le double objectif :
- de relever les savoirs et savoir-faire essentiels à maîtriser ;
- d'attirer l'attention sur les points de contrôle incontournables pour une bonne gestion du dossier.

Ainsi, la première partie de l'ouvrage développe les fondamentaux de l'activité notariale. Ceux-ci constituent le socle sur lequel s'appuie le collaborateur pour le traitement de tout type de dossier. Les parties suivantes déclinent les compétences à acquérir dans les domaines variés intéressant le notariat, que sont l'immobilier, la famille et l'entreprise.

Nous souhaitons adresser tous nos remerciements à Agnès BERNARD, à Marie-Paule ARNAC et à Sylvie SERGENT pour leur aide précieuse et Michèle LE BEC pour son soutien intemporel.

Rachel ALBRECHT
Enseignante en BTS Notariat
Lycée Touchard-Washington
Le Mans

Pierre ARCUSET
Enseignant en BTS Notariat
Lycée Victor Hugo
Marseille

Avertissement

1. La législation évoluant rapidement, en particulier le droit fiscal, il est conseillé d'actualiser régulièrement ses connaissances, notamment à l'aide des mises à jour effectuées sur le site www.editions-foucher.fr.

2. Les notions de droit général et notarial sont utilisées dans les différentes fiches qui vous sont proposées mais n'y sont pas développées. Il convient de se référer à des ouvrages spécialisés pour approfondir ces notions.

3. Dans cet ouvrage, la rémunération du notaire est indiquée par renvoi aux articles du Code du commerce et au numéro du tableau, accessible sur le site www.editions-foucher.fr.

SOMMAIRE

PARTIE 1 *Les fondamentaux de l'activité notariale*

PARTIE 2 *L'immobilier*

Les fondamentaux de l'activité notariale

1

1 LE CADRE DE L'ACTIVITÉ NOTARIALE

Le rôle du notaire

« *Lex est quod notamus* : ce que nous écrivons est la loi », telle est la devise du notariat. Le notaire assure différentes missions. Son activité est étroitement réglementée et contrôlée sous l'autorité du procureur de la République.

1 Les missions du notaire

Nommé par le ministre de la Justice, le notaire assure pour le compte de l'État le service public de l'authenticité des contrats entre particuliers. Outre sa mission légale d'**authentification** et de **conservation** des actes, le notaire est aussi un généraliste du droit, compétent sur tout le territoire, ayant une vision globale des problèmes juridiques. Il conseille ses clients dans les domaines de la famille, de l'immobilier, de l'entreprise, du patrimoine et du droit rural.

A L'authentification des actes

Est authentique *« ce qui agit par soi-même »*, c'est-à-dire ce dont on ne peut contester la véracité. L'État délègue au notaire une partie de la puissance publique : le pouvoir d'authentifier les actes qu'il reçoit. Ainsi, le notaire confère l'authenticité à l'acte par l'apposition de sa signature et/ou de son sceau, ce qui signifie que :
- le notaire s'engage sur le **contenu de l'acte** qu'il a vérifié en recueillant des informations indispensables (réalisation des formalités préalables, voir fiches 4 et 5) ;
- le notaire s'engage sur la **date de signature de l'acte** ;
- le notaire confère aux actes qu'il reçoit la **même portée qu'un jugement définitif**.

→ L'authenticité permet d'assurer au mieux que l'acte est conforme à la vérité ; cet acte authentifié constitue un moyen de preuve qui diminue les riques de contestation ultérieure.

B La conservation des actes

Le notaire est détenteur de l'original des actes appelé « **minute** ». Aucun acte n'est détruit :
- les actes rédigés par le notaire ou ses prédécesseurs sont conservés pendant 75 ans à l'étude notariale au sein d'un « minutier » ;
- passé ce délai, les minutes sont versées aux archives départementales où elles sont conservées sans limite de durée.

→ Aucune minute ne sort de l'étude, sauf par la force publique dans le cadre d'une procédure spécifique. Le notaire en délivre des **copies** aux intéressés (voir fiche 6).

C L'obligation de conseil

Le conseil donné aux clients doit être précis et adapté à leur situation. Cette obligation assure l'**équilibre des contrats** : le notaire, impartial, éclaire les parties sur la portée de leurs engagements et s'assure de leur consentement libre et éclairé. Il formule leur volonté de manière claire, concise et dans le respect des dispositions législatives et réglementaires.

Le notaire doit pouvoir prouver qu'il a bien fourni aux parties le conseil ou les mises en garde nécessaires. C'est pourquoi il peut se ménager une preuve écrite en insérant dans les actes une clause de « reconnaissance de conseils donnés » (voir fiche 15) par laquelle les parties reconnaissent avoir été correctement informées.

D La collecte de l'impôt

La rédaction d'un acte notarié génère des frais pour les parties (voir fiche 8). 8/10e de ces « frais de notaire » représentent des impôts prélevés à l'occasion de l'établissement d'un acte (voir fiches 9 à 11). Le notaire veille donc à la transparence des transactions. Il a une **obligation de vigilance** dans le cadre de la lutte contre le blanchiment des capitaux et le financement du terrorisme. À ce titre, il doit informer l'organisme TRACFIN (Traitement du renseignement et action contre les circuits financiers clandestins) des transactions qui ont lieu dans son office notarial.

2 Une profession réglementée et contrôlée

A Le notaire est un officier public

Le notaire est placé sous la tutelle de l'État dès sa nomination. Son activité est étroitement contrôlée par la Chambre des notaires dont il dépend et par le procureur de la République.
Lors de sa nomination, le notaire reçoit le sceau, qui lui est personnel. Il symbolise la délégation du pouvoir d'authentification. Le notaire s'établit dans l'un des offices notariaux du territoire (voir fiche 3).
Dans le cadre de ses fonctions, le notaire est tenu de respecter des règles professionnelles strictes. La déontologie notariale est encadrée par l'ordonnance du 2 novembre 1945 et le Règlement national (voir fiche 3). Il est également tenu de respecter un tarif réglementé (voir fiche 8).

B Le notaire exerce ses fonctions dans un cadre libéral

Le notaire exerce son activité de manière indépendante. Il n'est pas salarié et ne relève pas du secteur commercial ou artisanal. Le notaire est un **professionnel libéral** rémunéré par ses clients et non par l'État. C'est donc un chef d'entreprise chargé de la gestion de son étude et responsable de son activité envers ses clients.
Pour réussir sa mission, il s'entoure de collaborateurs dont il est le supérieur hiérarchique. Le notaire est soucieux de l'amélioration de la satisfaction de sa clientèle : il veille à l'organisation des processus et responsabilise ses collaborateurs, en s'appuyant sur la démarche *Management Qualité* (voir fiche 12).
Garant de la sécurité et de l'efficacité des actes qu'il reçoit et des conseils qu'il donne à ses clients, le notaire peut engager, selon les cas, sa responsabilité civile (pour réparer le préjudice qu'il a causé), sa responsabilité pénale (s'il commet une infraction), et/ou sa responsabilité professionnelle (s'il manque aux devoirs de la profession – voir fiche 3).
Pour couvrir sa responsabilité civile, le notaire est tenu de contracter une assurance professionnelle obligatoire, qui constitue une garantie pour les clients de l'étude.
L'ensemble de la profession s'engage collectivement et solidairement derrière chaque notaire, en cotisant à une garantie collective, qui vient pallier l'assurance responsabilité civile professionnelle, le cas échéant.

2 LE CADRE DE L'ACTIVITÉ NOTARIALE

L'acte authentique

Le terme « acte » en droit vise à la fois l'accord de volontés (l'acte juridique) et le support matériel (l'écrit). Les actes authentiques (les décisions de justice, les actes notariés, les actes d'état civil...) sont des écrits dont le contenu est attesté par un officier public. Ils constituent ainsi l'outil de preuve offrant la plus grande sécurité et la meilleure efficacité.

1 Les caractéristiques de l'acte authentique

Pour être authentique, l'acte doit être reçu, avec les solennités requises, par un officier public ayant compétence pour instrumenter dans le lieu où il a été rédigé. Pour un acte notarié, cela signifie que l'acte doit être rédigé par un notaire dans le respect de la loi et des règles édictées par la profession, tant au niveau de la forme que de son contenu.
Le fait de recevoir l'acte sous la forme authentique lui confère trois caractéristiques qui lui sont propres : la date certaine, la force probante et la force exécutoire.

A La date certaine

L'acte authentique fait foi de sa date. La date à laquelle les parties et le notaire ont signé l'acte est **certaine**, car ni les parties, ni les tiers ne peuvent la contester.
Cette caractéristique est essentielle pour être sûr qu'un testament a été rédigé à la date indiquée ou attester de la date d'octroi d'un prêt, par exemple.

B La force probante

L'acte authentique est **l'outil de preuve le plus fiable et le plus performant**. D'abord, il fait foi de l'écriture et de la signature des parties : ces dernières ne peuvent pas contester avoir signé ni demander en justice une vérification préalable d'écriture.
Ensuite, tous les éléments qui ont été constatés et vérifiés par le notaire sont incontestables, sauf par une lourde procédure judiciaire dite « d'inscription de faux ». Le notaire garantit ainsi le contenu de l'acte sous son entière responsabilité.

→ Les éléments qui sont simplement consignés dans l'acte par le notaire sur la base des déclarations des parties sans vérification ou qui ne relèvent pas de sa compétence ne sont pas couverts par la force probante. Ces éléments ne font foi que jusqu'à preuve contraire (par exemple, dans un testament, le fait que le testateur déclare être sain d'esprit).

C La force exécutoire

L'acte authentique a la même force qu'une décision de justice. Par conséquent, un jugement n'est pas nécessaire pour condamner celui qui s'est engagé à faire ou donner quelque chose, à respecter sa parole. Ainsi, la remise d'une copie de l'acte authentique à un procureur et un huissier permet au créancier d'**obtenir plus rapidement l'exécution de ses obligations** par le débiteur.

Par exemple, un propriétaire détenant un bail authentique n'a pas besoin de faire appel à un tribunal pour obtenir la condamnation du locataire au paiement des loyers impayés. La force exécutoire du bail établi sous la forme authentique suffit pour demander l'intervention d'un huissier.

L'acte authentique s'oppose à l'acte sous signatures privées (que ce dernier soit ou non contresigné par un avocat) : il est le seul à bénéficier de la date certaine, de la force exécutoire et de la force probante. Pour avoir date certaine, un acte sous signatures privées (contresigné ou non par un avocat) doit faire l'objet d'un enregistrement auprès des services fiscaux (voir fiche 7). L'acte contresigné d'avocat fait foi de l'écriture et de la signature des parties et l'avocat atteste avoir éclairé les parties.

2 L'intérêt du recours à l'acte authentique

L'acte authentique est rendu obligatoire par la loi dans certains cas, soit pour la validité de l'acte juridique, soit pour permettre sa publication sur le fichier immobilier.

- Lorsqu'une forme est exigée par la loi pour qu'un acte juridique soit valable, on dit que l'acte est **solennel** (à défaut de respect de cette forme, l'acte juridique est nul). À ce titre, la loi impose parfois à titre de validité un acte notarié : tel est le cas par exemple d'une mainlevée, d'une vente d'immeuble à construire, d'une affectation hypothécaire.
Certains actes solennels nécessitent en plus des formes plus précises :
– certains ne peuvent être reçus qu'en minute, par le notaire en personne (exemples : contrat de mariage, donation...) ;
– d'autres exigent également d'être reçus par deux notaires ou un notaire et deux témoins (exemple : testament authentique).
- La forme authentique est parfois exigée pour pouvoir publier l'acte sur le fichier immobilier. Cette publication permet de rendre l'acte opposable aux tiers (voir fiche 7). Or, seuls des actes authentiques peuvent être publiés sur ce fichier. Ainsi tout acte procédant à la mutation d'un immeuble (une vente d'immeuble par exemple), ou qui crée une charge sur cet immeuble (par exemple une hypothèque) doit être reçu sous forme authentique. Si l'acte n'est pas authentique, il n'est pas nul (les parties sont engagées), mais il ne pourra pas être publié.
- Le recours à la forme authentique peut également résulter de la volonté des parties pour tout type de conventions : pacte civil de solidarité, bail d'habitation, bail commercial, constitution de société... L'intérêt de la forme notariée est de pouvoir se prévaloir de la sécurité attachée à cette forme. Par exemple, la signature d'une reconnaissance de dettes par acte authentique est un gage d'efficacité pour le recouvrement de sa créance par celui qui a prêté la somme.

3 Les règles de rédaction

L'original de l'acte authentique est en principe reçu en **minute** : c'est l'original de l'acte signé par les parties et le notaire, et conservé par le notaire rédacteur. Elle n'est pas revêtue du sceau ; les parties en reçoivent une copie dite « authentique ».
Plus rarement, il est reçu en **brevet** (original de l'acte), revêtu du sceau du notaire et remis au client pour qu'il le conserve.

→ Pour être valable, l'acte authentique doit obéir à un certain **formalisme**. Les règles de rédaction de l'acte authentique sont précisées dans le décret n°71-941 du 26 novembre 1971.

A Les énonciations obligatoires et la structure de l'acte authentique

L'acte authentique est structuré en trois parties : le préambule, le corps de l'acte et sa clôture. Les éléments contenus dans le tableau ci-dessous doivent obligatoirement figurer dans l'acte authentique : ce sont les **mentions obligatoires**.

Préambule	Date de signature	Début de l'acte authentique, précision de la date rédigée **en toutes lettres**
	Nom et lieu d'établissement du notaire	Précision de la forme d'association (par exemple, Société civile professionnelle) si le notaire est associé. *« Maître… a reçu le présent acte… »* ou *« Par-devant Maître… a été reçu le présent acte de… »* si l'acte doit être reçu personnellement par le notaire.
	Nom et domicile des parties	Identification des parties et de tous les signataires de l'acte qui interviennent pour donner leur accord (les intervenants peuvent aussi être introduits dans le corps de l'acte sous la forme *« À l'instant est intervenu… »*).
Corps de l'acte		• Exposé du contenu de la convention **dans un vocabulaire juridique précis**. • Précision des engagements et des obligations des parties.
Clôture	**DONT ACTE**	Indication du nombre de pages par la formule (« **DONT ACTE** *rédigé sur x pages (en lettres)* »). Précision du nombre de blancs barrés, de lignes, de mots ou de nombres rayés. Indication des renvois.
	Mention de la lecture de l'acte	Mention de la date et du lieu de lecture de l'acte aux parties par le notaire.
	Mention de lecture par un clerc habilité ou un interprète	Mention de la lecture de l'acte aux parties par le clerc habilité (dans les cas permis par la loi, voir fiche 6) ou par un interprète (lecture en langue étrangère en plus de celle du notaire en français).
	Signatures	Signatures des parties, des intervenants et du notaire, qui signe en dernier pour authentifier l'acte.

→ Si l'acte a été reçu à des dates et/ou dans des lieux différents, cette mention doit être indiquée séparément pour chaque partie à l'acte. L'heure de signature de l'acte peut être nécessaire dans certains cas (un contrat de mariage ou un inventaire par exemple).

→ Le préambule doit contenir l'identification du notaire en concours (lorsque l'acte doit obligatoirement être reçu par deux notaires) ou du notaire en participation (lorsque l'acte est reçu par deux notaires sans que cela soit une condition de validité de l'acte, à la demande d'une des parties par exemple).

Par ailleurs, **pour être publié**, l'acte authentique doit obéir aux règles de la publicité foncière (énoncées dans les décrets du 4 janvier 1955 et du 14 octobre 1955). Certains actes obligatoirement publiés, tels que les ventes, doivent comporter deux parties :

– le **document hypothécaire normalisé** (voir carnet professionnel) qui contient les éléments nécessaires à la publicité foncière ;

– la **partie développée** qui relate les textes juridiques, les documents et renseignements nécessaires à l'information des parties.

B Les modalités de rédaction

Pour être valable, l'acte authentique doit être rédigé en respectant des règles strictes.

- L'utilisation de la langue française est obligatoire (sauf sous le régime en vigueur en Alsace-Moselle, où l'allemand est autorisé si les parties le demandent). Le texte, les signatures et les paraphes (initiales des parties) doivent être apposés avec une encre indélébile et sur un papier offrant toutes les garanties de conservation. Sauf si l'on utilise un procédé spécial de mise sous liasse, chaque page de l'acte doit être **paraphée** ou signée par les parties, les intervenants et le notaire.
- Les documents annexés font corps avec l'acte et sont revêtus d'une mention constatant cette annexe. Chaque **annexe** doit être signée par le notaire et visée dans le corps de l'acte auquel elle est jointe.
- L'acte doit respecter une unicité de contexte et être rédigé **sans blanc** : si des blancs sont prévus au moment de la rédaction et n'ont pas été utilisés à la signature, ils doivent être bâtonnés ou barrés et le nombre de blancs doit être mentionné en fin d'acte (dans la formule DONT ACTE) ; il en est de même pour les ratures. La **pagination** est obligatoire et reprise en fin d'acte. Les surcharges, interlignes et grattages sont interdits. Les abréviations sont autorisées si leur signification est précisée au moins une fois dans l'acte (sauf abréviations courantes). Les **sommes** doivent être écrites en toutes lettres au moins une fois (sauf si elles résultent d'une opération). Des règles d'écriture existent également pour les dates, poids, mesures, monnaies. **Le non-respect de ces obligations est susceptible de nuire à l'authenticité de l'acte.**
- Lorsque l'acte est notarié, il n'est pas exigé que les mentions manuscrites imposées par la loi et les règlements soient apposées de la main des parties (loi du 28 mars 2011).

➜ L'acte authentique peut également être reçu **sous la forme électronique**. La loi du 13 mars 2000 introduit l'acte sur support électronique à titre de preuve, sous certaines conditions (notamment de signature, de conservation des actes de cette nature et de délivrance des copies).

➜ L'acte authentique électronique tend à se développer. Il est signé :
- par les parties sur tablette graphique ;
- par le notaire à l'aide d'une clé USB certifiée et de son code d'identification (« clé Réal »).

➜ L'acte dématérialisé est conservé au Minutier central électronique (MICEN), installé dans un site sous haute surveillance à Venelles (à côté d'Aix-en-Provence).

Les règles et l'organisation de la profession notariale

Du fait de leur mission et de leur statut, les notaires sont soumis à une déontologie. Ils doivent respecter des règles et des devoirs édictés par le législateur et le Conseil supérieur du notariat, dans le but d'assurer leur intégrité. Le contrôle exercé par la profession sur les notaires permet de sanctionner le manquement à ces règles.

1 Les principes à respecter

Les règles déontologiques notariales sont, pour la plupart, développées dans le **règlement national** et le **règlement intercours** établis par le Conseil supérieur du notariat, dont la dernière version a été approuvée par le garde des Sceaux le 22 juillet 2014. Le Code notarial regroupe l'ensemble des textes intéressant la profession.

Le règlement national pose en préambule le **devoir d'impartialité** du notaire : il doit concilier et rapprocher les points de vue des parties, afin de faire respecter l'équilibre du contrat. Le règlement précise également les devoirs généraux des notaires.

A Les devoirs du notaire envers lui-même, ses collaborateurs et la profession

- Le notaire s'engage à **respecter la déontologie** et à **la faire respecter** par ses collaborateurs. Il est nécessaire que le notaire inspire confiance et fasse en sorte de donner la meilleure image de la profession. Ainsi, aucun manquement à l'honneur, à la probité et aux bonnes mœurs ne doit entacher sa vie professionnelle et personnelle. Il lui incombe de faire preuve de réserve et de modération.
- Professionnel du droit, le notaire est tenu de **mettre à jour ses connaissances** et de contribuer à la formation et au perfectionnement de ses collaborateurs et des futurs notaires, notamment au travers de missions d'enseignement. Il est tenu d'accueillir des stagiaires si les organismes professionnels le demandent.
- Les notaires se doivent mutuellement respect, conseil et assistance. La **confraternité est le socle de la profession**. La concurrence entre notaires doit être loyale : les manœuvres destinées à détourner la clientèle d'un confrère, notamment au moyen de publicité à caractère personnel, sont interdites. Toutefois, plusieurs notaires peuvent se regrouper pour mutualiser leurs moyens, notamment dans le cadre de la négociation immobilière (mais ne peuvent s'entendre sur le montant de leurs honoraires – voir fiche 16).

B Les devoirs du notaire envers l'État

L'État délègue au notaire un pouvoir relevant de l'autorité publique : le pouvoir de conférer l'authenticité aux actes qu'il reçoit. Le notaire doit donc remplir cette mission avec loyauté et probité. Cela signifie notamment que le notaire **ne peut recevoir des actes contraires à la loi et à l'ordre public** et qu'il a pour mission de contrôler la provenance des fonds qui transitent par sa comptabilité (voir fiche 1, TRACFIN).

Il doit également **expliquer la loi à ses clients** et en assurer l'application (le notaire est d'ailleurs appelé « le juge de l'amiable »). Ainsi, lorsqu'il conseille ses clients ou lorsqu'il authentifie un acte, le notaire est tenu d'expliquer le contenu de l'acte et ses conséquences pour les parties, dans un souci d'impartialité (voir fiche 1).

C Les devoirs du notaire envers les clients

Le notaire a pour obligation de rédiger (et de conserver) l'acte authentique quand les parties le demandent (sauf s'il est contraire à la loi et à l'ordre public) : on dit que le notaire a le devoir d'instrumenter (il doit prêter son ministère, il ne peut refuser un client). De son côté, le client a le libre choix du notaire auquel il fait appel. Le notaire doit également respecter le devoir de conseil impartial.

Il est tenu au strict respect du secret professionnel. Ce devoir est général et absolu : ainsi, tout ce dont le notaire a connaissance dans l'exercice de ses fonctions ne peut être divulgué.

→ Cette obligation de **respecter le secret professionnel** s'impose bien évidemment aux collaborateurs et aux stagiaires : le notaire doit leur faire respecter cette obligation, ainsi que toutes les règles déontologiques.

Enfin, sa rémunération est strictement encadrée (voir fiche 8).

Quelques règles supplémentaires

- Le notaire doit accueillir les clients dans son office notarial (ou un bureau annexe) ou dans l'office d'un confrère. À titre exceptionnel, il peut recevoir des actes au domicile, à la résidence ou au siège social d'une des parties, dans les locaux d'une administration, d'une mairie, dans les tribunaux, les établissements hospitaliers ou les locaux des instances représentatives.
- Le notaire ne peut pas effectuer de démarches auprès des clients d'un de ses confrères ; il est tenu de s'adresser à son confrère.
- Par ailleurs, le décret n° 71-941 du 26 novembre 1971 relatif aux actes établis par les notaires précise que les notaires ne peuvent recevoir des actes les concernant ou concernant leur famille, ni ceux concernant leurs associés ou la famille de leurs associés. Ils ont donc l'incapacité d'instrumenter dans ces cas précis.

2 L'organisation du notariat

La profession notariale est organisée selon une structure pyramidale. À chaque échelon se trouvent des établissements d'utilité publique dotés de pouvoirs administratifs.

L'ensemble des notaires d'un département forme une **compagnie**. Chaque compagnie est représentée par une **chambre**.

Les notaires sont tenus d'être présents aux deux assemblées annuelles de leur chambre qui ont lieu en novembre et mai de chaque année. Les compagnies se réunissent en assemblée générale et élisent les membres des chambres départementales.

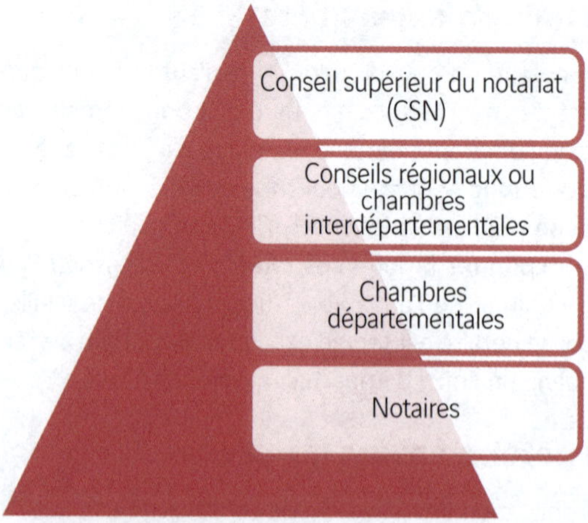

A Les chambres départementales

Les chambres départementales sont composées de notaires élus par leurs pairs et de permanents salariés. Les membres élus ont des rôles différents. Aux côtés des présidents et présidents délégués, les syndics étudient les réclamations des clients, les rapporteurs instruisent les dossiers d'installation des nouveaux notaires, les taxateurs veillent au respect des règles de fixation du tarif des notaires...

D'une manière générale, le rôle de la chambre est de trancher les difficultés survenues entre notaires de leur ressort. Elle est également compétente pour recevoir les **plaintes et les réclamations des clients** à l'égard des notaires. Ainsi, elle veille au respect des règles déontologiques et à l'application du tarif et peut en sanctionner le manquement.

Elle assure également des actions de **formation** et de communication (par le biais du délégué à la communication) avec le conseil régional.

B Le conseil régional

Le conseil régional regroupe les chambres départementales situées dans le ressort de la même cour d'appel. Il a un **rôle disciplinaire**, puisqu'il prononce les sanctions lorsqu'un notaire a enfreint les règles professionnelles ou a commis une faute (par exemple, les obligations liées aux encaissements des fonds des clients). Les cas d'infraction les plus graves sont traités par les magistrats du Parquet. Le conseil régional étudie également les différends entre les chambres du ressort ou entre les notaires n'exerçant pas dans un même département. Le contrôle exercé par les conseils régionaux prend appui sur les **inspections**, auxquelles les notaires sont tenus de se soumettre. Les conseils régionaux font effectuer, au moins une fois par an, l'inspection de la comptabilité et de la gestion de chaque office de leur ressort, par des notaires dépendant d'une autre chambre départementale et des spécialistes assermentés. L'objectif est de vérifier la tenue de la comptabilité et du répertoire (voir fiche 6) par l'office inspecté, ainsi que le respect des règles de rédaction et de taxation des actes. Ces inspections sont justifiées par le fait que le notaire détient des fonds appartenant à ses clients et les produits des taxes qui doivent être reversés à l'État. Au cours de ces inspections, les notaires inspecteurs sont tenus d'assurer leur mission avec soin et fermeté. Les notaires inspectés doivent faciliter la tâche de leurs confrères inspecteurs.

Les chambres interdépartementales

Des chambres interdépartementales ont été créées dans le ressort d'une quinzaine de cours d'appel. Ainsi, un échelon est supprimé dans l'organisation pour être plus proche des interlocuteurs et mutualiser les moyens. Dans ce cas, la chambre interdépartementale exerce les missions des chambres départementales et des conseils régionaux.

C Le Conseil supérieur du notariat (CSN)

Le CSN est l'organe habilité à s'exprimer au nom de tous les notaires de France. Il est composé de délégués élus au sein de chaque conseil régional. Son siège est situé à Paris.
Il **représente la profession auprès des pouvoirs publics et détermine la politique générale de la profession**. Son action contribue à l'évolution du notariat, en proposant des mesures législatives ou réglementaires destinées à améliorer la pratique juridique et la situation économique et fiscale des Français.
Le CSN fournit aux notaires des services collectifs, destinés à répondre à leurs besoins, par exemple :
- les CRIDON (centres de recherche, d'information et documentation notariales) sont des organismes professionnels offrant un service de consultation juridique aux notaires ;
- l'ADSN (association pour le développement du service notarial) a notamment mis en place le minutier central électronique (voir fiche 2), le service Tele@cte (voir fiche 7) et le fichier central des dispositions de dernières volontés (voir fiche 44)...

Le CSN assure la gestion des relations sociales au sein de la profession.
Enfin, il assure la promotion de l'acte authentique, notamment à travers des **campagnes d'information** destinées au grand public.

Les nouvelles règles d'installation introduites par la loi Macron

L'arrêté du 16 septembre 2016, pris en application de l'article 52 de la loi pour la croissance, l'activité et l'égalité des chances économiques, dite loi Macron, fixe la nouvelle carte d'installation des notaires sur le territoire pour deux ans.
307 zones d'installation ont été définies, dont **60 zones dites « contrôlées »** (où la création d'offices notariaux reste soumise au contrôle a priori du garde des Sceaux après avis de l'Autorité de la Concurrence) et **247 zones dites « libres »**, où 1 002 études devront être créées et 1 650 notaires nommés. Dans les zones d'installation libre, l'installation reste soumise à des conditions (de diplôme notamment) et le choix s'effectue par tirage au sort. L'arrêté du 24 janvier 2017 est venu en fixer les modalités pour départager les candidats. L'Autorité de la concurrence et le Conseil supérieur du notariat y sont associés. Les premières ouvertures devraient avoir lieu en septembre 2017.

Les personnes

Les formalités préalables sont l'ensemble des pièces que le notaire demande et analyse pour rédiger l'acte. La force probante de l'acte notarié nécessite que la comparution des parties prenne appui sur des pièces justifiant leur identité et leur capacité. Par ailleurs, la publicité foncière exige que certaines informations contenues dans la comparution soient certifiées par le notaire.

→ Le Carnet professionnel propose un tableau récapitulatif des formalités préalables et des modèles de rédaction de la comparution des personnes physiques et morales.

1 Les personnes physiques

A Les formalités préalables

1. Les vérifications relatives à l'identification

Il est nécessaire d'établir l'état civil des personnes physiques. Il faut ainsi vérifier :

- l'**identité** et la **nationalité** de la personne qui signe l'acte grâce à un **document d'identité** contenant sa signature et sa photographie ;
- le **nom**, les **prénoms**, la **date** et le **lieu de naissance** (éventuellement la filiation lorsque l'acte l'exige) à l'aide d'un **extrait d'acte de naissance** (préciser sur le courrier que la demande est effectuée par une personne habilitée par la loi à obtenir le document, voir modèle courrier dans le Carnet professionnel);
- la **situation familiale** par les **extraits d'acte de naissance, de mariage et de décès**, le **livret de famille** et certaines pièces complémentaires (jugement de divorce, pacte civil de solidarité, contrat de mariage...);
- le **domicile** (éventuellement commun) à l'aide du dernier avis d'imposition ou d'une **facture** de moins de 3 mois ou encore de l'attestation d'élection de domicile (en cas de domicile élu);
- la **situation professionnelle** par :
  - un **extrait Kbis** pour les commerçants,
  - un **extrait D1** pour les artisans,
  - un **relevé de cotisations** Urssaf pour les professions libérales ;
- la **situation financière** par :
  - l'absence de situation de **surendettement** pour un particulier,
  - l'absence d'ouverture de **procédures collectives** pour un entrepreneur individuel.

→ Le jugement plaçant un entrepreneur individuel sous une procédure collective (ou toute autre mesure d'interdiction) ou les mesures prises par la commission de surendettement permettent de connaître l'identité et les pouvoirs de l'administrateur judiciaire ou du mandataire.

2. Les vérifications en présence d'un mineur non émancipé

La capacité des mineurs est doublement limitée. Certains actes leur sont interdits (par exemple, un mineur de moins de 16 ans ne peut pas disposer d'un bien à titre gratuit). Pour d'autres actes, ils doivent être représentés. Dans ce cas, il convient de savoir si le mineur est soumis à l'administration légale (un ou ses deux parents exercent l'autorité parentale) ou à la tutelle (aucun de ses parents n'exerce l'autorité parentale).

- Si le mineur est soumis à l'administration légale, son ou ses administrateurs légaux le représente(nt) pour les actes de conservation, d'administration et de disposition. Pour certains actes de disposition (listés à l'article 387-1 CC, tels que la vente d'un immeuble du mineur), le ou les administrateurs légaux doivent être dûment autorisés par le juge aux affaires familiales (requête à adresser au juge aux affaires familiales, voir modèle dans le carnet professionnel).
- Si le mineur est sous tutelle, il est nécessaire d'obtenir le jugement d'ouverture de la tutelle. Le tuteur représente le mineur pour les actes de conservation, d'administration et de conservation. Pour les actes de disposition, le tuteur doit obtenir l'autorisation du Conseil de famille présidé par le juge aux affaires familiales.

3. Les vérifications en présence d'un majeur protégé

- Lorsqu'un majeur est soumis à un régime de protection (tutelle ou curatelle), son extrait d'acte de naissance comporte en marge une **mention Répertoire civil (mention « RC »)**. En interrogeant le greffe du TGI du lieu de naissance, qui tient le Répertoire civil, le notaire obtient une copie du contenu de la mention avec les références du jugement.

➜ La mention « RC » peut également correspondre à une demande d'homologation d'un changement de régime matrimonial, une demande de séparation judiciaire de biens, une décision constatant la déclaration de présomption d'absence, ou une habilitation familiale générale.
➜ La mesure de sauvegarde de justice n'est pas portée au Répertoire civil. Elle fait l'objet d'une publicité sur un registre tenu par le procureur de la République. Le notaire peut en obtenir une copie s'il justifie de l'utilité de déclarer la mesure dans le cadre d'un acte.

- Si le majeur est sous **tutelle**, il doit être **représenté** par son tuteur pour les actes de conservation, d'administration et de disposition. Le tuteur doit être autorisé pour certains actes (tels que les actes de disposition) par le juge des tutelles : il convient alors d'adresser une requête au juge pour obtenir l'autorisation préalable de contracter (par exemple, une ordonnance de mise en vente d'un bien immobilier – voir modèle dans le carnet professionnel).
- Si le majeur est sous **curatelle**, il doit être **assisté** par son curateur pour tous les actes de disposition : le majeur signe l'acte mais sa signature doit être accompagnée de celle de son curateur.

LES MESURES ALTERNATIVES À LA TUTELLE ET À LA CURATELLE

➜ Si une personne n'est plus en état de manifester sa volonté en raison d'une altération de ses facultés mentales ou corporelles, ses proches peuvent mettre en place une **habilitation familiale** par décision du juge des tutelles afin de gérer ses intérêts personnels et patrimoniaux sans recourir à une tutelle ou une curatelle. Il convient d'obtenir le jugement afin d'identifier la personne habilitée et l'étendue de l'habilitation (qui peut être limitée à certains actes ou générale). La personne habilitée peut accomplir tous les actes visés dans le jugement, mais elle doit obtenir l'autorisation du juge des tutelles pour les actes de disposition à titre gratuit.

➜ Au moyen d'un **mandat de protection future**, une personne désigne par avance un (ou des) mandataire(s) chargé(s) de veiller à ses intérêts personnels et/ou patrimoniaux (ou ceux d'une personne dont elle a la charge, un enfant handicapé par exemple) dans l'hypothèse où elle ne serait plus en état de le faire.
Si le mandat a pris effet, le mandataire représente la personne (= mandant) à l'acte pour lequel elle a souhaité être représentée. Pour le savoir, il convient d'interroger au préalable le greffe du tribunal d'instance du domicile du mandant, et de se procurer une copie du mandat de protection future auprès du mandataire pour connaître l'identité et les pouvoirs de ce dernier. Si le mandat est sous signatures privées, le mandataire peut accomplir tous les actes de conservation et d'administration. Il doit être autorisé par le juge des tutelles pour les actes de disposition. Si le mandat est notarié, le mandataire peut conclure les actes de conservation, d'administration et de disposition (seuls les actes de disposition à titre gratuit doivent être autorisés par le juge).

B La rédaction de la comparution

La clause COMPARUTION permet d'identifier les personnes qui vont donner leur consentement à l'acte. Les comparutions doivent correspondre aux **situations des parties au jour de la réception de l'acte**. Si l'acte est publié, elles doivent être rédigées conformément aux règles de publicité foncière (article 5 du décret du 4 janvier 1955).
La clause énonce le **nom**, les **prénoms (dans l'ordre** de l'état civil), le **domicile**, le **lieu** et la **date de naissance**, la **profession** des parties, ainsi que le **nom du conjoint éventuel**. La **situation personnelle** est ensuite relatée.
En présence d'une limite de capacité, la comparution précise la protection dont bénéficie la personne physique. La clause PRÉSENCE-REPRÉSENTATION, placée à la suite de la comparution des parties, énonce la **comparution du représentant** et la **mention** des pièces justifiant ses pouvoirs. Ces pièces sont annexées à l'acte.

C La représentation conventionnelle d'une partie

Une personne peut être **non présente au moment de la signature de l'acte**. Par convention, cette personne (appelée le mandant) donne pouvoir à un mandataire de la représenter. Le mandat est formalisé au moyen d'une **procuration.**
Une lecture attentive de la procuration est nécessaire pour vérifier l'étendue des pouvoirs conférés. La forme de la procuration est importante, car certains actes nécessitent l'établissement d'une procuration sous la forme authentique. Ainsi, lorsque l'acte est solennel, la procuration doit être authentique et rédigée en minute (parallélisme des formes solennelles). Lorsque la procuration peut être établie sous signatures privées, il convient de **faire légaliser** la signature en mairie ou auprès d'un notaire.
Dans l'acte, le mandant comparaît. La clause PRÉSENCE-REPRÉSENTATION identifie le mandataire et vise la procuration par laquelle ce dernier agit au nom du mandant. Si la procuration a été établie sous signatures privées ou en brevet, elle est annexée ; si elle a été établie en minute, la clause précise qu'elle est « déposée au rang des minutes de Maître [Nom], notaire à [Ville] le [date de la procuration] ou une copie authentique est annexée ».

2 Les personnes morales

A Les formalités préalables

1. Les vérifications relatives à l'identification

Le notaire doit s'assurer que la personne morale (une société, une association...) a la personnalité juridique et la capacité de jouissance, c'est-à-dire qu'elle existe et qu'elle peut être partie à l'acte qu'il va établir. Le notaire vérifie :
- l'**immatriculation** de la société au Registre du commerce et des sociétés en demandant un **extrait Kbis** (pour avoir la personnalité juridique, une association doit être déclarée à la préfecture de son siège et pour un syndicat, ses statuts doivent être déposés à la mairie du lieu d'établissement) ;
- l'**objet social** contenu dans les **statuts** car la capacité d'une personne morale est limitée aux actes entrant dans cet objet ;
- l'absence de procédures collectives.

2. Les vérifications relatives à la représentation de la personne morale

Les personnes morales, entités abstraites, ne peuvent pas par elles-mêmes exercer leurs droits. Elles agissent par l'intermédiaire de leurs représentants dont il faut vérifier l'identité et les pouvoirs.

- Les représentants des personnes morales sont identifiés à l'aide des statuts. Il faut savoir si des nouveaux représentants ont été nommés (à l'aide, par exemple, de l'extrait Kbis pour une société). Le notaire vérifie l'**identité du représentant** à l'aide d'un document d'identité.
- Il faut établir les **pouvoirs du représentant** tels qu'ils sont délimités par les statuts. En effet, pour certains actes, les statuts peuvent prévoir une procédure que le représentant doit respecter pour que la personne morale soit valablement engagée. Par exemple, il est fréquent que la vente d'un immeuble de la société soit soumise à l'obtention de l'autorisation par les associés réunis en assemblée générale (voir modèle PV d'AG dans le carnet professionnel).
- Enfin, parfois, les représentants délèguent leurs pouvoirs à leur tour (pour une banque par exemple, le directeur général délègue son pouvoir au directeur financier, qui lui-même le délègue au directeur régional...). Il faut alors établir la **chaîne de pouvoirs**. En pratique, le notaire demande la « substitution des pouvoirs » datée, signée et retraçant toutes les délégations de pouvoirs.

B La rédaction de la comparution

Si l'acte est publié, la comparution des personnes morales doit être conforme aux règles de publicité foncière (article 6 du décret du 4 janvier 1955).

La clause énonce la **dénomination**, la **forme juridique**, le **siège social**, et le **numéro d'identité** (n° SIREN pour une société), complété, pour une société, par la **mention RCS** et la ville du greffe où elle est immatriculée.

La clause PRÉSENCE-REPRÉSENTATION établit la chaîne des pouvoirs entre la personne morale, partie à l'acte et son représentant, signataire de l'acte. À chaque étape, il est précisé le nom du représentant et la mention du document en vertu duquel il tire ses pouvoirs (en précisant la date de rédaction et qui a donné pouvoir). Les documents justificatifs sont annexés à l'acte (voir exemples de rédaction dans le Carnet professionnel).

Si l'acte est publié, les **nom**, **prénoms** et **domicile du représentant** doivent être indiqués.

5 FONDAMENTAUX RELATIFS AUX FORMALITÉS PRÉALABLES ET À LA RÉDACTION

Les immeubles

Les clauses communes à tout acte portant sur un immeuble consistent à désigner le bien et à préciser à quel patrimoine il appartient. Les pièces justificatives sont recueillies à l'occasion des formalités préalables.

1 La désignation du bien immobilier

La clause DÉSIGNATION permet de localiser géographiquement le bien immeuble et de le décrire.

A Les formalités préalables en vue d'établir la désignation du bien

1. La localisation du bien

Les éléments collectés permettent de **situer géographiquement** le bien et de préciser ses **références cadastrales** et sa **contenance**.

Documents	Informations obtenues
Extrait cadastral Modèle 1	• L'adresse (ou le lieu-dit pour les zones rurales) • La nature de la parcelle (bâti, terre, bois...) • La section et le numéro cadastral • La contenance du bien (exprimée en ares) Ces éléments constituent les références cadastrales, qui peuvent être introduites par un préfixe, *par exemple 206 (préfixe) AB (section) 435 (numéro)*.
Extrait de plan cadastral	L'emplacement de la parcelle sur un plan (par rapport aux parcelles voisines).
Matrice cadastrale	Les propriétés possédées par chaque propriétaire sur une commune au 1er janvier de l'année en cours.
Plan de masse	La localisation du bien notamment par rapport à la voirie sur une vue d'ensemble représentant une partie de la commune. Ce plan est nécessaire pour les demandes de pièces auprès des administrations, notamment pour l'obtention du certificat d'urbanisme (voir fiche 19).

Ces informations sont contenues dans les documents cadastraux, obtenus sur le site du cadastre (cadastre.gouv.fr).

Ces documents ont une durée de validité de 6 mois (sauf le plan de masse pour lequel il est conseillé d'utiliser une carte récente).

→ Les documents cadastraux ne constituent pas des preuves de propriété.

2. La description du bien

Le notaire doit également obtenir des informations concernant la **description** du bien immobilier. La **fiche descriptive** du bien, établie par le négociateur à l'occasion de la mise

en vente (voir fiche 16), et le **titre de propriété** permettent de réunir ces informations.
Il est nécessaire de confronter le titre de propriété avec l'état actuel du bien, en questionnant le propriétaire ou en effectuant une visite. En effet, des travaux effectués par le propriétaire peuvent modifier la description du bien.

B Les règles de rédaction concernant la désignation du bien

Quand l'acte authentique doit être publié auprès du service de publicité foncière, la désignation du bien revêt une forme particulière.
L'article 7 du décret du 4 janvier 1955 précise que l'acte est tenu d'indiquer, pour chacun des immeubles désignés dans l'acte :
- sa **nature** (par exemple, un terrain avec plan d'eau, une futaie, une maison...) ;
- sa **situation** (lieu-dit ou rue et numéro de rue pour les immeubles situés dans des communes urbaines) ;
- sa **désignation cadastrale** (préfixe section, n° du plan).
- sa **contenance** (exprimée en hectares, ares et centiares) ;

La clause DÉSIGNATION contient une description détaillée du bien immobilier.

Exemple de rédaction de la clause DÉSIGNATION

À VERSAILLES (78000), au 6 rue Georges Clémenceau,
Une maison à usage d'habitation, comprenant une salle de séjour et une cuisine aménagée, deux chambres, une salle de bains avec WC, un garage, un cellier,
Cadastrée section D n° 401 pour une contenance de 55 ares 70 centiares.

La clause est complétée par un paragraphe DIVISION lorsque la parcelle a été divisée. Elle indique les références cadastrales de la parcelle mère et les références de publication du document d'arpentage.

→ Un document d'arpentage doit être réalisé par un géomètre-expert lorsqu'une parcelle (« parcelle mère ») est divisée en plusieurs parcelles (« parcelles filles »), afin d'identifier les nouvelles parcelles. Ce document d'arpentage est communiqué au service du cadastre qui procède à la numérotation des parcelles filles et au service de publicité foncière pour publication.

2 L'appartenance du bien à un patrimoine

Les autres informations communes à tout acte portant sur un bien immeuble consistent à préciser à qui il appartient.

A Les formalités préalables

Toutes les mutations d'immeubles sont reportées sur le fichier immobilier (voir fiche 7). Le notaire adresse une **demande de renseignements hors formalité** auprès du service de publicité foncière qui tient ce fichier. Cette demande peut être réalisée sur support papier ou électronique, via télé@cte (voir fiche 7). Elle peut porter sur les propriétaires (demande personnelle) ou sur les immeubles (demande réelle). En pratique, pour obtenir un état réponse plus précis, il est d'usage de procéder à une demande réelle personnalisée (voir Carnet professionnel). La demande doit contenir l'identification des propriétaires actuels et antérieurs du bien, ainsi que l'adresse et les références cadastrales de l'immeuble. Cette demande s'élève à 12 € (voir Carnet professionnel). Ce coût constitue un débours pour le client (voir fiche 8).

Le service de publicité foncière du lieu de situation de l'immeuble délivre en retour un **état réponse**, certifié par le service qui l'a établi. Cet état mentionne les droits réels et les baux de plus de 12 ans existants sur l'immeuble depuis la création du fichier immobilier, c'est-à-dire:
- les **mutations** (date et nom du notaire rédacteur de l'acte, nom du propriétaire, prix ou évaluation, nom du cédant et références de publication);
- les **charges** (inscriptions correspondant à des prises de garanties ou à la levée de ces inscriptions, existence d'une servitude, d'un pacte de préférence, d'une interdiction d'aliéner...).

Ce certificat précise également les formalités qui ont été déposées et qui sont en cours de publication. Il est valable **deux mois** à compter de sa délivrance. En cas d'expiration du délai de validité du certificat avant la signature de l'acte, le notaire effectue une **demande complémentaire de renseignements**. Ces informations sont nécessaires pour garantir la sécurité juridique de l'acte.

B La rédaction de l'effet relatif et de l'origine de propriété

Les clauses EFFET RELATIF et ORIGINE DE PROPRIÉTÉ, communes à tous les actes portant sur des immeubles, n'ont pas la même utilité.

1. L'effet relatif

L'**effet relatif** permet de **vérifier les références de publicité foncière de l'acte immédiatement antérieur**. L'article 3 du décret du 4 janvier 1955 précise que l'acte ne peut être publié au fichier immobilier si le titre du disposant ou dernier titulaire n'a pas été préalablement publié. Le notaire doit donc vérifier que le propriétaire actuel de l'immeuble a bien publié l'acte par lequel il est devenu propriétaire. La clause EFFET RELATIF est donc obligatoirement présente dans tous les actes destinés à être publiés sous peine de rejet de formalité (voir fiche 7). Cette clause précise:
- la nature de la mutation (acquisition, attestation de propriété immobilière);
- la date de rédaction de l'acte et le nom du notaire rédacteur;
- les références de publication au fichier immobilier (lieu et date de publication, références du volume et du numéro).

Exemple de rédaction de la clause EFFET RELATIF

DONATION reçue par Maître Dupont, notaire à LE MANS (72000) le 13 avril 2013, publiée au service de publicité foncière de LE MANS 1 (72000), le 15 juillet 2013, volume 2013P, numéro 3456.

2. L'origine de propriété

L'**origine de propriété trentenaire** permet de **contrôler la légitimité** du propriétaire et **l'absence de restrictions ou de charges** pesant sur le bien. Elle permet ainsi de vérifier que l'acquéreur devient valablement propriétaire et qu'aucun tiers ne pourra revendiquer de droit sur son bien.
- Il est nécessaire de relater l'existence d'inscriptions de sûretés pesant ou ayant pesé sur le bien. Le cas échéant, il convient de procéder à leur mainlevée après la mutation (voir fiche 30).
- Les charges pesant ou ayant pesé sur le bien doivent être retranscrites. Il convient d'analyser avec prudence une origine de propriété contenant une donation ou un partage et de s'assurer de la levée d'un droit de retour, de l'extinction d'un usufruit ou de la renonciation à l'action en revendication des héritiers présomptifs (voir fiche 20).
- En cas de mutation, le notaire va devoir **s'assurer qu'aucun possesseur** du bien vendu ne pourra se **prévaloir de l'usucapion trentenaire** contre l'actuel propriétaire, pour garantir une sécurité juridique à l'acquéreur quant au transfert de propriété.

➜ Le possesseur d'un bien (celui qui, matériellement, a le bien en jouit et se comporte comme un propriétaire) qui ne serait pas propriétaire peut le devenir par le jeu de la **prescription acquisitive** (écoulement d'un délai de 30 ans), à condition d'en avoir la possession utile (c'est-à-dire continue, paisible, non équivoque et publique) pendant 30 ans (ou 10 ans s'il détient un juste titre).

Il est donc nécessaire de **vérifier la chaîne des transmissions de propriété** sur l'immeuble en remontant sur 30 ans, au minimum, et de retracer cet historique dans la clause ORIGINE DE PROPRIÉTÉ (voir modèles dans le Carnet professionnel).

La clause doit contenir les éléments suivants :

- l'identité du propriétaire et du précédent propriétaire (nom, prénoms, domicile, date et lieu de naissance) ;
- la nature de l'acte par lequel l'actuel propriétaire a acquis la propriété ;
- le nom et l'adresse du notaire rédacteur de l'acte et la date de réception de l'acte ;
- le prix et les modalités de paiement (comptant, à terme, avec ou sans deniers d'emprunt et la quittance du prix) ;
- les références de publication ;
- l'état des inscriptions et des charges grevant le bien.

Ces éléments sont répétés **pour chacune des mutations sur le bien durant 30 ans**. En général, l'historique est présenté dans un ordre chronologique décroissant, soit en partant du titre le plus récent pour remonter au titre le plus ancien.

Le notaire engage sa responsabilité : il est tenu de vérifier l'origine de propriété. Il ne faut donc pas se contenter de recopier la clause du titre antérieur, mais d'en vérifier les informations en la confrontant à l'état réponse.

Les références de l'état réponse, permettant de justifier les informations contenues dans l'acte, sont spécifiées dans la clause SITUATION HYPOTHÉCAIRE. Celle-ci précise la date à laquelle le service de publicité foncière a délivré le certificat, les références de la demande de renseignements et les inscriptions qui grèvent le bien.

Titres translatifs ou déclaratifs

L'origine de propriété doit porter sur des titres **translatifs** de propriété (qui constatent la cession du droit de propriété). Si, sur la période de 30 ans, le dernier titre est un titre **déclaratif** (qui constate l'existence d'un droit), il est nécessaire d'établir l'origine plus amont, jusqu'à un titre translatif. Par exemple, une vente est un acte translatif car c'est par elle que l'acquéreur devient propriétaire. À l'inverse, une attestation immobilière établie suite à un décès (voir fiche 46) est un acte déclaratif : en effet, les héritiers sont devenus propriétaires au jour du décès et non au jour de cette attestation, qui ne fait ainsi que constater le transfert de propriété.

Ainsi, une attestation immobilière après décès ou un acte de partage (voir fiche 49) constituent un titre déclaratif. Il convient alors de remonter l'historique du bien au titre antérieur constatant l'acquisition du bien par le défunt (par exemple, un acte de vente constituant un titre translatif de propriété).

À l'inverse, en présence d'opération de remembrement ou d'expropriation pour utilité publique dans les trente années antérieures à la mutation, il est inutile de remonter davantage l'origine de propriété. Ces opérations constituent à elles seules l'origine de propriété.

Le répertoire et les copies

Après signature, l'acte est soumis à un ensemble d'opérations (appelées formalités postérieures), qui sont nécessaires pour que les parties s'acquittent de leurs obligations fiscales et pour que l'acte ait sa pleine efficacité.

1 Le répertoire officiel

Le répertoire constitue l'**historique** de l'étude. Tous les actes, reçus tant en minute qu'en brevet, enregistrés ou non, doivent y être portés, **jour après jour**. Il est présenté lors des inspections pour vérifier sa bonne tenue. Il a un triple objectif :
- éviter les antidates ;
- faciliter les recherches ;
- permettre le contrôle de l'enregistrement (voir fiche 7).

A La forme du répertoire

Le répertoire de l'étude est tenu :
- soit **sur feuillets mobiles** : les pages sont numérotées, visées et paraphées par le président de la Chambre ;
- soit **sur support électronique** : il est alors signé par le président de la Chambre au moyen d'un procédé de signature électronique sécurisée.

Un double du répertoire, certifié par le notaire, est déposé dans les deux premiers mois de chaque nouvelle année au greffe du tribunal de grande instance (TGI) de la résidence du notaire. Pour éviter les erreurs, l'étude tient un « répertoire brouillon » ou « brouillard » avant de retranscrire les éléments au propre sur le répertoire officiel.

B Le contenu du répertoire

Pour chaque acte, sont indiqués :
- la date de signature de l'acte ;
- la nature ou la forme de l'acte (si l'acte a été reçu en minute ou en brevet) ;
- le support (papier ou électronique) ;
- l'espèce ou l'objet de l'acte (vente, donation…) ;
- les parties à l'acte (précision des noms, prénoms et domiciles) ;
- l'analyse sommaire de l'acte (désignation succincte du bien, son prix ou son évaluation),
- la formalité à réaliser (enregistrement, formalité fusionnée, double formalité, enregistrement sur état, voir fiche 7).

2 Les copies

En principe, toute copie d'un acte notarié ne peut être délivrée qu'aux parties intéressées, à un mandataire, à une administration fiscale pour contrôle ou au tribunal de grande instance qui la requerrait par ordonnance. La copie est réalisée après **collationnement** (relecture pour vérifier qu'elle est identique à l'acte authentique), ce qui atteste de sa stricte conformité avec la minute.

A La copie authentique (anciennement dénommée « l'expédition »)

C'est une **copie littérale de la minute, certifiée conforme** à celle-ci, délivrée en principe par le dépositaire de l'acte, après l'accomplissement des formalités d'enregistrement et/ou de publication (les références d'enregistrement et/ou de publication y sont alors apposées). Elle peut être établie par reprographie ou en tant que sous-produit généré informatiquement.

Contenu	La copie authentique contient la **reproduction intégrale et littérale du texte** de la minute **et une mention finale**, certifiant la conformité de la copie à l'original. Chaque page doit être numérotée en continu.
Objectif	Elle constitue le **titre de propriété** de l'intéressé (acquéreur, donataire...).
Mention finale sur copie établie par reprographie	Après la dernière ligne d'annexe, il est ajouté une page précisant : *« Pour copie authentique, établie par reprographie, certifiée conforme à la minute par le notaire soussigné, rédigée sur [nombre en lettres] pages »* Sous cette mention, le notaire appose son sceau et sa signature. Est mentionnée l'approbation des éventuels renvois, lignes et mots nuls, paraphée par le notaire.
Mention finale sur copie générée par informatique	Les renvois sont intégrés dans la copie informatique après le texte de l'acte, et avant les signatures des parties. Les mentions d'enregistrement et/ou de publication sont rapportées. Il est ajouté la formule *« Pour copie authentique délivrée et certifiée conforme à l'original par Me +++* (ajouter éventuellement *en sa qualité de successeur de +++* ou *détenteur des minutes de +++), établie sur [nombre en lettres] pages, sans renvoi ni mot nul* (ou approuve *+++ mots nuls +++ renvois, +++ lignes rayées nulles) ».* Sous cette mention, le notaire appose son sceau et sa signature.

→ À ce jour, c'est la seule copie qui peut être délivrée par un clerc habilité : il est nécessaire de le mentionner à la fin de la copie en précisant son nom et sa date d'habilitation. La signature puis le sceau du notaire sont ensuite apposés. **L'habilitation a été supprimée par la loi Macron**. Les habilitations **en cours** sont valables jusqu'au 30 décembre 2020.

B La copie pour publier (anciennement dénommée « copie hypothécaire »)

C'est la **copie destinée** au service de publicité foncière du lieu de l'immeuble et déposée avec le dossier de publication (voir fiche 7) pour rendre l'acte opposable aux tiers. Le service annote cette copie des références de publication de l'acte.

Contenu	Elle reproduit le **contenu littéral et intégral** de l'acte. Elle prend une forme particulière (document hypothécaire normalisé) pour l'acte de vente (voir fiche 21)
Support	Elle est établie sur le formulaire n° 3265 sous peine de refus du dossier.
Mention finale	Il est ajouté la formule suivante : *« Me ++, notaire à +++ certifie le présent document sur +++ pages et approuve +++ blancs bâtonnés, renvois et mots nuls. Il certifie en outre que l'identité complète et le domicile des parties dénommées dans le présent document, tels qu'ils sont indiqués en tête des présentes, lui ont été régulièrement justifiés. ».*

→ Si l'acte porte sur des immeubles relevant de services de publicité foncière différents, la formalité fusionnée (voir fiche 10) est réalisée auprès de celui désigné dans l'acte à l'aide d'une copie intégrale. Concernant les autres services, chacun ne reçoit qu'une copie pour publier par extrait, relative à l'immeuble de son ressort, aux fins de publication, accompagné du paiement de la CSI concernant cet immeuble (voir fiche 9).

C La copie exécutoire anciennement dénommée « la grosse »

C'est une **copie authentique de l'acte revêtue de la mention exécutoire** délivrée par le notaire détenteur de la minute. Elle ne peut être délivrée que pour les actes **constatant une créance** (obligation de faire ou de payer) envers l'une des parties. Il ne peut être délivré qu'une copie exécutoire de l'acte. Pour en obtenir une deuxième, il faut une ordonnance du TGI.

La copie exécutoire est délivrée à la personne titulaire d'une créance aux termes de l'acte authentique. Elle peut prendre deux formes :

– **nominative** : elle est délivrée à la personne bénéficiant de la créance ;

– **à ordre** : établie au nom du créancier et transmissible par voie d'endossement, elle concerne les créances garanties par un privilège spécial immobilier ou une hypothèque (voir fiche 29). Elle doit être requise formellement dans la minute. Un modèle est proposé dans le Carnet professionnel.

<table>
<tr><th>Mention introductive</th><td colspan="2">« République française,
Au nom du peuple français. »</td></tr>
<tr><td colspan="3">Copie littérale et intégrale de l'acte.</td></tr>
<tr><th>Mention finale Copie exécutoire NOMINATIVE</th><td colspan="2">• Formule exécutoire (ou formule de mandement)
• Nom du créancier
• Nombre de pages en lettres et certificat de conformité à la minute
• Sceau et signature du notaire</td></tr>
<tr><th rowspan="2">Mention finale Copie exécutoire À ORDRE</th><td colspan="2">• Reproduction des articles 6, alinéas 1er et 7 de la loi n° 76-519 du 15 juin 1976
• Formule exécutoire (ou formule de mandement)
• Nombre de pages en lettres et certificat de conformité
• Sceau et signature du notaire</td></tr>
<tr><td>Au retour du bordereau d'inscription</td><td>• Mention de délivrance de la copie et du montant de la créance
• Références de l'inscription de la sûreté au fichier immobilier et de sa date extrême d'effet
• Cachet de l'étude et signature du notaire</td></tr>
</table>

La délivrance de la copie exécutoire est constatée par une **mention marginale sur la minute**, datée et paraphée par le notaire (ou dans un fichier lié à l'acte d'origine avec signature électronique du notaire).

L'endossement

L'endossement est une technique de cession d'une créance : le créancier cédant (l'endosseur) donne l'ordre au débiteur de payer le montant de la créance au cessionnaire, qui a apposé sa signature (l'endossataire). Les modalités de l'endossement et du paiement de la créance sont développées par les articles 6 et 7 de la loi du 15 juin 1976, qui doivent être reproduits littéralement dans la mention finale, sauf dans les cas où la copie est créée ou endossée au profit d'établissements bancaires ou financiers, pour lesquels ces articles ne s'appliquent pas.

Le répertoire et les copies ne sont pas les seules formalités postérieures. Le formaliste renseigne le **registre des formalités**, édite d'autres sous-produits, comme les extraits d'actes. Le service comptabilité procède aux différents mouvements comptables (écriture au livre-journal et au grand livre), établit le décompte client et édite la facture qui lui sera remise (sur la base du décompte prévisionnel).

7 LES FORMALITÉS POSTÉRIEURES

L'enregistrement et la publicité foncière

Ces deux opérations n'ont pas la même finalité. L'enregistrement auprès de la Direction générale des finances publiques (DGFIP) a un rôle fiscal et donne lieu à la perception de droits fiscaux. La publication au service de la publicité foncière (SPF) a pour objectif d'informer sur la situation juridique d'un immeuble (nom(s) du ou des propriétaire(s) successif(s), restrictions au droit de propriété, existence de servitudes, de garanties…).

1 L'enregistrement des actes

L'enregistrement est une **formalité administrative** qui consiste à déclarer et à mentionner un acte juridique sur un registre public et qui donne lieu au **paiement d'un droit**.

A Les conséquences de l'enregistrement

Les conséquences de l'enregistrement de l'acte sont à la fois fiscales et juridiques.

1. Les conséquences fiscales

L'enregistrement permet le **contrôle** de l'acte par les services fiscaux, et donne lieu au **paiement d'un droit**, dit droit d'enregistrement (voir fiche 9). Ce droit emprunte la dénomination de l'acte sur lequel il porte (exemple : droits de donation, droits de partage, droits de vente…).

2. Les conséquences juridiques

L'enregistrement **constate l'existence** de l'acte et lui **donne date certaine**, s'il est sous signatures privées. Pour certains actes, l'enregistrement est une condition de validité (les promesses unilatérales de vente par acte sous signature privée par exemple, voir fiche 18).

B Les modalités d'enregistrement

Il existe trois modalités d'enregistrement :

- **l'enregistrement obligatoire**, auquel sont soumis les actes recensés par l'article 635 du code général des impôts (les actes de notaire (sauf ceux soumis à enregistrement sur état), d'huissier, les inventaires de succession, les cessions de fonds de commerce…) : l'acte est présenté à l'administration fiscale, et les droits dus sont versés.
- **les actes assujettis à la formalité fusionnée** : il s'agit des opérations devant être publiées sur le fichier immobilier (art. 647 CGI). Dans ce cas, **deux formalités sont réalisées simultanément** : **l'enregistrement** et la **publicité foncière**.
- **l'enregistrement sur état**, pour les actes dispensés de la formalité. L'acte n'est pas présenté à l'administration fiscale, mais le droit d'enregistrement doit être versé.

Certains actes sont **exemptés** de la formalité d'enregistrement par décret (les baux d'habitation par exemple). Cependant, il est toujours possible de recourir à l'enregistrement de manière volontaire (pour une reconnaissance de dette par exemple).

C L'exécution de la formalité d'enregistrement

Le lieu de l'enregistrement de la formalité diffère selon le type d'acte. Le tableau ci-dessous indique le lieu et les modalités de l'enregistrement.

Type d'enregistrement	Lieu de l'enregistrement	Modalités de l'enregistrement
Enregistrement obligatoire	**Service des impôts** du lieu de résidence du notaire ou du requérant	1° Présentation de la copie authentique de l'acte et paiement des droits d'enregistrement. 2° **Apposition des mentions d'enregistrement** sur la copie par le service des impôts.
Formalité fusionnée (enregistrement + publicité)	**Service de publicité foncière** du lieu de situation de l'immeuble	1° Présentation d'une copie authentique de l'acte et paiement des droits d'enregistrement. 2° **Apposition des mentions d'enregistrement et de publication** sur la copie par le service de publicité foncière.
Paiement sur état (article 60 de l'annexe IV du CGI)	**Étude notariale**	1° **Apposition des mentions d'enregistrement** sur l'acte par le notaire. 2° Envoi des droits perçus sur état, par bordereau 2646, une fois par mois.

Pour certains actes, l'enregistrement est facultatif : il est laissé le choix de procéder à l'enregistrement auprès du service des impôts ou au paiement sur état. Dans ce cas, il faut joindre une copie de l'acte au bordereau.

D Le délai d'enregistrement

Le délai de droit commun est d'**un mois** à compter de la date de l'acte. Des délais spéciaux existent (voir fiches 44 et 48).

E La quittance des droits

La quittance **certifie le paiement des droits**. Le tableau ci-dessous précise les mentions portées sur la copie de l'acte en fonction de la modalité d'enregistrement.
Ces mentions sont reportées sur toutes les copies d'acte.

Enregistrement obligatoire → quittance sur la copie de l'acte enregistrée	Références d'enregistrement reportées sur l'acte : - date d'enregistrement ; - folio du registre ; - numéro d'enregistrement ; - montant des droits versés. **Exemple** : *Le 08/06/2015 Bordereau n° 2015/685 Case n° 11, Enregistrement : montant des droits*
Formalité fusionnée → quittance sur la copie de l'acte enregistrée et publiée	Références de publication reportées sur l'étiquette de publication apposée par le service de publicité foncière compétent : - date et références de publication ; - montant des droits versés. **Exemple** : *Le 3 septembre 2001, volume 2001P n° 2784 + montant des droits.*
Enregistrement sur état → quittance sur l'acte dispensé de formalité	Report de la mention (sur chaque acte non exempt de droits) par le notaire. **Exemple** : *« Droit d'enregistrement sur état + montant des droits ».*

2 La publication des actes

La publicité foncière est régie par les décrets du 4 janvier et du 14 octobre 1955. Ces décrets instaurent l'obligation de publier sur le fichier immobilier certains actes portant sur des immeubles dans le ressort du **service de publicité foncière** rattaché à l'Administration fiscale (qui a remplacé la Conservation des hypothèques le 1/01/2013). *En Alsace-Moselle, le fichier immobilier est remplacé par le Livre foncier tenu par le tribunal d'instance.*

Le **fichier immobilier** répertorie pour chaque commune les extraits des documents publiés sous le nom de chaque propriétaire et par immeuble. Tous les actes déposés sont inscrits sur le **registre des dépôts**, dans l'attente de leur publication sur le fichier immobilier. Ainsi le notaire peut connaître les différentes mutations et charges qui affectent l'immeuble, même les plus récentes.

Auparavant, le fichier était constitué de fiches cartonnées remplies manuellement à chaque opération. Au début des années 2000, ces fiches ont été numérisées (au sein de banques d'images, devenues FIDJI stock) et le fichier a été informatisé sous FIDJI (Fichier informatique des données juridiques sur les immeubles, devenu FIDJI flux).

A Les conséquences de la publication

Après la signature de l'acte authentique, l'acte n'a d'effet qu'entre les parties. C'est seulement à compter de la date de dépôt que l'acte devient **opposable aux tiers**.

→ L'opposabilité présente un grand intérêt entre ayants-cause d'un même auteur : si un propriétaire vend le même immeuble à deux acquéreurs, celui des deux qui a publié sa vente en premier peut opposer son droit à l'autre, quelles que soient les dates des deux ventes.

→ L'étiquette de publication atteste de la publication de l'acte sur le fichier immobilier.

B Les actes soumis à publicité foncière

Plusieurs catégories d'actes sont soumises à publicité foncière. La formalité est réalisée auprès du service de publicité foncière du **lieu de situation de l'immeuble** :

- les **mutations d'immeubles** et **baux de plus de douze ans** sont retranscrits dans le registre des publications (*Volume P);*
- les **constitutions de garanties réelles et mainlevées** sont retranscrites sur le registre des inscriptions (*Volume V);*
- les **commandements de saisies** sont retranscrits sur le registre des saisies (*Volume S).*
- les procès-verbaux de remembrement sont conservés à part dans des registres, toujours sous format papier (*Volume R*).

C Les modalités de publication foncière

1. Le lien entre enregistrement et publicité foncière

Le lien entre enregistrement et publicité foncière diffère selon que l'acte est soumis à la formalité fusionnée ou à la double formalité.

• À l'occasion de la **formalité fusionnée**, l'acte est **enregistré ET publié de manière simultanée** (exemple : la vente). La formalité fusionnée doit être réalisée dans le délai d'un mois (à compter de la date de l'acte) auprès du service de publicité foncière compétent.
Les deux formalités (enregistrement et publication) sont réalisées ensemble.

- À l'occasion de la **double formalité**, l'acte est **enregistré PUIS publié** (exemples: liquidation-partage dans le cadre d'un divorce, bail supérieur à 12 ans). La formalité de l'enregistrement est réalisée dans le délai d'un mois (à compter de la date de l'acte) auprès du service des impôts compétent, **PUIS** la formalité de publicité foncière dans le délai de 3 mois (à compter de la date de l'acte) est effectuée auprès du service de publicité foncière compétent. **Les deux formalités (enregistrement et publication) sont réalisées consécutivement.**

→ Si l'acte contient des opérations sur des immeubles du ressort de plusieurs services, le délai est allongé d'un mois pour effectuer les formalités auprès des autres services.

2. La constitution du dossier de publication

Le dossier pour publier déposé au service de publicité foncière doit contenir:
- le paiement des droits et de la contribution de sécurité immobilière (voir fiche 9);
- une copie authentique et une copie pour publier (voir fiche 6);
- 2 extraits d'acte (sur bordereau 3265) + 1 modèle 1 (pour mise à jour du cadastre);
- 2 bordereaux de dépôt (attestant du dépôt et du paiement des droits);
- une demande de renseignements prorogée (pour l'obtention d'un **état sur formalité**).

Au pied de tout bordereau, extrait ou copie déposé au SPF, le notaire doit certifier les nom, prénoms dans l'ordre de l'état civil, domicile, date et lieu de naissance des parties et le nom de leur conjoint.

D Les sanctions de la non-conformité du dépôt

Si le contenu du dossier est incomplet ou si l'acte énonce des informations différentes de celles contenues dans le fichier immobilier, la formalité est sanctionnée de refus ou rejet.

Sanction	Cas de non-conformité	Conséquences
Refus de dépôt	• Non-paiement des droits. • Immeuble ne dépendant pas du service où le dossier est déposé. • État civil des personnes non précisé. • Dossier incomplet.	**Acte non déposé** La formalité n'est pas réalisée: - retour du dossier; - réalisation d'un nouveau dépôt.
Rejet de formalité	Discordance entre les énonciations du fichier et celles de l'acte à publier.	**Acte déposé** La formalité est suspendue: - dépôt d'une attestation rectificative; - délai: 1 mois à compter de la notification du rejet, sous peine de rejet définitif.

Un exemple d'attestation rectificative est proposé dans le Carnet professionnel.

E La publication par voie électronique

La formalité de dépôt au service de publicité foncière évolue. **Tele@ctes** est un système d'échange de données informatisé permettant la dématérialisation des échanges entre les offices notariaux et les services de publicité foncière. La télétransmission devient obligatoire pour les actes et documents signés à compter du 1er janvier 2018 (un arrêté à paraître doit en fixer la liste). À défaut, la sanction sera le refus de dépôt (arrêté du 4 mai 2017).

8 LA TAXATION

Le tarif des notaires

Les sommes versées à l'occasion de l'établissement d'un acte constituent les « frais de notaire ». Ils comprennent les taxes (environ 80 % des frais) que le notaire reverse à l'État, les déboursés (environ 10 %) et la rémunération du notaire (environ 10 %).

1 Le calcul de la rémunération du notaire

La rémunération du notaire est réglementée par l'arrêté du 26 février 2016, entré en vigueur le 1er mars 2016, en application de la loi du 6 août 2005 (dite loi Macron). Le tarif fixé par le décret et l'arrêté du 26 février 2016 est évolutif. Il est en vigueur jusqu'au 28 février 2018.

A La rémunération tarifée : les émoluments

L'arrêté est présenté sous la forme d'un **tableau** aux articles A 444-53 et suivants du code de commerce (articles A 444-59 et suivants pour les actes, et articles A 444-169 et suivants pour les formalités). Pour chaque prestation, il fixe les émoluments dus au notaire par les parties. Les actes sont numérotés et classés par grandes catégories : famille, immobilier, activités économiques...

→ Les numéros indiqués entre parenthèses renvoient au numéro du tableau de l'arrêté de 2016, disponible sur le site Foucher.

1. La rémunération de la rédaction des actes notariés

La plupart des actes ouvrent droit à des **émoluments proportionnels** déterminés par leur numéro au tableau. Ils sont calculés selon un barème dégressif, dont l'assiette de calcul est constituée par le **capital énoncé dans l'acte** (augmenté de la valeur des charges) ou l'**évaluation** retenue pour la liquidation des droits et taxes. Chaque tranche de l'assiette est multipliée par un pourcentage, qui diffère en fonction de la nature de l'acte.
Les **émoluments fixes** rémunèrent les actes ne donnant pas lieu à l'attribution d'un émolument proportionnel (exemple : la rédaction d'un PACS, n° 40, est rémunérée 192,31 € HT).

→ L'assiette de l'émolument est arrondie à l'euro le plus proche et les émoluments proportionnels au centime d'euro le plus proche.

2. La rémunération des formalités liées à l'acte notarié

La rémunération des demandes de pièces et des formalités postérieures est effectuée, dans certains cas, par un émolument fixe. Ainsi le forfait (n° 194) pour les actes destinés à être publiés au fichier immobilier (**sauf** pour les prêts avec garanties, les mainlevées...) inclut les attestations, demandes d'état civil et de cadastre, copies authentiques, sur papier libre, pour publier, extraits d'acte et réquisitions d'état (elles ne seront donc pas taxées en sus).
L'obtention de tout document (n° 204) correspond à des groupes de documents (relatifs à la copropriété, à l'urbanisme, aux assurances et garanties, au dossier de construction, à la protection des personnes et à la radiation des inscriptions). Chaque groupe est taxable une fois par acte en fonction des documents qui ont été **obtenus et vérifiés**.

Exemple de calcul pour l'établissement d'un acte de déclaration d'emploi (par acte séparé) constatant l'emploi de fonds personnels pour un montant de 57 000 €. Le n° 29 du tableau (art. A.444-74 C.Com) précise que cet acte donne lieu à une rémunération proportionnelle. L'assiette de l'émolument est de 57 000 € et le calcul est le suivant :

1re tranche :	6 500 × 1,315 %	= 85,48 €
2e tranche :	(17 000 – 6 500) × 0,542 %	= 56,91 €
3e tranche :	(57 000 – 17 000) × 0,362 %	= 144,80 €
Total de l'émolument proportionnel HT		= 287,19 €

Exemple pour l'établissement d'une donation entre époux pendant le mariage, avec effet au décès. Le n° 22 (art. A 444-69 C.Com) précise que cet acte donne lieu à un émolument fixe de 115,39 € HT.

Exemple de calcul pour l'établissement des formalités d'une vente d'une maison.
La réalisation des formalités suivantes peut donner lieu à un émolument de formalité : vérification du casier judiciaire (n° 181) 38,46 €, notification nécessaire à la purge du droit de préemption (n° 187) 38,46 €, forfait de publication (n° 194) 346,16 €, transmission au CSN des informations relatives aux mutations à titre onéreux (n° 195) 15,60 €, obtention de tout document (n° 204) pour les demandes d'urbanisme et relatives à la protection des personnes (ERNMT notamment) 2 × 57,69 € et pour chaque diagnostic obtenu et vérifié (art. A 444-172.1 C.Com) 15,38 €.

B La rémunération libre : les honoraires

Certains services rendus par les notaires à leurs clients ne sont pas réglementés : c'est le cas, par exemple, des consultations juridiques détachables d'un acte, des situations de transaction, de la négociation, de la rédaction des baux commerciaux, des cessions de fonds de commerce, des statuts de société, des cessions de parts sociales...
Dans ce cas, les notaires perçoivent des **honoraires**, dont le montant est libre et fixé en fonction du temps passé, de la difficulté du dossier... Leur montant doit être précisé dans une **convention d'honoraires**, établie par écrit, **préalablement à la prestation** (art. L 444-1 al. 3 C.Com). Il est conseillé de l'accompagner d'une lettre de mission pour préciser le cadre de la prestation.

C L'application de la TVA

L'ensemble de la rémunération des notaires (émoluments et honoraires) est soumis à la TVA sur les services au taux de 20 %.
Ce n'est pas le cas des **débours** (ou déboursés), puisqu'ils viennent en remboursement de frais acquittés par le notaire pour le compte de son client (la TVA a déjà été acquittée). Ils servent à rémunérer les différents intervenants et/ou à payer le coût des différents documents nécessaires à l'établissement de l'acte (demande d'état hors formalité par exemple).

2 Les règles particulières

A L'écrêtement

Dans le cadre des **ventes et des licitations** (n° 44 à 59), la somme des émoluments d'acte et de formalités que le notaire peut percevoir **ne peut pas être supérieure à 10 % de l'assiette de calcul de l'émolument, sans toutefois être inférieure à 90 € HT** (art. A 444-8 C.Com). Ainsi, pour la vente d'un bien conclue au prix de 4 500 €, le notaire perçoit 450 € HT au maximum. Une vente conclue au prix de 600 € HT génère le paiement d'un forfait de 90 € HT.

B Les minima

Si la valeur du bien ou du droit, objet de l'acte, est **inférieure à 500€**, le calcul de l'émolument proportionnel s'effectue sur la base de 500€, à laquelle est appliqué le taux correspondant à la 1re tranche du barème (exemple : un échange (n° 96) portant sur des lots d'une valeur de 450€ chacun génère un seul émolument minimum de 19,73€, soit 500€ × 3,945 %).

Cette règle ne s'applique pas aux ventes et aux licitations (écrêtement) ni aux actes pour lesquels un seuil supérieur à 500€ est fixé par l'arrêté. C'est le cas du contrat de mariage (n° 41), du certificat de propriété (n° 47), de la convention d'indivision (n° 89) et de servitude (n° 92).

C Les remises

Les émoluments d'acte proportionnels peuvent faire l'objet d'une **remise partielle libre** (art. A 444-174 du C.Com) de **10 % maximum sur la part d'émoluments HT** pour les tranches d'assiette supérieure ou égale à 150 000€ (la remise peut atteindre 40 % dans certains cas précisés à l'art. R 444-10 du C.Com).

Plusieurs conditions encadrent les remises partielles.

1. Elles doivent être affichées pour être portées à la connaissance des clients.
2. Elles doivent concerner tous les associés d'une même étude, pour les sociétés.
3. Elles doivent être applicables à un numéro du tableau dans sa totalité : ainsi, la remise doit concerner toutes les ventes de gré à gré (n° 54) et non seulement les ventes de terrain à bâtir.

Mais il est possible d'accorder 5 % sur les ventes de gré à gré et 10 % sur les VEFA (n° 55).

Des paliers peuvent être appliqués, par exemple : 4 % de 150 000 à 200 000 €, 6 % de 200 000€ à 350 000€ et 10 % au-delà.

Exemple de calcul d'une remise : une étude décide d'accorder 10 % de remise pour les ventes de gré à gré ≥ 150 000 €. Pour une vente (n° 54) conclue au prix de 230 000 €, le montant de la remise est calculé comme suit :

Calcul du montant de la remise (pour la tranche d'assiette ≥ 150 000€ et au taux applicable sur la dernière tranche d'émoluments) :

(230 000 – 150 000) × 0,814 % × 10 % = 65,12 €

Total de l'émolument d'acte incluant la remise de 10 % :

1re tranche :	6 500 × 3,945 %	= 256,425 €
2e tranche :	(17 000 – 6 500) × 1,627 %	= 170,835 €
3e tranche :	(60 000 – 17 000) × 1,085 %	= 466,55 €
4e tranche :	(230 000 – 60 000) × 0,814 %	= 1 383,80 €
Remise sur la tranche d'assiette ≥ 150 000 €		**= – 65,12 €**
Total de l'émolument proportionnel HT		= 2 212,49 €

Le notaire a le droit de **prêter gratuitement** son ministère. Dans ce cas, la **remise** qu'il consent doit être **totale** (c'est-à-dire porter à la fois sur les émoluments de rédaction et de formalités perçus pour une même affaire).

3 Le partage de la rémunération du notaire

A Le partage des émoluments

L'intervention de plusieurs notaires à la rédaction ou à la réception de l'acte n'augmente pas les émoluments dus par le client, mais ils sont partagés entre les notaires qui sont intervenus. Les articles 36 et 59 et s. du règlement national – règlement intercours précisant à quel notaire la minute est attribuée (notaire instrumentaire) et comment se répartissent les émoluments.

Répartition des émoluments proportionnels de rédaction (PRINCIPE)				
	Notaire instrumentaire (détenteur de la minute)		Notaire en participation (ou en second)	
Rédaction et conservation de la minute	20 %		-	
Partage des émoluments	Notaire en 2nd présent à la signature	Notaire en 2nd absent à la signature	Présent à la signature	Absent à la signature
	40 %	60 %	40 %	20 %
Total	**60 %**	**80 %**	**40 %**	**20 %**

Ce principe connaît des exceptions (art. 69 et s. du règlement intercours). Pour les liquidations, les partages et les prêts notamment, le notaire détenteur de la minute reçoit 67 % de l'émolument, le notaire en participation 33 %. Si la vente et le prêt sont reçus dans le même acte par le notaire du vendeur, il détient la minute et reçoit 20 %, le notaire de l'acquéreur-emprunteur 47 % et le notaire de l'organisme prêteur 33 %.

Si le notaire en participation est absent, son émolument est diminué de moitié au profit du notaire détenteur de la minute.

Il n'y a **pas de partage d'émoluments** pour les changements de régime matrimonial, les déclarations de succession, les certificats et attestations après décès. Il n'y en a pas non plus pour les actes rémunérés par des émoluments fixes, ni pour les émoluments de formalités, sauf pour le forfait de publication, à condition que la minute ait été attribuée au notaire de l'acquéreur.

B Le partage des honoraires

Sauf accord contraire entre les notaires, le notaire détenteur de la minute reçoit 60 % des honoraires. Pour les honoraires de transaction, la part est de 50 % chacun. Les honoraires de négociation ne se partagent pas.

- → Le notaire demande à ses clients une **provision sur frais**, c'est-à-dire la consignation d'une somme suffisante qui viendra alimenter le compte de chaque client de l'étude pour permettre le paiement des frais. **Le notaire ne peut pas avancer les frais.**
- → La comptabilité notariale est soumise à des règles strictes, séparant les comptes de l'étude des comptes personnels de chaque client.
- → Le notaire doit remettre au client un **décompte** faisant apparaître le détail des frais (droits, débours, émoluments et honoraires, le cas échéant, ainsi que le montant de la TVA).

9 LA TAXATION

Les droits d'enregistrement et les taxes liées à la publicité foncière

L'enregistrement des actes et leur publication sur le fichier immobilier sont des formalités qui entraînent la perception de taxes et impôts par le notaire pour le compte de l'État et des collectivités territoriales. La fiscalité afférente à chaque acte est reprise dans le chapitre concerné. Il s'agit ici d'apporter un éclaircissement général et de tenter une classification.

1 Les droits d'enregistrement

A Les opérations soumises aux droits d'enregistrement

Les droits d'enregistrement sont dus lors de la réception d'actes (c'est-à-dire à leur signature), mais également à l'occasion d'événements juridiques non constatés par des actes (exemple : les dons manuels). Concernant les actes notariés, il est possible de classer les droits d'enregistrement en deux grandes catégories.

1. Les droits d'enregistrement portant sur des mutations

Les droits d'enregistrement sont dus lors de **chaque changement de propriétaire** : il s'agit alors de **droits de mutation**. On distingue deux catégories de droits de mutation.

• Les droits de mutation **à titre onéreux** qui sont dus à l'occasion d'un transfert de propriété (ou de l'usufruit ou de la nue-propriété) d'un bien **avec contrepartie** (exemples : vente et échange d'immeubles, apport à une société, licitation, cession de fonds de commerce).
L'assiette des droits est constituée par le prix de vente ou la valeur de la contrepartie (en cas d'échange ou d'apport).

• Les droits de mutation à **titre gratuit** qui sont dus à l'occasion du transfert de propriété **sans contrepartie** (exemples : donation, donation-partage, mutation par décès).
L'assiette des droits est constituée par l'évaluation des biens ou droits transmis (qui doit correspondre à la valeur vénale, soit le prix du marché).

2. Les droits d'enregistrement ne portant pas sur des mutations

Il peut s'agir ici d'opérations très diverses (liste non exhaustive) :
- les procurations ;
- les contrats de mariage, les changements de régime matrimonial ;
- les inventaires, les actes de notoriété ;
- les actes de partage, mettant fin à l'indivision, et les actes assimilés fiscalement à un partage (voir fiche 49) ;
- les actes présentés volontairement à l'enregistrement (un contrat de bail par exemple), etc.

B Le calcul des droits d'enregistrement

Les droits d'enregistrement peuvent être **fixes** (exemples : 25 € pour une procuration, 125 € pour un PACS), **proportionnels** (exemples : droits de vente – *cf. infra*, droits de partage de 2,5 % sur l'actif net partagé) ou **progressifs** (exemple : cession de fonds de commerce, voir fiche 54).

➜ Le précis de fiscalité, accessible sur internet (bofip.impots.gouv.fr/), permet de retrouver le tarif d'enregistrement des principaux actes. Il reprend les dispositions du code général des impôts concernant l'enregistrement des actes (articles 677 à 848 bis CGI).

2 Les taxes liées à la publicité foncière

Le redevable de ces taxes est le nouveau propriétaire.

A La taxe de publicité foncière (TPF)

1. Les opérations soumises à la TPF

La TPF est perçue en même temps que la publication ou l'inscription d'un acte sur le fichier immobilier tel que :
- la publication de la mutation d'un immeuble (à titre onéreux ou à titre gratuit) ;
- l'inscription d'une garantie réelle immobilière (privilège, hypothèque) ;
- la publication d'un bail d'une durée supérieure à 12 ans.

2. Le calcul de la TPF

• **L'assiette de la TPF** est le prix de vente de l'immeuble ou son évaluation en cas de mutation à titre gratuit.

• **Le taux et la répartition de la TPF** entre les différentes collectivités territoriales : elles se partagent le montant de la TPF avec l'État selon la répartition présentée dans le tableau suivant.

Répartition de la TPF	Taux de droit commun	Taux réduit
Taxe départementale	4,50 %	0,70 %
Taxe communale	1,20 %	Non exigible
Prélèvement pour frais d'assiette et de recouvrement (FAR) au profit de l'État	2,37 % (de la taxe départementale)	2,14 % (de la taxe départementale)
Total TPF	**5,80665 %**	**0,71498 %**
Total arrondi	***5,81 %***	***0,715 %***

Les taxes départementales et communales peuvent être réduites par certaines collectivités territoriales (voir la liste sur www.impots.gouv.fr).

➜ Le **minimum de perception** est de 25 €.
➜ Certaines opérations sont soumises à un **taux spécifique de TPF** (5 % pour les échanges par exemple, voir fiche 27).
➜ Certaines opérations sont taxées au **taux réduit** (voir fiche 11). Le taux réduit s'applique également pour les opérations devant être inscrites au fichier immobilier mais ne constituant pas des ventes (inscription d'une hypothèque conventionnelle, contrat de mariage avec mise en communauté de biens immobiliers…).
➜ Le taux réduit de la taxe départementale est ramené à 0,60 % pour les donations.

3. La nature de la TPF

- Quand l'acte est soumis à la **formalité fusionnée** (voir fiche 7):

– **en principe**, la taxe de publicité foncière **tient lieu de droits d'enregistrement** (exemple: la vente); ainsi, seule la TPF, valant droits de mutation, est versée au service de publicité foncière;

– **par exception**, la TPF ne tient pas lieu de droits d'enregistrement pour les **mutations à titre gratuit** (bien que celles-ci soient soumises à la formalité fusionnée depuis le 1er juillet 2014); ainsi, pour une donation, les droits de mutation à titre gratuit **et** la TPF à taux réduit (TPF de 0,60 % et des FAR de 2,37 %) sont versés au SPF.

- Quand l'acte est soumis à la **double formalité** (exemple: les décisions judiciaires), la taxe de publicité foncière **ne tient pas lieu de droits d'enregistrement**: en sus du paiement des droits de mutation à titre gratuit au service des impôts lors de l'enregistrement, une TPF à taux réduit est versée au service de publicité foncière.

B La contribution de sécurité immobilière

La **contribution de sécurité immobilière** est une taxe au profit de l'État perçue lors de la publication ou de l'inscription d'une opération sur le fichier immobilier. Elle est versée en même temps que la TPF; elle remplace l'ancien salaire du conservateur.

En principe, elle est «liquidée sur les sommes énoncées ou la valeur estimée (...) des immeubles (...) faisant l'objet de la publication» (art. 881K CGI). Son taux est de 0,10 % pour les mutations et de 0,05 % pour les inscriptions.

→ Le **minimum de perception** pour la contribution de sécurité immobilière est de 15 € pour les mutations et 8 € pour les inscriptions.

Exemples de calcul de la TPF

- **Vente d'un immeuble**, prix de vente 350 000 €. C'est une opération soumise à TPF, qui tient lieu de droit d'enregistrement.

Taxe départementale:	350 000 × 4,5 %*	= 15 750 €
Taxe communale:	350 000 × 1,2 %	= 4 200 €
Prélèvement pour FAR:	15 750 × 2,37 %	= 373,28 €
Total:		20 323,28 €
Total arrondi à:		20 323,00 €

\+ **Contribution de sécurité immobilière**: 350 000 € × 0,10 % = 350 €

* 3,80 % dans l'Indre, l'Isère, le Morbihan et Mayotte.

- **Inscription d'une hypothèque conventionnelle** pour 175 000 €. C'est une opération soumise à TPF, qui tient lieu de droit d'enregistrement.

Taxe départementale:	175 000 × 0,70 %	= 1 225 €
Taxe communale:	175 000 × 0 %	= néant
Prélèvement pour FAR:	1 225 × 2,14 %	= 26,22 €
Total:		1 251,22 €
Total arrondi à:		1 251,00 €

\+ **Contribution de sécurité immobilière**: 175 000 € × 0,05 % = 87,50 € arrondis à 88 €

En matière fiscale, les règles des arrondis s'appliquent **à l'assiette et à l'impôt calculé**.

→ Arrondir à l'euro inférieur les chiffres après la virgule inférieurs à 0,5.

→ Arrondir à l'euro supérieur les chiffres après la virgule supérieurs à 0,5.

10 LA TAXATION

L'impôt sur la plus-value immobilière

La plus-value est l'augmentation de la valeur d'un bien, constatée entre la date de son acquisition et la date de sa revente. Cette plus-value réalisée par le propriétaire est taxée. À l'occasion de la vente qu'il reçoit, le notaire est chargé de procéder à la déclaration et la liquidation de l'impôt sur la plus-value immobilière, en prélevant le montant dû par le vendeur sur le prix de vente.

1 Le champ d'application de l'impôt sur la plus-value immobilière

Pour déterminer si l'impôt sur la plus-value est dû, il est nécessaire de vérifier que les conditions d'application sont réunies.

- Seules les **cessions à titre onéreux** (vente, échange, apport en société...) sont soumises à l'impôt sur la plus-value.
- Ces cessions doivent être réalisées par des **personnes physiques** ou une **société civile immobilière** non assujettie à l'impôt sur les sociétés.
- Enfin, la cession doit porter sur un **immeuble** qui peut être :

– un bien bâti ou non bâti ;
– un droit relatif à ces immeubles (nue-propriété, droit indivis...) ;
– certains titres de sociétés dont l'actif est constitué majoritairement d'immeubles.

→ Les modalités de taxation des plus-values réalisées par les contribuables domiciliés fiscalement hors de France, ainsi que celles opérées dans le cadre d'une activité professionnelle ne sont pas étudiées ici.

Certaines cessions à titre onéreux d'immeubles sont **exonérées d'impôt sur la plus-value**.

Exonérations	Observations
Exonération de la vente de la **résidence principale**	Elle porte uniquement sur la résidence habituelle et effective du propriétaire au jour de la vente (les dépendances immédiates et nécessaires sont exonérées si elles sont cédées en même temps).
Exonération de la **première** vente d'une résidence secondaire	À condition que le cédant ne soit pas propriétaire de sa résidence principale au cours des 4 années précédant la cession. L'exonération porte seulement sur la fraction du prix employée à l'acquisition de la résidence principale si cette acquisition intervient dans les 2 années suivant la vente.
Exonération des cessions dont le prix est inférieur à **15 000 €**	En cas de cession de droits indivis, le seuil de 15 000 € est apprécié pour chaque quote-part indivise. Pour un couple marié, il faut tenir compte de ce seuil pour chaque époux.
Autres exonérations	Sous certaines conditions : ① avant dernière année de la cession pas ISF - personnes âgées ; - adultes handicapés ; - opérations d'expropriation ou de remembrement.

2 Le calcul de l'impôt sur la plus-value

A La détermination de la plus-value imposable

La plus-value imposable (ou nette) se calcule à partir de la plus-value brute.

1. Calcul de la plus-value brute

La plus-value brute prend en compte les prix de cession et d'acquisition. Il faut les corriger en effectuant les opérations suivantes.

Calcul du prix de cession corrigé	
Prix de cession	Prix stipulé dans l'acte de vente
+ Charges augmentatives du prix	Charges et indemnités acquittées par l'acquéreur en lieu et place du vendeur (exemple : prise en charge par l'acquéreur des frais d'établissement des diagnostics, des frais de géomètre pour division et bornage du terrain...)
- Charges diminutives du prix	TVA acquittée par le vendeur lors de son acquisition Frais supportés par le vendeur, **sur justificatifs** (liste limitative) : - frais d'intermédiaire ou de mandat ; - coût des diagnostics légaux ; - indemnités d'éviction versées au preneur éventuel ; - honoraires d'architecte ; - frais de mainlevée.

Calcul du prix d'acquisition corrigé	
Prix d'acquisition	Prix stipulé dans le titre de propriété du vendeur **ou** Valeur retenue pour le calcul des droits fiscaux en cas d'acquisition par donation ou succession
+ les frais liés à l'acquisition à titre gratuit ou	Les droits de mutation à titre gratuit pour leur montant réel, les frais de publication, la rémunération du notaire, à condition d'avoir été effectivement supportés par le vendeur.
+ les frais liés à l'acquisition à titre onéreux (droits fiscaux, émoluments...)	• Soit pour leur montant réel (**sur justificatifs**) • Soit sur la base d'un forfait de 7,5% du prix d'acquisition (**sans justificatif**)
+ les dépenses de construction ou d'amélioration réalisées par le vendeur	• Soit pour leur montant réel (**sur justificatifs**) • Soit sur la base d'un forfait de 15% du prix d'acquisition (**sans justificatif**), en cas de cession d'un immeuble bâti **détenu depuis plus de 5 ans**

➜ Les dépenses d'entretien ou de réparation (telles que la réfection de la toiture) ne sont pas comptabilisées en tant que dépenses de construction ou d'amélioration.

On peut désormais calculer **la plus-value brute** :

Plus-value brute = Prix de cession corrigé – Prix d'acquisition corrigé

2. Calcul des plus-values nettes

La plus-value nette (ou imposable) se calcule en retranchant à la plus-value brute l'abattement relatif à la durée de détention. Le calcul de l'abattement diffère pour calculer l'impôt sur la plus-value (19 %) et pour les prélèvements sociaux (15,5 %). Il faut donc calculer deux plus-values nettes (voir tableaux dans le Carnet professionnel).

Durée de détention	Taux d'abattement pour le calcul de l'impôt à 19 %	Taux d'abattement pour le calcul des prélèvements sociaux
0 à 5 ans	0 %	0 %
6 à 21 ans	6 % par année de détention	1,65 % par année de détention
22e année	4 % par année de détention	1,60 % par année de détention
Au-delà de la 22e année	Exonération à compter de 22 années de détention pleines	9 % par année de détention (exonération à compter de 30 années de détention pleines)

B Le calcul de l'impôt

1. Calcul de l'impôt et des prélèvements sociaux

L'impôt sur la plus-value immobilière (19 %) et les prélèvements sociaux (15,5 %) sont chacun calculés sur leur assiette respective.

La plus-value imposable, l'impôt à 19 % et les prélèvements sociaux sont arrondis à l'euro le plus proche.

2. Calcul de la taxation additionnelle sur les plus-values de plus de 50000 €

Depuis le 1er janvier 2013, une taxation additionnelle s'applique **si la plus-value nette est supérieure à 50 000 €**.

Cette taxation additionnelle s'applique aux cessions d'immeubles soumises à l'impôt sur la plus-value immobilière, **à l'exception des cessions portant sur des terrains à bâtir** :

- les cas d'exonération sont identiques ;
- l'assiette de cette imposition additionnelle est constituée par la plus-value nette déterminée pour le calcul de l'impôt à 19 %, telle que mentionnée ci-dessus ;
- le montant de la plus-value détermine le taux à appliquer pour calculer la sur-taxation (voir Carnet professionnel).

3 La rédaction

En fin de partie normalisée, le notaire doit indiquer dans une clause DÉCLARATION DES PLUS-VALUES IMMOBILIÈRES :

- l'adresse du service des impôts dont dépend le vendeur ;
- le prix d'acquisition par le vendeur ;
- le nom du précédent propriétaire, son domicile et, éventuellement, la date du décès.

En cas d'exonération, il est nécessaire de préciser la nature et l'article de la loi applicable.

4 La déclaration et le paiement

Une déclaration est établie sur l'imprimé n° 2048-IMM. Sur cet imprimé, le vendeur et l'immeuble vendu sont identifiés, et le calcul de l'impôt est détaillé.

En cas de pluralité de vendeurs, il faut établir un formulaire par vendeur en indiquant la quotité vendue par chacun d'eux.

Un exemplaire de la déclaration et le chèque en paiement de l'impôt doivent être déposés au service de publicité foncière du lieu de l'immeuble **dans le mois** de la vente, lors de **l'exécution de la formalité fusionnée**. Le non-respect de ces règles est sanctionné par le refus du dépôt de l'acte. L'établissement de la déclaration par le notaire lui ouvre droit à un émolument de formalité de 57,69 € HT (art. A 444-172 C.Com, n° 206 du tableau), dû par l'acquéreur, sauf convention contraire (bien que le vendeur soit le redevable de l'impôt sur la plus-value).
Le vendeur devra indiquer dans sa déclaration de revenus de l'année de la cession le montant de la plus-value immobilière déclarée.

Cas pratique

Il y a moins de 8 ans, Sarah (propriétaire de son logement à Toulon) a reçu, par donation de ses parents, la pleine propriété d'un immeuble bâti situé à Arles, évalué au jour de la donation à 390 000 €. Les frais d'acquisition (droits de donation, coûts de publication de la donation) se sont élevés à 32 900 €. Sarah souhaite vendre ce bien à Eugénie au prix de 720 000 € (hors frais d'agence).
Les contractantes ont été mises en relation par l'agence immobilière IMMO2000. La commission d'agence, d'un montant de 22 000 €, sera réglée par la venderesse. Sarah a fait établir les diagnostics (facture de 570 €). Aucun cas d'exonération ne s'applique.

Calcul de la plus-value brute

- Au prix de cession (720 000 €), il doit être déduit la commission d'agence prise en charge par le vendeur (22 000 €) ainsi que le coût des diagnostics (570 €). **Le prix de cession corrigé** s'élève à 697 430 €.
- À la valeur d'acquisition (390 000 €), il doit être ajouté les frais d'acquisition, pour leur montant réel puisqu'il s'agit d'une acquisition à titre gratuit (32 900 €), ainsi que le forfait de 15 % correspondant aux travaux de rénovation (le bien vendu étant un immeuble bâti détenu depuis plus de 5 ans). Les travaux de rénovation sont donc estimés à 58 500 € (15 % x 390 000). **Le prix d'acquisition corrigé** s'élève à 481 400 €.

La plus-value brute est donc égale à 697 430 – 481 400 = 216 030 €.

Calcul de l'impôt à 19 %

- Calcul de la plus-value nette. Le vendeur ayant détenu le bien pendant 7 années pleines, le taux de l'abattement est de 12 % de la plus-value brute (soit 25 923,60 €). La plus-value nette est donc de 216 030 – 25 923,60 = 190 106,40 €, arrondie à 190 106 €.
- L'impôt sur la plus-value s'élève à 190 106 x 19 % = 36 120 € (arrondi).

Calcul des prélèvements sociaux

- Calcul de la plus-value nette. Le vendeur ayant détenu le bien pendant 7 années pleines, le taux de l'abattement est de 3,30 % de la plus-value brute (soit 7 128,99 €). La plus-value nette est donc de 216 030 – 7 128,99 = 208 901,01 € arrondie à 208 901 €.
- Les prélèvements sociaux s'élèvent à 208 901 x 15,5 % = 32 379,65 € = 32 380 € (arrondi).

Calcul de la taxation additionnelle

La plus-value nette de l'impôt à 19 % (190 106 €) étant supérieure à 50 000 €, et le bien vendu n'étant pas un terrain à bâtir, le vendeur est redevable de la taxation sur les plus-values élevées. Ici, cette taxe supplémentaire s'élève à 4 % de la plus-value imposable.
La taxe additionnelle s'élève donc à 190 106 x 4 % = 7 604,24 €, arrondie à 7 604 €.
Le montant total dû par le vendeur au titre de l'impôt sur la plus-value est de 76 104 € (arrondi).

11 LA TAXATION

La taxe sur la valeur ajoutée immobilière

La TVA est un impôt collecté par le vendeur de biens et services sur la vente de ceux-ci. Il s'agit ainsi d'un impôt indirect puisque celui qui supporte l'impôt (le contribuable) n'est pas celui qui doit le déclarer et le verser aux services fiscaux (le redevable). En matière immobilière, celui qui est redevable de la TVA est le vendeur, c'est-à-dire le propriétaire. Le contribuable est l'acquéreur de l'immeuble (le montant de la TVA est facturé à l'acquéreur sur le prix de vente).

1 Le champ d'application de la TVA immobilière

A Les opérations taxables

Les opérations soumises à la TVA sont les **mutations à titre onéreux** (vente, échange, apport en société...).

B Les cédants imposables

L'application de la TVA est déterminée par l'activité du redevable de la TVA, c'est-à-dire le cédant. Ainsi, il est nécessaire de distinguer entre le cédant assujetti et celui qui n'est pas assujetti.

Le cédant assujetti

Définition :
Propriétaire qui vend l'immeuble dans le cadre de son activité économique (commerciale ou civile, immobilière ou non).

Conséquences
Les opérations immobilières réalisées par les cédants assujettis sont **soumises à la TVA de plein droit**. Certaines opérations sont exonérées, sauf option pour la TVA par l'assujetti.

Le cédant non assujetti

Définition :
Propriétaire qui n'effectue pas la vente de l'immeuble dans le cadre d'une activité économique.

Conséquences
Les opérations immobilières réalisées par les cédants non assujettis sont **hors champ de la TVA**. Les cédants non assujettis ne peuvent pas opter pour la TVA.

C Les biens immobiliers concernés

1. Cessions soumises à la TVA immobilière

Les cédants **assujettis au sens de la TVA sont redevables de plein droit de la TVA** s'ils vendent certains types d'immeubles :
- la vente d'un **terrain à bâtir**, à savoir un **terrain constructible** en vertu d'un plan local d'urbanisme, d'une carte communale, ou des articles L 111-3 et s. du code de l'urbanisme ;
- la vente d'un **immeuble neuf**, c'est-à-dire un **immeuble achevé depuis moins de 5 ans**, soit qu'il procède d'une nouvelle construction, soit qu'il résulte de travaux de rénovation tels qu'il peut être regardé comme un immeuble neuf ;
- la **vente d'un immeuble à construire**, par laquelle le **vendeur s'oblige à édifier un immeuble** dans un délai déterminé (ventes en état futur d'achèvement ou ventes à terme) ;
- la **vente d'un immeuble à rénover**, par laquelle le vendeur s'oblige à la **rénovation d'un immeuble bâti existant.**

2. Cessions exonérées de TVA immobilière

Sont exonérées de TVA les cessions par des assujettis des biens suivants :
- terrains non à bâtir ;
- immeubles achevés depuis plus de cinq ans.

Toutefois, le cédant assujetti a la **possibilité d'opter** pour la TVA dans ce cas.

2 Les modalités de taxation

A L'assiette

- L'assiette de la TVA est en principe constituée **par le prix de vente hors taxe** de l'immeuble.
- La TVA se calcule obligatoirement sur la **marge** (à savoir prix de cession – prix d'acquisition), si les conditions suivantes sont réunies :
- le cédant est un assujetti ;
- l'acquisition du bien par le cédant n'a pas ouvert droit à déduction ;
- l'immeuble cédé est un terrain à bâtir ou un immeuble achevé depuis plus de cinq ans, le cédant ayant opté pour la TVA.

LE DROIT À DÉDUCTION

→ Le vendeur peut déduire de la TVA dont il est redevable la TVA qu'il a payée en amont, lors de l'achat du logement neuf ou lors de sa construction.

B Le taux

	Taux en vigueur	Précisions
Taux normal	20 %	Pour calculer le prix hors taxe (HT) à partir d'un prix toutes taxes comprises (TTC), il faut diviser le prix TTC par 1,2.
Taux intermédiaire	10 %	Exemple : les ventes de logements locatifs neufs situés dans un ensemble immobilier comprenant 25 % de surface de logements sociaux.
Taux réduit	5,5 %	Exemple : les ventes et les constructions de logements dans les quartiers prioritaires déterminés par la ville.

C Fait générateur et exigibilité

Le **fait générateur** de la TVA est la livraison de l'immeuble, c'est-à-dire au moment du transfert du droit de propriété. L'intérêt est de connaître la date à laquelle la taxe naît : c'est en principe au moment de la signature de l'acte authentique de vente.
La TVA est **exigible**, c'est-à-dire qu'elle doit être versée à l'administration fiscale, à la livraison de l'immeuble. Le fait générateur et l'exigibilité coïncident ici.
Concernant les ventes d'immeubles à construire (telles que les VEFA), le fait générateur et l'exigibilité ne coïncident pas : si le fait générateur demeure la livraison de l'immeuble, la taxe est exigible lors de chaque versement des sommes suivant les échéances prévues par le contrat, en fonction de l'avancement des travaux (voir fiche 26).

D Déclaration et paiement de la taxe

Les assujettis déclarent et versent la TVA collectée au moyen de l'imprimé n° 3310, déposé en un seul exemplaire au service des impôts du lieu où sont souscrites leurs déclarations de résultats.
Différents systèmes de déclaration de TVA existent, en fonction notamment du chiffre d'affaires de l'entreprise (régimes réels normal et simplifié...).

3 Les incidences de la TVA sur les droits de mutation

A L'exigibilité des droits de mutation

Les mutations d'immeubles qui entrent dans le champ de la TVA, de plein droit ou sur option, sont également soumises aux droits de mutation à titre onéreux, dont est redevable l'acquéreur (voir fiche 9).
Ces droits de mutation sont liquidés sur le prix exprimé dans l'acte. Il s'agit du prix hors taxe si le montant de la TVA due par le cédant est mentionné distinctement dans l'acte de vente (ventilation du prix TTC en prix HT et TVA dans la clause PRIX – voir fiche 20). Ces droits sont calculés, en principe, sur la base du taux de droit commun (5,81 %).

B L'application du taux réduit des droits de mutation

La mutation à titre onéreux bénéficie du taux réduit de 0,715 %, dans les deux cas suivants.
• **Si la mutation est obligatoirement taxable à la TVA sur le prix total** :
– en cas de vente d'un terrain à bâtir par un assujetti si l'acquisition de ce terrain avait ouvert droit à déduction de TVA ;
– ou en cas de vente d'un immeuble neuf par un assujetti.
• **Si l'acquéreur, assujetti, prend l'engagement de revendre l'immeuble, aux conditions suivantes** :
– l'acquéreur a la qualité d'assujetti à la TVA ;
– il doit s'engager, dans une clause dans l'acte, à revendre l'immeuble dans **les 5 ans** suivant la signature de l'acte.

C L'exonération de droits de mutation

La mutation bénéficie d'une exonération de droits de mutation si les conditions suivantes sont réunies :
– l'acquéreur a la qualité d'assujetti à la TVA ;
– il s'engage à effectuer, dans un délai de 4 ans suivant la signature de l'acte, les travaux conduisant à la production d'un immeuble neuf.
Si ces deux conditions sont réunies, seul un droit fixe de 125 euros est exigible.

Cas pratiques

Cas n°1 : Vente d'un terrain à bâtir

Paul Cadier, fleuriste de profession, vend un terrain à bâtir à la société de promotion immobilière IMMO2000, au prix de 300 000 €. La société acquiert le bien afin d'y faire construire un ensemble immobilier en copropriété.

◗ *Conséquences fiscales de la vente :*

- Le vendeur n'est pas redevable de la TVA immobilière car il n'est pas assujetti : il ne réalise pas la vente dans le cadre de son activité économique.

La vente Cadier/IMMO2000 est hors champ d'application de la TVA.

(M. Cadier peut être redevable de l'impôt sur la plus-value immobilière - voir fiche 10, et/ou des taxes sur les terrains nus devenus constructibles - voir fiche 22).

- L'acquéreur est redevable des droits de mutation à titre onéreux.

La société a la qualité d'assujetti à la TVA : c'est dans le cadre de son activité économique qu'elle acquiert l'immeuble.

Si elle prend l'engagement dans l'acte de vente de construire un immeuble dans un délai de 4 ans à compter de la vente, la société est exonérée de droits de mutation : seul un droit fixe de 125 € est exigible.

Cas n°2 : Vente en état futur d'achèvement

La société IMMOCONSTRUCTOR construit un ensemble immobilier à Nîmes et vend les appartements en état futur d'achèvement. Monsieur Albruset acquiert un appartement de ce programme pour un montant de 180 000 € TTC.

◗ *Conséquences fiscales de la vente au regard de la TVA*

- Le vendeur cède le bien à titre onéreux dans le cadre de son activité professionnelle : le vendeur a donc la qualité d'assujetti au regard de la TVA.
- Le bien est vendu et acquis en état futur d'achèvement. La vente est donc soumise à la TVA.

La société IMMOCONSTRUCTOR est donc redevable d'une TVA immobilière de 30000 € (180000/1,2). Le prix hors taxe est de 150 000 € (le prix et la TVA seront payés par fractions correspondant à l'avancement des travaux, voir fiche 26).

◗ *Conséquences fiscales de la vente au regard des droits de mutation*

- La vente étant soumise obligatoirement à la TVA sur le prix total, l'acquéreur est redevable de droits de mutation à taux réduit (la TPF tient lieu ici de droits d'enregistrement). L'assiette de la TPF est de 150 000 €.
- Calcul de la TPF :

Taxe départementale :	150 000 × 0,70 %	= 1 050,00 €
FAR :	1 050 × 2,14 %	= 22,47 €
Total :		1 072,47 €, arrondi à 1 072 €.

La constitution du dossier

Le dossier réunit l'ensemble des informations et documents nécessaires pour la justification des faits, l'information des parties et la rédaction de l'acte. L'authenticité est au cœur du dossier. Les éléments qu'il contient contribuent à la sécurité et à l'efficacité de l'acte authentique.

1 La préparation du dossier

Lorsque le collaborateur fixe le **premier rendez-vous** avec le client, il lui adresse un courrier de confirmation accompagné de la demande des premières pièces et d'un formulaire à renseigner. Les logiciels d'aide à la rédaction d'actes proposent des courriers types et des formulaires.

Ces éléments constituent les premières informations utiles à la constitution du dossier (renseignements sur l'état civil, situation matrimoniale et professionnelle...).

Une fiche est pré-complétée avec les premiers éléments fournis par le client au moment où le rendez-vous a été fixé. Elle est remise au notaire lors de ce premier rendez-vous. Le notaire annote cette fiche durant l'entretien et collecte les pièces et le formulaire rapportés par le client.

Ces éléments constituent une base de travail pour les collaborateurs qui vont être en charge du dossier.

2 Le contenu du dossier

Les éléments collectés auprès du client alimentent les fichiers de l'étude, dans le but de réunir les formalités préalables nécessaires à la rédaction de l'acte authentique. Il est utile de garder une copie des demandes de pièces à titre de preuve des démarches effectuées. Ces copies sont détruites dès réception des pièces demandées.

- Un **dossier papier** est ouvert, constitué d'une chemise cartonnée où les premières pièces sont classées.
- Un **dossier informatique** est ouvert en parallèle. Les fiches « clients » et « biens » sont créées (ou mises à jour si elles existent déjà). Le collaborateur renseigne les différents champs à l'aide des premières informations collectées.

Ces dossiers sont enrichis au fur et à mesure de la réception des pièces.

→ Les fichiers détenus par les offices notariaux contenant des données personnelles doivent être déclarés à la CNIL (Commission nationale de l'informatique et des libertés) en vertu de la loi 78-17 du 6 janvier 1978. Cette information est précisée sur l'acte notarié dans une clause LOI INFORMATIQUE ET LIBERTÉS.

La **chemise cartonnée**, support physique du dossier, est annotée.

- Sur la page de garde, il est indiqué :

– les références du notaire en charge du dossier ;
– le nom des parties ;
– la date d'ouverture du dossier ;

- le délai de réalisation (dans un souci de respect des délais);
- la présence ou non d'un notaire en second;
- le numéro du dossier (attribué par le logiciel).

→ Ces éléments permettent de repérer le dossier. Les informations personnelles sont contenues à l'intérieur de la chemise dans le **respect du secret professionnel**.

- Sur la 2e page est reproduite une liste préétablie des formalités concernant:
- les parties;
- l'objet de l'acte;
- la situation patrimoniale et financière des parties.

→ Cette liste permet d'assurer le suivi du dossier. Le collaborateur indique les pièces nécessaires à l'affaire en cours, précise les dates de demande et de retour des pièces et rappelle les interventions éventuelles à prévoir et les formalités postérieures à réaliser.

- En 3e page est reproduit un formulaire de pré-taxe précisant:
- les émoluments de formalités en lien avec les demandes de pièces;
- les émoluments de rédaction qui peuvent être facturés;
- les droits d'enregistrement en fonction du type d'acte.

→ Ce formulaire permet d'ouvrir le compte du client en comptabilité, d'évaluer la provision sur frais à demander au client (voir fiche 8) et d'établir le décompte client.

3 L'organisation du dossier

La finalité de l'organisation du dossier est de retrouver les documents utiles au bon moment. Le **choix des couleurs** peut donc faciliter le travail de classement et de recherche dans les dossiers.

- Les chemises cartonnées, support physique d'un dossier, utilisent une couleur différente (immobilier, famille, entreprise...).
- À l'intérieur des chemises cartonnées, les documents collectés sont placés dans des chemises papier, **toujours rangées dans le même ordre** avec une couleur permettant de distinguer le contenu:
- rose foncé pour les états civils;
- bleu pour les titres de propriété;
- gris pour le compromis;
- vert clair pour la négociation;
- rose clair pour le financement par un prêt;
- rouge pour le passif;
- vert foncé pour l'actif...

→ Un dossier soigné et classé par ordre logique et chronologique est un dossier qui peut être consulté à tout moment par un collaborateur, même si ce dernier n'est pas celui qui assure le suivi du dossier.

Le dossier accompagne le cheminement de l'acte depuis la prise de rendez-vous avec le client jusqu'à la signature de l'acte et l'accomplissement des formalités postérieures. À la clôture du dossier, il convient de le purger. Cette opération consiste à épurer le dossier pour ne garder que l'essentiel et donc extraire les documents qu'il n'est pas nécessaire de conserver (les doublons, les copies de courriers...). Il s'agit de gagner de la place pour l'archivage du dossier (voir fiche 14).

Le management qualité

En 2011, la marque « Management et Qualité® : cap sur la performance » (déposée par le CSN auprès de l'Institut national de la propriété intellectuelle) a remplacé la démarche qualité notariale. Dans l'esprit du projet des notaires de France 2020, cet outil de pilotage, facteur d'efficacité pour les offices notariaux, repose sur la mise en place de procédures d'amélioration.

Même si la certification reste l'objectif principal, il s'agit davantage de mettre en place la qualité dans chaque secteur de l'office notarial.

Deux étapes permettent :

- **d'identifier les dysfonctionnements** après un état des lieux des principaux problèmes rencontrés par l'étude (par exemple : expédition tardive d'une copie authentique, manque d'information envers la clientèle, faible recours à la dématérialisation...). L'objectif est de limiter les retards et les réclamations, et par conséquent, de diminuer les coûts cachés ;
- d'analyser les écarts entre objectifs et résultats et de **mettre en œuvre un plan d'actions** afin de proposer des pistes d'amélioration continue des méthodes de travail au niveau des relations clients, des formalités, de la comptabilité et des technologies utilisées par l'office notarial (voir Carnet professionnel).

L'objectif final reste la satisfaction de la clientèle de l'étude et l'amélioration du service notarial en général.

13 L'ORGANISATION DANS LE CADRE DE L'ACTIVITÉ NOTARIALE

L'analyse du dossier

Le collaborateur doit avoir une vue d'ensemble du dossier pour comprendre son contenu et mettre en œuvre les démarches nécessaires à son aboutissement.

1 La méthode QQOQCPC

Il s'agit d'une méthode empirique qui consiste en une phase préalable de **questionnement systématique et exhaustif**. Le QQOQCPC est un moyen mnémotechnique pour se souvenir des différentes questions à se poser dans le but de **comprendre toutes les composantes d'un dossier et de décider des actions à mettre en place**.

Le tableau ci-dessous propose différentes questions à se poser (la liste n'est pas exhaustive).

	Les questions posées...	...informent sur :
Qui ?	• Qui sont les parties ? • Qui sont les intervenants ? • Qui est en charge du dossier ? Avec qui doit-on travailler ? • De qui provient le dossier ? • Qui sont les partenaires extérieurs ?	Les parties Les intervenants Le(s) notaire(s) Le(s) collaborateurs Les partenaires extérieurs
Quoi ?	• Quel est l'objet du dossier ? Quel est le prix ou l'évaluation du bien ? • Avec quel autre dossier traité à l'étude ce dossier est-il en relation ? • Avec quel document doit-on traiter ce point ?	L'objet du dossier Les pièces à réunir
Où ?	• Où se situe l'objet du dossier ? • Où sont les parties ? les partenaires ? • Où l'acte est-il signé ?	Le lieu Les services compétents
Quand ?	• Quand la signature est-elle prévue ? Quand a lieu le transfert de propriété ? de jouissance ? • Quand doit-on réaliser les formalités préalables ? postérieures ? • Jusqu'à quand peut-on publier l'acte, l'inscription ?	Les dates, la durée de réalisation, la périodicité des tâches
Comment ?	• Dans quelles conditions l'objet du contrat est-il réalisable ? • Comment établir l'origine de propriété ? • Comment obtenir les renseignements d'urbanisme, l'état hypothécaire ? • Comment rédiger l'acte ?	Les moyens matériels, les procédures, les actions à réaliser
Pourquoi ?	• Pourquoi faut-il établir une déclaration de succession ? • Pourquoi faut-il préciser cette clause dans l'acte ?	La justification La raison d'être
Combien ?	• Combien de temps les pièces sont-elles valables ? • Combien est financé par deniers personnels ? par emprunt ? • À combien s'élèvent les frais d'acte ? le montant des taxes ? des droits ? • Combien d'exemplaires de la notification SRU, du bordereau d'inscription... faut-il envoyer ?	La quantité Le budget

La qualité de ce questionnement conditionne l'analyse du dossier. Ainsi, le collaborateur réalise un travail réfléchi en s'interrogeant sur la nécessité :
- du document qu'il demande ;
- de la clause qu'il insère dans l'acte ;
- de la taxe qu'il calcule...

2 La recherche de solutions adaptées

Trouver la solution juridique à chaque question, c'est :
- utiliser une documentation professionnelle pour analyser les solutions apportées par les codes, les recueils de formules ;
- choisir les solutions envisageables au regard des avantages et des inconvénients de chacune d'elles, dans l'objectif de choisir la solution la plus appropriée.

Si les réponses apportées aux questions posées amènent des questions supplémentaires, il est nécessaire de se les poser également pour faire progresser l'analyse (en réutilisant la méthode QQOQCPC éventuellement). Ce n'est que lorsqu'il n'y a plus de nouvelles questions que le collaborateur a fait le tour du dossier qui lui a été confié.

3 L'exécution du travail

L'organisation des tâches est primordiale pour ne rien oublier.
- Les **méthodes de gestion du temps** permettent d'établir un planning des tâches à réaliser (voir Carnet professionnel) ;
- Les **méthodes de classement** permettent d'organiser le dossier pour s'y retrouver plus facilement (voir fiche 12).

Les outils d'aide à l'organisation sont une aide précieuse pour suivre l'avancement d'un dossier. Les chemises des dossiers comportent des listes de contrôle des tâches (demande de pièces, établissement de la prétaxe...) pour savoir ce qui est réalisé ou reste à faire. Les formulaires propres à la rédaction de certains actes (photographie du patrimoine du défunt, analyse du patrimoine des époux dans le cadre d'un divorce ou d'un changement de régime matrimonial) permettent d'être plus rigoureux dans l'analyse.

4 Le contrôle du travail réalisé

Le collaborateur doit chercher à réaliser un travail de qualité, tout en étant efficace. L'objectif recherché est toujours la satisfaction du client. Un **autocontrôle**, réalisé par le collaborateur en charge du dossier, consiste :
- dès réception des demandes de pièces, à noter la date à laquelle elles ont été demandées, reçues et à relancer éventuellement la demande, si la réponse est tardive ;
- à utiliser les procédures mises en place (le collaborateur ne doit pas hésiter à proposer des améliorations pour ces procédures, s'il a imaginé des solutions plus efficaces) ;
- à relire attentivement l'acte et les sous-produits avant signature (collationnement) pour repérer les erreurs issues de la pratique du « copier-coller », repérer les oublis (dans la rédaction d'une clause par exemple) et surtout pour corriger les fautes de français.

14 L'archivage

La conservation des actes authentiques est une obligation pour le notaire. La forme traditionnelle de l'archivage évolue avec la dématérialisation des actes. Les nouvelles technologies, la reconnaissance de l'acte électronique authentique et la dématérialisation des échanges ont modifié les techniques d'archivage et participent à la modernisation du notariat.

1 Définition et forme de l'archivage notarial

Les archives des notaires sont constituées par l'ensemble des documents produits ou reçus par l'étude.

L'archivage consiste à **classer**, c'est-à-dire **ranger dans un certain ordre** des documents anciens, à des fins de **conservation**. Les minutes et les répertoires n'obéissent pas aux mêmes règles que les dossiers contenant les pièces nécessaires au traitement du dossier.

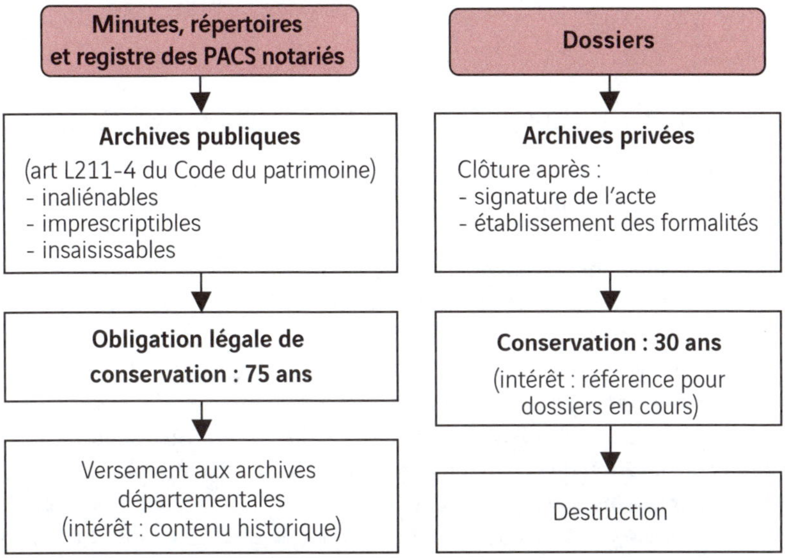

Le notaire est responsable du soin apporté à la conservation des minutes et répertoires : toute dégradation doit donc être évitée. Dans l'office notarial, l'archivage peut prendre deux formes : l'archivage papier dit « traditionnel » ou l'archivage numérique. Ils présentent chacun des avantages et des inconvénients.

- **L'archivage papier** consiste à stocker les documents de l'étude dans des boîtes à archives classées selon une signalétique permettant une recherche rapide. Ces boîtes doivent être rangées sur du mobilier adapté et dans des locaux sécurisés limitant les risques d'humidité, d'incendie, de vol. Le poids au m^2 engendré par le stockage ne doit pas être négligé (préférer les sous-sols aux étages). Ce type d'archivage présente des inconvénients essentiellement liés au coût élevé du prix du m² occupé par les archives (surtout en zone urbaine) ou à l'externalisation *via* des entreprises spécialisées. Les risques de perte des documents ne sont pas négligeables : les dossiers et les minutes sont souvent retirés des archives pour être consultés dans le but d'établir de nouveaux actes.

• **L'archivage numérique** permet de stocker une copie numérique des actes et de ses annexes sur des disques externes de grosse capacité. Des logiciels de classement permettent une consultation par tous les membres de l'étude notariale, sans risque de perte et de détérioration des documents. À cette fin, le système informatique utilisé doit offrir toute garantie de sécurité et de compatibilité sur le long terme. Une sauvegarde quotidienne des données est nécessaire pour pallier toute défaillance du système informatique.

Procédure à mettre en place pour retirer un dossier des archives pour consultation

Il s'agit de créer un « document fantôme » qui précise :
- les références du dossier ;
- la date de retrait des archives ;
- le nom du collaborateur qui a retiré le dossier des archives ;
- la référence du dossier en cours pour lequel il est utilisé.

Ce document reste aux archives à la place du dossier retiré, pour éviter les pertes et connaître le service qui l'a emprunté.

2 La solution : la gestion électronique des données (GED)

La GED consiste à **conserver** et **indexer** électroniquement l'ensemble des documents afin d'en favoriser **l'échange** et la **recherche**. Les différentes étapes de la gestion électronique des documents sont les suivantes :

1. L'alimentation quotidienne de la base de données par les documents numériques créés à l'étude et les documents papier numérisés.

2. L'**indexation** de chaque document consistant en l'attribution de mots clés (date, nom des parties, type d'acte, caractéristiques particulières...), pour faciliter la recherche ultérieure.

3. Le **classement** des documents dans une arborescence informatique.

4. Le stockage dans le système informatique de manière **sécurisée**.

5. La **consultation** de la base de données par l'ensemble des collaborateurs.

6. L'**enrichissement** des documents consultés dans la mesure du possible.

La GED facilite le travail collaboratif et permet un gain de temps et d'espace. Cependant, l'investissement de départ est relativement élevé.

La GED sert la satisfaction du client, car le service rendu est plus efficace (voir fiche 12).

La conduite du dialogue et la gestion des conflits

Les dossiers et les rendez-vous qui les accompagnent font partie du quotidien d'une étude. Pour le client, le recours à un notaire s'effectue généralement lors d'une étape importante de sa vie (mariage, acquisition, donation, succession…). Un client bien accueilli, écouté et considéré est un client satisfait. C'est aussi un excellent moyen de prévenir les conflits.

1 La prévention des conflits

A L'accueil du client

• Le collaborateur qui tient l'accueil est la première personne que le client rencontre à son arrivée dans une étude. Il doit veiller à sourire chaleureusement car c'est un signe de considération et d'amabilité. Au téléphone, le sourire « s'entend » également (voir Carnet professionnel – Recevoir un appel).

• Il est donc important de respecter les conseils suivants pour bien accueillir un client :
- se rendre **disponible** en interrompant le travail en cours ;
- montrer son envie d'accueillir le client et de lui **rendre** le **service** qu'il attend ;
- être **à l'écoute** en prêtant attention aux propos de son interlocuteur ;
- veiller à sa **présentation** (tenue vestimentaire, apparence).

• Les **lieux** destinés à l'accueil de la clientèle doivent être soignés :
- l'**espace d'accueil** est un lieu propre, clair et rangé ;
- la **salle d'attente** est conviviale, disposant d'un nombre de places assises suffisant. Des revues récentes sont mises à disposition, ainsi qu'une machine à café, un distributeur d'eau. La salle d'attente peut comporter un espace pour les enfants qui accompagnent leurs parents ;
- les **locaux destinés à recevoir les clients** (bureaux, salles de signature) sont des espaces confortables et chaleureux. Ils disposent d'un décor soigné, où les clients sont installés autour d'une table (plutôt que sur des chaises alignées devant un bureau). Ces locaux sont aménagés pour respecter la confidentialité. Aussi les collaborateurs recevant les clients dans leur bureau doivent-ils penser à ranger les dossiers en cours, afin de respecter le secret professionnel.

→ L'attente pour le client ne doit pas durer plus de dix minutes, dès l'instant qu'il est installé dans la salle d'attente. Si elle se prolonge, il convient d'informer le client des raisons du retard et de sa durée et de trouver une solution avec lui (déplacer ou reporter le rendez-vous si nécessaire).

B La conduite du dialogue

Un rendez-vous réussi repose sur une bonne préparation de celui-ci par le collaborateur en charge du dossier.

Durant les entretiens avec le client, que ce soit en face à face ou par téléphone, le collaborateur doit veiller à :
- se montrer disponible et concentrer toute son attention sur son interlocuteur ;
- utiliser les techniques de **l'écoute active** (voir encadré page suivante) ;
- personnaliser la discussion (appeler le client par son nom, lui indiquer le nom du notaire ou du collaborateur en charge de son dossier) ;
- utiliser un vocabulaire simple et expliquer les termes complexes (préférer une phrase explicative à l'utilisation du « jargon » juridique, trop technique) ;
- bien articuler pour se faire comprendre.

Avant le rendez-vous, le collaborateur remet au notaire le dossier contenant les pièces parvenues à l'étude et prépare la documentation utile à l'information du client (dépliants, revues...).

Lors de l'entretien confidentiel avec le client, le notaire se doit d'écouter et de conseiller le client :
- il reformule la demande du client et indique les solutions qui conviennent à sa situation ;
- il précise les documents à fournir et justifie l'utilité des pièces qui sont nécessaires au traitement du dossier ;
- il précise les délais et les démarches à effectuer.

Chacune de ces étapes permet d'obtenir l'adhésion du client à la solution qui lui est proposée et de le rendre acteur du dialogue.

2 La gestion des conflits

Les situations conflictuelles sont nombreuses et peuvent avoir plusieurs origines (divergence d'intérêts, frictions, valeurs ou attitudes différentes). Ces conflits sont exprimés ou simplement ressentis. Quand les parties sont en conflit, plusieurs étapes permettent de le résoudre.

- Le notaire doit amener les parties à un **compromis** dans le cadre d'une négociation.
- En cas d'échec, il peut jouer le rôle de médiateur en les amenant à une **conciliation** (l'accord est alors formalisé par une clause dans l'acte et rémunéré par des honoraires de transaction, voir fiche 8).
- Enfin, le notaire peut demander l'intervention d'un **arbitre** extérieur (un juge par exemple) qui prend une décision qui s'impose aux parties.

La clause de médiation

Les centres de médiation auprès des chambres régionales, composés de notaires formés à la médiation (formation rendue obligatoire par la loi de modernisation de la justice du XXIe siècle) ont pour mission d'aider les parties à résoudre à l'amiable leurs différends. La clause de médiation est désormais introduite dans la plupart des actes à titre informatif.

« Les parties sont informées qu'en cas de litige entre elles ou avec un tiers, elles pourront préalablement à toute instance judiciaire, le soumettre à un médiateur qui sera désigné et missionné par le Centre de médiation notariale (coordonnées et renseignements utiles sur le site mediation.notaires.fr). »

Chercher à dépasser le conflit est une attitude peu naturelle, c'est pourtant celle qu'il faut privilégier. Diverses actions sont possibles en fonction de l'objectif recherché.

Objectif	Actions possibles
Rassurer le client sur le suivi de son dossier	• Confirmer l'exécution des formalités. • Informer régulièrement le client en lui rappelant les échéances importantes. • Envoyer les projets d'acte et de taxe suffisamment à l'avance.
Éviter les retards en facilitant l'accès aux locaux	• Indiquer clairement l'adresse de l'étude. • Joindre un plan d'accès où l'étude est localisée par rapport à un bâtiment connu ou une ligne de transports en commun.
Respecter la confidentialité des rendez-vous et limiter le mécontentement des clients	• Éviter de transmettre des appels téléphoniques au notaire ou au collaborateur pendant un rendez-vous avec un client. • Définir clairement les critères des appels qui peuvent être transmis à titre exceptionnel. • Connaître les collaborateurs à qui les dossiers sont délégués et qui peuvent donc recevoir les appels quand le notaire est en rendez-vous.
Préparer les rendez-vous difficiles (divorce, succession notamment)	• Lire attentivement le dossier. • En présence de clients hostiles les uns envers les autres : - rester calme, éviter de prendre position ; - expliquer avec courtoisie les enjeux, les conséquences, les solutions et les procédures à suivre, tout en restant ferme. En effet, la loi doit être appliquée et les délais respectés.
Désamorcer l'agressivité	• Garder son calme. • Concentrer son attention sur son interlocuteur sans porter de jugement. • Utiliser les techniques de l'écoute active. • Résoudre le problème.

→ La « **reconnaissance de conseils donnés** » établie par écrit peut permettre d'éviter les conflits ultérieurs et apporte la preuve que le notaire a rempli son devoir de conseil à l'égard de son client. Dans ce document, le client atteste avoir été bien informé des conséquences de son engagement. **Ce document ne dégage pas le notaire de sa responsabilité.**

L'écoute active

L'écoute active est un moyen de signifier à son interlocuteur que toute son attention est focalisée sur lui. Divers signes permettent de montrer cette attitude :
- signifier qu'on est à l'écoute par des hochements de tête ou des acquiescements ;
- adopter une attitude ouverte (éviter de croiser les bras, de montrer des signes d'impatience) ;
- relancer la conversation par des questions « en miroir » (reprendre la fin de la dernière phrase de l'interlocuteur pour l'inciter à poursuivre la discussion) ;
- reformuler clairement les points importants de l'entretien.

En cas de conflit, laisser parler le client, ne pas se justifier et parler lentement en articulant afin d'inciter son interlocuteur à faire de même.

L'immobilier

2

16 LA NÉGOCIATION IMMOBILIÈRE NOTARIALE

La préparation de la mise en vente du bien

La négociation immobilière consiste à mettre en relation des vendeurs de biens immobiliers et des acquéreurs potentiels. C'est une activité accessoire pour le notaire: il ne peut la pratiquer qu'en vue de la réalisation de la vente (un office ou un bureau annexe ne peut être affecté uniquement à la négociation immobilière). Avant de rechercher un acquéreur, il faut préparer la mise en vente du bien.

1 La constitution du dossier relatif à l'immeuble

A L'estimation du bien

Une **lettre de mission**, signée par le client, précise le rôle du négociateur (mission d'évaluation, rémunération...).

La valeur d'un immeuble peut être estimée en se fondant sur :
- la valeur vénale du bien (à quel prix peut-on vendre ce bien sur le marché ?) ;
- les qualités intrinsèques du bien (combien vaut ce bien au regard de ses caractéristiques ?).

Pour évaluer le bien, après la visite des lieux, le négociateur immobilier de l'office notarial peut se référer aux ventes de biens similaires et à des méthodes d'estimation.

1. La consultation du fichier « MIN »

Le fichier « Marché immobilier des notaires » (MIN) est une base de données propre à la profession notariale, que les notaires renseignent après chaque transaction immobilière. Ils y indiquent le type d'immeuble et le prix de la transaction. Il existe deux fichiers :
- PERVAL, pour les transactions en province ;
- BIEN, pour les transactions en Ile-de-France.

Ces fichiers sont une source précieuse pour estimer la valeur de l'immeuble.

2. Les méthodes d'estimation

Le négociateur immobilier dispose de plusieurs techniques pour évaluer le bien.

- La **méthode par comparaison** permet d'obtenir la valeur vénale du bien. Le négociateur sélectionne des ventes récentes de biens similaires, dans une zone géographique proche (la rue, le quartier, la ville). Il calcule alors un prix moyen au mètre carré, qu'il applique à la surface du bien à évaluer.
- Selon la **méthode par réduction du prix maximal**, la valeur du bien est obtenue en calculant de manière distincte la valeur du sol (par calcul de sa valeur vénale) et la valeur des constructions : on leur applique, à leur valeur à neuf, des cœfficients en fonction des caractéristiques du bien : date et type de construction, standing, localisation du bien... Ces éléments sont retranchés (éléments de « décote ») ou ajoutés (éléments de « surcote »).
- La **méthode par le revenu** : la valeur du bien est fixée en fonction des revenus que la location du bien permet d'obtenir. Cette méthode est donc réservée aux biens vendus loués ou destinés à l'être. Pour évaluer le bien selon cette méthode, il est nécessaire d'utiliser le taux de rentabilité (loyer annuel hors charge/valeur de l'immeuble). Les études statistiques réalisées sur le marché locatif permettent d'obtenir des taux de rentabilité. Ainsi, si l'on détient le taux de rentabilité et le loyer annuel, on peut estimer la valeur de l'immeuble.

Exemple

T4 à vendre, loué, situé à Martigues ; montant annuel des loyers hors charges : 9 180 € ; taux de rentabilité : 4,35 %.
Valeur de l'immeuble = loyer annuel/taux de rentabilité = 9180/4,35 % = 9180/0,0435 = 211034,48€.
Évaluation de l'immeuble à environ 211 000 € (ou une fourchette entre 210 000 et 212 000 €)

- La **méthode par la valeur antérieure du bien** : à partir de la valeur du bien retenue lors de son acquisition par le propriétaire, le négociateur applique un cœfficient de réactualisation, en fonction de l'évolution du marché immobilier.

➜ Aucune technique n'étant totalement certaine, le négociateur immobilier a intérêt à confronter les estimations en appliquant les différentes méthodes.

3. La formalisation de l'estimation

Le négociateur immobilier de l'étude rédige un écrit dans lequel il renseigne l'estimation à laquelle il a abouti, en **proposant une fourchette de prix** au propriétaire désireux de vendre son bien.
Ce rapport peut être plus ou moins précis :
– **l'avis de valeur** désigne le bien évalué, et indique simplement la méthode d'estimation qui a été retenue (voir Carnet professionnel) ;
– à l'inverse, **l'expertise** détaille les différentes méthodes d'estimation mises en œuvre, et contient un rapport précis relatif à la qualité, l'environnement du bien et les transactions récentes sur des biens similaires.

B Le contenu du dossier

Le négociateur réunit les pièces suivantes : titre de propriété, photographies du bien, fiche descriptive du bien détaillant ses caractéristiques.
Il demande l'établissement d'un **dossier de diagnostic technique** par un diagnostiqueur. Ce dossier comporte, en fonction des particularités de l'immeuble, les diagnostics suivants.

Diagnostics	Biens concernés	Durées de validité
Constat de risque d'exposition au plomb	Immeubles à usage d'habitation dont le permis de construire a été délivré avant le 1er janvier 1949	• 1 an • Illimitée en cas de constat négatif
Amiante	Immeubles bâtis dont le permis de construire a été délivré avant le 1er juillet 1997	• Illimitée en cas de constat négatif • Si constat positif : nouveau contrôle dans les 3 ans
Termites	Immeubles situés dans les zones délimitées par arrêté préfectoral	6 mois
Information sur la présence d'un risque de mérule	Immeubles bâtis situés dans les zones délimitées par arrêté préfectoral	Aucune durée déterminée par la loi ou un règlement. Par analogie avec la présence de termites : 6 mois

Diagnostics	Biens concernés	Durées de validité
État des risques naturels, miniers et technologiques	Immeubles, bâtis et non bâtis, situés dans les zones exposées à ces risques naturels, miniers, sismiques et technologiques déterminées par arrêté préfectoral. Depuis le 01/07/2017, l'ERNMT doit également indiquer si le bien est situé dans une zone à potentiel radon (gaz radioactif)	6 mois
Diagnostic de performance énergétique	Immeubles clos et couverts équipés d'une installation de chauffage	10 ans
Installations d'électricité	Immeubles à usage d'habitation, contenant une installation intérieure d'électricité de plus 15 ans	3 ans
Installations de gaz	Immeubles à usage d'habitation, contenant une installation intérieure de gaz de plus 15 ans	3 ans
Contrôle des installations d'assainissement non collectif	Immeubles à usage d'habitation non raccordés au réseau public de collecte des eaux usées	3 ans

Par ailleurs, les immeubles à usage d'habitation doivent être équipés de détecteurs de fumée. Il incombe au notaire de le vérifier, et de s'assurer que :
– les durées de validité des diagnostics ne sont pas expirées au moment de la vente ;
– les diagnostics ont été établis par des professionnels justifiant des **compétences**, **des certifications et des assurances** requises (à l'exception de l'état des risques naturels et technologiques et de l'assainissement non collectif).

Il faut veiller à ce que les diagnostics soient conformes à la législation en vigueur. Ainsi, une nouvelle réglementation relative à l'amiante en 2013 étend la liste des éléments à contrôler.
Elle impose que les diagnostics établis avant le 01/01/2013 soient à nouveau réalisés ou complétés.

2 La conclusion du mandat

Pour procéder à la recherche d'un client, le notaire doit obligatoirement être mandaté par le propriétaire d'un bien ou par la personne qui cherche à acheter un immeuble.
Les règles de la profession **interdisent à l'office toute publicité personnelle** pour recueillir des mandats (le démarchage est interdit).

A Les types de mandat

Le type de mandat varie en fonction de l'objectif recherché par la personne qui sollicite le négociateur immobilier de l'étude.

- Le **mandat de vente** permet de mettre en vente un bien.
- Le **mandat de recherche** permet d'acquérir un bien.

Il existe trois catégories de mandat de vente :
– le mandat **simple** : le propriétaire conserve la possibilité de confier la vente à un autre professionnel ou de trouver lui-même un acquéreur ;
– le mandat **exclusif** : le propriétaire s'interdit de confier la vente à un autre professionnel et de trouver lui-même un acquéreur ;

➜ Le mandat exclusif est possible dans l'un des cas suivants :
- dans le cadre de la vente en Immo-interactif (voir fiche 17) ;
- si le mandat contient la faculté de délégation à un autre notaire ou à un groupement de notaires auquel ce notaire adhère et par lequel plusieurs notaires partagent leur fichier de mise en vente des biens pour lesquels ils ont été mandatés, par exemple NegoNotaires à Paris (le client doit avoir consenti à la délégation, mais reste en relation uniquement avec le notaire qu'il a mandaté ; les notaires qui ont permis l'entremise se partagent l'honoraire de négociation).

– le mandat **semi-exclusif** : le propriétaire s'interdit de confier la vente à un autre professionnel mais conserve la possibilité de trouver lui-même un acquéreur.

B Le contenu du mandat de vente

Le mandat doit **obligatoirement** être établi par **écrit**. Il contient les clauses suivantes.

Clauses	Contenu des clauses
Mandant	Identification du propriétaire : prénoms, nom, domicile, date et lieu de naissance, nationalité
Mandataire	Identification de l'office notarial : notaire(s), adresse de l'étude
Type de mandat	Précision du caractère simple, exclusif, ou semi-exclusif. *L'exclusivité ne se présume pas : elle doit être prévue expressément dans le mandat.* Le cas échéant, prévoir la faculté de délégation à un autre notaire ou à un groupement de notaires
Désignation du bien	Description du bien, mention de l'adresse et des références cadastrales
Prix	Indication du prix souhaité par le propriétaire (il peut s'agir d'une fourchette de prix)
Missions confiées au mandataire	Mettre en œuvre les démarches nécessaires pour rechercher un acquéreur : - constituer le dossier pour la mise en vente du bien - assurer la publicité du bien et les visites - recevoir la vente si le mandat le prévoit
Obligations du mandant	Principalement, fournir toutes les pièces pouvant concourir à la bonne mise en vente de l'immeuble
Durée du mandat	Indication **obligatoire** de la durée (entre 3 et 6 mois en pratique) et des modes de reconduction ou de renouvellement du mandat
Rémunération du notaire	Indication **obligatoire** des honoraires de négociation du notaire, de leur mode de calcul, et du débiteur de ces honoraires Référence à la convention d'honoraires signée avec le client

C La rémunération du notaire

Le notaire est rémunéré par des honoraires (voir fiche 8). Ils sont dus si :
– le vendeur et l'acquéreur ont été mis en relation grâce à l'activité d'entremise du négociateur immobilier de l'office notarial ;
– l'office a agi en vertu d'un mandat écrit ;
– et si le notaire reçoit l'acte de vente ou participe à sa réception.

17 LA NÉGOCIATION IMMOBILIÈRE NOTARIALE

La mise en relation du vendeur et de l'acquéreur

Après la signature du mandat et la constitution du dossier de l'immeuble, le négociateur immobilier de l'étude mobilise les outils à sa disposition pour mettre en relation le vendeur et l'acquéreur.

1 La publicité du bien

A L'encadrement de la publicité

Les règles déontologiques (voir fiche 3) encadrant la profession **interdisent au notaire** de faire de la **publicité personnelle**, de procéder à des **annonces générales de biens à vendre ou à acquérir** (en vue notamment de recueillir des mandats) et d'utiliser les techniques de **démarchage** pour prospecter les clients (la loi du 18/11/2016 autorise les notaires à recourir à la sollicitation personnalisée et à proposer des services en ligne; un décret à venir en précisera les conditions afin que les règles déontologiques de la profession soient respectées).
Seules sont autorisées **les annonces spéciales et déterminées** des biens pour lesquels le notaire est mandaté.

B Le choix pertinent des supports de publicité

Les supports sont variés et peuvent être utilisés en parallèle :

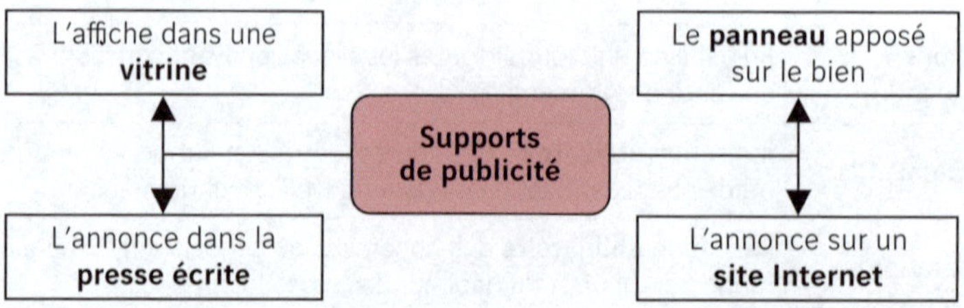

(voir Carnet professionnel : « Annonce de mise en vente d'un bien »)
Le choix des supports doit être adapté au type d'immeuble à vendre et aux contraintes du mandant, à partir de la méthode QQOQPC (voir fiche 13) :

Quoi ?	S'agit-il d'un bien situé en milieu rural ou urbain ? d'un bien classique ou atypique ?
Pourquoi ?	S'agit-il d'un bien à vendre ou à acquérir ?
À qui ?	Quel type de clients sont visés ? (primo-accédant à la propriété ou investisseur ? célibataire ou famille ?)
Où ?	Vise-t-on une clientèle locale, régionale ou nationale ?
Combien ?	Quel est le budget dévolu à la publicité ?
Quand ?	Le mandant est-il contraint par le temps pour vendre ou acquérir ?

C La confection des supports de publicité

La réalisation des supports demeure encadrée, en raison de la réserve attendue d'un officier public:
- le support doit être sobre du point de vue de sa taille et de sa présentation (forme, couleurs);
- le contenu développé doit être purement informatif;
- la vitrine formant devanture de boutique est interdite: l'intérieur de l'étude ne doit pas être visible depuis l'extérieur, au travers de la vitrine;
- le panneau apposé sur le bien doit être retiré sitôt la mission accomplie (il est possible d'indiquer «vendu par mon notaire», sans préciser son identité précise);
- le service de négociation ne doit pas apparaître dans les supports: seule l'étude notariale est l'interlocutrice des clients.

➜ Les annonces doivent indiquer le montant de l'honoraire de négociation TTC et à qui incombe le paiement des honoraires (si le prix inclut le montant des honoraires, il est indiqué en plus gros caractères et la part des honoraires doit être précisée – arrêté du 10 janvier 2017).
➜ Depuis 2011, elles doivent mentionner le diagnostic de performance énergétique.
➜ Si l'annonce porte sur un lot de copropriété, elle doit mentionner le fait que le bien est soumis au statut de la copropriété, le nombre de lots, le montant moyen annuel de la quote-part du budget prévisionnel correspondant aux dépenses courantes. Elle doit préciser si le syndicat des copropriétaires fait l'objet de procédures.

2 La rencontre des acquéreurs potentiels

Une fois la publicité mise en place, le négociateur immobilier notarial reçoit les clients et leur fait visiter le bien.

A La construction d'un argumentaire de négociation

Il est nécessaire de développer un argumentaire adapté au type de bien vendu/recherché et au client.
Le négociateur doit dresser le profil de ce dernier, afin d'identifier ses exigences et ses priorités. Cette analyse lui permet de mettre en avant les caractéristiques du bien auxquelles le client est particulièrement sensible (son design, sa situation géographique, son architecture...).
Pour identifier le profil et les motivations d'achat ou de vente, le négociateur peut utiliser un moyen mnémotechnique appelé la **méthode SONCAS**.

Sécurité	Besoin d'être mis en confiance et rassuré *Exemple: maison de facture traditionnelle, de maçon*
Orgueil	Sensibilité à l'image de marque, à un certain niveau de standing *Exemple: immeuble situé dans un quartier prisé*
Nouveauté	Intérêt pour ce qui est moderne, nouveau *Exemple: maison d'architecte, loft*
Confort	Recherche d'un bien rapidement fonctionnel *Exemple: maison équipée en domotique, de rangements*
Argent	Souci du coût du projet de vente ou d'achat (prix du bien et frais de vente) *Exemple: prix raisonnable par rapport au prix du marché*
Sympathie	Sensibilité au charme de l'immeuble *Exemple: chalet en bois, jardin aménagé pour les enfants*

B La fin de la visite

À la fin de la visite, le négociateur établit deux documents :
- **une fiche bilan** : il s'agit d'un récapitulatif sur lequel le client indique ce qui lui a plu ou déplu durant la visite ;
- **un bon de visite** : signé par le client, il constitue une preuve écrite que le négociateur lui a fait visiter le bien.

Ce bon de visite ne vaut pas offre d'achat. Par ailleurs, son utilité est incertaine car la jurisprudence ne condamne pas à ce jour l'acquéreur potentiel qui conclut la vente directement avec le vendeur ou par l'intermédiaire d'un autre professionnel que celui qui a assuré la visite (sauf si le mandat conféré par le propriétaire est exclusif).

Si le client est intéressé par le bien visité, il peut faire une **offre d'achat**.
- Elle doit être **ferme** : le client prend l'engagement d'acquérir le bien. La seule acceptation par le propriétaire suffit à conclure la vente. L'offre peut être utilement assortie d'un délai.
- L'offre doit être **précise** : les conditions de la vente proposées doivent être détaillées. L'offre précise au minimum le bien objet de la vente et le prix proposé.

La signature de l'offrant est précédée de la mention « *Bon pour achat* ». Il ne peut être exigé de l'offrant qu'il verse une somme d'argent, en garantie de sa proposition, sous peine de nullité de l'offre.

3 La vente en Immo-interactif®

La vente en Immo-interactif® permet de mobiliser les nouvelles technologies de communication afin de rendre la négociation immobilière plus rapide, plus transparente et plus sécurisée. Elle se pratique pour des biens attractifs ayant une situation géographique intéressante.

Étapes de la vente notariale interactive

Constitution du dossier relatif à l'immeuble	- Estimation du bien - Réunion des pièces relatives à l'immeuble
▼ **Mandat exclusif de vente**	- Conclusion du contrat entre le notaire et le propriétaire du bien - Fixation des conditions de vente
▼ **Diffusion de l'annonce sur Internet** *Immobilier.notaires.fr*	Mise en ligne des pièces relatives à l'immeuble (diagnostics, avis de valeur, documents d'urbanisme) au format pdf
▼ **Visites du bien**	Fixation de jours et de plages horaires de visites par le notaire
▼ **Fixation d'une date de vente**	Délivrance d'un code d'accès par le notaire aux acquéreurs potentiels intéressés par la vente
▼ **Émission des offres pendant 24 h**	- Enregistrement des offres émises grâce aux codes d'accès - Accès de tous à toutes les offres
▼ **Sélection d'une offre**	Choix de l'offre par le vendeur en fonction de ses attentes

18 LA VENTE D'IMMEUBLE
Les avant-contrats

L'avant-contrat a pour objectif de préparer la vente à venir, en définissant ses conditions essentielles. Il peut prendre la forme d'une promesse unilatérale de vente (ou d'achat) ou d'une promesse synallagmatique (appelé également « compromis de vente »).

1 L'analyse du dossier

L'analyse porte sur la forme de l'avant-contrat, les personnes et le bien vendu en fonction de la volonté des parties et la nécessité d'assurer leur protection prévue par la loi.

A Promesse unilatérale ou synallagmatique ?

1. Ces deux avant-contrats, les plus fréquents, diffèrent du point de vue des engagements des parties.

• La **promesse unilatérale de vente** (PUV) est un contrat entre un promettant, qui s'engage à vendre, et un bénéficiaire, qui accepte la promesse sans s'engager pour autant à acquérir : ce contrat lui permet de réserver le bien. Le bénéficiaire a le choix d'acquérir le bien (« il lève l'option ») ou non (« il ne lève pas l'option »), dans le délai (dit « délai d'option ») fixé dans le contrat. En contrepartie, le bénéficiaire s'engage souvent à verser une indemnité d'immobilisation (5 à 10 % du prix). Si le bénéficiaire lève l'option dans le délai, la vente se réalise et l'indemnité s'impute sur le prix de vente. S'il refuse de lever l'option ou laisse le délai s'écouler, la promesse est caduque, mais il perd l'indemnité d'immobilisation.

• Dans la **promesse synallagmatique de vente**, les engagements sont réciproques : le vendeur promet de vendre et l'acquéreur promet d'acheter le bien. Cependant, la réalisation effective de la vente dépend de différents éléments, l'obtention d'un prêt par exemple.

2. Ces deux avant-contrats peuvent être rédigés **par acte sous signatures privées ou authentique**. Fréquemment, certains avant-contrats, bien que rédigés par un notaire, demeurent des actes sous signatures privées, car ils ne sont pas authentifiés par lui.

Cependant, les promesses consenties par une personne physique, pour une durée supérieure à 18 mois, doivent être établies par acte notarié sous peine de nullité. S'il s'agit d'une PUV, l'**indemnité d'immobilisation** doit être d'un montant au moins égal à 5 % du prix de vente et remise à un notaire, sous peine de nullité.

Les autres formes d'avant-contrat

- **La promesse unilatérale d'achat** formalise l'engagement de l'acquéreur à acheter un bien immobilier : le bénéficiaire (propriétaire actuel) peut ou non lever l'option de vendre le bien.
- **Le pacte de préférence** formalise l'engagement d'un promettant auprès d'un bénéficiaire à lui proposer en priorité la vente de son bien, s'il décide ultérieurement de le vendre.

B Les vérifications concernant les personnes et l'immeuble

• Il convient de vérifier que les parties à l'avant-contrat sont capables et ont les pouvoirs de prendre cet engagement.

• Le régime matrimonial des époux doit être analysé pour vérifier si le consentement de chaque conjoint est nécessaire pour la vente d'un bien constituant le logement de famille.
• Une lecture attentive du titre de propriété s'impose : le bien peut être en indivision, ne pas être aliénable (cas d'un immeuble reçu par donation avec interdiction d'aliéner, voir fiche 42) ou contenir un **pacte de préférence** (la difficulté réside alors dans le fait d'en avoir connaissance, car cet acte est rarement publié). L'action interrogatoire (art. 1123 C.Civ.) adressée à son éventuel bénéficiaire lui permet d'en confirmer l'existence et d'exprimer, le cas échéant, la volonté de s'en prévaloir (voir Carnet professionnel).
• Si le bien est loué, il faut vérifier si un congé pour vendre doit être délivré (voir fiches 19 et 34).
• Enfin, le notaire se renseigne sur les contraintes et la volonté des parties (financement de l'acquisition, travaux projetés par l'acquéreur...).

2 Les formalités préalables

Les parties indiquent, dans un formulaire, toutes les informations personnelles pouvant avoir une incidence dans le dossier (voir fiche 12). Elles remettent au notaire une pièce d'identité et tout document utile (livret de famille, contrat de mariage, PACS, par exemple).
Le vendeur doit fournir son titre de propriété, les **diagnostics obligatoires** en cas de vente et l'attestation d'assurance du bien (voir fiche 16).
Si des travaux ont été réalisés ou si le bien est **construit depuis moins de 10 ans**, le vendeur doit fournir les **documents d'urbanisme** qui ont été nécessaires (voir fiches 19 et 22). Les documents attestant de l'existence des garanties légales et/ou conventionnelles en vigueur sont collectés (factures, assurance dommage-ouvrage, qui garantit le remboursement ou la réparation des dommages intervenus après la réception des travaux).
Si la vente comprend des **biens meubles**, les parties doivent établir une **liste détaillée** des meubles, article par article, précisant le montant de chaque meuble et la valeur totale des meubles vendus. Cette liste est datée et signée par les parties contradictoirement.
Si le **bien est loué**, le **contrat de bail** est demandé au vendeur.
Si le bien est situé dans une copropriété ou au sein d'un lotissement, des documents supplémentaires sont nécessaires (voir fiches 23 et 25).

3 La rédaction de l'acte

A Les clauses concernant les conditions de la vente à venir

L'avant-contrat informe sur les parties à l'acte et le bien, objet du contrat. L'acte doit donc contenir la COMPARUTION des parties (voir fiche 4) et celles des tiers dont l'INTERVENTION est nécessaire pour l'aliénation du bien (conjoint, donateur... voir fiche 19).
L'objet du contrat est double puisqu'une vente porte à la fois sur une chose et un prix. L'acte doit contenir la DÉSIGNATION du bien (voir fiche 5) et son usage ainsi que son PRIX (le cas échéant, ventiler le prix de l'immeuble et des meubles – voir fiche 20).
De plus, le vendeur est tenu d'informer sur l'état du bien (retranscription des diagnostics, information sur les travaux, les activités polluantes), les servitudes et les charges qui pèsent sur le bien, et d'indiquer si le prêt qui a servi au financement est remboursé ou non.

B Les clauses contenant l'engagement des parties

• Depuis le 1er octobre 2016, les parties ont un **devoir d'information réciproque**. L'avant-contrat doit stipuler les informations déterminantes du consentement des parties (*i.e.* en lien direct avec le contenu du contrat, sauf celles portant sur la valeur de la prestation ou la qualité des parties) pour éviter la requalification en clause de style. La partie qui détient une information doit la communiquer à son cocontractant qui l'ignore ou lui fait confiance.

Exemple de rédaction de la clause DEVOIR D'INFORMATION

Retranscription de l'article 1112-1 C. Civ.

« Les parties précisent que les informations suivantes (*établir la liste*) sont déterminantes pour leur consentement. Parfaitement informées de leur obligation par le notaire, les parties déclarent, chacune en ce qui la concerne, ne connaître aucune information dont l'importance serait déterminante pour le consentement de l'autre et qui ne soit déjà relatée aux présentes (ou reconnaît détenir l'information suivante...). »

- **La promesse unilatérale de vente rappelle que seul le promettant s'engage à vendre** le bien et que le bénéficiaire accepte la promesse. L'acte doit donc contenir la **date maximale de levée de l'option et la date de réitération des consentements par acte authentique**. L' INDEMNITÉ D'IMMOBILISATION constitue la contrepartie pour le promettant de l'interdiction qui lui est faite de renoncer à la vente ou de proposer le bien à un autre acquéreur. Cette clause fixe le montant de l'indemnité et son sort (voir paragraphes 1 A, 3 C et 4 B).
- **Le compromis précise que le vendeur s'engage à vendre et l'acquéreur à acheter le bien**. Le DÉPÔT DE GARANTIE, entre 5 et 10 % du prix, est versé par l'acquéreur en contrepartie de la bonne exécution du contrat. Il est préférable d'ajouter une STIPULATION DE PÉNALITÉ (ou clause pénale) qui prévoit le versement au vendeur d'une somme (en principe égale au dépôt de garantie) à titre de dommages - intérêts **forfaitaires** si l'acquéreur refuse de conclure la vente définitive.

→ L'indemnité d'immobilisation et le dépôt de garantie ne peuvent être remis qu'à l'issue du délai de rétractation lorsque l'avant-contrat relève de la loi SRU (voir fiche 19). Cependant, il est possible de remettre la somme à un professionnel qui présente des garanties pour sa restitution éventuelle (appelé « tiers séquestre »).

C Les clauses précisant les conditions à lever pour que la vente se réalise

Ces **conditions** sont dites « **suspensives** » : elles suspendent l'effet du contrat tant qu'elles n'ont pas été levées. En effet, si ces événements ne surviennent pas, la promesse est caduque et le montant de l'indemnité d'immobilisation (ou du dépôt de garantie) est restitué au bénéficiaire (ou à l'acquéreur) sauf s'il en a empêché l'accomplissement. Dans le cas contraire, la vente sera reçue sous forme authentique.

- Certaines conditions suspensives sont couramment stipulées dans les avant-contrats. Ainsi, la vente est conclue sous les conditions suspensives que le bien ne soit pas grevé d'une inscription (ex. : hypothèque) d'un montant supérieur au prix de vente (l'acquéreur pourrait sinon voir le bien saisi par le créancier garanti non désintéressé), qu'une origine de propriété régulière et trentenaire soit établie, qu'il n'y ait pas de restrictions administratives au droit de propriété (ex.: servitude d'utilité publique) qui nuiraient à la destination du bien, ou encore que les personnes bénéficiant d'un droit de préemption sur la vente ne l'utilisent pas.
- D'autres conditions suspensives peuvent être adaptées selon les cas. Par exemple, l'acquéreur peut conditionner l'acquisition à la vente de son propre logement, à l'obtention d'un permis de construire, ou encore à la réalisation de travaux par le vendeur.

- La loi Scrivener impose, même si elle n'a pas été stipulée dans l'acte, une condition suspensive d'obtention de prêt lorsqu'un non-professionnel emprunte pour acquérir un bien à usage d'habitation ou mixte (voir fiche 28). Si l'acquéreur non professionnel déclare ne pas avoir recours à un prêt, il doit renoncer à l'application de cette condition suspensive légale par une mention manuscrite insérée dans l'avant-contrat, sauf si ce dernier est authentique (dans ce cas, l'acquéreur appose sa signature sous la clause; il atteste ainsi avoir été informé – voir fiche 2).
- Les conditions suspensives indiquées dans l'acte doivent être **encadrées pour être valables**. Par exemple, pour un prêt sont indiqués le montant, la durée et le taux maximal du prêt demandé, la date limite d'obtention du prêt, l'obligation d'informer le vendeur sur l'avancée des recherches...

4 Les formalités postérieures

En cas d'avant-contrat de vente d'un immeuble ancien, le notaire doit obligatoirement, dans un délai de 30 jours suivant la date de l'acte, renseigner de manière dématérialisée les bases de données immobilières (voir fiche 21).

A L'enregistrement

Les promesses unilatérales de vente doivent être enregistrées:
– dans un délai de **10 jours** à compter de leur date si elles sont **sous signatures privées**, sous peine de nullité. L'enregistrement est ici une condition de validité de l'acte (voir fiche 7);
– dans le délai d'**un mois** si l'acte est **notarié** (enregistrement obligatoire, art. 635 CGI).
Les promesses notariées sont obligatoirement publiées au service de publicité foncière (la publication est exonérée de TPF).

B La purge du droit de rétractation

Lorsque l'avant-contrat est conclu au profit d'un acquéreur non-professionnel pour l'acquisition d'un bien immobilier à usage d'habitation, il bénéficie d'un droit de rétractation instauré par la loi SRU (voir fiche 19). La somme qu'il a versée (dépôt de garantie ou indemnité d'immobilisation) lui est restituée s'il se rétracte.
La purge de ce droit est effectuée par notification (voir Carnet professionnel) ou par remise en mains propres, le jour de la signature de l'acte, par le notaire.
- La **notification**, par LRAR ou tout autre moyen présentant des garanties équivalentes, doit contenir les références de l'acte et son objet, la reproduction des articles L 271-1 et L 271-2 CCH, les modalités de mise en œuvre du droit de rétractation et la copie de l'avant-contrat.

→ La notification est adressée à **chaque** acquéreur ou bénéficiaire (à chaque époux, quel que soit le régime matrimonial, à chaque partenaire, à chaque co-indivisaire...).

- La **remise en mains propres** est attestée par l'acquéreur au moyen d'une mention datée et signée (elle est manuscrite si l'avant-contrat est sous signatures privées).

5 La taxation

La PUV est soumise au droit fixe sur état de 125 € (depuis le 8 juin 2016).
La rédaction de l'avant-contrat n'ouvre pas droit à une rémunération, sauf s'il s'agit d'une PUV d'une durée de plus de 18 mois: dans ce cas, le notaire perçoit un émolument proportionnel. (art. A 444-163-2 C.Com). Si des difficultés particulières se présentent dans l'établissement du dossier, le notaire peut demander des honoraires (voir fiche 8).

19 LA VENTE D'IMMEUBLE

Les formalités préalables communes

La demande des pièces et leur analyse sont une étape primordiale pour comprendre les particularités de la vente. Ces vérifications sont le gage de la sécurité de la vente que doit garantir le notaire.

1 La découverte du dossier

A En présence d'un avant-contrat

1. Analyse de l'avant-contrat

Il faut d'abord examiner l'avant-contrat (voir fiche 18) et les pièces déjà réunies (pièces d'identité, titre de propriété, diagnostics techniques) pour analyser le contexte du dossier. Au moyen de la méthode QQOQPC (voir fiche 13), il faut identifier les spécificités de la vente concernant les parties, le bien, le prix, les modalités de financement, et vérifier si les conditions qui suspendent les effets de la vente sont réalisées (telles que l'obtention par l'acquéreur de son crédit ou de son permis de construire).

En cas de PUV, le notaire vérifie que le bénéficiaire a levé l'option dans le délai convenu.

→ Si deux notaires sont en participation (voir fiche 8), l'un des deux établit l'avant-contrat et réalise les formalités préalables à l'acte authentique. Une fois les pièces obtenues, il les envoie à son confrère, qui rédige et reçoit l'acte authentique de vente, et à qui est attribuée la minute. Selon les départements, les règles d'attribution de la minute diffèrent et il peut s'agir du notaire vendeur (dans la Sarthe par exemple) ou du notaire acquéreur (dans les Bouches-du-Rhône par exemple).

2. La vérification de la purge du délai de rétractation

Sous certaines conditions, l'acquéreur bénéficie d'un délai de rétractation : il peut ainsi **librement** revenir sur le consentement qu'il a donné à l'occasion de la conclusion de l'avant-contrat.

Le droit de rétractation ou de réflexion instauré par la loi Solidarité et renouvellement urbain

L'acquéreur non professionnel d'un immeuble à usage **exclusif d'habitation** bénéficie d'un **droit de rétractation de 10 jours** à compter du **lendemain de la première présentation** de la lettre recommandée lui notifiant l'avant-contrat ou du lendemain de la remise en mains propres de cet acte. En l'absence d'avant-contrat, cet acquéreur bénéficie d'un **droit de réflexion** de 10 jours avant la signature de l'acte authentique de vente.

En présence d'une pluralité d'acquéreurs, la formalité doit être réalisée auprès de chacun d'eux, même s'ils sont mariés ou partenaires. La rétractation d'un seul empêche la réalisation de la vente.

Afin d'assurer toute la sécurité nécessaire à la vente, ce droit de rétractation ou de réflexion doit être valablement purgé (l'acquéreur doit avoir été en mesure de pouvoir exercer ce droit). À cette fin, le notaire doit obtenir copies des notifications (voir Carnet professionnel) et des accusés de réception. En cas de remise en mains propres, il convient de vérifier la bonne apposition de la mention manuscrite dans l'avant-contrat par l'acquéreur.
En cas de vente d'un lot de copropriété, cette formalité revêt des particularités (voir fiche 23).

B En l'absence d'un avant-contrat

Lorsque la vente n'est pas précédée par une promesse, le notaire doit, à l'occasion du premier rendez-vous avec les parties, obtenir les informations relatives aux situations du vendeur et de l'acquéreur, au bien vendu et aux conditions de vente (prix, modalités de financement…).
Le notaire demande aux parties les pièces que celles-ci peuvent lui fournir (pièces d'identité, livret de famille) et au vendeur son titre de propriété et les diagnostics techniques.
Après réalisation des formalités préalables et rédaction de l'acte, il sera nécessaire de purger le droit de réflexion de 10 jours avant la signature de l'acte authentique de vente si les conditions de la loi SRU sont réunies. À cette fin, un projet d'acte sera envoyé par LRAR à l'acquéreur.

2 Les formalités préalables relatives aux parties

Il est nécessaire de vérifier l'identité, la capacité et les pouvoirs des parties, en réalisant les formalités d'usage (voir fiche 4 et le tableau récapitulatif dans le Carnet professionnel).
Si le vendeur avait acquis le bien en ayant recours à un prêt, il faut interroger l'établissement prêteur du solde restant à rembourser.
Si le bien est vendu loué, il est nécessaire d'obtenir la copie du **contrat de bail**.
En cas d'acquisition d'un immeuble à usage d'habitation, il faut vérifier que l'acquéreur n'a pas été condamné pour avoir soumis une personne vulnérable ou en état de faiblesse à des conditions d'hébergement incompatibles avec la dignité humaine. Cette infraction est punie par l'interdiction d'acheter pendant 5 ans (si tel est le cas, la vente est impossible, sauf s'il achète pour son usage personnel). Le notaire procède à cette **vérification sur le casier judiciaire** de l'acquéreur par l'intermédiaire de l'ADSN, via l'intranet de la profession.

3 Les formalités préalables relatives au bien

A Les pièces d'usage

Le notaire collecte les pièces d'usage (extrait cadastral modèle 1, plan de situation, et éventuellement document d'arpentage – voir fiche 5). Le notaire demande le procès-verbal de bornage pour connaître les délimitations de la propriété avec les fonds privés voisins. Enfin, le notaire vérifie le droit du propriétaire sur le bien et identifie les charges (sûretés, servitudes…) qui grèvent l'immeuble, au moyen des **titres de propriété antérieurs** et de l'**état hypothécaire hors formalité**, obtenus auprès du SPF (voir fiche 5).

B Les pièces nécessaires en présence d'un immeuble neuf

Si l'immeuble vendu est achevé depuis moins de 10 ans, ou s'il a fait l'objet de travaux soumis à autorisation d'urbanisme depuis moins de 10 ans (voir fiche 22), il est nécessaire d'obtenir :
- les copies des **autorisations d'urbanisme** (déclaration préalable, permis de construire) ;
- le **procès-verbal de réception** des travaux ;

– les copies de la **déclaration attestant l'achèvement et la conformité des travaux** et de l'attestation de non-contestation par le maire de la conformité de ces travaux;
– la copie de la **police d'assurance dommage-ouvrage**, couvrant les vices relevant de la garantie décennale (voir fiche 26).

C La réglementation d'urbanisme

Il faut également prendre connaissance des **règles d'urbanisme** s'appliquant à l'immeuble vendu. Les pièces suivantes sont demandées à la mairie du lieu où se situe le bien.

Pièces	Intérêt des pièces
Certificat d'urbanisme ordinaire ou informatif «*CU a*» ou note de renseignements d'urbanisme	• Connaître l'existence d'un plan local d'urbanisme ou d'une carte communale • Déterminer la zone (urbaine, à urbaniser, agricole, naturelle) où se situe le bien • Identifier les limitations administratives et les servitudes d'utilité publique • Connaître les taxes et participations d'urbanisme • Identifier les droits de préemption à purger
Certificat d'urbanisme pré-opérationnel «*CU b*»	• Obtenir les informations rappelées par le CU a • Savoir si une opération de construction est réalisable ou pas • Identifier l'état des équipements publics existants ou en projet
Certificat d'alignement	Connaître les limites entre la propriété et la voie publique
Certificat de numérotage	Connaître le numéro de voirie où se situe le bien
Certificat de non péril	Savoir si le bien a fait l'objet d'un arrêté de péril ou d'insalubrité
Certificat d'assainissement	Savoir si le bien est raccordé au réseau public d'assainissement
Certificat de conformité	Vérifier la conformité du raccordement en cas de vente d'une maison, si une délibération municipale l'exige

Modalités d'obtention d'un certificat d'urbanisme

Le CU est demandé à la mairie au moyen d'un formulaire n° 13410.
Le dossier est instruit en mairie: le délai d'instruction est d'un mois en cas de demande d'un CU a, et de deux mois en cas de demande d'un CU b.
Le CU délivré (exprès ou tacite selon que la mairie répond ou non dans le délai) a une durée de validité de 18 mois pendant laquelle les règles d'urbanisme qu'il contient ne peuvent être remises en cause à l'égard du demandeur.

4 La purge des droits de préemption et de préférence

Les droits de préemption et de préférence confèrent à leur titulaire le droit d'acquérir un bien en priorité si son propriétaire décide de le vendre. Il faut « purger » ces droits, c'est-à-dire notifier à leurs titulaires l'intention de vendre du propriétaire pour leur permettre d'acquérir le bien s'ils le souhaitent.

A La purge des droits de préemption institués dans l'intérêt public

1. Le DPU et la ZAD

La commune (ou l'établissement public de coopération intercommunale, compétent d'office en la matière s'il est habilité à établir le PLU) a la possibilité d'instituer deux types de droits de préemption pour réaliser un projet urbain, économique, touristique… :

– un **droit de préemption urbain** dans les zones urbaines et à urbaniser (voir Carnet professionnel pour le champ d'application du DPU);
– un droit de préemption dans les **zones d'aménagement différé**, au profit de l'État.

Si la vente est soumise à l'un de ces droits de préemption, le notaire envoie une **Déclaration d'Intention d'Aliéner** (voir Carnet professionnel) au titulaire du droit de préemption, dans laquelle il indique les conditions de la cession (en précisant le bien vendu, le prix, les frais de négociation le cas échéant). Le délai pour préempter est de **2 mois** à compter de la réception de la DIA (le silence vaut refus).

→ Ce délai de deux mois peut être suspendu si le titulaire du droit de préemption adresse au propriétaire une demande unique de documents (leur liste, limitative, est fixée par le décret n° 2014-1572 du 22/12/14) ou s'il souhaite visiter le bien (ce que le propriétaire peut refuser).

2. Les autres droits de préemption dans un intérêt public

- Le **département** peut instituer un droit de préemption dans les **espaces naturels sensibles**, afin de préserver et valoriser les sites et milieux naturels. En présence d'une vente soumise à ce droit de préemption, le notaire envoie une DIA au président du Conseil départemental. Le délai de préemption est de 3 mois (si le département ne préempte pas, la commune peut préempter à sa place).
- **Les sociétés d'aménagement foncier et d'établissement rural (SAFER)** disposent d'un droit de préemption sur les terrains à usage ou à vocation agricole (voir fiche 31).
- Certaines parcelles boisées font l'objet d'un droit de préemption de l'État et de droits de préférence et de préemption de la commune (voir fiche 31).

B La purge des droits de préemption institués dans un intérêt privé

La loi reconnaît à certaines personnes un droit de préemption en raison de leur intérêt particulier.

- En présence d'un immeuble indivis : si un indivisaire souhaite céder sa part indivise à un tiers, les coïndivisaires bénéficient d'un droit de préemption sur cette part (voir fiche 49).
- En cas de vente d'un bien **loué à usage d'habitation** (voir fiche 34) : si le bailleur souhaite le vendre libre de toute occupation, il doit délivrer au locataire **un congé valant offre de vente**, 6 mois avant l'expiration du bail, précisant les conditions de la vente (voir Carnet professionnel). Le locataire dispose d'un délai de 2 mois pour préempter. À défaut, il doit quitter les lieux au plus tard au terme du bail.
- Si le bien vendu est **loué à un commerçant** (voir fiche 51), le bailleur doit délivrer à ce dernier **une offre de vente**, valable un mois (voir Carnet professionnel).
- Si le bien vendu est loué à un agriculteur en vertu d'un **bail rural**, ce dernier dispose d'un droit de préemption sur la terre exploitée (voir fiche 31).
- Si le bien vendu est une parcelle boisée, elle peut faire l'objet d'un droit de préférence au profit des voisins, propriétaires de parcelles contiguës et au profit de la commune (voir fiche 31).
- Le vendeur peut avoir consenti un **pacte de préférence** (voir fiche 18).
- En cas de vente **isolée** d'un emplacement de stationnement dans une copropriété, un droit de priorité peut avoir été instauré dans le RCP au profit des copropriétaires. Dans ce cas, le copropriétaire vendeur doit communiquer par LRAR son intention de vendre en précisant le prix et les conditions de vente au syndic. Ce dernier transmet l'information aux copropriétaires par LRAR qui disposent chacun de deux mois à compter de la notification pour décider d'acquérir.

20 LA VENTE D'IMMEUBLE
Les éléments de rédaction communs

La vente d'un immeuble est un contrat consensuel. La forme authentique s'impose pour la publication de l'acte au service de publicité foncière, afin de rendre la mutation de propriété opposable aux tiers.

1 La structure de l'acte authentique de vente

Les articles 34 et 34-1 du décret du 4 janvier 1955 imposent une structure en deux parties pour la rédaction de l'acte de vente : une partie normalisée et une partie développée (voir Carnet professionnel).

Cette structuration s'explique par la formalité fusionnée à laquelle est soumise la vente. En effet, **seule la partie normalisée est publiée** : elle doit contenir ainsi tous les éléments permettant de liquider les droits, taxes et impôts, et de publier l'acte pour le rendre opposable aux tiers.

La partie développée contient, quant à elle, toutes les stipulations sans incidence pour la fiscalité et la publicité foncière.

2 La partie normalisée de l'acte

La partie normalisée doit contenir les clauses suivantes, en respectant l'ordre sous peine de rejet de la formalité (voir fiche 7). La clôture de la partie normalisée est indiquée expressément (mention « FIN DE PARTIE NORMALISÉE »).

A Préambule

Comme pour tout acte notarié, la vente débute par le préambule contenant la date, le nom du notaire rédacteur, la qualification de l'acte et la COMPARUTION des parties (voir fiche 2).

Il est utile de préciser la nature et la quotité des droits vendus et acquis. Par exemple, on précise que l'acquéreur acquiert la totalité de la pleine propriété du bien.

Les intervenants éventuels à l'acte sont ensuite identifiés (soit à la suite des comparutions, soit dans une clause spécifique dans l'acte). On peut citer les exemples suivants :

- Le conjoint du vendeur doit intervenir pour consentir à la vente si le bien vendu, personnel ou propre au vendeur, constitue le logement de famille.
- Si le vendeur a acquis le bien par donation :

– le donateur doit intervenir pour renoncer à l'inaliénabilité ou au droit de retour si ces clauses ont été stipulées dans la donation (voir fiche 42) ;

– les héritiers réservataires présomptifs du donateur du bien vendu interviennent pour renoncer à agir en revendication contre tout tiers acquéreur en cas d'atteinte à leur réserve, s'ils ne sont pas déjà intervenus lors de la donation (voir fiche 42).

Enfin, la PRÉSENCE ou la REPRÉSENTATION des parties et des intervenants est indiquée. Les procurations éventuelles sont visées et annexées à l'acte de vente.

B L'objet de l'acte

L'objet de l'acte (une vente) est précisé. Il contient les consentements des parties.

C La désignation de l'immeuble et l'effet relatif

L'immeuble est désigné selon les règles de la publicité foncière (voir fiche 5).
Si la vente porte également sur des biens meubles, il est nécessaire de lister de manière détaillée les meubles vendus avec leur prix, article par article, et d'annexer à l'acte une liste des meubles signée par les parties.
Des précisions supplémentaires sont apportées selon la nature du bien : lot de copropriété ou de lotissement, vente en état futur d'achèvement (voir fiches correspondantes)...
L'EFFET RELATIF est relaté (voir fiche 5).

D Les charges et conditions de la vente

Si les charges et conditions de la vente sont principalement développées dans la seconde partie de l'acte, la clause désigne ici le contractant, souvent l'acquéreur, qui prend en charge les frais de la vente.
L'acte peut également contenir, selon le contexte, d'autres dispositions nécessitant d'être publiées sur le fichier immobilier pour assurer leur opposabilité (telles qu'une déclaration d'insaisissabilité – fiche 35, ou la création d'une servitude – fiche 36).

E Le transfert de propriété et l'entrée en jouissance

- TRANSFERT DE PROPRIÉTÉ : la clause indique la date à laquelle l'acquéreur devient propriétaire du bien. Cette date permet de déterminer qui, du vendeur ou de l'acquéreur, supporte les risques en cas de sinistre survenant sur le bien.
- ENTRÉE EN JOUISSANCE : la clause précise la date et les modalités de la prise de possession du bien vendu par l'acquéreur. L'entrée en jouissance peut s'effectuer :

– par la prise de possession des lieux si le bien est libre de toute occupation ;
– par la perception des loyers si le bien est vendu loué (rédaction de la clause : fiche 32) ;
– par la confusion de la qualité de locataire et de propriétaire si le bien est vendu au locataire.

L'entrée en jouissance peut être :
– **anticipée** : il est nécessaire d'intégrer dans la clause que les risques incombent à l'acquéreur (entré plus tôt dans les lieux) et qu'il lui est recommandé de souscrire une assurance ;
– **différée** : la clause doit préciser la nature de la jouissance (bail, droit d'habitation...), si elle est à titre gratuit (en préciser l'évaluation) ou onéreux (en préciser le prix) et la date de fin de jouissance par le vendeur. Une astreinte par jour de retard est généralement fixée et, avec l'accord des parties, le notaire séquestre une partie du prix pour paiement de cette somme.

➜ Si elle est différée, l'entrée en jouissance est considérée comme une charge augmentative du prix et elle est soumise à la TPF (voir fiche 9).

F Le prix et le paiement du prix

- Le PRIX est indiqué en toutes lettres et en chiffres. Une ventilation du prix est nécessaire dans plusieurs hypothèses :

– distinction du prix de l'immeuble et du prix des meubles ;
– distinction du prix hors taxe et de la TVA immobilière si la vente y est soumise ;

– répartition du prix entre les différents vendeurs (en cas d'indivision par exemple).
Les modalités de paiement sont adaptées en fonction du dossier.

Rédaction de la clause PRIX en présence de meubles

« La vente est conclue moyennant le prix de CENT MILLE EUROS (100 000 €), dont :
- valeur de l'immeuble : QUATRE-VINGT CINQ MILLE EUROS (85 000 €) ;
- valeur des meubles : QUINZE MILLE EUROS (15 000 €). »

- L'acte indique si le paiement est réalisé comptant (le prix est versé le jour de la signature de l'acte) ou à terme (c'est-à-dire à une date future déterminée). L'acte **quittance** le prix (ou la partie du prix) uniquement s'il est versé le jour de la signature de l'acte.
- La clause de DÉCLARATION D'ORIGINE DES DENIERS est stipulée si le paiement du prix est réalisé au moyen d'un prêt obtenu auprès d'un établissement bancaire, pour attester de la provenance des fonds.
- Si le bien est acquis par une personne mariée sous un régime communautaire (voir fiche 41) à l'aide de fonds propres, il est nécessaire de prévoir une clause d'EMPLOI OU DE REMPLOI. Le bien acquis sera propre et non commun si l'acte contient :

– **la déclaration d'origine des deniers**, qui atteste du caractère propre des fonds utilisés ;
– **la déclaration d'intention** de procéder à l'emploi ou au remploi.

Pour que le bien soit propre, il est nécessaire que les fonds propres financent plus de 50 % du prix et des frais d'acquisition (à défaut, le bien est commun et la clause d'emploi constituera une preuve d'un cas de récompense à prendre en compte lors de la liquidation du régime matrimonial – voir fiche 41).

G La fiscalité de la vente

À la fin de la partie normalisée, l'acte précise les incidences fiscales de l'acte.
Le vendeur certifie son domicile et le centre des impôts dont il dépend.

1. L'impôt sur la plus-value immobilière

L'acte indique si la vente est soumise à l'impôt sur la plus-value (voir fiche 10) et la date d'entrée du bien dans le patrimoine du vendeur.

- Si la vente est exonérée, la cause d'exonération est précisée.
- Si l'impôt sur la plus-value est dû, l'acte stipule qu'il sera liquidé après réception de l'acte.

2. Les impôts sur la mutation

Il est précisé si le vendeur est redevable ou non de la TVA immobilière (voir fiche 11). Le cas échéant, le calcul de la taxe est expliqué.
Concernant la taxe de publicité foncière (qui tient lieu de droits d'enregistrement dans le cadre de la vente), il est nécessaire d'indiquer :
– l'assiette des droits (le cas échéant, en retranchant les meubles, ou les frais si le prix est stipulé « contrat en mains » ou en ajoutant l'évaluation de la jouissance différée éventuelle) ;
– le détail des droits, à savoir les taxes départementale et communale, ainsi que les frais d'assiette et de recouvrement (voir fiche 9).
Enfin, l'acte indique le montant de la contribution de sécurité immobilière due à l'occasion de la publication de la vente (voir fiche 9).

3 La partie développée de l'acte

La seconde partie développe les éléments de la vente n'étant pas destinés à être publiés sur le fichier immobilier et n'ayant aucune incidence sur la fiscalité de l'acte.

A Les clauses relatives à l'information de l'acquéreur

Afin d'informer l'acquéreur, les renseignements obtenus lors des formalités préalables sont relatés. Les pièces correspondantes sont annexées à l'acte.

Pièces annexées	Informations relatées dans la partie développée
Copie de la notification en vertu de la loi SRU	L'acte précise que la faculté de rétractation ou de réflexion a été valablement purgée. Les accusés de réception sont également annexés.
Certificat ou note d'urbanisme	L'acte indique les règles d'urbanisme applicables au bien.
Documents relatifs à la purge des droits de préemption	L'acte précise que les droits de préemption ont été valablement purgés.
Dossier de diagnostics techniques	La date de chaque diagnostic, les diagnostiqueurs et les conclusions des diagnostics sont rappelés.
État hors formalité	• La clause ORIGINE DE PROPRIÉTÉ relate les transmissions de propriété sur une période au moins trentenaire, pour assurer à l'acquéreur la sécurité juridique nécessaire à la transaction (voir fiche 5). • La clause SITUATION HYPOTHÉCAIRE indique les inscriptions révélées par l'état réponse. • Les servitudes d'utilité privée sont rappelées.

B Les clauses relatives aux conditions de la vente

En premier lieu, l'acte développe les **garanties dues par le vendeur à l'acquéreur** et celles dont il s'exonère.

• Par la **garantie d'éviction**, le vendeur assure à son cocontractant une possession paisible du bien vendu, et notamment qu'aucun tiers (tel qu'un créancier hypothécaire) ne revendiquera la propriété du bien entre les mains de l'acquéreur.

• En vertu de la **garantie de contenance**, l'acquéreur est protégé si la surface réelle est inférieure à la surface indiquée dans l'acte : il peut demander une diminution du prix au prorata (des règles spécifiques s'appliquent pour les lots de copropriété : voir fiche 23).

• Le vendeur est tenu de la **garantie des vices cachés**, c'est-à-dire les vices graves et antérieurs à la vente, qui ne pouvaient pas être identifiés par l'acquéreur et qui rendent le bien impropre à son usage. Le vendeur peut s'exonérer de la garantie des vices cachés, sauf s'il s'agit d'un professionnel de l'immobilier ou s'il est de mauvaise foi.

En second lieu, l'acte précise les **obligations de l'acquéreur**. Il est souvent stipulé que l'acquéreur s'engage à :

- prendre le bien dans l'état dans lequel il se trouve ;
- subir les servitudes passives et profiter des servitudes actives ;
- prendre en charge les contrats de fourniture, de maintenance, d'entretien, d'exploitation et d'assurance relatifs au bien.

Enfin, la partie développée contient tous les éléments spécifiques convenus entre les parties à l'acte, en fonction du dossier et de leur volonté.

21 LA VENTE D'IMMEUBLE

Les formalités postérieures communes

Les formalités postérieures sont réalisées après la signature de l'acte de vente et lui confèrent sa pleine efficacité. C'est à ce stade que sont effectuées les différentes opérations fiscales, la taxation de l'acte et la clôture du dossier.

1 Les formalités internes

- Après l'inscription au **répertoire** (voir fiche 6) de l'étude, le formaliste procède au **contrôle de l'acte**: il vérifie que les règles de forme impératives de l'acte notarié sont respectées (pagination, présence des mentions obligatoires, clôture régulière de l'acte, vérification du nombre de blancs barrés, de lignes ou mots ou nombres rayés, contrôle des annexes... voir fiche 2). Il procède au **collationnement**: il s'assure de la conformité des énonciations de l'acte avec les pièces justificatives (par exemple, il vérifie l'état civil relaté dans les comparutions à partir des actes de naissance, les références cadastrales indiquées dans la désignation du bien avec l'extrait cadastral modèle 1...).
- Le formaliste prépare ensuite la **copie authentique** et la **copie pour publier** (voir fiche 6). La copie pour publier, établie sur le formulaire n° 3265, reprend la première partie de l'acte, qui constitue le document hypothécaire normalisé. Cette copie doit comporter toutes les énonciations de la partie normalisée, impérativement dans l'ordre indiqué dans la fiche 20. Enfin, la formule de la copie pour publier diffère sensiblement pour insérer le formalisme obligatoire à l'acte de vente. Elle débute de la manière suivante: « *M^e ++, notaire à +++ certifie le présent document sur +++ pages dont +++ pages relevant de la première partie et approuve...* (voir la suite fiche 6). »

> → L'**ordre** du document hypothécaire normalisé (DHN) est **obligatoire** sous peine de rejet de la formalité.

Le comptable-taxateur prépare la taxation définitive de l'acte: il calcule les droits fiscaux générés par la vente (TPF – voir fiche 9), le cas échéant l'impôt sur la plus-value immobilière (voir fiche 10), la TVA immobilière (voir fiche 11).

Dispositions particulières

Des dispositions indépendantes peuvent être incluses dans l'acte de vente. C'est le cas par exemple de la constitution d'un pacte de préférence ou d'une servitude conventionnelle.
Si ces dispositions peuvent faire l'objet d'un acte séparé, elles constituent une disposition indépendante (même si elles sont incluses dans l'acte de vente qui vient d'être conclu entre les parties) et sont susceptibles d'être soumises à un droit d'enregistrement (art. 671 et 672 du CGI). La contribution de sécurité immobilière est due pour ces dispositions (**en plus** de celle due pour la vente) sur la valeur de l'immeuble ou sur l'évaluation de la disposition (c'est le cas pour une servitude).

- Le comptable-taxateur détermine les émoluments de rédaction, fixés par l'article A 444-91 C. Com (n° 54 du tableau) et de formalités (voir fiche 8). Il recense également les éléments constituant des débours.
- Le service comptabilité édite la **facture** du client et prélève les sommes dont le vendeur est débiteur à l'égard d'éventuels créanciers, sur le prix de vente. Ainsi, la banque créancière est remboursée du solde du prêt contracté par le vendeur, sur la base de l'attestation qu'elle a remise au notaire. En fonction de la nature du bien vendu, d'autres créanciers doivent être désintéressés : c'est le cas notamment du syndicat de copropriété pour des charges de copropriété impayées (voir fiche 23). Ce n'est qu'après ces vérifications que la comptabilité procède au **virement du prix** de vente au vendeur.

2 Les formalités externes

- Les acquéreurs peuvent avoir besoin d'effectuer des démarches nécessitant de justifier qu'ils sont les nouveaux propriétaires du bien. Le formaliste édite des **attestations de vente** avec ou sans prix, à remettre à la compagnie d'assurance pour permettre à l'acquéreur d'inscrire ses enfants à l'école de la commune par exemple.
- La vente immobilière est soumise à la **formalité fusionnée** au service de publicité foncière du lieu de l'immeuble dans le **délai d'un mois** à compter de la date de signature de l'acte. Le dépôt des pièces (voir contenu du dossier en fiche 7, auquel est ajouté le formulaire n°2048-IMM de déclaration d'impôt sur la plus-value, le cas échéant – voir fiche 10) est réalisé de manière dématérialisée via Tele@ctes.
- À l'occasion du dépôt, le formaliste adresse une demande de renseignements complémentaires, pour obtenir un **état hypothécaire sur formalité**. Cet état-réponse renseigne sur la situation hypothécaire du bien après la signature de l'acte. Il permet de vérifier si le bien a fait l'objet de dépôt de nouvelles formalités depuis la demande de l'état hors formalité et de voir, dans les formalités en attente, si la vente est bien en cours de publication.
- Si le bien est vendu loué, l'acquéreur peut demander une nouvelle copie exécutoire. Le vendeur remet au notaire la copie exécutoire à son nom. Cette dernière est annulée par une mention en marge. Par ailleurs, le locataire doit être informé du changement de propriétaire, notamment pour effectuer le transfert du paiement des loyers. Il faut donc l'en informer par LRAR.

3 La finalisation du dossier

- Le service de publicité foncière retourne la copie authentique, dès qu'il a procédé à la publication de la formalité au fichier immobilier. Le service appose sur cette copie les mentions d'enregistrement et de publication de l'acte (voir fiche 7). Ces informations sont reportées sur le registre de formalités, ainsi que sur la minute et sur la copie exécutoire, le cas échéant.
- **La copie authentique revêtue des mentions de publication constitue désormais le titre de propriété** de l'acquéreur. Elle lui est transmise avec l'état hypothécaire sur formalité, la facture et le chèque de remboursement des sommes trop perçues à titre de provision.
- Le notaire doit, de manière dématérialisée, renseigner obligatoirement les bases de données immobilières, dans un délai de 60 jours à compter de la signature de l'acte authentique de vente. Les informations transmises au CSN sont précisées par un arrêté du 30 septembre 2016. La rémunération du notaire est fixée à l'art. A 444-171 (n° 195).

La vente d'un terrain à bâtir

Un terrain à bâtir est un terrain sur lequel peuvent être édifiées des constructions, en vertu du plan local d'urbanisme (PLU), d'une carte communale, ou des articles L 111-3 et s. du Code de l'urbanisme. La vente d'un tel bien comporte des spécificités du fait de la construction projetée sur le terrain.

1 Les particularités de la vente d'un terrain à bâtir

A L'avant-contrat de vente

Si la vente est précédée d'un avant-contrat, les pièces d'usage sont demandées (voir fiche 18). Il est cependant recommandé de demander un **certificat d'urbanisme pré-opérationnel** (voir fiche 19), délivré par la mairie du lieu de situation de l'immeuble, afin de :

- connaître les règles d'urbanisme s'appliquant à l'immeuble ;
- vérifier que le projet de construction est réalisable (**le certificat ne vaut pas permis de construire**) ;
- identifier les taxes et participations d'urbanisme, les servitudes d'utilité publique.

L'avant-contrat contient les clauses usuelles (voir fiche 18). Les CONDITIONS SUSPENSIVES peuvent être complétées par :

- l'obtention d'un permis de construire ou la non-opposition à déclaration préalable ;
- l'obligation pour le vendeur de dessoucher le terrain ;
- l'obligation pour le vendeur de remettre en état un chemin d'accès...

→ L'acquisition d'un terrain à bâtir par une personne non professionnelle n'ouvre pas droit au délai de rétractation ou de réflexion de 10 jours, le bien n'étant pas à usage exclusif d'habitation (un délai de rétractation spécifique de 7 jours existe au sein de certains lotissements – voir fiche 25).

B Les formalités préalables

Les formalités préalables de la vente d'immeuble doivent être réalisées (voir fiche 19). Cependant, certaines pièces ont ici une importance particulière.

- Le **document d'arpentage**, établi par un géomètre-expert et publié au service de publicité foncière du lieu de situation de l'immeuble, est demandé si le terrain est issu d'une précédente division de parcelle.
- Le **procès-verbal de bornage**, également établi par un géomètre-expert, permet d'identifier les lignes séparatives du terrain avec les propriétés contigües.
- Une **autorisation d'urbanisme** est demandée à la mairie du lieu de situation du terrain. Elle permet de vérifier que le projet de construction est compatible avec les règles d'urbanisme. Selon le type de travaux, il est nécessaire de déposer soit une déclaration préalable, soit une demande de permis de construire.

Déclaration préalable	Permis de construire
Elle doit être déposée en cas de: - travaux créant entre 5 et 20 m² de surface de plancher ou d'emprise au sol (40 m² si le bien est situé en zone urbaine en vertu d'un document d'urbanisme) **et** si la surface totale de la construction ne dépasse pas 170 m² après les travaux; - travaux modifiant l'aspect extérieur de l'immeuble (ex.: installation de fenêtres de toit, de panneaux photovoltaïques...).	**Il doit être demandé en cas de**: - travaux qui dépassent les seuils du champ d'application de la déclaration préalable; - travaux qui portent sur les structures porteuses du bâtiment ou sa façade, tout en modifiant sa destination; - travaux sur des bâtiments inscrits au titre des monuments historiques.
Délai d'instruction: 1 mois à compter de la demande.	**Délai d'instruction**: 2 mois à compter de la demande.
L'absence de réponse dans le délai équivaut à une non-opposition à déclaration préalable ou à octroi tacite de permis de construire.	

À défaut de réponse expresse, il est prudent de demander un certificat de non-opposition à la déclaration préalable ou au permis de construire. Les travaux doivent être commencés dans un délai de trois ans, sous peine de caducité de l'autorisation d'urbanisme.

L'affichage de l'autorisation d'urbanisme

L'autorisation d'urbanisme doit être affichée durant toute la durée des travaux sur le terrain (au moyen d'un panneau comportant des mentions obligatoires, respectant les dimensions réglementaires et visible depuis la voie publique) et en mairie. Cette formalité est importante puisqu'elle fait courir le délai de recours des tiers contre l'autorisation d'urbanisme, qui est de trois mois à compter d'une période continue d'affichage. L'affichage sur le terrain peut utilement être constaté par un constat d'huissier (l'huissier appose un scellé en début d'affichage; à l'issue de l'affichage, il lève le scellé pour prouver la continuité de l'affichage). Enfin, l'autorisation d'urbanisme peut faire l'objet d'un retrait administratif dans un délai de 3 mois à compter de la date de délivrance de l'autorisation d'urbanisme.

C La rédaction de l'acte

L'acte de vente d'un terrain à bâtir contient les clauses habituelles de la vente d'immeuble (voir fiche 20).

Si l'acte contient l'intention de l'acquéreur de construire un bâtiment à usage d'habitation ou mixte, une **mention relative au bornage**, dans l'avant-contrat et l'acte authentique de vente, est nécessaire sous peine de nullité:

– en cas de terrain situé hors d'un lotissement, l'acte doit mentionner si le terrain a fait ou non l'objet d'un bornage;

– en cas de terrain situé dans un lotissement, l'acte doit procéder à la description du terrain au moyen d'un plan de bornage (voir fiche 25).

D Les formalités postérieures

La vente d'un terrain à bâtir est soumise aux formalités postérieures communes à toutes les ventes (voir fiche 21).

2 La fiscalité de la vente d'un terrain à bâtir

A La fiscalité liée à la vente du terrain à bâtir

1. Les impôts et les taxes à la charge du vendeur

- À l'occasion de la vente du terrain à bâtir, le vendeur peut être redevable de divers impôts et taxes:

– s'il a la qualité d'assujetti, il est redevable de la **TVA immobilière** (voir fiche 11);

– si le terrain a pris de la valeur depuis son acquisition, **l'impôt sur la plus-value immobilière** est dû (voir fiche 10).

- En outre, le vendeur peut être redevable des **taxes sur les premières cessions des terrains nus devenus constructibles** (déclaration sur formulaire n° 2048-IMM):

– une **taxe communale** peut être instituée par délibération du conseil municipal (article 1529 du CGI), afin de participer au financement des équipements publics accompagnant l'ouverture d'une zone constructible;

– une **taxe nationale**, instituée de plein droit (article 1605 nonies du CGI), a été créée pour limiter les risques de spéculation sur les terres agricoles devenues constructibles.

Il est nécessaire de vérifier, dans un premier temps, si la vente est soumise à l'une de ces taxes, au regard de la qualité du vendeur, du type d'immeuble et de l'opération.

Champs d'application des taxes		
	Taxe communale	**Taxe nationale**
Vendeurs soumis aux taxes	• Personnes physiques • Certaines sociétés civiles immobilières	Tout cédant
Immeubles imposables	Terrains nus devenus constructibles après la délibération municipale	Terrains nus devenus constructibles **après le 13 janvier 2010**
Opérations imposables	**Premières cessions à titre onéreux** de ces terrains depuis leur classement en zone constructible	
Principaux cas d'exonération	• Terrain dépendant d'une résidence principale cédée de manière simultanée • Expropriation • Remembrement • Prix de cession inférieur à 15 000 € • Terrain constructible depuis plus de 18 ans • Prix de cession inférieur au triple du prix d'acquisition • Cédant aux ressources modestes	• Expropriation • Prix de cession inférieur à 15 000 € • Terrain classé en zone constructible depuis plus de 18 ans • Prix de cession inférieur à dix fois le prix d'acquisition

Si l'une de ces taxes est due, il convient de déterminer, dans un second temps, la valeur du terrain sur laquelle la taxation est calculée.

	Taxe communale	**Taxe nationale**
	Bases imposables	
Assiette de la taxe	Plus-value réalisée lors de la cession (prix de cession – prix d'acquisition actualisé selon indice INSEE)	
Abattement	Néant	10% par année de détention à partir de la 9e année depuis le classement du terrain en zone constructible.
	Calcul des taxes	
Taux applicable	10 %	- 5% lorsque le rapport entre le prix de cession et le prix d'acquisition est compris entre 10 et 30; - 10 % sur la fraction restant à taxer après application du taux de 5 %.

2. Les droits fiscaux à la charge de l'acquéreur

L'acquéreur est redevable des **droits de mutation à titre onéreux** de droit commun (voir fiche 9). Lorsqu'il a la qualité d'assujetti au regard de la TVA immobilière :

– les droits sont calculés sur la base du taux réduit (0,715 %) s'il prend l'engagement de revendre le bien dans les 5 ans ;

– il est exonéré de ces droits s'il prend l'engagement de construire un immeuble neuf dans les 4 ans (voir fiche 11).

À ces droits de mutation s'ajoute la contribution de sécurité immobilière (voir fiche 9).

B La fiscalité liée à l'obtention de l'autorisation d'urbanisme

Celui qui obtient une autorisation d'urbanisme est redevable de taxes et participations d'urbanisme. **Elles ne sont pas prélevées par le notaire lors de la cession** ; elles sont dues à l'État un an après l'obtention du permis de construire (le paiement peut s'échelonner sur 2 ans si le montant des taxes est supérieur à 1 500 €).

Le notaire rappelle, dans la clause URBANISME de l'acte de cession, l'existence et le montant de ces taxes, à l'aide du certificat d'urbanisme, pour la bonne information de l'acquéreur.

1. Les taxes d'urbanisme

Taxes	Objectif
Taxe d'aménagement	Contribuer au financement des équipements publics (voirie, canalisations...)
Versement pour sous-densité	Inciter à une utilisation économe de l'espace et limiter l'étalement urbain
Redevances	• d'archéologie préventive • pour création de bureaux ou de commerce (en Ile-de-France uniquement)

2. Les participations d'urbanisme

Depuis le 1er janvier 2015, les participations d'urbanisme sont les suivantes :

• **Le projet urbain partenarial (PUP)** : le PUP est une initiative privée visant, par convention avec les collectivités publiques, à faire financer par des constructeurs ou aménageurs, tout ou partie des équipements d'intérêt général.

• **La participation en zone d'aménagement concerté (ZAC)** : la ZAC est une initiative publique visant à aménager et équiper un espace déterminé, en concertation avec la population locale, dans le cadre d'un projet urbain.

• **La participation pour le financement d'équipements publics exceptionnels** : elle ne concerne que les équipements nécessaires pour une construction à caractère industriel, agricole, commercial ou artisanal (exemple : construction d'une station d'épuration).

La vente d'un lot de copropriété

La propriété d'un immeuble peut être répartie entre plusieurs personnes en lots comprenant une partie privative et une quote-part des parties communes de l'immeuble (sols, espaces verts...). Ces lots sont soit des appartements (copropriété verticale) soit des maisons individuelles (copropriété horizontale).

1 Les vérifications relatives à l'ensemble immobilier en copropriété

A L'obtention des données essentielles sur la copropriété

- Les références cadastrales figurant sur le modèle 1 concernent l'ensemble immobilier et non pas seulement le lot vendu (individualisé par son numéro).
- Les copropriétés à usage au moins partiel d'habitation doivent être immatriculées sur le registre national des copropriétés. Cette obligation concerne les copropriétés de plus de 200 lots principaux depuis le 31/12/2016, celles de plus de 50 lots principaux à compter du 31/12/2017, et les autres copropriétés, à compter du 31/12/2018. Le notaire doit obtenir le **numéro d'immatriculation de la copropriété** à laquelle appartiennent les lots vendus.

→ C'est en principe le syndic qui procède à l'immatriculation. Le notaire doit cependant la réaliser s'il s'occupe de la mise en copropriété ou à l'occasion de la vente d'un lot, en cas d'absence ou de carence du syndic. Cette immatriculation est effectuée de manière dématérialisée.

- Le notaire doit obtenir la **fiche synthétique de la copropriété** qui en regroupe les données financières et techniques essentielles. Le contenu de cette fiche, obligatoire pour les copropriétés à usage au moins partiel d'habitation, est précisé par le décret n° 2016-1822 du 21 décembre 2016 (entrées en vigueur identiques à celles de l'immatriculation).

B Les vérifications relatives à l'organisation de la copropriété

Il faut obtenir le nom, les coordonnées du syndic et les documents suivants.

- L'**état descriptif de division (EDD)** précise le numéro et la nature des lots, ainsi que la quote-part des parties communes afférentes à chacun des lots (exprimée en tantièmes).
- Le **règlement de copropriété (RCP)** détaille les droits et obligations des copropriétaires. La lecture de cette pièce permet notamment de connaître l'existence d'une clause « d'habitation bourgeoise » ne permettant pas de destiner le lot à un usage commercial, d'un droit de priorité en cas de vente isolée d'un lot de stationnement (voir fiche 19).

Ces actes, reçus sous forme authentique, sont publiés au SPF, où il convient de se les procurer (le vendeur ou le syndic peuvent en remettre une copie).

- Il faut réunir **tous les modificatifs** apportés à ces actes, qui sont aussi publiés.
- Enfin, une **notice d'information** relative aux droits et obligations des copropriétaires et au fonctionnement de la copropriété doit être remise à l'acquéreur. Son contenu doit être fixé par arrêté ministériel.

C Les vérifications relatives à l'état de la copropriété

- Le notaire doit vérifier que la **division** de l'immeuble en lots de copropriété a été publiée sur le fichier immobilier et qu'elle respecte l'article L 111-6-1 CCH (absence d'interdiction d'habiter, d'arrêté de péril ou d'insalubrité, absence de danger pour la santé...).
- Les **diagnostics sur les parties communes** doivent être obtenus auprès du syndic si les conditions d'application (fiche 16) sont réunies.
- S'il a été établi, il est nécessaire d'obtenir le **diagnostic technique global** (DTG), entré en vigueur le 01/01/2017. Ce DTG contient une analyse de ce DTG contient une analyse de l'état de la copropriété. Il établit les travaux à prévoir et leur coût pour les 10 années à venir.

➜ Ce DTG doit être obligatoirement réalisé pour les immeubles achevés depuis plus de 10 ans lors de leur mise en copropriété et les immeubles déclarés insalubres. Pour les copropriétés existantes, ce nouveau diagnostic doit être réalisé uniquement si l'assemblée générale des copropriétaires a voté en ce sens.

- Le notaire doit demander si un **fonds de travaux** a été constitué, et le cas échéant, le montant de la cotisation. Depuis le 01/01/2017, ce fonds, destiné à financer les travaux prescrits par les lois et les règlements ainsi que ceux votés en assemblée générale, doit être constitué dans les copropriétés à usage au moins partiel d'habitation de plus de 5 ans.

➜ Ce fonds n'est pas obligatoire si la copropriété comporte moins de 10 lots (à condition d'une décision unanime de l'assemblée générale) ou si le DTG a conclu à l'absence de travaux nécessaires pour les 10 prochaines années.

- Il faut se procurer le **carnet d'entretien**, indiquant les contrats d'entretien, d'assurance et de maintenance de l'immeuble et les travaux importants qui ont été réalisés.
- Enfin, il faut demander les **procès-verbaux des assemblées générales** des copropriétaires des trois dernières années, afin de connaître les projets en cours.

2 L'avant-contrat de vente d'un lot de copropriété

L'avant-contrat nécessite les précautions d'usage (fiche 18). Seules les spécificités sont ici exposées.

A Les diagnostics sur la partie privative

Le vendeur doit fournir les diagnostics relatifs aux parties privatives (fiche 16), ainsi qu'un **certificat de mesurage** (loi Carrez du 18/12/1996), qui porte sur la **surface privative des lots à partir de 8 m² quel qu'en soit l'usage**, **à l'exception** des caves, des garages et des emplacements de stationnement. Il est conseillé de faire établir ce mesurage par un professionnel.

B Les travaux entrepris par le vendeur

Si le vendeur a procédé à des travaux dans les parties privatives qui ont une incidence sur les parties communes ou l'aspect extérieur de l'immeuble, le notaire doit vérifier que ces travaux ont bien été préalablement autorisés par l'assemblée générale des copropriétaires. Le vendeur doit donc fournir le procès-verbal de l'AG autorisant les travaux.

C Les informations financières

Le notaire demande au syndic (sous forme en pratique d'un « **pré-état daté** ») :
- le montant des charges payées par le vendeur lors des deux dernières années ;
- les sommes susceptibles d'être dues par l'acquéreur à la copropriété ;
- le montant total des charges impayées au sein du syndicat et de la dette vis-à-vis des fournisseurs.

→ Ces deux dernières informations ne sont pas nécessaires si la copropriété comporte moins de 10 lots et que son budget moyen, pendant 3 exercices consécutifs, est inférieur à 15 000 €.

Si un fonds de travaux existe, il faut connaître le montant de la part rattachée au lot vendu ainsi que le montant de la dernière cotisation versée par le vendeur à ce fonds.

→ Le « pré-état daté » a ainsi pour but d'informer l'acquéreur sur les conséquences financières de son acquisition en copropriété et sur la situation de la copropriété. **Il ne doit pas être confondu avec l'état daté** (paragraphe 3 A), demandé avant l'acte authentique : ce dernier a pour premier objectif de protéger la copropriété contre les impayés de charges dus par le vendeur.

D Synthèse des informations à communiquer à l'acquéreur

Les documents suivants doivent être **remis** à l'acquéreur, sur tous supports et par tous moyens, même dématérialisés (ils ne sont plus nécessairement annexés à l'avant-contrat).

EN PRINCIPE	Fiche synthétique, RCP, EDD et leurs modificatifs, les PV des AG des 3 dernières années, le « pré-état daté », le carnet d'entretien, la notice d'information, les conclusions du DTG.
Si l'acquéreur est déjà propriétaire d'un lot dans la copropriété	Pré-état daté.
En cas de vente isolée d'un lot annexe	Fiche synthétique, RCP, EDD et leurs modificatifs, le « pré-état daté ».

L'acquéreur atteste de la bonne remise de ces pièces soit par une clause dans l'acte signée de sa main si l'avant-contrat est notarié, soit par un récépissé daté et signé de sa main si l'avant-contrat est sous signatures privées.

L'incidence sur la purge du délai de rétractation ou de réflexion de la loi SRU

Si la vente est soumise à la loi SRU (fiche 19), le délai de rétractation ou de réflexion ne court qu'à compter du lendemain de la **communication de toutes ces pièces** (art. L 721-3 CCH), à savoir la fiche synthétique, le RCP, l'EDD et leurs modificatifs, les PV d'AG des 3 dernières années, et les informations financières du « pré-état daté ».

3 L'acte authentique de vente d'un lot de copropriété

A Les formalités préalables

Les formalités préalables de la vente sont réalisées (voir fiche 19, et pour la purge du droit de préemption urbain, voir le tableau du Carnet professionnel). Si la vente n'est pas précédée d'un avant-contrat, il faut réunir les pièces rappelées dans le paragraphe 2.

1. L'état daté

Le syndic de copropriété doit remettre au notaire un **état daté** informant sur :
- les **sommes restant dues par le vendeur au syndicat** (provisions pour les dépenses courantes, les travaux, et les charges restées impayées) ;
- les **sommes dues au vendeur par le syndicat** (remboursement des réserves, des emprunts et restitution des sommes non encore exigibles) ;
- les **sommes incombant au nouveau copropriétaire** (reconstitution des réserves et emprunts, provisions non encore exigibles).

L'état daté comprend également une annexe récapitulative des charges sur les deux années écoulées. Si le vendeur est à jour des sommes dues, le syndic délivre un mois avant la signature de l'acte authentique un **certificat** (dit « article 20 ») le constatant.

La répartition des charges et des travaux entre vendeur et acquéreur

La loi prévoit que le redevable des charges et des appels de fonds pour les travaux est le propriétaire connu par le syndic au moment de l'exigibilité de la somme due.
Cette règle peut être aménagée conventionnellement. Par exemple, il est stipulé que les appels de fonds pour des travaux sont à la charge de celui qui les a votés, quelle que soit la date des appels de fonds. On peut également prévoir une répartition au *prorata temporis* des charges à compter de la jouissance : cela conduit à calculer le montant des provisions payées en avance par le vendeur pour la période où l'acquéreur est entré en jouissance. Ce montant doit lui être remboursé par l'acquéreur, en principe à la signature. Enfin, les cotisations versées au fonds de travaux ne font jamais l'objet d'un remboursement par l'acquéreur au vendeur.
Toutefois, **ces aménagements à la répartition légale sont inopposables au syndicat** : le syndic procède à l'appel des fonds et des charges auprès du propriétaire connu.

2. Les vérifications relatives à l'acquéreur

- Le notaire doit demander au syndic (**après** la purge du droit de préemption urbain) si l'acquéreur est déjà copropriétaire d'un lot dans l'ensemble immobilier. Si tel est le cas et que des charges sont impayées, la vente est impossible (voir Carnet professionnel).
Le certificat doit avoir **moins d'un mois de date** à la signature de l'acte authentique.
- Il faudra informer l'acquéreur qu'il doit s'assurer contre les risques de mise en jeu de sa responsabilité civile (dans le cadre de la prévention contre les copropriétés dégradées).

B La rédaction

En plus des éléments de rédaction communs aux ventes (voir fiche 20), l'acte doit préciser les clauses spécifiques suivantes.

Clauses	Contenu des clauses
Désignation du bien	Désignation de l'ensemble immobilier (adresse, nom, références d'immatriculation et références cadastrales) et **pour chaque lot** vendu : → indication du numéro du lot (en lettres et chiffres); → description de la partie privative (indication de son mesurage, le cas échéant); → indication de la quote-part des parties communes attachée au lot et exprimée en **tantièmes**.
Superficie Loi Carrez	**1.** Indication de la surface de la partie privative des lots. **2.** Références du certificat. **3.** Dans la partie développée, information sur la possibilité d'action en révision du prix par retranscription de l'article 46 de la loi du 10/07/1965.
État descriptif de division/règlement de copropriété	Après l'EFFET RELATIF, indication pour chaque document (et pour leurs modificatifs le cas échéant) de la date de la rédaction de l'acte, le nom du notaire et les références de publication.
Prix	Si la vente porte sur plusieurs lots, ventilation du prix de vente par lots pour faciliter une éventuelle révision du prix (voir focus).
Diagnostics	Retranscription distincte des diagnostics portant sur les parties communes et ceux portant sur les parties privatives.
Répartition des charges et des travaux	→ Rappel des règles légales. → **Aménagement** des règles entre le vendeur et l'acquéreur, le cas échéant (voir *supra*). → Précision de l'identification du syndic de copropriété. → Retranscription de l'état daté.

→ L'action en révision du prix est ouverte à l'acquéreur pendant un an, si la **superficie réelle est inférieure de plus de 5 %** à celle indiquée dans l'acte. L'action en diminution du prix (à hauteur de l'erreur de mesurage) porte sur la valeur du lot.

C Les formalités postérieures et la taxation

En plus des formalités communes aux ventes (voir fiche 21), le notaire doit procéder à deux communications distinctes pour informer le syndic de la mutation.

- La **notification** (art. 6 du décret du 17/03/1967) permet au syndic de tenir à jour la liste des copropriétaires. Elle rend la cession opposable à la copropriété et permet de déterminer celui qui est redevable des charges et des appels de fonds du point de vue du syndicat.
- Un **avis de mutation** (art. 20 I de la loi du 10/07/1965) doit être envoyé dans les 15 jours suivant la vente, par LRAR (souvent accompagnée du paiement des sommes dues par le vendeur). Si des sommes demeurent impayées, le syndic peut former opposition au versement du prix de vente au vendeur. Le syndicat se voit reconnaître alors un privilège sur le lot vendu. L'avis de mutation n'est cependant pas nécessaire si le syndic a remis le « certificat article 20 » moins d'un mois avant la signature de l'acte (3 A 1).
- Le notaire doit, le jour de la signature de l'acte authentique de vente, remettre, contre récépissé, une **copie simple de l'acte ou un certificat reproduisant** la clause de l'acte mentionnant la **superficie** de la partie privative du lot et les **dispositions de l'article 46** de la loi du 10 juillet 1965.

La taxation de l'acte est la même que pour une vente d'immeuble (fiches 8 et 9) à laquelle s'ajoute la notification au syndic (n° 216), l'obtention de l'état daté (n° 204), la vérification de l'immatriculation du syndic (n° 182) et/ou son immatriculation (n° 183 et 184).

La création du lotissement

Le lotissement est l'opération par laquelle le propriétaire d'un terrain décide de le diviser en plusieurs parties, appelées lots, en vue d'y faire édifier des constructions. Au regard de ses incidences sur l'habitat et le développement urbain, le lotissement est une opération d'urbanisme, réglementée par les articles L 442-1 et suivants du Code de l'urbanisme.

1 L'analyse du dossier

À l'ouverture du dossier, le notaire doit qualifier l'opération de division de terrain afin d'identifier le régime applicable.

A La qualification de la division du terrain

Toute division de terrain en plusieurs parcelles n'est pas un lotissement. Aussi, le notaire doit vérifier si la division réunit les trois conditions suivantes.

1. La division doit d'abord porter sur une ou plusieurs unités foncières contiguës, c'est donc une **division du sol**.

2. L'opération doit ensuite avoir pour objet de procéder au **transfert de la propriété ou de la jouissance** des lots issus de la division. L'origine de la division est indifférente : elle peut résulter d'une mutation à titre onéreux (division pour vendre différents lots par exemple) ou d'une mutation à titre gratuit (division résultant d'un partage successoral par exemple).

3. Enfin, la division doit avoir pour objet de créer des lots **destinés à être bâtis**. Peu importe la destination des constructions projetées (à usage d'habitation, mixte, professionnel, commercial...).

Lorsque ces trois conditions sont réunies, la division est constitutive d'un lotissement, qui doit faire l'objet d'une autorisation d'urbanisme (permis d'aménager ou déclaration préalable).

→ Ainsi, ne constituent pas des lotissements les détachements de terrains sur lesquels sont édifiés des bâtiments qui ne sont pas destinés à être démolis, les divisions consécutives à une opération d'expropriation, les « détachements-rattachements » qui ont pour objet de diviser une parcelle en vue de la rattacher à une propriété contiguë.

B Les divisions exclues du régime du lotissement

Certaines divisions, pourtant constitutives de lotissement au regard des critères rappelés ci-dessus, ne sont pas soumises à ce régime. Une autorisation d'urbanisme pour procéder au lotissement n'est donc pas nécessaire.

Ces exceptions s'expliquent :

– soit en raison de **l'existence d'un autre contrôle**, telles que les divisions effectuées dans le cadre d'une zone d'aménagement concerté (voir fiche 22);

– soit en raison de **l'existence d'une autorisation d'urbanisme**, rendant inutile l'obtention d'un permis d'aménager ou le dépôt d'une déclaration préalable. C'est le cas par exemple des divisions réalisées par un constructeur qui vend en état futur d'achèvement des maisons individuelles et qui a déjà obtenu, dans le cadre de cette opération, un permis de construire « valant division ».

2 L'obtention d'une autorisation d'urbanisme

Le lotissement est une opération d'urbanisme contrôlée, qui doit faire l'objet d'une autorisation.

A La détermination de l'autorisation d'urbanisme à obtenir

L'opération de lotissement exige en principe un **permis d'aménager**, ou à défaut, **une déclaration préalable**.

- Le permis d'aménager est nécessaire si :

– la création du lotissement nécessite la **réalisation de voies ou espaces collectifs** (tels que des voies de circulation, des espaces verts ou de stationnement...) ;
– **ou** si le terrain divisé est situé dans un **site classé** ou dans un **secteur sauvegardé**.

- Une déclaration préalable suffit si :

– l'opération ne nécessite pas la réalisation de voies ou d'espaces collectifs ;
– **et** si le terrain n'est pas situé dans un site classé ou dans un secteur sauvegardé.

B L'obtention d'un permis d'aménager

La demande du permis d'aménager est réalisée sur formulaire n° 13409 en 4 exemplaires et déposée auprès de la mairie de la commune où est situé le terrain.
Cette demande est accompagnée des pièces permettant de détailler le projet : plan de situation du terrain, notice descriptive du terrain et du projet d'aménagement, plan de l'état actuel du terrain et de ses abords, plan de composition d'ensemble du projet coté dans ses trois dimensions, photographies du terrain dans son environnement, programme et plans des travaux, coupes du terrain...
La demande peut être complétée, selon le type de projet, par :
– un projet de règlement du lotissement s'il est envisagé d'apporter des compléments aux règles d'urbanisme ;
– l'engagement du lotisseur de constituer une association syndicale des acquéreurs de lots.
La mairie dispose d'un délai de 3 mois pour instruire le dossier. L'absence de réponse à l'expiration de ce délai équivaut à la délivrance d'un permis tacite.

C Le dépôt d'une déclaration préalable

La déclaration préalable est réalisée sur formulaire n° 13702 en 2 exemplaires et déposée à la mairie de la commune où se situe le terrain.
La déclaration est accompagnée des pièces suivantes : plan de situation du terrain, plan sommaire des lieux indiquant les bâtiments existant sur le terrain, plan coté dans les 3 dimensions faisant apparaître la ou les divisions projetées.
La mairie dispose d'un délai d'un mois pour s'opposer. L'absence de réponse à l'expiration de ce délai équivaut à une non-opposition à la division.

D L'analyse de l'autorisation d'urbanisme

Il est nécessaire d'analyser l'autorisation d'urbanisme (permis d'aménager ou déclaration préalable), afin d'identifier :
- le nombre maximal de lots accepté ;
- la surface maximale de construction autorisée pour l'ensemble du lotissement ;
- la ventilation éventuelle de cette surface par lots ;
- les obligations éventuelles imposées au lotisseur (telles que l'obligation d'exécuter tous travaux nécessaires à la viabilité et l'équipement du lotissement).

L'affichage de l'arrêté autorisant le lotissement

Comme toute autorisation d'urbanisme, l'arrêté autorisant le lotissement (permis d'aménager ou non-opposition à déclaration préalable selon le cas) doit être affiché sur terrain durant toute la durée des travaux, afin de faire courir le délai de recours des tiers contre l'arrêté, qui est de trois mois à compter d'une période continue d'affichage. Le recours à un constat d'huissier permet de se ménager une preuve de l'affichage continu. Ce constat fait l'objet d'un procès-verbal, qui sera annexé au dépôt de pièces du lotissement (voir paragraphe 3 C ci-dessous).

L'arrêté autorisant le lotissement peut faire l'objet d'un retrait administratif dans un délai de 3 mois à compter de sa délivrance.

3 La constitution du dossier relatif au lotissement

A L'arpentage et le bornage

La division projetée doit faire l'objet d'un **document d'arpentage**, réalisé par un géomètre-expert. Le document d'arpentage est nécessaire pour réaliser la division du terrain (parcelle mère) en divers lots (parcelles filles), et procéder à leur numérotation auprès des services cadastraux. Les différents lots créés par la division doivent faire l'objet d'un **procès-verbal de bornage** par un géomètre-expert. Cette pièce est fondamentale car elle permet de définir juridiquement les limites des lots du lotissement et de les matérialiser sur le terrain.

B Les documents du lotissement

Afin de mettre en place le lotissement, trois documents peuvent être établis.

1. Le règlement du lotissement

Ce règlement est un **acte administratif règlementaire**, qui a pour objet de fixer les règles d'urbanisme spécifiques au lotissement, pour compléter éventuellement les dispositions du PLU.

- Le règlement de lotissement peut établir des servitudes d'urbanisme (détermination de zones non constructibles ou des limites séparatives à respecter, fixation d'une hauteur maximale pour les constructions ou les plantations, emploi de certains types de matériaux pour le bâti...).
- Le règlement du lotissement cesse de s'appliquer au terme de 10 ans à compter de l'obtention de l'autorisation d'urbanisme. Depuis la loi ALUR, les co-lotis n'ont plus la possibilité de maintenir les règles d'urbanisme au-delà de ces 10 ans si, à cette date, le lotissement est couvert par un plan local d'urbanisme ou un document d'urbanisme en tenant lieu.

2. Le cahier des charges

Le cahier des charges, **document contractuel**, détermine les droits et obligations des co-lotis entre eux : répartition des charges relatives aux équipements collectifs, règles de stationnement, activités autorisées...

Le cahier des charges rappelle parfois les règles contenues dans le règlement de lotissement.

3. Les statuts de l'association syndicale libre (ASL)

L'association syndicale libre est la **personne morale chargée de gérer le lotissement** et d'assurer que les co-lotis respectent le cahier des charges. Elle a également pour mission de voter et collecter les charges auprès des propriétaires des lots.
L'ASL est propriétaire des équipements collectifs et a pour obligation de les gérer et de les entretenir, **sauf** s'ils ont été transférés à la commune ou s'ils appartiennent aux co-lotis en indivision.
Les statuts de l'ASL déterminent les modes de désignation des organes de gestion du lotissement et les modalités de délibération de l'assemblée générale des propriétaires.
L'organisation et la composition de l'ASL sont librement déterminées dans les statuts (mode de répartition des voix par tête ou par tantièmes...). Fréquemment sont désignés un président et un comité syndical, organes de gestion de l'association.
L'ASL doit être déclarée en préfecture. Chaque propriétaire de lot est membre de droit de l'ASL.

C Le dépôt des pièces au rang des minutes du notaire

Le notaire doit déposer les pièces relatives au lotissement au rang de ses minutes. Ce dépôt garantit la conservation des pièces, mais il permet également leur consultation par les futurs acquéreurs des lots ainsi que leur publication sur le fichier immobilier.
Pour établir ce procès-verbal de dépôt, le notaire demande au lotisseur l'ensemble des pièces. Il vérifie l'identité et la capacité du lotisseur (voir fiche 4). Il demande le titre de propriété du terrain, le modèle 1 et l'état hors formalité (voir fiche 5).
Le notaire établit l'acte de dépôt dans lequel il désigne la parcelle à lotir (ou chaque parcelle fille si l'acte est dressé après division), relate son origine de propriété, puis procède au dépôt au rang de ses minutes des pièces suivantes :
- l'arrêté autorisant le lotissement (permis d'aménager ou non-opposition à déclaration préalable) ;
- la demande de permis ou la déclaration préalable, les plans, le programme des travaux et le règlement de lotissement (ils acquièrent une nature règlementaire dès lors qu'ils ont été approuvés par le maire) ;
- le cahier des charges et les statuts de l'association syndicale libre si ces actes ont été reçus sous forme authentique.

Le PV de dépôt est publié auprès du service de publicité foncière du lieu de situation de l'immeuble dans le délai d'un mois à compter de la date du PV. Cette publication donne lieu au versement d'une TPF de 125€ et d'une CSI de 15 €. La rémunération du notaire est déterminée dans une convention d'honoraires (voir fiche 8).

4 La réalisation des travaux

Les travaux d'aménagement et de création des lots sont ensuite réalisés.
Le lotisseur, auteur des travaux, est tenu de déclarer en mairie l'ouverture des travaux.
Une fois ces aménagements terminés, il est nécessaire de déposer à la mairie la déclaration attestant l'achèvement et la conformité des travaux sur formulaire n°13408*02.
La conformité des travaux est présumée, le lotisseur atteste la bonne réalisation des travaux. L'administration dispose d'un délai de 3 mois pour contester la conformité des travaux. À l'expiration de ce délai, il est utile d'obtenir auprès du maire une attestation de non-contestation de la conformité des travaux.

25 LA VENTE D'IMMEUBLE

La vente en lotissement

La vente d'un terrain à bâtir ou d'un immeuble bâti situé dans un lotissement est soumise aux règles communes des ventes d'immeubles (voir fiches 18 à 21). Seules les spécificités, liées à la localisation du bien dans un lotissement, sont ici exposées.

1 La vente d'un terrain à bâtir situé dans un lotissement

Une fois l'opération de division réalisée, les différents lots nouvellement créés et destinés à être bâtis sont vendus (voir fiche 24).

A La mise en vente des terrains

1. Le lotissement soumis à permis d'aménager

La commercialisation des lots est strictement encadrée si le lotissement est soumis à permis d'aménager.

• **Avant la délivrance du permis d'aménager**, il est interdit de conclure une promesse de vente ou un acte authentique de vente d'un terrain. Aucun acompte ne peut être versé. La publicité relative à la vente des lots est autorisée à condition de mentionner que l'autorisation administrative n'a pas encore été délivrée.

• **Entre la délivrance du permis d'aménager et l'achèvement des travaux d'aménagement du lotissement**, seule une promesse unilatérale de vente peut être consentie par le lotisseur:
- cet avant-contrat doit contenir des mentions obligatoires (la consistance du lot, sa délimitation résultant d'un procès-verbal de bornage, le prix du lot et le délai de livraison);
- le montant maximal de l'indemnité d'immobilisation est de 5 % du prix convenu;
- il peut être utile de préciser dans la promesse une condition suspensive d'obtention du permis de construire (voir fiche 18);
- le bénéficiaire dispose d'un délai de rétractation de 7 jours, prévu par l'article L 442-8 du Code de l'urbanisme: il s'applique quel que soit l'usage du bien et que le bénéficiaire soit un professionnel ou non.

→ Ce délai de rétractation ne doit pas être confondu avec celui de 10 jours instauré par la loi SRU (expliqué en fiche 19) qui, lui, bénéficie uniquement à l'acquéreur non professionnel d'un immeuble à usage exclusif d'habitation.

• **Après l'achèvement des travaux d'aménagement** du lotissement, les actes authentiques de vente peuvent être reçus.

→ Le lotisseur peut avoir été autorisé, dans le permis d'aménager ou par un arrêté ultérieur, à conclure les ventes (compromis ou actes authentiques) avant l'achèvement des travaux dans deux hypothèses:

- s'il peut fournir une garantie bancaire d'achèvement des travaux d'aménagement (obtention d'un crédit ou d'un cautionnement);
- ou s'il souhaite différer les travaux de finition du lotissement (revêtement définitif des voies, aménagement des trottoirs, qui pourraient être détériorés pendant la construction des bâtiments), à condition de produire une garantie bancaire d'achèvement ou de consigner une somme équivalente au coût de ces travaux sur un compte bloqué.

2. Le lotissement soumis à déclaration préalable

Ces règles ne s'appliquent pas si le lotissement est soumis à déclaration préalable (sauf en ce qui concerne la publicité de la vente des lots) : la commercialisation des lots est donc plus libre et plus rapide.
Toutefois, les actes authentiques de vente ne peuvent être reçus qu'après l'obtention de l'arrêté de non-opposition à déclaration préalable (si l'arrêté oblige le lotisseur à réaliser certains travaux, les actes authentiques seront reçus après leur réalisation et le dépôt de la déclaration attestant l'achèvement et la conformité des travaux).

B Les formalités préalables

1. Les pièces nécessaires

Les formalités d'usage sont effectuées (voir fiche 19). Il faut veiller en outre à réunir les pièces spécifiques suivantes :
- copie de l'autorisation d'urbanisme (permis d'aménager ou certificat de non-opposition à déclaration préalable);
- tableau de répartition de la surface constructible sur chaque lot du lotissement;
- dossier relatif au lotissement et pièces du lotissement (règlement du lotissement, cahier des charges, statuts de l'association syndicale libre (ASL) le cas échéant, copies du PV de bornage et du document d'arpentage – voir fiche 24);
- permis de construire obtenu par l'acquéreur du terrain.

Si l'acte authentique est reçu après l'achèvement des travaux d'aménagement, il est nécessaire d'obtenir la déclaration attestant l'achèvement et la conformité des travaux et l'attestation de non-contestation de la conformité des travaux délivrée par le maire.
À l'inverse, s'il est reçu avant l'achèvement des travaux, le notaire doit vérifier que le permis d'aménager autorise cette cession anticipée et que le lotisseur peut justifier d'une garantie bancaire d'achèvement (voir encadré précédent).

2. La purge du droit de préemption urbain

La vente d'un terrain à bâtir situé dans un lotissement est en principe soumise au droit de préemption urbain.
Cependant, lors de la délivrance de l'autorisation d'urbanisme, la commune a la faculté, par délibération, d'exclure du champ d'application du DPU la vente de ces biens, pendant 5 ans à compter du jour où cette délibération est devenue exécutoire. Cette information est contenue dans le certificat d'urbanisme.

3. La purge du droit de rétractation ou de réflexion

Si le lotissement est soumis à permis d'aménager, il faut vérifier que l'acquéreur (non professionnel ou professionnel) a été en mesure d'exercer son droit de rétractation ou de réflexion d'une durée de 7 jours (voir encadré 1 A).

Si le lotissement est soumis à déclaration préalable, l'acquéreur, même non professionnel, ne bénéficie pas de ce délai de rétractation ou de réflexion.

C La rédaction de l'acte

L'acte contient les clauses couramment stipulées dans les ventes de terrains à bâtir (voir fiche 22). Il contient cependant des clauses spécifiques liées à la localisation du bien dans un lotissement.

Clauses	Éléments à préciser
DÉSIGNATION	• Désignation selon les règles de la publicité foncière (voir fiche 5). • Indication du numéro de lot de lotissement (en lettres et en chiffres) et du nom du lotissement. • Mention du document d'arpentage et du procès-verbal de bornage • En l'absence d'ASL, indication de la quote-part des parties collectives du lotissement détenues en indivision par les co-lotis de la manière suivante : « *... et les x/10e des parties collectives du lotissement constituées par les parcelles (références cadastrales des parcelles collectives).* » • Mention de la surface plancher constructible sur le lot.
DÉPÔT DES PIÈCES	Indication des références : - de l'autorisation d'urbanisme ; - de l'acte de dépôt des pièces constitutives du lotissement (notaire rédacteur et date de l'acte) et de sa publication foncière.
ASSOCIATION SYNDICALE LIBRE	Adhésion écrite de l'acquéreur à l'ASL, si elle est constituée.

Les pièces relatives au lotissement sont énoncées (règlement de lotissement, cahier des charges, statuts de l'ASL ou engagement du lotisseur d'en constituer une). L'acquéreur reçoit une copie de ces documents.

D Les formalités postérieures et taxation

Les formalités postérieures d'usage sont réalisées (voir fiche 21). Cet acte est soumis à la taxation spécifique des terrains à bâtir (voir fiche 22).

2 La vente d'un immeuble bâti situé dans un lotissement

A L'analyse du dossier

La découverte du dossier doit être effectuée (voir fiche 19). Au regard de la situation de l'immeuble bâti dans un lotissement, il est nécessaire, dans ce type de dossier, d'obtenir toutes les informations utiles sur la création du lotissement (voir fiche 24) :

– le notaire doit vérifier que les pièces de création du lotissement ont bien été déposées au rang des minutes d'un notaire ;

– il convient de savoir si une association syndicale libre a été constituée ;

– dans un but d'information de l'acquéreur, le cahier des charges du lotissement est analysé ;

– il faut s'interroger sur l'application des règles d'urbanisme du règlement de lotissement. Depuis la loi ALUR du 24 mars 2014, ces règles cessent de s'appliquer au terme de 10 années à compter de l'obtention de l'arrêté autorisant le lotissement, si le lotissement est couvert par un PLU ou un document d'urbanisme en tenant lieu (article L 442-9 du Code de l'urbanisme).

B Les formalités préalables

Les formalités préalables d'usage sont réalisées (voir fiche 19). Au regard de la nature du bien, il faut également effectuer les opérations suivantes.

- Les pièces relatives à la création du lotissement sont réunies (copies de l'autorisation d'urbanisme, document d'arpentage, procès-verbal de bornage, cahier des charges).
- Si une ASL a été constituée, il faut obtenir :

- une copie de ses statuts ;
- un état des charges dues par le vendeur du lot et le montant de la cotisation à l'ASL (si le vendeur n'est pas à jour du paiement des charges, le président de l'ASL peut poursuivre le nouveau propriétaire en recouvrement des charges impayées).

- La mairie de la commune où se situe le lotissement est sollicitée :

- pour obtenir un certificat d'urbanisme, et connaître notamment les droits de préemption à purger ;
- pour connaître les règles d'urbanisme applicables à l'immeuble (si l'arrêté autorisant le lotissement a moins de 10 ans, les règles sont celles contenues dans le règlement du lotissement ; si l'arrêté a plus de 10 ans, l'immeuble est soumis aux règles d'urbanisme du PLU ou du document d'urbanisme en tenant lieu).

C La rédaction de l'acte

L'acte, structuré en deux parties conformément au DHN, contient les clauses classiques de la vente (voir fiche 20).

1. Les spécificités dans la partie normalisée

La DÉSIGNATION du bien est complétée par le numéro de lot, le nom du lotissement, ainsi que les renseignements relatifs au lotissement (référence de l'arrêté autorisant le lotissement, indication du notaire ayant déposé les pièces du lotissement au rang de ses minutes et références de publicité foncière de cet acte de dépôt).

En l'absence d'ASL, il est nécessaire de préciser les droits indivis rattachés au lot, sur les voies et équipements collectifs.

Désignation d'un lot de lotissement

À MARSEILLE, 9e arrondissement (13 009), 8 chemin des oliviers,
Une maison à usage d'habitation de plain-pied, composée de [*description du bien*],
Cadastrée Préfixe 810, Section D, numéro 54, pour une contenance de 0ha 02a 65ca,
Formant le numéro QUATRE (4) du lotissement « LA CALANQUE DE SORMIOU »,
Le lotissement a été autorisé par un arrêté délivré par Monsieur le Maire de MARSEILLE en date du 4 janvier 1999, portant le numéro 013 013 013.
L'ensemble des pièces constitutives du lotissement, dont l'arrêté susvisé, a été déposé au rang des minutes de Maître PAGNOL notaire à MARSEILLE, le 18 avril 1999, publié au service de la publicité foncière de MARSEILLE 4 le 7 mai 1999, volume 1999 P, numéro 458.

2. Les spécificités dans la partie développée

Dans la partie développée, ces éléments relatifs au lotissement sont également détaillés. L'acte précise que le permis d'aménager et le cahier des charges ont été remis à l'acquéreur. En présence d'une ASL, il est indiqué le nom du président, les conditions d'adhésion à l'ASL et le montant de la cotisation.

D Les formalités postérieures

Outre les formalités d'usage (voir fiche 21), une notification est envoyée à l'ASL afin de lui rendre opposable la vente. Un avis de mutation lui est également adressé dans les 15 jours de l'acte. À compter de sa réception, le président de l'ASL dispose d'un délai de 15 jours pour faire opposition au paiement du prix, en cas de charges impayées par le vendeur.

Les ventes en état futur d'achèvement (VEFA)

La VEFA porte sur un immeuble en cours de construction ou qui n'existe que sur plan au moment de la conclusion de la vente. Elle est encadrée par le législateur pour protéger l'acquéreur en cas de non-achèvement des travaux.

1 L'analyse du dossier

A L'objet de la cession

La VEFA transfère immédiatement à l'acquéreur les droits sur le sol ainsi que la propriété des constructions existantes. Les ouvrages à venir deviennent la propriété de l'acquéreur au fur et à mesure de l'avancement des travaux.
Il faut donc vérifier que la vente ne porte pas sur l'acquisition d'un terrain à bâtir, sur lequel l'acquéreur fait édifier une maison par un contrat de construction conclu avec un promoteur immobilier ou un architecte (voir fiche 22).

B La protection de l'acquéreur

- La vente est tenue de respecter des règles spécifiques impératives, à condition :

1. qu'il y ait transfert de propriété ;

2. que l'immeuble soit affecté, même partiellement, à un usage d'habitation ou à un usage professionnel (au sens strict) et d'habitation ;

3. que des versements ou des dépôts de fonds soient effectués avant l'achèvement de la construction.

Si ces trois conditions sont réunies, la vente intervient dans le **secteur protégé** : un formalisme lourd s'applique (articles L 261-10 et s. Code de la construction et de l'habitation). Il est possible de signer un contrat préliminaire, appelé **contrat de réservation**, obligatoirement établi par écrit, dans lequel le réservant (le promoteur) s'engage à réserver le bien au réservataire (celui qui envisage d'acquérir). **Toute autre forme d'avant-contrat est nulle** (voir fiche 18).

- La réservation s'accompagne d'un **dépôt de garantie obligatoirement séquestré** sur un compte consigné : les fonds déposés en garantie sont indisponibles, incessibles et insaisissables. Le montant du dépôt de garantie est fixé sur la base du prix prévisionnel de la vente et ne peut dépasser :

– 5 % si le délai de réalisation de la vente (c'est-à-dire la signature de l'acte authentique) est inférieur à 1 an ;

– 2 % s'il est inférieur à 2 ans (au-delà de ce délai, aucune somme ne peut être versée).

Le contenu du contrat préliminaire est précisé aux articles R 265-25 et s. du CCH et doit reproduire les articles R 261-28 à R 261-31 du CCH sous peine de nullité.

2 Les formalités préalables

Les formalités communes à tout acte de vente sont accomplies (fiches 4, 5 et 19).
Le droit de préemption urbain ne s'applique pas aux VEFA. Si un avant-contrat a été signé, il faut vérifier son contenu (voir paragraphe 1B) et sa notification à chaque réservataire pour permettre la purge de son droit de rétractation de 10 jours si l'opération est soumise à la loi SRU (voir fiche 19).

➜ Si le contrat de réservation a été conclu « hors établissement » (par démarchage, ou hors de tout établissement), le délai de rétractation est porté à 14 jours à compter de la date du contrat. Les contrats de réservation conclus au sein de cellules commerciales situées sur le lieu de construction (« bulles ») ne sont pas des « ventes hors établissement » : elles sont donc soumises au droit de rétractation de 10 jours.

- Il faut également obtenir :
  - une note technique sommaire (description des caractéristiques techniques de l'immeuble);
  - le plan coté du local ou de la maison ;
  - la copie du permis de construire (qui doit avoir été obtenu) ;
  - les documents d'usage d'une copropriété ou d'un lotissement, le cas échéant.
- Le vendeur doit souscrire une garantie financière assurant à l'acquéreur que **les travaux seront achevés** (garantie d'achèvement) ou que **les sommes engagées lui seront remboursées** (garantie de remboursement). Ces garanties émanent **d'un organisme extérieur (garantie extrinsèque uniquement** depuis le 01/07/16) sous la forme d'une ouverture de crédit ou d'un cautionnement. Le notaire veille à obtenir les justificatifs de ces garanties (attestation de la banque ou de l'organisme de cautionnement).

➜ La garantie financière d'achèvement ou de remboursement prend fin à l'achèvement de l'immeuble, constaté par une **attestation d'achèvement** établie conformément au modèle fixé par l'arrêté du 17/05/16, en trois exemplaires (pour le vendeur, pour le notaire et pour l'organisme garant).

- Le **projet d'acte authentique** de VEFA est **notifié 1 mois avant la date de signature** par LRAR précisant les éventuelles modifications depuis la réservation. Doivent être envoyés avec le projet d'acte les plans cotés de l'appartement, le règlement de copropriété (ou du lotissement) et la notice descriptive du bien. L'acquéreur peut y renoncer expressément dans l'acte de vente (ce délai ne doit pas être confondu avec le délai de rétractation de la loi SRU).

3 La rédaction de l'acte

La forme authentique est obligatoire à peine de nullité : la VEFA est un acte solennel.
La rédaction de l'acte doit contenir les clauses communes aux ventes (éventuellement celles concernant le lotissement ou la copropriété si l'immeuble y est soumis).

La protection de l'acquéreur impose les mentions obligatoires présentées ci-dessous.

Clauses	Contenu des clauses
DÉSIGNATION (précisions à apporter)	• Désignation du bien (voir fiche 5) et précision de sa **consistance** (plans, coupes, cotes, surface des pièces annexés) et de la **qualité de la construction** (note technique sommaire annexée). • Plan du local annexé. • Mention du dépôt au rang des minutes des pièces relatives au programme de construction et au plan de financement. • Bien en copropriété : annexer un plan précisant le nombre de bâtiments et d'étages par bâtiment.
DÉLAIS	Précision du délai de réalisation des travaux et de livraison de l'immeuble, exprimés en trimestre.
PRIX	Ventilation du prix TTC en prix HT et TVA, si le cédant est assujetti (voir fiche 11). **Exemple** : La vente est convenue moyennant le prix de CENT TRENTE MILLE EUROS (130 000 €) toutes taxes comprises (TTC), soit - un prix hors taxe (HT) de CENT HUIT MILLE TROIS CENT TRENTE-TROIS EUROS et TRENTE-TROIS CENTIMES (108 333,33 €) ; - une taxe sur la valeur ajoutée (TVA) de VINGT-ET-UN MILLE SIX CENT SOIXANTE-SIX EUROS ET SOIXANTE-SEPT CENTIMES (21 666,67 €).
RÉVISION DU PRIX	Mention d'un prix ferme et définitif **ou** d'un prix révisable : la base de révision du prix est nécessairement le dernier indice de l'index BT 01 publié au moment de la signature (dans la limite de 70 % de cet indice)
MODALITÉS DE PAIEMENT	• Précision du mode de paiement du prix de vente par versements successifs en fonction de l'avancée des travaux, dans les limites maximales de : - 35 % à l'achèvement des fondations ; - 70 % à la mise hors d'eau ; - 95 % à l'achèvement de l'immeuble ; - solde à la mise à disposition du local. Il est possible de prévoir : - des seuils intermédiaires ; - la consignation du solde du prix pour non-conformité. • L'acte quittance la partie du prix payée à la signature et précise les échéances de paiement du solde du prix (au fur et à mesure de l'achèvement, dans le respect des limites indiquées ci-dessus).
GARANTIES DE PAIEMENT	Mention de la garantie du paiement du prix par le privilège de vendeur (art. 2374 1° CC) et l'action résolutoire, jusqu'au paiement intégral (voir fiche 29).
TRANSFERT DE PROPRIÉTÉ ET DE JOUISSANCE	• Mention du **transfert de propriété successif** : l'acquéreur est propriétaire de l'immeuble tel qu'il existe au jour de la signature de l'acte et deviendra propriétaire des ouvrages au fur et à mesure de leur exécution et de leur édification. • Mention du **transfert de jouissance** : - soit à l'achèvement de la construction (constaté par un homme de l'art (= l'architecte) ou par un organisme de contrôle indépendant) dans l'attestation d'achèvement ; - soit au moment où le paiement aura été totalement acquitté (correspondant généralement à la remise des clés).
GARANTIES	• Précision que l'acquéreur reconnaît être averti de la teneur des garanties d'achèvement ou de remboursement (voir paragraphe 2). • Mention de l'existence des différentes garanties existantes après l'achèvement de la construction et des assurances souscrites par le vendeur (voir encadré ci-dessous)

Les différentes garanties existantes après l'achèvement de la construction

- **La garantie de parfait achèvement** couvre toutes les réserves émises lors la réception du bien ainsi que les éléments signalés pendant un mois. Si le promoteur ne procède pas aux réparations, l'acquéreur devra le poursuivre en justice devant le TGI dans le délai d'un an.
- **La garantie biennale** (ou de bon fonctionnement) couvre, pendant 2 ans à compter de la réception des travaux, les vices affectant les éléments séparables du gros œuvre (volets, robinetterie...).
- **La garantie décennale** couvre, pendant 10 ans à compter de la réception des travaux, les vices affectant le gros œuvre.

L'acte authentique ne peut être reçu qu'à la condition que le vendeur ait souscrit une police d'assurance dommage-ouvrage obligatoire couvrant les dommages relevant des garanties biennale et décennale.

Le promoteur est également tenu d'une **garantie d'isolation phonique** à l'égard du premier occupant du logement, pendant un an à compter de la prise de possession.

4 Les formalités postérieures

A Concernant la vente

L'acte est soumis aux formalités postérieures communes des ventes dont la formalité fusionnée (voir fiches 7 et 21). Il faut réaliser les formalités postérieures liées à un immeuble en copropriété ou en lotissement, le cas échéant (voir fiches 21, 23 et 25).

B Concernant l'inscription des garanties

L'inscription du privilège de vendeur et de l'action résolutoire (au bénéfice du promoteur) est requise auprès du service de publicité foncière du lieu de l'immeuble. Le montant de l'inscription correspond au montant du prix restant à payer, majoré du montant des accessoires. En cas de paiement à l'aide d'un prêt, la banque dispose d'un privilège de prêteur de deniers à hauteur du montant du prêt ayant servi à payer la partie du prix versée le jour de la signature (pour la propriété du sol et des travaux déjà réalisés). Le solde du prêt (correspondant aux constructions à venir) peut être garanti par une hypothèque conventionnelle.

→ Cette hypothèque viendra en rang 2 après le privilège de vendeur du promoteur. Il est possible que le promoteur cède son rang au bénéfice de la banque (« convention de cession de rang »).

La fiche 29 précise ces différentes inscriptions.

5 La taxation

A Les droits de mutation à titre onéreux et publicité foncière

La VEFA est une opération soumise à la TVA immobilière, si le cédant est assujetti. Dans ce cas, la TPF à taux réduit (0,715 %) est due sur le prix HT (si ventilation du prix). Par contre, la CSI (0,10 %) est calculée sur le prix TTC.

B Les émoluments de rédaction

La vente d'un local en l'état futur d'achèvement **ou** achevé, compris dans un immeuble ayant fait l'objet d'un **même** permis de construire, est rémunérée par des émoluments de rédaction proportionnels prévus à l'art. A 444-92 C.Com (n° 55 du tableau). Le taux applicable à chaque tranche d'assiette varie en fonction du nombre d'unités principales d'habitation. L'assiette est constituée par le prix figurant dans l'acte de vente.

L'échange d'immeubles

L'échange d'immeubles consiste en une cession d'un immeuble contre un autre (art. 1702 CCiv). Ce contrat est assimilé à une double vente: la contrepartie du transfert de propriété n'est pas un prix, mais le transfert de la propriété d'un autre bien.

1 L'analyse du dossier

Il est nécessaire de cerner la nature de l'échange, qui peut être :
- **pur et simple** (les biens échangés ont la même valeur) ;
- ou **avec soulte** (les biens échangés n'ont pas une valeur similaire ; la différence de valeur entre les biens est alors compensée par le paiement d'une soulte dont le montant ne doit pas être trop important, sinon l'échange risque d'être requalifié en vente).

La découverte du dossier est menée (voir fiche 19). Il peut être opportun de conclure un compromis d'échange, pour stipuler des conditions suspensives (par exemple, le bornage du terrain ou l'obtention des autorisations d'urbanisme nécessaires au projet de construction dans le cadre d'un échange dont l'un des biens est un terrain à bâtir). Une lecture attentive de cet acte est donc nécessaire (voir fiche 18).

2 Les formalités préalables

Les formalités préalables relatives à tout acte et celles communes aux actes de vente immobilière sont effectuées (fiches 4, 5 et 19).

Il convient cependant d'être particulièrement attentif aux points suivants.

Si les états hors formalité levés sur les immeubles révèlent des inscriptions, il faut **informer** de l'opération d'échange **les créanciers bénéficiant d'une garantie réelle** sur l'un des biens. En effet, l'immeuble change de propriétaire par l'effet de l'échange. Il est donc nécessaire d'obtenir :
- l'accord des créanciers au transfert des inscriptions (à défaut, l'inscription suivrait le bien, et le nouveau propriétaire pourrait se voir évincer de son droit de propriété – voir fiche 29) ;
- ou leur renonciation éventuelle au bénéfice de l'inscription.

Les droits de préemption sont applicables aux échanges, à l'exception de celui du locataire (sauf si la soulte est supérieure à la moitié de la valeur du bien). Il convient de purger leur droit.

D'après un courant doctrinal majoritaire, si l'échange porte sur un ou plusieurs immeubles à usage exclusif d'habitation, le droit de rétractation ou de réflexion reconnu par la loi SRU est ouvert aux parties non professionnelles (voir fiche 19). Si la soulte est payée au moyen d'un prêt, la protection prévue par la loi Scrivener s'applique (voir fiche 28).

3 La rédaction de l'acte

L'acte d'échange est soumis aux règles de rédaction communes aux actes de vente (voir fiches 4, 5 et 20). Il faut cependant être attentif à quelques particularités.

Clauses spécifiques	Contenu de la clause
COMPARUTION DES PARTIES	Les parties sont ici appelées « coéchangistes » ou « copermutants ». Pour les distinguer, il est utile de les nommer : « premier échangiste » et « second échangiste ».
DÉSIGNATION DES BIENS ÉCHANGÉS	• Désignation, effet relatif et origine de propriété de **chaque immeuble**. • Précision de la valeur vénale de chaque immeuble.
BIEN LOUÉ	Mention le cas échéant du contrat de bail consenti sur l'immeuble (identification du locataire, durée et date d'effet du bail, montant des loyers). **À noter :** une copie du bail est annexée à l'acte après mention ou le bail est intégralement retranscrit dans l'acte.
ÉCHANGE AVEC SOULTE	Indication, le cas échéant : - du montant de la soulte en lettres et en chiffres ; - de l'identité du débiteur de la soulte (qui est la partie qui cède le bien de moindre valeur) ; - de l'impossibilité d'intenter l'action en rescision pour lésion (puisque la soulte n'est pas une contrepartie financière de la propriété du bien).
MODALITÉS DE PAIEMENT DE LA SOULTE	Précision du paiement de la soulte : - comptant (et donc quittancé à l'acte) ; - à terme (prévoir la date du paiement et éventuellement l'indexation du montant de la soulte – l'acte doit préciser l'indice sur lequel elle sera calculée et le mode de calcul). **À noter :** le paiement de la soulte à terme est garanti par le privilège de vendeur (voir fiche 29)
CHARGES ET INSCRIPTIONS	• Énumération des inscriptions et droits réels grevant les biens échangés. • Mention du consentement des créanciers inscrits au transfert des sûretés sur les immeubles attribués et à la mainlevée des inscriptions grevant les immeubles cédés (documents à annexer à l'acte).
FRAIS	Indication de la prise en charge des frais : - en principe, par répartition égalitaire entre les coéchangistes ; - par dérogation, par une seule partie.

Il est fréquent que, dans la partie développée, chaque coéchangiste renonce à **l'action en répétition** prévue à l'article 1705 CC. Ainsi, si l'un des coéchangistes venait à être évincé du bien acquis à la suite de l'échange, il ne pourra pas demander la restitution du bien échangé : il ne pourra obtenir que des dommages-intérêts en réparation du préjudice subi, sur le fondement de la mauvaise exécution du contrat d'échange. Cette renonciation a pour but de protéger les tiers acquéreurs.

Rédaction de la clause PAIEMENT COMPTANT DE LA SOULTE

« La somme de TROIS MILLE EUROS (3 000 €) formant montant de la soulte, est payée à l'instant, ainsi qu'il en résulte de la comptabilité du notaire soussigné, par le redevable au bénéficiaire, qui le reconnaît et lui en donne bonne et valable quittance.

DONT QUITTANCE»

4 Les formalités postérieures

L'échange est soumis à la formalité fusionnée (voir fiche 7). Si le paiement de la soulte s'effectue à terme, il faut **inscrire le privilège de vendeur et l'action résolutoire** dans les deux mois de la signature auprès du service de publicité foncière du lieu de situation de l'immeuble (voir fiche 29).

Si les créanciers inscrits n'ont pas consenti au transfert de leurs droits sur l'immeuble (voir paragraphe 2), ils bénéficient d'un droit d'opposition sur l'échange. Il convient de leur adresser une **notification** de l'acte par lettre recommandée avec accusé réception **sous huitaine**, **pour ouvrir leur droit à opposition**. À l'inverse, si les créanciers inscrits ont consenti au transfert de leurs droits sur l'immeuble, il convient de procéder à la **mainlevée** des inscriptions et au **transfert** de leurs droits sur les immeubles cédés (voir fiche 30).

Dans l'hypothèse où l'un des immeubles cédés ou les deux sont loués, il convient de :

- notifier pour information l'échange au(x) preneur(s) ;
- rédiger une nouvelle copie exécutoire à la demande du nouveau propriétaire (voir fiche 21).

Il ne faut pas oublier de réaliser les formalités nécessaires à certains biens (par exemple, avis de mutation et notification syndic si l'un des biens échangés est un lot de copropriété - voir fiche 23).

5 La taxation

A Les droits fiscaux

- La taxe de publicité foncière est différente selon que l'échange a lieu avec ou sans soulte :

- l'échange pur et simple supporte une TPF de **5 % sur la valeur d'un des lots**. Il est soumis à la **contribution de sécurité immobilière de 0,10 %** sur la valeur de **chaque immeuble** ;
- l'échange avec soulte supporte une TPF de **5 % sur la valeur du lot de plus faible valeur**. Il est soumis à la CSI de **0,10 %** sur la valeur de **chaque immeuble**.

- La **soulte** est soumise à une TPF de 5,81 % (comme une vente).
- L'échange peut être soumis à la TVA immobilière et à l'impôt sur les plus-values immobilières si les conditions sont remplies (voir fiches 10 et 11).

B Les émoluments

La rémunération du notaire est fixée par l'art. A 444-117 1 (n° 96 du tableau). L'assiette de calcul de l'émolument proportionnel est **la valeur du plus fort des deux lots échangés**. En principe, les frais sont répartis entre les coéchangistes. Seuls les frais afférents à la soulte (TPF, frais d'inscription du privilège de vendeur) sont supportés par le débiteur de la soulte. Si l'acte stipule qu'un seul copermutant prend à sa charge la totalité des frais, cette part supplémentaire est taxée comme une soulte.

Le contrat de prêt

Pour financer son achat immobilier, l'acquéreur peut avoir recours à un prêt de somme d'argent consenti par un établissement de crédit.

1 L'analyse du dossier

A Le recours à la forme notariée

Le prêt peut être établi sous signatures privées ou sous forme notariée mais le notaire ne peut recevoir l'acte de prêt qu'en la forme authentique, **et** s'il est assorti d'une garantie réelle immobilière (privilège immobilier ou hypothèque, voir fiche 29).

B La protection de l'acquéreur emprunteur

Dès l'ouverture du dossier, le notaire est tenu de vérifier si la protection assurée à certains crédits immobiliers, par les lois Scrivener codifiées aux articles L 313-1 et s. du Code de la consommation et modifiées par l'ordonnance du 25 mars 2016, s'applique. Pour ce faire, il vérifie si les conditions suivantes sont réunies.

Prêt	Tout **type de prêt** est concerné, y compris les prêts aidés, les prêts relais, les renégociations de prêt...
Prêteur	Il doit s'agir d'un **prêteur habituel**, que ce soit une personne physique ou morale (exemple : une banque).
Emprunteur	L'emprunteur ne doit pas avoir recours au prêt dans le cadre de son activité professionnelle, ni être une personne morale de droit public.
DEUX CAS D'APPLICATION DE LA LOI SCRIVENER : au regard de l'objet du prêt **ou** de la nature de la garantie	
Objet du prêt	• Acquisition d'immeubles à usage d'habitation ou mixte. • Acquisition de terrains à bâtir destinés à la construction de ce type d'immeubles. • Dépenses relatives à la construction de tels immeubles.
Nature de la garantie	Prêt consenti à un emprunteur non professionnel personne physique et garanti par une sûreté réelle immobilière portant sur un immeuble à usage d'habitation ou mixte.

Si le prêt est soumis à ces dispositions du Code de la consommation, le notaire a pour rôle de veiller au respect de la protection assurée par la loi.

- Si l'acquéreur déclare vouloir financer son acquisition à l'aide d'un prêt, l'obtention de ce prêt est une **condition suspensive légale** de la vente, c'est-à-dire que cette condition **s'applique même si elle n'a pas été expressément stipulée dans l'avant-contrat**. L'acquéreur peut cependant renoncer à son application, au moyen d'une mention manuscrite dans l'avant-contrat si l'acte est sous signatures privées ou d'une mention l'en informant dans un acte notarié (voir fiche 18).
- Le Code de la consommation (article L 313-25) impose également un contenu très précis à l'offre de prêt, qui doit être écrite et dont la durée ne peut être inférieure à 30 jours.

• L'emprunteur ne peut pas accepter l'offre de prêt avant l'expiration d'un **délai de réflexion de 10 jours** à partir du jour suivant la réception de l'offre.

C Les garanties du remboursement du prêt

Il est nécessaire d'identifier les sûretés exigées par le prêteur, en garantie du remboursement du prêt. Deux familles de sûretés existent.

• Les sûretés **réelles** : un bien (mobilier ou immobilier), appartenant au débiteur ou à un tiers, est donné en garantie du remboursement du prêt (voir fiche 29). Le créancier, ainsi garanti, peut faire saisir le bien pour le faire vendre en justice en cas de non-remboursement du prêt.

• Les sûretés **personnelles** : une personne garantit le remboursement du prêt dans le cas où le débiteur serait défaillant. Le cas le plus fréquent est celui du contrat de cautionnement.

→ Si le prêt entre dans le champ d'application des lois Scrivener (voir paragraphe 1 B), la caution personne physique bénéficie des mêmes mécanismes de protection que ceux assurés à l'emprunteur (communication de l'offre de prêt dont le contenu est réglementé, délai de réflexion minimum de 10 jours pour accepter l'engagement de se porter caution).

2 Les formalités préalables

A Les formalités relatives aux parties

Il convient de demander les pièces permettant de vérifier l'identité et la capacité des parties (voir fiche 4).

En cas d'absence de l'une des parties à l'acte, les procurations peuvent être établies sous signatures privées. Cependant, des règles particulières s'appliquent relativement à la représentation de l'emprunteur, en cas de sûreté réelle immobilière garantissant le prêt (voir fiche 29).

B Les formalités relatives au prêt

Le notaire doit obtenir une copie de l'offre de crédit, des contrats d'assurances et de la notice d'assurance, afin de connaître les modalités du prêt.

Si le prêt est soumis aux dispositions du Code de la consommation relatives au crédit immobilier, il est nécessaire de vérifier le respect du délai de réflexion de dix jours, en obtenant la copie de l'accusé de réception de l'acceptation de l'offre de crédit par l'emprunteur.

3 La rédaction de l'acte

A Le prêt par acte distinct

• L'acte doit stipuler toutes les informations relatives au prêt, à savoir :
- sa nature (crédit immobilier, prêt à taux zéro…) ;
- son montant (en lettres et en chiffres) ;
- son objet (acquisition d'une résidence principale, par exemple) ;
- sa durée (généralement exprimée en mois) ;
- les modalités de remboursement (dates des première et dernière échéances, montant et périodicité des échéances, conditions d'un éventuel remboursement anticipé…).

• L'acte de prêt précise également le taux d'intérêt (variable ou fixe), le taux annuel effectif global permettant d'informer l'emprunteur sur le coût réel et total du crédit, le coût du crédit, les frais et accessoires, et les assurances obligatoires en cas d'invalidité ou de décès de l'emprunteur.

• Les sûretés consenties par l'emprunteur, en garantie du remboursement du prêt et du paiement des intérêts, sont indiquées précisément (pour les sûretés réelles immobilières, voir fiche 29).

• S'il y a plusieurs emprunteurs (un couple par exemple), il est nécessaire de préciser s'ils sont emprunteurs simples ou solidaires.

→ À défaut d'une telle solidarité (emprunteurs simples), le créancier, en cas de non-remboursement, doit agir contre chacun des co-emprunteurs pour la partie de la dette dont ils sont chacun tenus.

→ En cas de stipulation de la solidarité, les co-emprunteurs renoncent au bénéfice de division des recours : chacun d'eux est ainsi obligé envers le créancier pour la totalité de la dette. Si l'un des emprunteurs solidaires a remboursé l'intégralité du prêt, il pourra alors agir en remboursement contre son co-emprunteur, pour la partie du prêt à la charge de ce dernier.

B Le prêt contenu dans l'acte de vente

La structure de l'acte de vente conduit à ventiler les clauses relatives au prêt dans la partie normalisée et dans la partie développée.

Ainsi, dans la partie normalisée, il est nécessaire de préciser :
- l'identité du prêteur en sa qualité d'intervenant ;
- la nature, le montant et l'objet du prêt ;
- le taux d'intérêt et le taux annuel effectif global ;
- la date de conclusion du prêt, ainsi que les dates des première et dernière échéances ;
- les clauses relatives aux sûretés réelles immobilières (voir fiche 29).

Les autres conditions du prêt sont intégrées dans la partie développée.

C Les clauses relatives à la caution

Si le prêteur exige qu'une caution, sûreté personnelle, garantisse le remboursement du prêt, il est nécessaire de la désigner, en tant qu'intervenante à l'acte de prêt.

L'acte indique son consentement en tant que caution, à savoir qu'elle s'engage auprès du créancier à rembourser la dette en cas de non-paiement par le débiteur principal.

En cas de paiement par la caution au prêteur des sommes dues par l'emprunteur, la caution est subrogée dans tous les droits et actions du prêteur contre l'emprunteur afin d'obtenir le remboursement des sommes payées.

Il est nécessaire de préciser si la caution est solidaire, c'est-à-dire si elle renonce au **bénéfice de discussion** : le créancier peut agir contre la caution sans avoir au préalable à agir contre le débiteur. En cas de pluralité de cautions solidaires, la solidarité conduit également à renoncer au **bénéfice de division** : chaque caution solidaire est obligée intégralement à la dette.

Si le cautionnement n'est pas solidaire, il est simple : la caution dispose des bénéfices de discussion (pour pouvoir agir contre la caution, le créancier doit au préalable agir contre le débiteur) et de division (en cas de pluralité de cautions, le créancier ne peut pas demander à l'une d'elles le remboursement de l'intégralité de la dette : il doit diviser ses recours et agir contre chaque caution en paiement de la fraction de la dette dont chacune est tenue).

Les mentions relatives à la caution solidaire

Lorsqu'un cautionnement est consenti par une personne physique à un prêteur professionnel, la caution doit apposer sur l'acte une mention manuscrite relatant son engagement en tant que caution (article L331-1 Code de la consommation). Cette mention est complétée par celle prévue à l'article L331-2 si la caution est solidaire. Ces mentions manuscrites ne sont pas nécessaires si l'acte est reçu sous forme authentique, le notaire délivrant à la caution les conseils nécessaires afin que celle-ci mesure la portée de son engagement (art. 1369CC).
Cependant, en cas de cautionnement **solidaire** consenti par une personne physique à un prêteur professionnel, il doit être fait mention du **montant maximal, en lettres et en chiffres**, pour lequel la caution solidaire est engagée (article L 331-3 Code de la consommation), que l'acte soit sous signatures privées ou authentique. A défaut de cette indication, le cautionnement n'est pas nul mais le créancier ne pourra pas se prévaloir de la solidarité à l'endroit de la caution.

4 Les formalités postérieures

Le prêt doit être enregistré. Des formalités particulières sont réalisées relativement aux sûretés réelles immobilières (voir fiche 29).
Le créancier se voit délivrer une **copie exécutoire**, titre qui lui permettra d'obtenir l'exécution forcée en cas d'inexécution de ses obligations par l'emprunteur, sans avoir à obtenir au préalable une décision judiciaire condamnant ce dernier (voir fiche 6).
La remise de la copie exécutoire fait l'objet d'une mention sur la minute.
Deux types de copies exécutoires existent :
- les copies exécutoires **nominatives**, délivrées à un créancier nommé ;
- les copies exécutoires **à ordre**, délivrées à un créancier nommé mais pouvant être transmises par la technique de l'endossement (voir encadré fiche 6). Une copie exécutoire à ordre ne peut être délivrée qu'à deux conditions :
  - la délivrance d'une telle copie doit avoir été prévue dans l'acte,
  - la créance pour laquelle la copie est délivrée doit être garantie par une sûreté réelle immobilière (privilège immobilier ou hypothèque).

5 La taxation

- **Le prêt rédigé par acte distinct** est soumis au droit fixe d'enregistrement de 125 €, payé sur état. Certains prêts sont exonérés de ce droit (les prêts consentis par La Caisse d'Épargne par exemple).

L'acte de prêt rédigé dans l'acte de vente n'est pas soumis au droit fixe d'enregistrement (seule la TPF due pour la vente est perçue – art. 672 CGI).

- Le notaire perçoit des émoluments proportionnels fixés par l'article A 444-143 C. Com (n° 137 du tableau). Leur assiette est constituée par la somme empruntée. Les émoluments pour le prêt sont dus **distinctement** de ceux de la vente, **que l'acte de prêt soit contenu ou non dans l'acte de vente**.
- Le notaire perçoit également des émoluments proportionnels fixés par l'article A444-127 C.Com (n° 111 du tableau) pour la rédaction de l'acte de cautionnement.

La prise de garanties réelles immobilières

Une sûreté réelle immobilière permet à son titulaire (le créancier garanti) de pouvoir faire saisir le bien donné en garantie en cas de non-paiement de la créance par le débiteur. Cette sûreté doit être inscrite sur le fichier immobilier afin d'être opposable aux tiers.

1 L'analyse du dossier

Le notaire doit identifier les sûretés exigées par le créancier. À l'occasion de l'acquisition d'un immeuble, il peut s'agir d'un privilège et/ou d'une hypothèque conventionnelle.

A Les privilèges

Un privilège est une sûreté reconnue par la loi au profit d'un créancier en raison de la qualité de sa créance.

1. Le privilège de vendeur

Lorsque le vendeur consent à l'acquéreur un délai de paiement de tout ou partie du prix de vente (hypothèse du **paiement à terme**), la loi lui reconnaît un privilège de vendeur sur le bien vendu.

Le vendeur est protégé en outre par **l'action résolutoire** : en cas de non-paiement du prix par l'acquéreur, elle permet au vendeur d'obtenir l'anéantissement de la vente et de récupérer le bien.

2. Le privilège de prêteur de deniers

La loi reconnaît un privilège à celui qui prête les fonds nécessaires pour l'acquisition d'un immeuble.

Ce privilège dit «de prêteur de deniers», qui porte sur l'immeuble acquis, garantit le montant prêté correspondant à **l'acquisition d'un immeuble existant**.

L'assiette du privilège de prêteur de deniers

Si le prix porte sur l'acquisition d'immeuble et de meubles, le privilège de prêteur de deniers ne garantit que la partie du prix relative à l'immeuble.

Si l'objet du prêt est de financer l'immeuble, de payer les frais de notaire et/ou de financer d'éventuels travaux, le privilège de prêteur de deniers ne porte que sur la seule partie du montant relative à l'acquisition de l'immeuble.

Le solde du prêt peut être garanti par une hypothèque conventionnelle.

B L'hypothèque conventionnelle

L'hypothèque conventionnelle est un contrat par lequel le propriétaire d'un immeuble consent au profit d'un créancier, qui accepte, une sûreté sur cet immeuble pour garantir la créance. Il s'agit d'un **acte solennel**.

> → L'hypothèque peut être consentie soit par le débiteur principal, soit par un tiers. Dans ce dernier cas, il s'agit d'une **caution hypothécaire.**

2 Les formalités préalables

Il faut vérifier que le débiteur ou le tiers qui consent la sûreté est propriétaire de l'immeuble sur lequel est prise la sûreté, au moyen du titre de propriété et de l'état hors formalité. Cet état permet en outre d'identifier si des sûretés grèvent déjà le bien.
Sont également demandés l'extrait cadastral modèle 1 et le plan cadastral.
Le propriétaire qui consent la sûreté doit avoir la **capacité juridique de disposer du bien** : on procède aux demandes des pièces d'état civil à cet effet (voir fiche 4). Les pouvoirs du débiteur sur le bien sont vérifiés (par exemple, l'hypothèque consentie sur un bien propre ou personnel qui constitue le logement de famille nécessite l'accord du conjoint).
Lorsque le propriétaire qui consent l'hypothèque sur l'un de ses immeubles est représenté, la procuration doit être établie sous forme authentique (parallélisme des formes solennelles). Cependant, par exception, si le propriétaire est une société, la procuration peut être établie sous signatures privées (art. 1844-2 du Code civil).

3 La rédaction de l'acte

A Les clauses relatives aux privilèges

Les privilèges sont **institués par la loi et non par consentement** : l'acte doit ainsi relater que les conditions légales du privilège sont réunies.

1. Le privilège de vendeur

Il faut veiller à ce que le prix ou la partie du prix non payé ne soit pas quittancé dans l'acte. Les modalités du paiement à terme sont précisées dans l'acte (paiement échelonné ou intégral au terme, stipulation éventuelle d'intérêts, indication de l'action résolutoire...).

2. Le privilège de prêteur de deniers

L'acte de prêt doit être **authentique** et stipuler que la somme prêtée est destinée à payer le prix d'un immeuble déterminé (clause de PROMESSE D'EMPLOI).
L'acte de vente doit **quittancer le prix** et rappeler que le paiement a été effectué au moyen des deniers empruntés (clause de DÉCLARATION D'ORIGINE DES DENIERS), dans la partie normalisée.
Le prêteur de deniers ne dispose pas de la possibilité de l'action résolutoire. Pour en bénéficier, l'acte doit stipuler que le prêteur de deniers est subrogé dans les droits du vendeur : le prêteur obtient ainsi le bénéfice de l'action résolutoire accordée au vendeur.

B Les clauses relatives à l'hypothèque conventionnelle

- Lorsque l'hypothèque est conventionnelle, l'acte doit relater les consentements du propriétaire du bien donné en garantie et du créancier, dans la clause AFFECTATION HYPOTHÉCAIRE.

Si l'hypothèque est consentie par l'acquéreur sur le bien qu'il va acquérir, **et** que la vente et le prêt sont reçus par actes séparés, le prêt, reçu avant la vente, contient une clause de PROMESSE D'AFFECTATION HYPOTHÉCAIRE (puisque l'acquéreur n'est pas encore propriétaire), et la clause AFFECTATION HYPOTHÉCAIRE est stipulée dans l'acte de vente. Le prêteur accepte la promesse d'affectation et n'intervient pas à l'acte de vente.

- La créance garantie est identifiée : on indique sa cause (un prêt, un paiement à terme…), son montant et les modalités de remboursement de la dette.

C Les clauses communes aux sûretés

- L'acte précise la date extrême d'effet de la sûreté, à savoir :
  - **1 an après la date de la dernière échéance du prêt** si cette échéance est déterminée ;
  - 50 ans au jour de la formalité en cas d'échéance indéterminée.
- L'acte contient la DÉSIGNATION de l'immeuble grevé et l'EFFET RELATIF, conformément aux règles de publicité foncière (voir fiche 5). En cas d'hypothèque, l'ORIGINE DE PROPRIÉTÉ permet de vérifier la légitimité du droit du propriétaire qui consent la sûreté.
- Il faut mentionner si une copie exécutoire à ordre est délivrée.
- La clause ÉTAT DES INSCRIPTIONS indique la ou les sûretés grevant l'immeuble, et précise leur rang respectif. Cette stipulation permet de vérifier que la sûreté viendra au rang souhaité par le créancier.

4 Les formalités postérieures

Il est nécessaire de procéder à l'inscription de la sûreté sur le fichier immobilier, afin que celle-ci « prenne rang ». Les inscriptions sont en effet classées au fichier immobilier par ordre d'arrivée, en différents rangs (1er, 2e, 3e… rang).

Le créancier, garanti par une hypothèque ou un privilège valablement inscrit, se trouve ainsi investi de deux prérogatives.

- Le **droit de suite** lui permet de faire saisir le bien en quelques mains qu'il se trouve.
- Le **droit de préférence** lui permet d'être payé sur le prix de vente du bien, avant les créanciers non titulaires d'une sûreté et ceux qui, bien que garantis, ont une sûreté de rang inférieur.

A Les modalités d'inscription de la sûreté réelle immobilière

- La sûreté réelle doit être inscrite auprès du service de publicité foncière du lieu de situation de l'immeuble donné en garantie.
- Aucun délai pour procéder à l'inscription n'est imposé par un texte. Cependant, concernant les privilèges de vendeur et de prêteur de deniers, le rang rétroagit à la date de la vente **lorsque l'inscription a lieu dans les 2 mois** de la vente. Il est donc impératif de respecter ce délai.
- Le dossier à constituer pour procéder à l'inscription contient : 2 bordereaux identiques établis sur formulaire n° 3267 C, (un jeu de bordereaux par prêt, mais plusieurs inscriptions sont possibles, sur le même bordereau, si elles garantissent le même prêt), une demande de **renseignements sur formalité** et un **chèque** en paiement des droits.

B Le renseignement des bordereaux d'inscription

Il faut indiquer sur le formulaire n° 3267 C (voir Carnet professionnel) :

– sur la 1re page : le **type de sûreté** en lettres majuscules, si l'**échéance** du prêt est déterminée et future, la **date extrême d'effet** de la sûreté en lettres majuscules, le lieu du domicile

élu, le **titre du créancier**, à savoir l'acte constatant la créance garantie par la sûreté (sont indiqués la nature de l'acte, les nom et adresse du notaire rédacteur, la date de l'acte, le montant en lettres de la créance garantie), et l'identité du **créancier** conformément aux règles de la publicité foncière (voir fiche 4);
- sur la 2e page: l'identité du **constituant de la sûreté** et la désignation de l'**immeuble** grevé, conformément aux règles de la publicité foncière;
- sur la 3e page: l'**effet relatif**, à savoir les références de publication de l'acte par lequel le débiteur est devenu propriétaire du bien donné en garantie (si la publication est en cours, il convient de l'indiquer) et la **créance garantie** (sont précisés la somme en principal, la date de la dernière échéance, le taux d'intérêt, et les accessoires).
- En dernière page, le notaire certifie la conformité des bordereaux entre eux, leur nombre de pages, la conformité des montants énoncés avec ceux figurant dans le titre générateur de la sûreté, et l'identité et le domicile du propriétaire du bien grevé.

C La notification d'opposition à la compagnie d'assurance

Une sûreté réelle immobilière serait dépourvue d'intérêt si, en cas de sinistre survenant sur l'immeuble, le créancier garanti ne pouvait accéder aux sommes remises par la compagnie d'assurance au débiteur, au titre de l'indemnisation d'un sinistre.
Aussi, le formaliste est tenu de notifier, par LRAR à la compagnie d'assurance du débiteur, qu'en cas de sinistre, les **indemnités doivent être versées au créancier** garanti et non au débiteur.

D La remise des pièces au créancier

Une fois l'inscription effectuée, un bordereau est retourné au notaire sur lequel est apposée la mention de l'inscription.
Ce bordereau est remis au créancier avec la copie exécutoire (sur laquelle la mention de l'inscription est reportée), la copie de la notification d'opposition à la compagnie d'assurance et de l'accusé de réception, et la copie de l'état sur formalité.

5 La taxation

- L'inscription d'une garantie immobilière est soumise en principe à la taxe de publicité foncière au taux réduit (sont dus le droit départemental de 0,70 % du montant de la créance garantie, énoncée au bordereau et des frais d'assiette et de recouvrement de 2,14 % du droit départemental, voir fiche 9), avec un minimum de perception de 25 €.
- Sont exonérées de taxe de publicité foncière:
  - l'inscription des privilèges de vendeur et de prêteur de deniers;
  - l'inscription de sûretés garantissant certains prêts aidés.
- La contribution de sécurité immobilière est cependant systématiquement due, à hauteur de **0,05 % du montant de la créance garantie, énoncée au bordereau, avec un minimum de perception de 8 €**.
- Pour la rédaction de l'affectation hypothécaire, le notaire est rémunéré par des émoluments proportionnels (article A 444-136 C.Com, n° 123 du tableau), et, pour le renseignement des bordereaux d'inscription, par des émoluments fixes de 7,69 € HT par jeu déposé, soit pour les deux exemplaires (Art. A 444-171 C.Com, n° 191 du tableau).

La radiation d'une inscription

Le propriétaire qui a donné son immeuble en garantie peut vouloir retirer les charges, qui, grevant son bien, apparaissent sur le fichier immobilier.
À cet effet, le notaire dresse un acte de mainlevée, au vu duquel le service de publicité foncière procède à la radiation des inscriptions sur le fichier immobilier.

1 L'analyse du dossier

A L'intérêt de la radiation

À l'occasion de la mutation d'un immeuble (une vente par exemple), il peut être nécessaire d'obtenir la mainlevée d'une inscription qui n'est pas encore expirée.

En effet, le vendeur doit garantir à l'acquéreur une jouissance paisible du bien vendu, et notamment qu'aucun tiers ne revendiquera la propriété du bien entre ses mains. Or, la sûreté prise du chef du vendeur peut conduire à la saisie de l'immeuble entre les mains de l'acquéreur, par un créancier (privilégié ou titulaire d'une hypothèque) du vendeur.

De même, l'obtention du prêt par l'acquéreur peut éventuellement nécessiter que le bien soit libre de toute inscription.

→ Si la date d'extrême effet de la sûreté est dépassée, l'inscription est expirée et il n'est pas nécessaire d'établir un acte de mainlevée.

B La mainlevée après ou avant paiement de la créance garantie

1. Première hypothèse : la mainlevée après paiement de la créance

Si la créance garantie a déjà été payée par le débiteur, elle est alors éteinte, de même que la garantie qui lui est accessoire. La mainlevée s'analyse alors uniquement comme une renonciation au bénéfice de l'inscription, afin de mettre à jour le fichier immobilier.

2. Seconde hypothèse : la mainlevée avant paiement de la créance

À l'inverse, si la mainlevée est consentie avant le paiement de la créance, le créancier conserve son droit de créance. Cependant, par l'acte de mainlevée qu'il consent, il renonce soit uniquement au bénéfice de l'inscription, soit également à la garantie elle-même.

→ En cas de vente, le créancier du vendeur, garanti par une sûreté réelle sur le bien vendu, accorde la mainlevée avant paiement car il est assuré par le notaire qu'il sera remboursé du solde lui restant dû au moyen du prix de vente.

C La mainlevée amiable ou judiciaire

1. La mainlevée amiable

La mainlevée peut émaner du consentement du créancier garanti.
Cet acte de mainlevée amiable est un **acte solennel** : la forme notariée est requise à titre de validité de l'acte.

2. La mainlevée judiciaire

Le juge peut être saisi si le créancier ne consent pas à la mainlevée. Tel peut être le cas par exemple s'il conteste que le prêt garanti a été intégralement remboursé.
Le juge pourra éventuellement prononcer la mainlevée judiciaire.

D La mainlevée totale ou partielle

En cas de mainlevée totale, la radiation entraîne la disparition entière des effets de l'inscription. À l'inverse, la mainlevée partielle n'entraîne soit qu'une réduction du montant de la créance garantie par l'inscription, soit qu'une réduction de l'assiette de la garantie (seuls certains immeubles ne seront plus grevés).

2 Les formalités préalables

A Les formalités relatives au créancier garanti

- La mainlevée est un acte unilatéral qui émane du créancier garanti. L'acceptation du débiteur n'est pas requise. Il est donc nécessaire de procéder à la vérification de l'identité et de la capacité du créancier (voir fiche 4).
- Concernant les pouvoirs du créancier, il convient de distinguer selon que la mainlevée intervient après ou avant paiement :

– **si la créance garantie a été payée**, la mainlevée est un acte d'administration (un époux commun en biens peut donc consentir seul à la mainlevée d'une inscription garantissant une créance commune) ;
– **si le paiement n'a pas eu lieu**, l'acte de mainlevée peut emporter renonciation au bénéfice de l'inscription et de la garantie elle-même. L'acte de mainlevée est alors ici un acte de disposition (le consentement des deux époux communs en biens est nécessaire si l'inscription en cause garantit une créance commune) ;

- Si le créancier est absent le jour de la signature de l'acte, la procuration doit être reçue sous forme authentique, la mainlevée étant un acte solennel. Un mandat sous signatures privées est cependant possible si le créancier est une société (voir fiche 29).

B Les formalités relatives à la créance et la garantie

Il faut obtenir toutes les informations relatives à la créance garantie (tel qu'un arrêté de compte pour un prêt) et celles concernant la garantie (à savoir principalement les nature, montant et échéance de la garantie). À cette fin, il est nécessaire de demander au créancier la copie exécutoire et le bordereau d'inscription qui lui ont été remis après réception du prêt et inscription de sa garantie (voir fiche 29).

3 La rédaction de l'acte

L'acte de mainlevée respecte une structure qui a été normalisée.
Le créancier qui consent la mainlevée de l'inscription doit comparaître. L'acte nécessite son

consentement. Il faut préciser si le créancier renonce seulement au bénéfice de l'inscription ou s'il renonce également à la garantie elle-même, selon que la mainlevée intervient après ou avant paiement de la créance garantie.

La copie du bordereau d'inscription doit être intégrée dans l'acte. Enfin, pour chaque inscription pour laquelle mainlevée est donnée, il convient d'indiquer les références d'inscription sur le fichier immobilier (c'est-à-dire les date, volume et numéro du bordereau) et la date du titre générateur de la créance garantie.

Le notaire certifie qu'il a vérifié l'état, la capacité et la qualité du créancier. Il requiert le service de publicité foncière de procéder à la radiation de l'inscription sur le fichier immobilier.

4 Les formalités postérieures

Le formaliste envoie deux copies authentiques de l'acte de mainlevée au service de publicité foncière du lieu de situation de l'immeuble. Le notaire certifiant dans l'acte l'état, la capacité et la qualité du créancier, il n'est exigé aucune pièce pour justifier ces éléments.

Le service de publicité foncière procède alors à la radiation de l'inscription sur le fichier immobilier, en apposant une mention en marge de l'inscription. Il renvoie à l'étude une copie authentique de l'acte de mainlevée avec les références de radiation.

5 La taxation

Seul un droit fixe de 25 € est payé sur état (voir fiche 7). La taxe de publicité foncière n'est pas exigible en principe.

La contribution de sécurité immobilière s'élève à 0,10 % sur les sommes garanties par l'inscription.

Le notaire perçoit, à l'occasion de l'acte de mainlevée, des émoluments proportionnels fixés par l'article A. 444-141 2° (n° 132 du tableau), calculés sur le capital évalué au bordereau d'inscription (en cas de mainlevée totale) ou sur le montant à concurrence duquel la mainlevée est consentie (en cas de mainlevée partielle).

Ces frais incombent au propriétaire qui souhaite procéder à la radiation.

6 La mainlevée simplifiée

Le législateur a souhaité alléger la procédure de la mainlevée en créant en 2006 la mainlevée simplifiée.

Cette mainlevée est simplifiée à deux titres.

- En premier lieu, il n'est pas nécessaire pour le créancier de comparaître à l'acte. Le notaire doit certifier que le créancier consent, à la demande du propriétaire du bien grevé, à la radiation de l'inscription. À cette fin, il est nécessaire d'obtenir, au moment de la réalisation des formalités préalables, l'accord du créancier par courrier. La clause CERTIFICATION doit préciser que le notaire a obtenu cet accord à la demande du propriétaire.
- En second lieu, la mainlevée s'avère moins coûteuse. La contribution de sécurité immobilière est réduite de moitié (0,05 %).

Initialement réservé aux inscriptions d'hypothèques conventionnelles, le dispositif de la mainlevée simplifiée a été étendu à tous types de sûretés. **C'est pourquoi il est aujourd'hui majoritairement utilisé**.

31 LE DROIT RURAL

La vente d'un immeuble rural

La vente d'une terre agricole relève du droit rural. Elle est soumise à la législation sur le contrôle des structures agricoles et à de nombreux droits de préemption et de préférence.

1 L'analyse du dossier

A Les parties

Pour acquérir et exploiter le terrain, il faut disposer de la capacité **civile** (fiche 4) et **professionnelle**, c'est-à-dire être titulaire d'un diplôme professionnel agricole ou justifier d'une expérience professionnelle de 5 ans minimum en qualité d'exploitant, d'aide familial ou de salarié agricole.

L'acquéreur doit respecter les conditions posées par la **législation sur le contrôle des structures** (art L 331-1 et s. du Code rural), notamment au regard de la **superficie totale** qu'il exploite.

Le contrôle des structures

Le schéma directeur régional des exploitations agricoles (SDREA) fixe le **seuil** de la surface agricole utile régionale moyenne **au-delà duquel l'autorisation administrative d'exploiter est nécessaire**. L'objectif est d'éviter la concentration des terres par les mêmes exploitants et le démembrement rural. Le contrôle des structures est mis en œuvre dans le cadre des opérations d'installation, d'agrandissement, de réunion d'exploitations agricoles et de maintien (ou de consolidation) d'exploitations existantes. L'administration compétente vérifie que l'exploitant ne dépasse pas le seuil autorisé. Pour calculer la surface exploitée, le SDREA fixe des cœfficients de pondération par hectare en fonction du type de culture ou d'élevage.

Exemple : un agriculteur exploite 12 ha en culture de légumes en plein champ. Le SDREA pondère cette culture avec un cœfficient 4,3. La surface exploitée pondérée est de 12 × 4,3 = 51,6 ha.

B Le bien

- La parcelle peut être nue ou bâtie. Dans ce cas, les bâtiments d'exploitation et d'habitation sont considérés comme l'accessoire de l'exploitation agricole.
- Si le terrain fait l'objet d'un **bail rural**, le preneur en place bénéficie d'un droit de préemption (voir 1 C). S'il y renonce, le terrain est vendu loué.

Le prix est souvent déterminé en référence au **barème indicatif de la valeur vénale moyenne des terres agricoles**. Le ministère de l'Agriculture publie chaque année un arrêté qui distingue le prix des terres libres à la location ou louées et celui des vignes.

L'analyse du titre de propriété permet d'envisager les interventions nécessaires pour l'aliénation du bien (en droit rural, le terrain provient souvent d'une succession ou d'une donation) ou de vérifier l'application d'un pacte de préférence (voir fiche 18).

Le preneur qui a acquis le terrain par droit de préemption ou le bailleur qui a usé de son droit de reprise doit exploiter lui-même les terres pendant 9 ans. Il faut vérifier le respect de ces engagements avant de conclure la vente.

C Les droits de préemption

En droit rural, les droits de préemption sur une vente peuvent être nombreux. Il convient de vérifier s'ils sont applicables et de les hiérarchiser pour les purger.

- **Le droit de préemption** (voir fiche 19) **de la SAFER** s'applique aux **mutations à titre onéreux** de terrains nus ou bâtis (et du mobilier attaché : matériel, cheptel...) pour la pleine propriété, l'usufruit et, sous conditions, la nue-propriété, ainsi qu'aux cessions de la **totalité** des droits sociaux (société à objet agricole) et aux **donations** de biens et droits sociaux (sauf dans le cadre familial jusqu'au 6e degré). Ce droit porte sur des biens à **usage** ou à **vocation agricole** (c'est-à-dire un terrain qui ne comporte pas d'équipements ou d'occupation de nature à compromettre définitivement sa vocation agricole). Le seuil de préemption dépend de la zone géographique : il est fixé pour chaque SAFER par décret, désormais permanent. Lorsque la **cession est mixte** (voir paragraphe 3), la SAFER dispose d'un **droit de préemption partielle**.
- Le **preneur en place** bénéficie d'un droit de préemption **à condition** d'être titulaire d'un bail et d'exploiter le terrain, d'avoir la qualité d'exploitant depuis au moins 3 ans et de ne pas être propriétaire d'une surface supérieure à 3 fois le seuil au-delà duquel une autorisation administrative d'exploiter est nécessaire.
- Les **parcelles classées au cadastre en nature de bois de moins de 4 ha** font l'objet d'un droit de préemption de l'État (quand la parcelle jouxte une forêt domaniale) ou de la commune (si elle dispose d'un document de gestion forestière) **et** d'un droit de préférence au profit de la commune sur laquelle elle se situe et au profit des voisins propriétaires de parcelles contiguës, inscrites en nature de bois au cadastre.

Ordre à respecter pour purger les droits de préemption et de préférence		
Terrain à vocation ou usage agricole	Co-indivisaire	Droit des co-indivisaires (art. 815-14 CCiv- voir fiche 49)
	Situé en zone urbaine ou dans un espace naturel sensible	Droit de préemption du département Droit de préemption urbain (voir fiche 19)
	Preneur en place	Droit de préemption du fermier
	Droit de préemption de la SAFER	
Terrain boisé d'une superficie < 4 ha	• Droit de préemption de l'État ou de la commune • Droit de préemption de la SAFER (si parcelle vendue avec d'autres parcelles non boisées dépendant de la même exploitation) • Droit de préférence des propriétaires d'une parcelle boisée contigüe (art. L331-19 du Code rural) et de la commune.	

→ Le droit de préemption du preneur en place prime celui de la SAFER **s'il exploite le bien concerné depuis au moins 3 ans.**

2 Les formalités préalables

A Concernant les personnes et le bien

Les formalités préalables présentées dans les fiches 4, 5 et 19 doivent être effectuées. Les formalités suivantes sont propres à la vente rurale.

- L'acquéreur qui souhaite exploiter le terrain doit justifier de sa capacité professionnelle et remettre les copies de ses **diplômes** ou de ses **certificats de travail**.
- Pour l'application du contrôle des structures, la **déclaration** établie par la Mutualité sociale agricole présente l'état des structures exploitées par l'acquéreur.
- La Direction régionale de l'agriculture et des forêts doit être informée de l'acquisition envisagée.
- En cas de dépassement du seuil autorisé, le préfet doit autoriser l'opération.
- Si le terrain est loué, le vendeur remet le **bail** écrit ou les quittances de loyer, notamment pour justifier de la durée du bail.
- Le diagnostic amiante est nécessaire en cas de présence de bâtiments d'exploitation, ainsi que l'état des risques naturels et technologiques et la présence de termites, si la zone est concernée. Si la cession comprend un immeuble à usage d'habitation, les diagnostics nécessaires doivent être établis (voir fiche 16).

B La purge des droits de préemption applicables

1. La SAFER

La SAFER bénéficie d'une **obligation générale d'information** sur l'état du marché foncier régional. Ainsi, **toutes les mutations** entre vifs, à titre onéreux ou gratuit, en pleine propriété, usufruit ou nue-propriété, portant sur des droits mobiliers ou immobiliers (parcelle, bâtiment d'exploitation et d'habitation, matériel agricole, droits sociaux) à usage ou vocation agricole doivent lui être adressées, à l'aide d'un des formulaires « Information déclarative relative aux cessions » (en fonction de la nature de l'opération). Il convient d'indiquer les droits de préemption qui priment celui de la SAFER et si le bénéficiaire y a renoncé, ou si la cession entre dans le champ d'application d'un des cas d'exemption (voir Carnet professionnel).
Ce formulaire est envoyé par LRAR (ou par voie électronique, à l'essai dans certaines régions).
La SAFER dispose d'un délai de 2 mois pour préempter.

2. Le preneur en place

La cession de la parcelle exploitée par un agriculteur fait l'objet d'une **notification** de son droit de préemption (art. L 412-8 du Code rural) par lettre recommandée avec accusé de réception (voir Carnet professionnel) précisant :

- le prix de vente ;
- les charges et les conditions de la vente projetée.

L'offre de vente est valable deux mois. Si le preneur accepte de préempter, il prend l'engagement d'exploiter le terrain pendant 9 ans (voir paragraphe 2 B).

3. Les voisins d'une parcelle boisée

Une offre de vente, valable un mois, précisant le prix, les charges et les conditions de la vente projetée doit être adressée au maire de la commune sur laquelle se situe le bien **et** à tous les propriétaires de parcelles boisées contiguës :

- soit par **notification** envoyée en recommandé avec accusé de réception à l'adresse figurant au cadastre (voir Carnet professionnel) ;

– soit par voie d'**affichage** durant un mois **en mairie** (du lieu de situation du bien) **et** de **publication d'un avis dans un journal d'annonces légales** de l'arrondissement du lieu de situation du (des) bien(s) si le nombre de notifications dépasse dix.

Si plusieurs bénéficiaires acceptent l'offre, le vendeur choisit librement son acquéreur parmi eux et la réalisation de l'offre doit avoir lieu dans les 4 mois (dans les 2 mois pour le maire).

La purge des autres droits de préemption est présentée dans la fiche 19. Si plusieurs droits sont applicables, il convient de les purger dans l'ordre présenté en 1 C.)

3 La rédaction

- Les règles de rédaction de la vente immobilière s'appliquent ; il est **possible de ventiler** le prix (voir fiche 20) en cas de vente portant à la fois sur des biens préemptables et non préemptables (voir paragraphe 1 C).
- Les servitudes étant nombreuses en droit rural, il faut veiller à les retranscrire toutes.
- Les droits de préemption applicables et leur renonciation expresse ou tacite sont précisés dans l'acte authentique.
- L'acte doit préciser que la vente respecte la législation sur le contrôle des structures.

4 Les formalités postérieures

Les formalités communes aux ventes doivent être effectuées (voir fiche 21).

Une **copie** de l'acte doit être adressée à la Direction régionale de l'agriculture et des forêts, chargée du contrôle des structures, ainsi qu'un **imprimé informant du transfert à l'acquéreur des aides aux revenus** (pour les droits à paiement de base) le cas échéant.

Si le bien est loué, la vente est notifiée au preneur et une nouvelle copie exécutoire est remise à l'acquéreur (voir fiche 21).

5 La taxation

- Les acquisitions d'immeubles ruraux bâtis ou non sont soumises à la taxe de publicité foncière de droit commun (voir fiche 9).
- Cependant, de nombreuses cessions agricoles font l'objet d'une taxation particulière. Ainsi, bénéficient d'une TPF à taux réduit les acquisitions :

– **par le preneur en place** à condition d'être titulaire d'un bail antérieur à la cession d'au moins 2 ans et de prendre l'engagement de cultiver la parcelle pendant 5 ans ;

– **par un jeune exploitant**, si la vente a lieu au cours des 4 années d'octroi d'aides à l'installation, mais pour la fraction du prix inférieure à 99 000 € (joindre à l'acte le certificat de la DRAF justifiant la dotation) ;

– **par un particulier**, s'il s'engage à octroyer un bail à long terme ou un bail cessible à un jeune exploitant sous un an.

- Les acquisitions et les cessions par la SAFER sont exonérées de TPF si l'acquéreur s'engage à cultiver les terres pendant 10 ans.
- Les émoluments proportionnels du notaire sont ceux de la vente d'immeubles, fixés à l'art. A 444-91 C.Com (n° 54 du tableau). Le notaire peut percevoir des émoluments de formalités spécifiques, s'il se charge d'établir la demande d'autorisation dans le cadre du contrôle des structures (art. A 444-172, n° 205), ainsi que pour la notification adressée à la SAFER (art. A 444-171, n° 186 et 187) et celle adressée à la DRAF (art. A 444-173 n° 216).

L'échange d'immeubles ruraux

L'échange est la cession d'un ou plusieurs immeubles contre un ou plusieurs autres. Il est très utilisé en droit rural. Les règles générales concernant l'échange s'appliquent (voir fiche 27); seules les particularités de l'échange rural sont ici abordées.

1 L'analyse du dossier

L'échange est assimilé à une double vente.

L'analyse du dossier (voir fiche 19) permet de s'interroger sur la nature de l'échange, qui peut être :

- **pur et simple** (les biens échangés ont la même valeur);
- ou **avec soulte** (les biens échangés n'ont pas une valeur équivalente). La différence de valeur entre les biens est alors compensée par le paiement d'une soulte (dont le montant ne doit pas être trop important, sinon l'échange risque d'être requalifié en vente).

Il est nécessaire de cerner le contexte dans lequel a lieu l'échange rural. Il peut être conclu à l'**amiable** entre les parties ou être **contraint** dans le cadre de l'aménagement foncier (opération de regroupement de parcelles destinée soit à améliorer les conditions d'exploitation des propriétés rurales agricoles ou forestières soit à contribuer à l'aménagement du territoire). Dans ce cas, l'opération est prise en charge par la commission d'aménagement foncier au niveau de la commune ou de l'intercommunalité, dans le cadre d'une ordonnance prise par le Conseil départemental.

→ Il est impératif de vérifier que l'échange des biens est possible. En droit rural, il faut bien analyser l'origine de propriété de chaque immeuble échangé, qui provient souvent d'une donation ou d'une succession. Une interdiction d'aliéner ou un pacte de préférence peuvent être précisés dans le titre de propriété.

Par ailleurs, le preneur qui a acquis le terrain par droit de préemption ou le bailleur qui a usé de son droit de reprise doit exploiter lui-même les terres pendant 9 ans. De même, un exploitant qui a acquis le terrain de la SAFER est tenu de conserver la destination agricole du bien pendant dix ans. Il faut donc vérifier le respect de ces engagements.

Le respect de la législation sur le **contrôle des structures** doit être vérifié (voir fiche 31).

2 Les formalités préalables

Les formalités préalables relatives à tout acte (voir fiches 4 et 5) et celles communes aux actes de vente immobilière (voir fiche 19) doivent être effectuées.

Les formalités préalables développées pour l'échange (voir fiche 27) s'appliquent également à l'échange rural. Cependant, certains **droits de préemption** (voir fiche 31) ne sont pas applicables (c'est le cas du droit de préemption des co-indivisaires).

• L'échange d'un immeuble rural n'est pas soumis au droit de préemption du preneur en place. En effet, il ne peut pas offrir au bailleur un bien déterminé en échange.

• Ne sont pas soumis au droit de préemption de la SAFER :

– les échanges portant sur des immeubles ruraux situés soit dans le même canton, soit dans un canton ou une commune limitrophe ;

– les propriétés échangées contiguës à celles dont est propriétaire l'un des coéchangistes ;

– l'échange d'immeubles ruraux et forestiers intervenant dans un périmètre d'aménagement foncier.

Une lecture attentive du plan cadastral s'impose donc. Les autres échanges restent soumis au droit de préemption de la SAFER (voir fiche 31).

3 La rédaction

Les règles de rédaction de l'acte authentique (voir fiches 2, 4 et 5), celles communes aux actes de vente (voir fiche 20) et à l'acte d'échange (voir fiche 27) doivent être respectées. L'acte d'échange rural présente cependant quelques particularités au niveau de sa rédaction.

A L'échange dans le cadre de l'aménagement foncier

L'acte doit préciser l'intérêt de l'opération et mentionner que l'échange est conforme aux dispositions de l'article L 123-3 du Code rural qui permet de réattribuer à leurs propriétaires certains terrains.

Dans ce type d'opération, le principe de répartition égalitaire des frais (voir fiche 27) n'est pas appliqué. L'acte précise donc que les frais occasionnés par la rédaction de l'acte authentique sont supportés par le Conseil départemental après avis de la commission départementale d'aménagement foncier.

B L'échange d'un bien loué

Les immeubles ruraux font fréquemment l'objet d'un bail conclu avec un exploitant agricole. L'échange ne met pas un terme au bail. **Comme dans tous les cas où un contrat de bail a été consenti sur l'immeuble**, l'acte doit mentionner l'identification du locataire, la durée et la date d'effet du bail, ainsi que le montant des loyers. Une copie du bail est annexée à l'acte après mention (ou le bail est intégralement retranscrit dans l'acte).

Cette situation a une incidence sur la clause PROPRIÉTÉ-JOUISSANCE. La jouissance du bien se réalise par la perception des loyers (et non par le droit d'utiliser le bien).

Rédaction de la clause PROPRIÉTÉ-JOUISSANCE d'un bien loué

« Le transfert de propriété a lieu au moyen et par le seul fait des présentes à compter de ce jour. L'entrée en jouissance a lieu à compter de ce jour, par la perception des loyers en vertu d'un bail authentique (ou sous signatures privées) reçu par Maître (*nom et adresse du notaire*) en date du (*date du bail*) au profit de (*identité du preneur*) conclu à compter du (*date de début du bail*) pour une durée de (*durée du bail*) moyennant un fermage (ou loyer) de (*montant du fermage/loyer*). Le bail est annexé aux présentes après mention. »

4 Les formalités postérieures

L'échange est soumis à la formalité fusionnée (voir fiche 7).

• Si le paiement de la soulte s'effectue à terme, il faut **inscrire le privilège de vendeur et l'action résolutoire** dans les deux mois de la signature auprès du service de publicité foncière de lieu de situation de l'immeuble (voir fiche 29).

• Si les créanciers inscrits n'ont pas consenti au transfert de leurs droits sur l'immeuble (voir fiche 27), ils bénéficient d'un droit d'opposition sur l'échange. Il convient de leur adresser une **notification de l'acte** par lettre recommandée avec accusé réception **sous huitaine**, pour **ouvrir leur droit à opposition**.

• Si les créanciers inscrits ont consenti ou ne sont pas opposés au transfert de leurs droits sur l'immeuble, il convient de procéder à la **mainlevée** des inscriptions et au **transfert** de leurs droits sur les immeubles cédés (voir fiche 30) par une nouvelle inscription.

• Dans l'hypothèse où l'immeuble cédé est loué (voir fiche 21), il convient de :

- **notifier** pour information **l'échange** au(x) preneur(s) ;
- rédiger une **nouvelle copie exécutoire** à la demande du nouveau propriétaire.

5 La taxation

Les règles de fiscalité concernant l'échange (voir fiche 27) s'appliquent à l'échange rural. Cependant, les échanges d'immeubles ruraux bénéficient de nombreux aménagements en matière de fiscalité.

• Les échanges portant sur des immeubles ruraux situés soit dans le même canton, soit dans un canton ou une commune limitrophe sont exonérés de taxe de publicité foncière (dans ce cas, l'acte doit comporter les mentions prescrites à l'article D 124-4 du code rural).

• Les opérations d'échange dans le cadre de l'aménagement foncier sont dispensées de TPF. Cependant, si l'échange a lieu avec soulte au profit de l'État, seule la soulte est taxée comme une vente (5,81 % – voir fiche 9).

• Les échanges effectués par les SAFER sont exonérés de TPF, à condition que le bénéficiaire de l'échange prenne l'engagement de maintenir la destination agricole de l'immeuble pendant 10 ans.

Les émoluments proportionnels sont calculés de manière similaire à l'échange et fixés par l'article A 444-117 C.Com (n° 96 et 97 du tableau).

Les émoluments de formalités rémunèrent, en particulier, la demande de subvention qui peut être accordée, sous conditions, par le Conseil départemental pour ces opérations et la notification adressée à la SAFER (art. A 444-171, n° 186 et 187) et celle adressée à la DRAF (art. A 444-173 n° 216).

Le bail rural

Le bail rural (ou bail à ferme) est une mise à disposition à titre onéreux d'un immeuble à usage agricole en vue de l'exploiter pour y exercer une activité agricole (définie par l'article L311-1 du Code rural). Le bail rural est encadré par le statut du fermage (articles L411-1 et suivants du Code rural).

1 L'analyse du dossier

A Les parties

Les vérifications de la **capacité professionnelle du preneur** sont identiques à celles nécessaires pour l'acquisition d'un bien rural (voir fiche 31). Il convient ici d'être particulièrement attentif à la **capacité du bailleur**. En effet, le droit au renouvellement est un des principes du bail rural. C'est pourquoi, si l'immeuble appartient à un mineur non émancipé ou à un majeur sous tutelle ou sous curatelle, le représentant de la personne protégée peut conclure un bail de neuf ans, mais il devra obtenir l'autorisation du juge pour consentir le droit au renouvellement au preneur.

Les pouvoirs sont analysés. Un bail consenti sur un immeuble dépendant :
- d'une indivision nécessite le consentement de tous les co-indivisaires ;
- d'une communauté de biens exige le consentement des deux époux ;
- d'un démembrement requiert le concours du nu-propriétaire (mais l'usufruitier reste le bailleur).

B Le bien

L'immeuble doit être libre à la location. Il convient de s'assurer de l'absence d'un autre bail sur la parcelle. Le preneur qui a acquis le terrain par droit de préemption ou le bailleur qui a usé de son droit de reprise doit avoir exploité lui-même les terres pendant 9 ans. Dans le cas contraire, la conclusion du bail n'est pas possible.

C Les conditions du bail

L'analyse doit porter sur la durée du bail et sur le loyer de la terre, appelé « fermage ».

Les parties peuvent vouloir déroger à la **durée légale** du bail rural qui est en principe de 9 ans. Elles peuvent s'engager sur une durée plus courte et conclure un bail d'un an renouvelable chaque année et pour 6 ans maximum (qui présente l'intérêt pour le bailleur qui souhaite installer un descendant de pouvoir mettre un terme facilement au contrat).

À l'inverse, les parties peuvent être intéressées par une durée plus longue : un bail à long terme (18 ans minimum) ou dit « de carrière » (25 ans minimum) peut alors être consenti.

La cession du bail rural

En principe, la cession du bail rural n'est pas possible (article L 411-35 Code rural), sauf au profit du conjoint ou du partenaire et des descendants majeurs du preneur. Le bail rural, dit « cessible », (créé par la loi d'orientation agricole) permet de mentionner expressément la possibilité pour le

preneur de pouvoir céder le bail en dehors de tout cadre familial. En contrepartie, le montant du fermage est majoré par rapport à un bail rural classique. Il est **obligatoirement conclu en la forme authentique** pour une durée de 18 ans, renouvellé par période de 9 ans.
La cession du bail ne nécessite pas l'autorisation du bailleur. Le preneur notifie par lettre recommandée la date de la cession projetée et l'identité du cessionnaire, à peine de nullité, pour ouvrir le droit d'opposition (pour motif légitime) du bailleur. L'absence de réponse sous deux mois vaut acceptation de la cession.

Le **fermage** (le loyer du bail rural) doit respecter une fourchette fixée par arrêté préfectoral (consulter les textes). Il peut varier suivant la présence de bâtiments d'exploitation et/ou de bâtiments à usage d'habitation. La périodicité du paiement doit être envisagée également. L'article L411-74 du Code rural interdit au bailleur de demander un pas-de-porte (voir fiche 50).

2 Les formalités préalables

Les formalités préalables présentées dans les fiches 4 et 5 doivent être effectuées. Les formalités suivantes sont propres à l'exploitation d'un immeuble rural.

- L'acquéreur qui souhaite exploiter le terrain doit justifier de sa capacité professionnelle et remettre les copies de ses **diplômes** ou de ses certificats de travail.
- Pour l'application du contrôle des structures (voir fiche 31), la **déclaration** établie par la Mutualité sociale agricole présente l'état des structures exploitées par le preneur.
- La Direction régionale de l'agriculture et des forêts doit être informée de la conclusion du bail envisagé et demander l'autorisation du préfet, en cas de dépassement du seuil autorisé.

➜ L'absence d'autorisation préfectorale entraîne la nullité du bail, ainsi qu'une sanction pécuniaire et le refus d'aides publiques en matière agricole.

3 La rédaction

Le bail rural est établi par écrit (cette règle n'étant pas d'ordre public, les baux verbaux sont valables). Il prend obligatoirement la forme d'un acte authentique s'il doit être publié au service de publicité foncière.
La rédaction d'un bail rural doit notamment contenir les clauses suivantes.

Clauses	Contenu des clauses
DURÉE	Précision de la durée du bail : - durée légale : 9 ans ; - ou par exception : 18 ans, 25 ans...
DROIT AU RENOUVELLEMENT	• Mention du droit à renouvellement de plein droit pour 9 ans en principe. • Précision des cas de non-renouvellement (défaut de paiement des loyers, retraite, mise à disposition ou échange sans accord du bailleur, mauvaise exploitation du fonds).
ABSENCE DE DROIT AU RENOUVELLEMENT	• **Mention expresse**, notamment en cas de limitation de la capacité du bailleur. • Précision pour le bail de 25 ans s'il est conclu avec ou sans clause de tacite reconduction.
FERMAGE	• Précision du montant (en lettres et en chiffres) et le cas échéant : - ventilation du loyer des terres et des bâtiments à usage d'habitation ; - ventilation du montant du loyer si le bailleur est assujetti à la TVA (sur option). • Mention de la périodicité et du lieu de paiement.

Clauses	Contenu des clauses
INDEXATION DU FERMAGE	• **Mention expresse** de l'indexation du loyer dans l'acte selon un indice national publié annuellement par arrêté ministériel (en 2016, il est établi à 109,59 pour une base 100 en 2009), précision de sa fréquence d'application et de son mode de calcul. • Mention de l'indexation du loyer selon l'indice de référence des loyers en présence de bâtiments à usage d'habitation (voir fiche 34).
CONTRÔLE DES STRUCTURES	Rappel de la législation du contrôle des structures. État des surfaces exploitées par le preneur et vérification de l'obtention d'une autorisation préalable d'exploiter, si nécessaire. Précision des sanctions encourues dans le cas contraire.
ÉTAT DES LIEUX	Mention de son établissement (comptage des arbres, âge des vignes, état des bâtiments, répartition des réparations...) ou de son non-établissement. **L'état des lieux est annexé**.
ASSURANCES	Rappel pour le preneur de l'obligation d'assurance contre les risques locatifs (tempête, neige, grêle, incendie des récoltes, du mobilier et du matériel).
IMPÔT FONCIER	Précision de la prise en charge totale ou partielle (avec indication du pourcentage) par le preneur de l'impôt foncier.

La fin du bail (qui peut intervenir par résiliation, par usage du droit de reprise du bailleur ou par refus de renouvellement pour motif légitime) peut générer une indemnisation du preneur pour les améliorations apportées au fonds loué. Le preneur doit agir dans les 12 mois suivants la fin du bail et apporter la preuve des améliorations par comparaison entre les états des lieux d'entrée et de sortie ou par expertise.

4 Les formalités postérieures

Le bail rural, comme tous les baux, est dispensé de la formalité d'enregistrement, mais l'enregistrement volontaire est toujours possible. La publication du bail au service de publicité du lieu de situation de l'immeuble est obligatoire, si sa durée est supérieure à 12 ans. Dans le cadre de la législation sur le contrôle des structures, une copie du bail doit être adressée à la DRAF pour informer de la prise à bail par un nouveau preneur.

5 La taxation

A Les droits fiscaux

Si le bail est enregistré, le droit fixe d'enregistrement est de 25 €.
Les baux à long terme (18 ans minimum) sont exonérés de taxe de publicité foncière. Les autres baux soumis à publication sont taxés au taux de 0,715 % sur la base du montant des loyers **et** des charges cumulés sur la durée du bail (cette situation est rare en pratique). La contribution de sécurité immobilière (0,10 %) est calculée sur la même assiette.

B Les émoluments de rédaction

- Lors de la conclusion du premier bail, l'émolument proportionnel est fixé par l'article A444-103 2° a C.Com (n° 70 du tableau). La rémunération du bail à long terme est fixée par l'article A 444-103 2° c C.Com. Pour un bail cessible en dehors du cadre familial, l'article A 444-103 2° d C.Com s'applique.
- Le renouvellement du bail rural ouvre droit à un émolument fixe de 57,69€ (article A 444-103 2° b C.Com).

Le bail d'habitation

Le contrat de bail d'habitation est strictement réglementé par la loi du 6 juillet 1989 (dite loi Mermaz), modifiée par la loi ALUR du 24 mars 2014. Il doit être écrit et peut prendre la forme d'un acte sous signatures privées ou d'un acte notarié. L'intérêt principal du bail notarié est que le bailleur dispose d'un titre exécutoire (voir fiche 2).

1 L'analyse du dossier

Il faut vérifier que l'immeuble entre dans le champ d'application des lois citées ci-dessus.

A La nature de l'immeuble

La rédaction des contrats de location de **locaux vides à usage d'habitation ou à usage mixte professionnel** (avec ou sans locaux accessoires, tels qu'un garage), constituant la **résidence principale du locataire** (logement occupé au moins huit mois par an, au sens de l'art. R 351-1 CCH) est soumise à des dispositions impératives.
En sont exclues les locations meublées, locations saisonnières, foyers, logements de fonction pour lesquels des dispositions spécifiques sont prévues.

B L'état de l'immeuble

L'immeuble doit répondre aux critères de décence imposés par la loi :
- ne pas être insalubre ni frappé d'une interdiction d'habiter ;
- disposer d'une surface habitable supérieure à 14 m^2 et 33 m^3 ;
- posséder des installations sanitaires.

Le logement doit être en bon état, ses équipements en bon état de fonctionnement.

C La situation de l'immeuble

- **Si l'immeuble a plus de 30 ans**, sa mise en location peut être soumise à un contrôle préalable par les communes (ou les établissements publics de coopération intercommunale) qui l'ont prévu (loi ENL du 13 juillet 2006). Si l'immeuble est situé dans une zone d'habitat dégradé, le décret du 19/12/2016 précise les déclarations ou autorisations nécessaires.
- Si l'immeuble est situé dans une « **zone tendue** » (liste des communes concernées annexée au décret 2013-392 du 10 mai 2013), la fixation du loyer peut être réglementée.
- Si un observatoire des loyers existe localement, le montant du loyer doit être fixé conformément à l'arrêté préfectoral fixant annuellement un loyer de référence médian, un plafond (« loyer de référence majoré ») et un plancher (« loyer de référence minoré »). Ce dispositif est mis en place par le décret du 10 juin 2015 (applicable à Paris à compter du 1er août 2015, à Lille à compter du 1er février 2017 – arrêté préfectoral du 16 décembre 2016).
- En l'absence d'un observatoire, l'augmentation du loyer peut être bloquée. Le décret du 30 juillet 2014 fixe actuellement le loyer des logements vacants (sauf pour les logements loués pour la 1re fois ou inoccupés depuis plus de 18 mois, pour lesquels la fixation du loyer est libre). En principe, le loyer

du nouveau contrat de location ne peut excéder le dernier loyer appliqué au précédent locataire (avec possibilité de révision dans la limite de l'IRL, sauf si une révision du loyer est intervenue au cours des douze mois qui précèdent la conclusion du nouveau contrat de location). Un loyer supérieur peut être fixé si le propriétaire a réalisé des travaux ou si le loyer était manifestement sous-évalué.

Réalisation de travaux ou loyer sous-évalué

En cas de réalisation de travaux (d'un montant égal au moins à la moitié de la dernière année de loyer) : la hausse du loyer annuel ne peut excéder 15 % du coût réel des travaux TTC.

Exemple *: Le dernier loyer était de 600 € et des travaux d'amélioration ont été réalisés pour 4 160 € TTC. Le loyer annuel peut être majoré de 52 € par mois (soit 15 % x 4 160 €/12). Le loyer du nouveau locataire peut donc être fixé au maximum à 652 €.*

En cas de sous-évaluation : la hausse du nouveau loyer ne peut excéder la moitié de la différence entre le montant moyen d'un loyer représentatif du voisinage et le dernier loyer appliqué.

Le loyer précédent était de 750 €, mais le loyer représentatif du voisinage est de 970 €. Le propriétaire peut augmenter le loyer de 110 € (970 - 750/2), soit un loyer mensuel maximum de 860 €.

D La recherche de locataire

- Les règles de la négociation immobilière s'appliquent (voir fiches 16 et 17). L'**annonce** doit indiquer le montant du loyer mensuel, charges comprises, le montant du dépôt de garantie et des honoraires à la charge du locataire (voir paragraphe 5 C). La surface du bien (voir paragraphe 2 B) doit être précisée, ainsi que la commune (ou l'arrondissement) pour permettre au locataire de vérifier le respect du plafonnement des loyers.
- Le choix du candidat à la location ne peut être fondé sur un motif discriminatoire (défini à l'art. 225-1 du Code pénal), tel que l'origine, le patronyme, l'orientation sexuelle, l'apparence physique... Les pièces de nature à opérer un choix discriminatoire entre les candidats à la location (telles qu'un certificat médical, un extrait du casier judiciaire, les relevés de compte...) ne peuvent être demandées (liste fixée par l'art. 22-2 de la loi de 1989, complétée par le décret du 5/11/2015 qui fixe les pièces justificatives qui peuvent être exigées du candidat à la location ou de sa caution).

2 Les formalités préalables

A Les formalités relatives aux parties

Les formalités préalables relatives aux parties (voir fiche 4) doivent être réalisées. Le bail d'habitation est un acte d'administration : il convient de vérifier la capacité et les pouvoirs liés à ce type d'acte. Le preneur s'engage à payer les loyers : il faut donc vérifier sa solvabilité (bulletins de salaire). Les mêmes démarches sont à effectuer auprès de la caution si une garantie personnelle est demandée. Le locataire doit fournir une **attestation d'assurance habitation** lors de la remise des clés.

B Les formalités relatives au bien loué

Il est important d'être attentif aux points suivants lors des vérifications d'usage (voir fiche 5) et de réunir :

- le **titre de propriété** (pour vérifier l'absence d'interdiction de louer ou d'engagement du bailleur par un pacte de préférence, une promesse de bail) ;
- le **modèle 1** et le **plan cadastral** ;
- l'**état hypothécaire hors formalité** (pour vérifier l'absence de procédure de saisie, de déclaration d'insalubrité ou d'arrêté de péril).

De plus, les éléments suivants doivent être annexés au bail :
- le cas échéant, le récépissé de la déclaration préalable de mise en location (voir 1 C),
- les **diagnostics** (DPE, ERNMT, CREP, amiante – voir fiche 16), un état de pollution des sols, les diagnostics électricité et gaz pour les logements en copropriété dont le permis de construire a été délivré avant le 1er janvier 1975 (ces diagnostics seront nécessaires pour les autres logements à compter du 1er juillet 2018) ;
- le **certificat de mesurage de la superficie habitable** (art. R111-2 CCH, en application de la loi du 25 mars 2009 ; à ne pas confondre avec le certificat de superficie Loi Carrez – voir fiche 23) ;
- l'attestation d'installation d'un **détecteur de fumée** ;
- la notice d'information annexée à l'arrêté du 29 mai 2015 ;
- le cas échéant, l'extrait du règlement de copropriété ou du cahier des charges (informations relatives à la destination, l'usage et la jouissance des locaux loués) ;
- l'**état des lieux d'entrée** dans le logement (établi en autant d'exemplaires que de parties, contradictoirement entre bailleur et locataire ou par un huissier de justice à leur requête). Son contenu est fixé par le décret n° 2016-382 du 30 mars 2016.

3 La rédaction

La loi impose des mentions d'ordre public. Le décret 2015-587 du 29 mai 2015 prévoit l'établissement d'un contrat type qui doit contenir les clauses suivantes. Des clauses complémentaires peuvent s'ajouter.

CLAUSES OBLIGATOIRES	
COMPARUTION	• Identité et domicile du bailleur • Nom du locataire
DURÉE	• Date de prise d'effet du bail • Durée du bail (3 ans minimum si le bailleur est une personne physique ou une SCI familiale ; 6 ans dans les autres cas) • Précision sur le terme du bail : à tout moment pour le locataire (délai de congé ramené à un mois dans les zones tendues), indication des motifs de reprise par le bailleur uniquement à la fin du contrat (congé pour vendre – voir fiche 19, pour habiter ou pour motif réel et sérieux)
LOCAUX LOUÉS	• Consistance et destination des locaux • Désignation des locaux (nombre de pièces, année de construction…) et équipements d'usage privatif • Énumération des parties, équipements et accessoires d'usage commun et des équipements d'accès aux technologies de l'information et de la communication, mode de production d'eau chaude • Surface habitable de la chose louée (conformément à l'article R 111-2 du CCH) • Mention de l'assurance obligatoire (risques locatifs)
TRAVAUX RÉALISÉS	Nature et montant des travaux effectués (depuis la fin du dernier contrat ou le dernier renouvellement)
LOYER	• Montant du loyer et modalités de paiement • Mention expresse des règles de révision : date ou terme annuel de révision, indice de base du calcul (précision de l'indice de référence des loyers publié trimestriellement par l'INSEE retenu) et le mode de calcul (nouvel indice × loyer / indice de référence) • Éléments nécessaires au calcul du loyer si le logement est situé en zone tendue (voir 1 C) • Précision des charges récupérables et des modalités de réévaluation au renouvellement

CLAUSES OBLIGATOIRES	
DÉPÔT DE GARANTIE	Montant du dépôt de garantie demandé (qui ne peut excéder un mois de loyer hors charges)
Éventuellement	• La clause SOLIDARITÉ doit être précisée • Une clause RÉSOLUTOIRE peut être introduite (pour motif réel et sérieux)
AUTRES CLAUSES	
Clauses habituelles	• Mention des travaux convenus et de leur prise en charge • Liste des réparations incombant au locataire (fixée par décret du 26 août 1987)
CAUTIONNEMENT	• Nom, prénoms et domicile de la caution, • Précision de la nature et du montant du loyer, des conditions de révision du loyer et de résiliation du bail • Le cas échéant mention de la solidarité du paiement des loyers et montant maximum

Le cumul de garanties est interdit. Ainsi, le bailleur (personne physique ou société civile familiale) ne peut pas exiger un cautionnement s'il a souscrit une assurance garantissant les obligations locatives du locataire (sauf si celui-ci est apprenti ou étudiant). Mais il est possible de cumuler un cautionnement et le versement d'un dépôt de garantie.
Le cautionnement est obligatoirement écrit et manuscrit, sauf lorsque le bail est établi par acte authentique (art. 1369 CC).

4 Les formalités postérieures

- Le bail est dispensé de la formalité d'enregistrement. L'enregistrement volontaire est vivement conseillé pour un bail établi sous signatures privées pour ainsi lui conférer date certaine (voir fiche 2).
- Le bail est obligatoirement publié au service de publicité foncière du lieu de situation de l'immeuble si sa durée est supérieure ou égale à douze ans.
- Une **copie exécutoire** est remise au bailleur après la signature de l'acte (voir fiche 6).

5 La taxation

Le bail d'habitation est exonéré de droits d'enregistrement, mais l'enregistrement volontaire est soumis au droit fixe de 25 € (enregistrement sur état).
Les honoraires de négociation (voir fiches 8 et 16) sont à la charge exclusive du bailleur.
Les émoluments de rédaction sont fixés à un demi-mois de loyer par l'article A 444-103 C.Com (n° 70 du tableau). Ces émoluments et les honoraires pour l'établissement de l'état des lieux d'entrée sont répartis entre les parties. La part à la charge du locataire ne peut excéder celle prise en charge par le bailleur ni être supérieure à un plafond qui varie en fonction de la zone où se situe le logement :
- 12 €/m^2 dans les zones très tendues (Paris et région parisienne) ;
- 10 €/m^2 dans les zones tendues (voir paragraphe 1 C) ;
- 8 €/m^2 dans les autres zones.

La protection du patrimoine de l'entrepreneur individuel

Un entrepreneur individuel est une personne physique qui exerce une activité économique (commerciale, artisanale, libérale, agricole...), de manière indépendante et à son compte. En raison des risques liés à cette activité, le législateur a créé deux outils permettant à l'entrepreneur de protéger tout ou partie de ses biens personnels : la déclaration d'insaisissabilité et la déclaration d'affectation.

1 L'analyse du dossier

A La présentation des outils de protection

→ À défaut de créer une société (voir fiche 55), l'entrepreneur individuel n'a qu'un seul patrimoine dans lequel figurent ses biens et dettes tant personnels que professionnels. Ainsi, ses créanciers professionnels peuvent faire saisir l'intégralité de ses biens, personnels et professionnels, pour recouvrer les dettes impayées.

Pour protéger son patrimoine personnel, l'entrepreneur dispose de plusieurs choix (qui peuvent se cumuler).

• Il peut changer son régime matrimonial afin d'adopter le régime de la séparation de biens (voir fiches 38 et 39).

• Il peut recourir à la **déclaration d'insaisissabilité**, afin de protéger son patrimoine immobilier non professionnel, en le rendant insaisissable par ses créanciers professionnels (art. L 526-1 et s. C.Com).

• Il peut également se soumettre au régime de l'**entrepreneur individuel à responsabilité limitée (EIRL)**, afin de séparer son patrimoine personnel de son patrimoine professionnel. Pour ce faire, il procède à l'**affectation** des biens et dettes professionnels dans un patrimoine distinct, au moyen d'une **déclaration** dite « d'affectation » (art. L 526-6 et s. C.Com). Les créanciers professionnels de l'entrepreneur ne peuvent faire saisir que les biens du patrimoine d'affectation ; ses créanciers non professionnels ne peuvent faire saisir que les biens personnels.

→ Un entrepreneur individuel peut créer plusieurs patrimoines affectés à ses différentes activités.

B Les vérifications préalables communes

Le notaire vérifie l'identité, la capacité et la profession de l'entrepreneur individuel (voir fiche 4). Les déclarations d'insaisissabilité et/ou d'affectation peuvent être réalisées par l'entrepreneur individuel soit au moment de la création de son activité, soit au cours de cette activité. Dans cette seconde hypothèse, il est nécessaire de procéder à la vérification de l'immatriculation de l'entrepreneur individuel (voir fiche 4).

2 La déclaration d'insaisissabilité

La déclaration d'insaisissabilité est un **acte solennel** : la forme notariée est requise à titre de validité de l'acte. Cette déclaration peut faire l'objet d'une clause dans un acte (de vente par exemple) ou d'un acte séparé.

A Les formalités préalables

Depuis la loi du 6 août 2015, **la résidence principale est insaisissable de plein droit**. La déclaration d'insaisissabilité par acte notarié conserve une utilité pour rendre insaisissables les autres immeubles de l'entrepreneur qui ne sont **pas affectés à un usage professionnel** (tels qu'une résidence secondaire ou un investissement locatif).

→ Il est possible, par acte notarié, de renoncer à l'insaisissabilité de plein droit de la résidence principale ou à la déclaration d'insaisissabilité à l'égard d'un ou plusieurs créanciers.

Pour chacun de ces immeubles déclarés insaisissables, les pièces d'usage sont demandées (voir fiche 5).
Si l'immeuble est à usage mixte (c'est-à-dire à usage d'habitation et à usage professionnel), un état descriptif de division (voir fiche 23) doit être établi, car seule la partie de l'immeuble non affectée à l'usage professionnel est protégée par la déclaration. Mais cet état n'est pas nécessaire si l'immeuble n'est qu'une adresse de domiciliation.

B La rédaction

1. Les clauses relatives à l'entrepreneur

L'entrepreneur individuel comparaît à l'acte (voir fiche 4). Il faut préciser sa profession, ainsi que les lieux et références de son immatriculation sur un registre de publicité légale le cas échéant (par exemple « immatriculé au RCS de [*ville*] sous le numéro [*123 456 678*] »).

2. Les clauses relatives à l'immeuble

L'acte décrit de manière détaillée chaque immeuble déclaré insaisissable.

- La DÉSIGNATION du bien est rédigée selon les règles de la publicité foncière (voir fiche 5). L'acte indique si l'immeuble est un bien propre, commun, ou indivis.
- La DESTINATION de l'immeuble est précisée, afin de vérifier qu'il n'est pas affecté à l'activité de l'entrepreneur individuel.
- L'EFFET RELATIF est renseigné (voir fiche 5).
- L'acte contient un ÉTAT DESCRIPTIF DE DIVISION le cas échéant.
- L'acte informe l'entrepreneur qu'en cas de vente du bien déclaré insaisissable, le prix obtenu demeure insaisissable, à la condition qu'il soit remployé, dans le délai d'un an, à l'acquisition d'un immeuble non affecté à l'activité professionnelle. Le bien acquis demeure insaisissable à hauteur de la somme remployée.

C Les formalités postérieures

La déclaration d'insaisissabilité doit être publiée auprès du service de publicité foncière du lieu de situation de l'immeuble. En effet, elle n'est opposable qu'aux créanciers dont les droits sont nés **à l'occasion de l'activité professionnelle** de l'entrepreneur individuel, **postérieurement à la publication** sur le fichier immobilier.

Il faut adresser une copie de la déclaration au registre de publicité légale sur lequel l'entrepreneur est immatriculé (exemple : registre du commerce et des sociétés s'il est commerçant). Si l'entrepreneur n'est pas tenu de s'immatriculer sur un tel registre, il faut publier un extrait de la déclaration dans un journal d'annonces légales du département dans lequel est exercée l'activité professionnelle.

D La taxation

Outre les frais liés aux formalités, la déclaration d'insaisissabilité est soumise à un droit fixe d'enregistrement de 25 € et une contribution de sécurité immobilière de 15 €. Le notaire perçoit des émoluments fixes de 115,39 € HT (A. 444-145 C. Com, n° 139 du tableau).

3 La déclaration d'affectation

Ce n'est pas un acte solennel. Cependant, si le patrimoine d'affectation contient un ou plusieurs immeubles, la déclaration d'affectation est reçue sous forme notariée, aux fins de publication foncière.

A Les formalités préalables

1. La détermination du contenu du patrimoine d'affectation

Il faut établir un **état détaillé** des éléments composant le patrimoine affecté à l'activité professionnelle.

- Les biens **nécessaires à l'activité** font obligatoirement partie du patrimoine affecté (un fonds de commerce, le matériel, un brevet, une licence...). Il s'agit des biens dont l'usage est exclusivement professionnel.
- Les biens **utiles pour l'exercice de l'activité** peuvent être inclus dans ce patrimoine, au choix de l'entrepreneur. Il s'agit ici des biens n'ayant pas un usage exclusivement réservé à l'activité professionnelle (exemple : un véhicule qui aurait une utilité personnelle et professionnelle).

2. Les pièces à demander

Pour chacun des biens affectés au patrimoine professionnel, le notaire obtient les titres de propriété et tout justificatif nécessaire (pour les immeubles, voir fiche 5).

Les biens affectés au patrimoine professionnel doivent faire l'objet d'une évaluation par un expert (commissaire aux comptes, expert-comptable...) si leur valeur est supérieure à 30 000 €. L'évaluation par un notaire ne peut concerner qu'un immeuble.

→ Dans certains cas prévus par l'article L 526-8 C. Com, l'évaluation peut être réalisée sur la base des documents comptables.

En cas d'immeuble à usage mixte, un état descriptif de division doit être établi, car seule la partie à usage professionnel est rattachée au patrimoine affecté.

Si un bien est indivis ou commun, il est nécessaire d'obtenir l'accord des co-indivisaires ou du conjoint pour l'affectation du bien au patrimoine professionnel. Ils doivent être informés préalablement des droits des créanciers sur ce patrimoine.

B La rédaction

1. Les clauses relatives à l'entrepreneur et aux intervenants

L'entrepreneur comparaît à l'acte de déclaration d'affectation (voir fiche 4). Le conjoint ou les co-indivisaires interviennent le cas échéant.

2. Les clauses relatives à l'activité professionnelle

L'acte doit contenir :
- la dénomination utilisée pour l'exercice de l'activité professionnelle avec la mention EIRL ;
- l'adresse de l'établissement où est exercée cette activité ;
- l'objet de l'activité professionnelle à laquelle le patrimoine est affecté ;
- la date de clôture de l'exercice comptable ;
- le numéro d'immatriculation de l'entrepreneur s'il est déjà immatriculé.

3. Les clauses relatives au patrimoine affecté

L'acte détaille la composition du patrimoine qui pourra être saisi uniquement par les créanciers professionnels. Dans cet état descriptif des biens, chacun d'eux doit être désigné précisément en nature, qualité, quantité et valeur (pour les immeubles, voir fiche 5 ; pour la désignation d'un fonds de commerce, voir fiche 53).

C Les formalités postérieures

Si le patrimoine affecté contient un immeuble, la déclaration d'affectation doit être publiée au service de publicité foncière du lieu de l'immeuble.
La déclaration est déposée, par l'intermédiaire du centre de formalités des entreprises (voir fiche 56), au registre auprès duquel l'entrepreneur est immatriculé (RCS, répertoire des métiers...) ou sur un registre spécial tenu au greffe du tribunal de commerce si l'entrepreneur est dispensé d'immatriculation (ou au greffe du tribunal de grande instance pour les professions libérales).
La déclaration d'affectation n'est opposable qu'aux créanciers dont les droits naissent **postérieurement** au dépôt.
Le dossier à constituer en vue du dépôt de la déclaration d'affectation comprend, en double exemplaire : la déclaration d'affectation, les annexes (à savoir, le cas échéant, rapports d'évaluation, copie attestant de la publication de l'acte, documents attestant l'accord du conjoint ou des co-indivisaires s'ils ne sont pas intervenus à l'acte) et le formulaire n° 14217*02.

D La taxation

- La déclaration d'affectation sous signatures privées est exonérée du droit fixe de 25 €. Si la déclaration est reçue sous forme authentique aux fins de publication foncière, elle est soumise à une contribution de sécurité immobilière de 15 €.
- Le coût du dépôt de la déclaration dépend de l'activité exercée par l'entrepreneur (par exemple, 55,65 € pour un commerçant, 55,97 € pour un professionnel libéral). Ce coût constitue un débours, facturé au client (fiche 8). Aucun droit n'est dû en cas de création de l'activité, si l'entrepreneur est tenu de s'immatriculer sur un registre légal (il doit cependant s'acquitter des frais d'immatriculation).
- Le notaire perçoit des émoluments de 115,39 € HT pour l'établissement et le dépôt de l'acte, et 115,39 € HT s'il a évalué un immeuble (A. 444-125 C. Com, n° 105 et 108).

La constitution d'une servitude

Une servitude est une charge qui grève un immeuble – appelé fonds servant – au profit d'un autre immeuble – appelé fonds dominant. La servitude est donc un droit réel immobilier créé pour l'usage et l'utilité d'un immeuble. La constitution d'une servitude peut faire l'objet d'une clause dans un acte (à l'occasion d'une vente par exemple) ou d'un acte séparé.

1 L'analyse du dossier

A L'intérêt du recours à un notaire

Seules les servitudes conventionnelles sont créées par convention.
La constitution d'une servitude n'est pas un acte solennel. Cependant, la servitude étant une charge grevant un immeuble au profit d'un autre immeuble, il est nécessaire de recourir à un acte notarié, pour procéder à la publication de l'acte au service de publicité foncière du lieu de situation des immeubles concernés.

L'acte notarié et les servitudes non conventionnelles

L'acte notarié peut présenter un intérêt pour les servitudes qui ne sont pas conventionnelles. Ainsi, il permet d'**aménager** conventionnellement une servitude créée par la loi («servitude légale»). Tel est le cas par exemple d'un terrain qui ne dispose pas d'un accès à la voie publique: la loi reconnaît au propriétaire de ce bien une **servitude d'enclave**, lui garantissant cet accès par le passage sur un fonds servant. L'acte a pour intérêt ainsi d'organiser les rapports entre les propriétaires des fonds concernés (charges de l'entretien du terrain...).
L'acte notarié peut également avoir pour intérêt de **constater l'existence** d'une servitude et donc d'en informer les tiers par sa publication. Ainsi en est-il en cas de servitudes acquises par **prescription acquisitive** (usucapion), ou de celles créées **par destination du père de famille**. Dans cette dernière hypothèse, la servitude est créée par la division d'une parcelle: son propriétaire initial avait mis en place, avant la division, un aménagement (exemple: une canalisation, un chemin), qui, après division, constitue une servitude entre les deux nouvelles parcelles.

B L'analyse du type de servitude à créer

La servitude qui est créée doit être qualifiée au regard de deux critères.

1. La servitude continue ou discontinue

- Une servitude est **continue** lorsqu'elle s'exerce sans que le propriétaire du fonds dominant ne fasse des actes répétés (exemple: une servitude de vue, qui autorise à créer des ouvertures permettant de voir sur la propriété voisine).
- Une servitude est **discontinue**, lorsqu'elle implique une intervention répétée du propriétaire du fonds dominant (exemple: une servitude de passage, qui permet d'accéder à une propriété en passant par un autre fonds).

2. La servitude apparente ou occulte

- Une servitude **apparente** se matérialise par des signes extérieurs ou des ouvrages (exemple : une servitude d'égout de toit qui permet de verser les eaux pluviales de son toit sur la propriété voisine).
- Une servitude **occulte** ne se matérialise pas par des signes extérieurs (exemple : une servitude *non aedificandi*, qui interdit au propriétaire du fonds servant de construire sur une partie du terrain).

C Les limites à la liberté de créer des servitudes

Les propriétaires d'immeubles voisins peuvent librement créer des servitudes entre leurs fonds. Cependant, leur convention ne doit pas être contraire à l'ordre public.
De plus, une servitude ne peut avoir pour objet ou effet d'interdire au propriétaire du fonds servant toute jouissance de sa propriété. Par exemple, une servitude ne peut conférer le droit d'empiéter sur le terrain d'autrui.

2 Les formalités préalables

A Les vérifications relatives aux propriétaires des fonds dominant et servant

En cas de servitudes créées par convention, il est nécessaire de vérifier que le propriétaire du fonds servant (le constituant) et celui du fonds dominant (le bénéficiaire) ont la capacité de disposer des biens.
On procède ainsi à la vérification de leur identité, de leur capacité et de leurs pouvoirs, à l'aide des pièces d'identité et d'état civil (voir fiche 4).

B Les vérifications relatives aux fonds dominant et servant

Pour chaque immeuble, qu'il s'agisse du fonds dominant ou du fonds servant, sont demandés :
- les titres de propriétés ;
- les extraits cadastraux modèle 1 et les plans cadastraux ;
- les états hors formalité ;
- le document d'arpentage en cas de division du terrain ;
- le procès-verbal de bornage, s'il est nécessaire de connaître les limites de propriété.

3 La rédaction

A Les clauses relatives aux immeubles et à leurs propriétaires

Les propriétaires des fonds servant et dominant comparaissent à l'acte (voir fiche 4). Ils doivent donner leur consentement soit à la création de la servitude si elle est conventionnelle, soit à son aménagement si elle est légale.
Les immeubles concernés par la servitude sont désignés selon les règles de la publicité foncière. L'acte précise leur EFFET RELATIF et leur ORIGINE DE PROPRIÉTÉ (voir fiche 5).

B Les clauses relatives à la servitude

1. L'identification de la servitude

Il est nécessaire de définir la servitude. Par exemple, pour une servitude de passage, il convient d'indiquer les points suivants.

- **Le type de servitude**: s'agit-il d'une servitude conventionnelle ou du droit légal de passage en raison d'une situation d'enclave?
- **L'objectif de la servitude de passage**: qui est autorisé à passer sur le fonds servant (piétons, véhicules, tracteurs...)? Quelle est la voie publique à laquelle la servitude permet d'accéder?
- **L'assiette de la servitude**: il convient de délimiter précisément l'emprise de la servitude sur le fonds servant, au moyen éventuellement d'un plan cadastral la matérialisant, annexé à l'acte, et approuvé par les parties.

2. L'encadrement de l'exercice de la servitude

L'acte stipule précisément les actes que peut accomplir le propriétaire du fonds dominant sur le fonds servant. En effet, en vertu du **principe de fixité** des servitudes qui s'impose aux propriétaires des fonds dominant et servant:
- le propriétaire du fonds dominant ne doit pas aggraver la servitude;
- le propriétaire du fonds servant ne doit pas diminuer l'usage de la servitude, ni la rendre plus incommode.

L'acte rappelle que le propriétaire du fonds servant peut, unilatéralement, exiger une modification de la servitude:
- si cette modification ne diminue pas l'usage de la servitude pour le fonds dominant;
- **et si**, sans cette modification, le propriétaire du fonds servant subit une charge devenue trop importante sur son fonds.

C La détermination des droits et obligations des propriétaires

La stipulation des droits et obligations des propriétaires des fonds dominant et servant est importante: la servitude étant un droit réel, ces droits et obligations ne s'imposent pas au constituant et au bénéficiaire en tant que personnes, mais en tant que propriétaires des immeubles. Ainsi, **ces droits et obligations seront transmis aux propriétaires futurs** de ces fonds.
Il est donc essentiel que l'acte notarié précise les éléments suivants.

	Propriétaire du fonds dominant	Propriétaire du fonds servant
Obligations	• Ne pas aggraver la servitude. • Prendre en charge les frais d'entretien de la servitude. • Verser une indemnité au propriétaire du fonds servant si celle-ci a été prévue dans la convention.	• Ne pas empêcher le propriétaire du fonds servant de jouir de sa servitude. • Exécuter certaines prestations personnelles si elles sont l'accessoire de la servitude.
Droits	Jouir librement de la servitude	Exiger la modification de la servitude si la charge est devenue trop importante (voir paragraphe 3B)

4 Les formalités postérieures

L'acte de constitution de servitude est soumis à la formalité fusionnée, dans le mois suivant sa signature au service de publicité foncière dont dépendent les immeubles concernés.
L'intérêt de la publication diffère selon le type de servitude.
- La publicité foncière est réalisée à titre d'information lorsque l'acte notarié constate une servitude soit légale, soit acquise par usucapion, soit par destination du père de famille. En effet, ces servitudes sont opposables indépendamment de toute publication.
- La publicité foncière permet de rendre les servitudes conventionnelles opposables aux tiers.

Le rappel des servitudes conventionnelles lors des mutations de propriété reçues par un notaire

Une servitude conventionnelle est opposable au nouveau propriétaire si elle a été publiée ou si elle a été rappelée dans son titre de propriété ou encore si elle a été portée à sa connaissance. Le notaire doit donc être vigilant et veiller à indiquer les servitudes passives qui grèvent le bien (en tant que fonds servant) et celles actives dont il bénéficie en tant que fonds dominant.

5 La taxation

La taxe de publicité foncière est due lors de la constitution d'une servitude, que cette constitution soit réalisée par acte distinct ou qu'elle soit contenue dans un acte (de vente par exemple).

- **Si l'acte constituant la servitude ne stipule pas de prix**, la TPF s'élève à 0,70 % de l'évaluation de la servitude contenue dans l'acte (et 2,14 % de frais d'assiette et de recouvrement calculés sur le droit départemental).
- **Si l'acte constituant la servitude stipule un prix**, la TPF due est celle des mutations à titre onéreux (5,81 % de ce prix, voir fiche 9). Si la création de la servitude est contenue dans un acte de vente, cette TPF est due en plus de celle qui doit être perçue pour la vente.
- **Si la constitution est contenue dans l'acte de vente et qu'elle constitue une disposition dépendante** (c'est-à-dire que la servitude est nécessaire à la vente – c'est le cas par exemple d'une servitude d'enclave), seule est perçue la TPF due au titre de la vente.

La contribution de sécurité immobilière (de 0,10 % de la valeur de la servitude contenue dans l'acte) est perçue (distinctement de celle de la vente si la constitution de la servitude est contenue dans l'acte de vente).

Les émoluments du notaire diffèrent selon l'évaluation de la servitude. Si la valeur de la servitude est inférieure ou égale à 4 875 €, le notaire est rémunéré par des émoluments fixes de 192,31 € HT (A. 444-115, 1° a C. Com, n° 92 du tableau). Si la valeur est supérieure à 4 875 €, le notaire perçoit des émoluments proportionnels prévus à l'art. A 444-115 1° b C. Com (n° 92 du tableau).

La convention d'indivision

L'indivision est une situation juridique où plusieurs personnes (« co-indivisaires ») sont titulaires de droits de même nature et concurrents sur un bien ou sur une masse de biens. La convention d'indivision permet d'assurer une stabilité à cette situation et d'organiser la gestion des biens indivis. Elle peut faire l'objet d'un acte séparé ou être intégrée à un acte à l'occasion d'une vente, d'une donation ou d'une succession.

1 L'intérêt d'une convention d'indivision

A Les inconvénients de l'indivision légale

L'indivision se rencontre dans des hypothèses variées :
- indivision entre époux séparés de biens concernant les biens acquis ensemble ;
- indivision dans le cadre du divorce (après dissolution de la communauté - voir fiche 41) ;
- indivision entre des héritiers sur la masse successorale ;
- indivision entre partenaires pacsés ;
- indivision entre concubins...

Les rapports entre les indivisaires sont, **à défaut de convention**, régis par la loi. Ce régime légal présente plusieurs inconvénients nuisant à une gestion optimale du bien (ou de la masse) indivis(e).

• Chaque indivisaire peut **demander, à tout moment et de manière discrétionnaire, le partage** du bien afin de faire cesser l'indivision (voir fiche 49).

• Les conflits entre indivisaires peuvent empêcher que les décisions pour gérer le ou les biens indivis ne soient prises.

Les conditions de majorité requises dans l'indivision légale

Type d'acte	Condition de majorité requise
Actes de conservation	Un seul indivisaire peut seul valablement passer cet acte
Actes d'administration	À la majorité des 2/3 des droits indivis
Actes de disposition (dont les baux ruraux et commerciaux)	À l'unanimité des indivisaires
Actes de disposition sur des meubles indivis pour payer les dettes et charges de l'indivision	À la majorité des 2/3 des droits indivis

En cas de situation de blocage entre les indivisaires, seul le recours au juge permet, sous certaines conditions, d'autoriser les actes pour lesquels les conditions de majorité ne sont pas obtenues.

• Le dernier inconvénient de l'indivision légale concerne la transmission de la quote-part indivise en cas de décès d'un indivisaire : cette quote-part est transmise à ses héritiers, ce qui augmente le nombre d'indivisaires et rend plus délicat la prise de décision entre indivisaires.

B L'aménagement conventionnel de l'indivision

Par convention, les indivisaires peuvent améliorer la gestion du bien :
- en fixant une **durée** de l'indivision afin de limiter la possibilité pour un indivisaire de demander le partage ;
- en organisant une **gérance** contrôlée par les indivisaires pour permettre une gestion rapide et efficace du ou des biens indivis ;
- en prévoyant, en cas de décès d'un indivisaire, la **transmission** de sa quote-part **aux co-indivisaires**.

→ Dans le silence de la convention, l'indivision obéit au régime légal.

2 Les formalités préalables

A Les vérifications relatives aux indivisaires

Il est nécessaire de vérifier l'identité et la capacité des co-indivisaires, à l'aide des pièces d'identité et d'état civil (voir fiche 4). En effet, la conclusion d'une convention d'indivision exige que chaque co-indivisaire ait la **capacité de disposer des biens indivis**.
En cas d'indivisaire placé sous un régime de protection, il faut obtenir les autorisations nécessaires (voir fiche 4).

B Les vérifications relatives aux biens indivis

Si l'indivision comporte un ou plusieurs immeubles, il faut demander les titres de propriété, les extraits et plans cadastraux, les états hors formalité (voir fiche 5).
Si l'indivision comporte des meubles, les justificatifs nécessaires sont obtenus. Ainsi, en ce qui concerne des parts sociales, la copie des statuts de la société concernée et son extrait Kbis doivent être demandés. La valeur et le nombre de parts sociales doivent être connus. Concernant des créances, il faut demander le titre de créance et identifier le débiteur.

3 La rédaction

A L'obligation d'un écrit

Sous peine de nullité, la convention d'indivision doit être établie **par écrit**, sous signatures privées ou sous forme authentique.
Cependant, la forme notariée s'impose si l'indivision concerne des biens immobiliers, car la convention est soumise à la publicité foncière pour son opposabilité aux tiers.

B L'identification des indivisaires et des biens indivis

Les indivisaires sont identifiés conformément aux règles de la publicité foncière (voir fiche 4). L'acte précise la quote-part dans l'indivision de chacun.
Chaque bien indivis est désigné précisément (en matière d'immeuble, voir fiche 5). Pour chaque immeuble indivis, l'acte doit indiquer l'EFFET RELATIF, l'ORIGINE DE PROPRIÉTÉ, et l'ÉVALUATION (pour le calcul de la contribution de sécurité immobilière).

C La détermination d'une durée

La détermination d'une durée permet de limiter les risques d'un partage demandé par un indivisaire. Deux possibilités s'offrent aux indivisaires.

- Ils peuvent convenir d'une **durée déterminée**, de **5 ans** maximum. La tacite reconduction prévue dans la convention permet d'éviter le renouvellement de la convention par décision unanime des indivisaires à l'issue des cinq ans. Conséquence : le partage ne peut pas être provoqué avant le terme sauf en cas de **justes motifs**.
- Ils peuvent stipuler une **durée indéterminée**. Conséquence : le partage peut être provoqué à tout moment mais il ne doit pas être demandé de **mauvaise foi**.

L'intérêt est que, contrairement à l'indivision légale, le partage n'est plus discrétionnaire dans l'indivision conventionnelle : on en contrôle les motifs.

D La gestion de l'indivision

1. La nomination d'une gérance

L'acte désigne un gérant, ce qui permet d'éviter les situations de blocage quant aux décisions à prendre relativement aux biens indivis (selon les conditions de majorité rappelées ci-dessus pour l'indivision légale).

Le gérant peut être un indivisaire ou non. Il est rémunéré pour sa mission, sauf convention contraire. Plusieurs gérants peuvent être susceptibles d'être mandatés.

La convention d'indivision indique la mission confiée au gérant.

- Il **représente** l'indivision pour les actes de la vie civile et pour les actions en justice.
- Il **administre l'indivision** : il peut accomplir les mêmes actes qu'un époux commun en biens peut accomplir seul sur les biens communs (actes de conservation et d'administration). Pour les actes excédant les pouvoirs du gérant, la décision doit être prise à **l'unanimité des indivisaires**.
- Il **rend compte** de sa **gestion** auprès des indivisaires, une fois par an.

2. L'organisation des rapports entre les indivisaires

- La convention peut aménager les **modalités de la jouissance** des biens indivis entre les indivisaires. À défaut, chaque indivisaire a le droit de jouir des biens indivis, dans la mesure où il respecte la destination du bien et les droits des autres co-indivisaires. Si un indivisaire jouit seul d'un bien indivis, il doit en indemniser l'indivision. La convention doit donc le prévoir.
- Il est également possible d'organiser précisément la **contribution des indivisaires aux bénéfices, charges et pertes** de l'indivision. Si cette contribution est impérative (voir paragraphe E), il n'est pas interdit de l'aménager.

E Les règles légales impératives

Les indivisaires ne peuvent, par convention, déroger à certaines règles légales relatives :

- à la participation des indivisaires aux bénéfices, pertes et charges de l'indivision ;
- au droit de préemption reconnu à tout indivisaire en cas de cession par un indivisaire de sa quote-part à un tiers à l'indivision (voir fiche 49).

L'acte rappelle également les droits des créanciers, en distinguant entre les **créanciers de l'indivision** (pour une dette liée à la gestion des biens indivis) et les **créanciers personnels** d'un indivisaire.

- Les créanciers de l'indivision peuvent faire saisir le bien indivis, même si une durée a été convenue.
- Concernant les créanciers personnels d'un indivisaire, on doit distinguer selon la durée stipulée dans l'acte :

- **en cas de durée déterminée**, ces créanciers ne peuvent pas faire saisir le bien, mais seulement la quote-part de leur débiteur ;
- **en cas de durée indéterminée**, ces créanciers peuvent provoquer le partage pour être payés.

F La faculté d'acquisition ou d'attribution de la quote-part indivise

L'acte peut contenir une clause indiquant que les indivisaires conviennent qu'**au décès** de l'un d'eux :
- chacun d'eux pourra acquérir la quote-part du défunt ;
- ou que le conjoint survivant ou tout autre héritier désigné pourra se la faire attribuer, à charge d'en tenir compte à la succession.

4 Les formalités postérieures

La convention d'indivision doit être enregistrée.

Les formalités postérieures varient selon la nature des biens indivis objet de la convention.

• **S'il y a des immeubles indivis**, la convention est soumise à la formalité fusionnée : elle doit être publiée au service de publicité foncière du lieu de situation de l'immeuble, dans le mois de l'acte.

• **S'il y a des créances indivises**, la convention doit être signifiée par exploit d'huissier au débiteur (il est possible de faire intervenir le débiteur à l'acte notarié pour ne pas avoir à procéder à la signification).

5 La taxation

• La convention d'indivision est enregistrée sur état au droit fixe de 125 €.

• Si la convention est soumise à la formalité fusionnée, la taxe de publicité foncière due (qui tient lieu de droits d'enregistrement) est fixe (125 €). La contribution de sécurité immobilière s'élève à 0,10 % de la valeur des immeubles indivis (avec un minimum de perception de 15 €).

• Les émoluments du notaire diffèrent selon l'évaluation des biens indivis objets de la convention. Si cette valeur est inférieure ou égale à 29 800 €, le notaire est rémunéré par des émoluments fixes de 269,43 € HT (A. 444-112, 1° C. Com, n° 89 du tableau). Si la valeur est supérieure à 29 800 €, le notaire perçoit des émoluments proportionnels prévus à l'art. A 444-112 2° C. Com (n° 89 du tableau).

La famille, le couple, les successions

3

Le contrat de mariage

Des futurs époux peuvent décider de conclure un contrat de mariage afin d'aménager le régime légal de la communauté d'acquêts, ou de choisir un autre régime matrimonial, séparatiste ou communautaire. Le recours à un notaire est indispensable pour choisir le régime le plus adapté et assurer la validité de l'acte, le contrat de mariage étant un acte solennel.

1 L'analyse du dossier

Pour conseiller les futurs époux quant au choix du régime matrimonial, le notaire procède à une analyse de leur situation.

A Identification de la situation particulière du couple

Pour fournir un conseil adapté aux futurs époux, le notaire doit vérifier :
– **leur situation personnelle** (Sont-ils veufs, divorcés ou pacsés ? Ont-ils des enfants ? Souhaitent-ils en avoir ? Ont-ils eu des enfants d'un premier lit ?...) ;
– **leur situation professionnelle** (L'un des époux exerce-t-il une profession risquée ? Y a-t-il une différence de revenus entre eux ?...) ;
– **leur situation patrimoniale** (Quels sont les biens de chacun des futurs époux ? Quel est leur niveau d'endettement ? Où se situera le logement de famille ?...).

B Identification des objectifs du couple

Le notaire se renseigne sur les objectifs du couple car ils ont une incidence sur le choix du régime matrimonial adéquat :
– **protéger le conjoint** en cas de décès ou de profession risquée ;
– **mettre en commun** les ressources et **gérer ensemble** les biens ;
– **protéger les enfants** du couple ou d'une précédente union ;
– **anticiper une séparation** et ses conséquences.
Pour une comparaison des régimes du point de vue des biens et des dettes, voir Carnet professionnel.

2 Les formalités préalables

A Les pièces à obtenir

1. Les vérifications relatives à la situation personnelle des futurs époux

La photocopie des pièces d'identité et la demande des pièces d'état civil des époux permettent de vérifier l'identité et la capacité (notamment l'âge) des futurs époux à conclure un contrat de mariage et à se marier (voir fiche 4).
Par exemple, en cas de divorce de l'un d'eux, le notaire vérifie que la mention du divorce est portée en marge de son acte de naissance et qu'il ne peut plus faire l'objet d'un recours.
Les livrets de famille permettent de connaître l'existence d'enfants communs ou non.

2. Les vérifications relatives à la situation patrimoniale et professionnelle des futurs époux

Le notaire se renseigne sur la profession exercée par chacun des futurs époux.
Si le contrat de mariage contient une donation entre vifs, ou l'apport d'un bien propre à la communauté (dans un régime communautaire) ou la mise en indivision d'un bien personnel (dans un régime séparatiste), il est nécessaire de demander les pièces relatives au(x) bien(s) concerné(s) par cette donation ou cet apport.

- Pour un immeuble, les pièces d'usage sont demandées (voir fiche 5)
- Pour des parts sociales, le notaire demande l'extrait Kbis et les statuts de la société.

Ces pièces justificatives sont également demandées si les futurs époux souhaitent que le contrat de mariage précise les biens dont ils sont propriétaires au jour du mariage.

B La représentation d'un futur époux absent à l'acte

Le contrat de mariage est un acte solennel, reçu en minute par le notaire en personne. La présence et le consentement **simultanés** des futurs époux (ou de leurs mandataires) est nécessaire : l'acte ne peut donc pas contenir deux dates.
En cas d'absence de l'un des futurs époux, il doit être représenté au moyen d'une **procuration authentique** (parallélisme des formes solennelles). Le mandat est ici spécial : la procuration contient l'identification précise du régime matrimonial choisi par les parties.

C Les interventions éventuelles au contrat de mariage

Des tiers peuvent intervenir au contrat de mariage. Ainsi en est-il d'un parent de l'un des futurs époux qui a consenti une donation et qui souhaite lever l'interdiction d'aliéner ou autoriser la mise en communauté du bien (voir fiche 42).
Il est nécessaire dans ce cas de vérifier l'identité et la capacité de ces tiers, au moyen des pièces d'état civil.

3 La rédaction

Les futurs époux peuvent aménager librement leur régime matrimonial. Cependant, le contrat de mariage doit être licite et ne peut déroger ni aux droits et devoirs du mariage, ni aux règles de l'autorité parentale ou à celles de l'administration légale.

A Les clauses communes à tous les contrats de mariage

1. Le préambule de l'acte

Le contrat de mariage étant un acte solennel, le notaire qui reçoit l'acte doit être identifié.
La date de l'acte est primordiale : le contrat de mariage doit être conclu **avant** la célébration du mariage. Si l'acte est reçu le même jour, l'heure est indiquée.
Les **futurs époux** (et les intervenants éventuels) sont identifiés.

2. La célébration du mariage

En exposé, la date et le lieu de la célébration du mariage sont indiqués, afin de vérifier que le contrat de mariage est reçu avant la célébration.

3. L'identification du régime matrimonial

Le régime choisi par les futurs époux, communautaire ou séparatiste, est précisé.

• D'abord, l'acte relate la **composition du patrimoine** des futurs époux.

À l'actif, les différentes masses de biens sont identifiées (à adapter selon le régime matrimonial choisi) : biens personnels ou propres, biens indivis ou communs (voir Carnet professionnel, *Qualification des biens selon le régime matrimonial*).

Au passif, les différentes catégories de dettes (personnelles, communes ou solidaires) sont désignées.

• Les règles d'administration des biens sont ensuite précisées :

– **concernant les biens communs**, sont distingués les actes qu'un époux peut effectuer seul (« gestion concurrente ») et ceux qui nécessitent l'accord des deux époux (« gestion conjointe » ou « cogestion ») ;

– **concernant les biens propres ou personnels**, l'acte indique que l'époux qui en est propriétaire les gère et en jouit seul.

4. Le rappel des règles du régime primaire

Le contrat de mariage rappelle les règles du régime primaire qui s'appliquent impérativement quel que soit le régime matrimonial choisi.

• **Protection du logement de famille** : s'il s'agit d'un bien propre ou personnel à un époux, le conjoint devra donner son consentement aux actes de disposition portant sur ce bien (vente, donation, affectation hypothécaire...)

• **Solidarité des dettes relatives à l'entretien** du ménage et **à l'éducation** des enfants.

• **Contribution aux charges du mariage** : les parties peuvent aménager les modalités de cette contribution. À défaut, elle s'effectue à hauteur de leurs facultés respectives.

B Les clauses spécifiques aux régimes séparatistes

Il peut être opportun de rappeler dans l'acte les biens dont chaque futur époux est propriétaire avant le mariage.

Concernant les biens acquis pendant le mariage, les époux devront apporter la preuve de la propriété personnelle. La clause PRÉSOMPTION DE PROPRIÉTÉ permet de déterminer la propriété si celle-ci est inconnue, à partir d'un fait connu. Par exemple, les meubles meublants de l'habitation commune des époux sont présumés appartenir à chaque époux pour moitié indivise.

L'acte peut stipuler une clause de FACULTÉ D'ACQUISITION OU D'ATTRIBUTION, permettant à l'un des époux d'acquérir ou de se voir attribuer dans le partage un bien personnel de son époux prédécédé (voir fiche 49).

C Les clauses spécifiques aux régimes communautaires

Les époux peuvent convenir d'aménager le régime légal ou d'opter pour les régimes de communauté universelle ou de meubles et acquêts.

Un futur époux peut **apporter un bien à la communauté** (clause d'AMEUBLISSEMENT). S'il s'agit d'un immeuble, il est désigné et évalué. L'EFFET RELATIF et l'ORIGINE DE PROPRIÉTÉ sont précisés. Une condition résolutoire de cet apport, en cas de divorce, peut être utilement stipulée (clause de REPRISE D'APPORT, dite clause « alsacienne »).

L'acte peut préciser des **avantages matrimoniaux** pour favoriser un époux à la dissolution du mariage (décès, divorce...).

• La clause de **PRÉLÈVEMENT MOYENNANT INDEMNITÉ** permet à l'un des époux de se voir attribuer un bien commun. Ce bien s'impute sur la part de l'époux.

- La clause de **PRÉCIPUT** permet à un époux de prélever sur la communauté un bien sans indemnité et avant tout partage.
- Par la clause de **PARTAGE INÉGAL**, les époux attribuent à l'un d'eux une part plus élevée que la moitié de la communauté.
- Grâce à la clause d'**ATTRIBUTION INTÉGRALE DE COMMUNAUTÉ**, le conjoint survivant recueille l'intégralité des biens communs.

→ Le préciput et l'attribution intégrale de communauté ne produisent leurs effets qu'en cas de dissolution du mariage par décès. Ces avantages peuvent être inscrits sur le fichier central des dispositions de dernières volontés (voir fiche 44), ce qui est rarement réalisé en pratique.

4 Les formalités postérieures

Le notaire établit un **certificat** (voir Carnet professionnel) dans lequel :
- il atteste avoir reçu un contrat de mariage, dont il précise la date et, uniquement si la célébration du mariage a lieu le même jour que la réception de l'acte, l'heure (**le régime matrimonial n'est pas indiqué**) ;
- il identifie les futurs époux ;
- il indique que le certificat devra être remis à l'officier d'état civil avant la célébration du mariage. Ce certificat permet à ce dernier de dresser l'acte de mariage.

Le contrat de mariage doit être enregistré. En cas de mutation de propriété d'un immeuble (si le contrat contient une donation entre vifs, un apport d'un bien propre à la communauté...), il est soumis à la formalité fusionnée et doit ainsi être publié au service de publicité foncière du lieu de situation de l'immeuble dans le mois de l'acte.

Après la célébration du mariage, le notaire délivre une copie authentique du contrat de mariage aux époux sur présentation de l'acte de mariage ou du livret de famille. C'est à compter de la célébration du mariage que le contrat produit ses effets entre eux.

5 La taxation

L'acte est enregistré sur état au droit fixe de 125 €. Trois situations particulières peuvent se rencontrer.

- Si l'acte contient une donation entre vifs (ne portant pas sur un immeuble), il doit être enregistré obligatoirement dans le délai d'un mois suivant sa signature, au service des impôts compétent. Les droits de mutation à titre gratuit (voir fiche 46) sont liquidés et payés.
- Si l'acte contient une donation d'un bien portant sur un immeuble, sont dus les droits de donation (fiche 43), la TPF au taux de 0,615 % et la CSI (0,10 %) sur la valeur de l'immeuble.
- En cas d'apport d'un immeuble à la communauté, la TPF au taux de 0,615 % et la CSI de 0,10 % sont dues sur la valeur des droits transmis. Ainsi, en cas d'apport d'un bien propre à la communauté, l'assiette de la TPF et de la CSI est la moitié de la valeur de l'immeuble.

→ En cas d'apport à la communauté d'un immeuble indivis par moitié entre les futurs époux, la publicité foncière n'est pas obligatoire car les droits sur le bien ne sont pas modifiés. Si cette publicité est réalisée, la TPF n'est pas due, mais la CSI est calculée sur la valeur totale du bien.

La rémunération du notaire est fixée par l'article A 444-82 C. com (n° 41 du tableau). L'établissement du certificat de mariage n'est pas rémunéré.

Le changement de régime matrimonial

Si la situation personnelle, patrimoniale ou professionnelle d'un ou des époux évolue en cours de mariage, ces derniers peuvent vouloir soit aménager le régime existant entre eux, soit en adopter un nouveau. Dans tous les cas, le recours au notaire est nécessaire car ce changement de régime matrimonial est un acte solennel.

1 L'analyse du dossier

A La vérification des conditions du changement de régime matrimonial

Il faut, dès l'ouverture du dossier, vérifier que les époux remplissent les conditions suivantes pour changer de régime matrimonial.

- **L'accord des deux époux** est nécessaire : un époux ne peut modifier unilatéralement le régime matrimonial.
- Le changement de régime matrimonial doit être effectué **dans l'intérêt de la famille** (protection des enfants, du conjoint survivant...).
- Pour changer de régime, un délai minimal de **2 ans** doit être observé à compter de la date du mariage ou du précédent changement de régime (dans ce dernier cas, la date prise en compte est celle de l'acte notarié en cas de changement non soumis à homologation ou celle du jugement d'homologation en cas de changement soumis à homologation).

B L'homologation judiciaire

Le changement de régime matrimonial doit être homologué par le juge aux affaires familiales du tribunal de grande instance du lieu de résidence de la famille :

- **obligatoirement** en présence d'enfant(s) mineur(s), qu'ils soient ou non communs ;
- en cas d'opposition formée, **après signature** de l'acte, par :
  - un ou plusieurs enfant(s) majeur(s), qu'ils soient communs ou non,
  - un intervenant au contrat de mariage initial (un donateur par exemple),
  - un créancier des époux.

Lorsqu'elle est nécessaire, cette homologation doit être obtenue **après** la réception de l'acte de changement de régime par le notaire (voir paragraphe 4 A).

2 Les formalités préalables

Le notaire vérifie l'identité et la capacité des époux, en demandant les pièces d'usage (voir fiche 4). Les autorisations nécessaires sont obtenues si un époux est soumis à un régime de protection : assistance du curateur ou du tuteur (l'autorisation du juge ou du conseil de famille est nécessaire, dans certains cas, si le contrat contient une donation par ou au profit d'une personne protégée – voir fiche 42).

Les époux indiquent leur profession respective.

Afin de vérifier la situation matrimoniale des époux, il est nécessaire de demander la copie de l'acte de mariage, et éventuellement, les copies du contrat de mariage ou d'un précédent changement de régime matrimonial.
Les livrets de famille permettent de savoir si le couple a eu des enfants, communs ou non.
Enfin, pour déterminer la composition du patrimoine des époux, le notaire demande toutes les pièces permettant de connaître l'actif et le passif de chacun (arrêtés de comptes, soldes des prêts, titres de propriété, avis d'imposition...). Si l'acte procède à la mutation d'un immeuble (telle que l'apport à la communauté), les informations hypothécaires, d'urbanisme et cadastrales doivent être obtenues (voir fiche 5).

3 La rédaction

Les époux peuvent librement organiser leur nouveau régime matrimonial, sous réserve de respecter l'ordre public (la fiche 38 présente les dispositions pouvant être stipulées dans une convention matrimoniale).
Les clauses spécifiques de l'acte de changement de régime matrimonial sont les suivantes.

Clauses	Contenu des clauses
Préambule	• COMPARUTION des époux (et ASSISTANCE/REPRÉSENTATION si nécessaire) • INTERVENTION éventuelle d'un donateur pour renoncer au droit de retour ou à l'inaliénabilité ou autoriser la mise en communauté d'un bien.
Clauses vérifiant le respect des conditions du changement de régime	• Consentement des époux. • Intérêt de la famille protégé par le changement. • Date et lieu du mariage. • Date et notaire rédacteur du contrat de mariage éventuel. • Références d'un éventuel changement de régime matrimonial antérieur (date, notaire rédacteur, date d'homologation judiciaire le cas échéant).
Liquidation du régime antérieur	Liquidation obligatoire du régime antérieur (voir fiche 41) dans les cas où elle est nécessaire, sous peine de nullité de l'acte. Par exemple : passage d'un régime communautaire à un régime séparatiste. Précision, dans le cas inverse, de la non-nécessité de liquider le régime antérieur.
Identification du nouveau régime ou des aménagements apportés au régime existant	Indication : - du nouveau régime matrimonial ; - de la nouvelle composition des patrimoines (biens personnels, propres communs ou indivis selon le type de changement) ; - des règles de pouvoir sur les biens ; - des règles relatives aux éléments de passif ; - des avantages matrimoniaux éventuels.
Rappel du régime primaire impératif	• Solidarité pour les dettes liées à l'entretien du ménage et l'éducation des enfants. • Protection du logement de famille. • Contribution aux charges du mariage.

Dates d'effet et d'opposabilité de l'acte

- Le changement de régime matrimonial **prend effet entre les époux** à la date de l'acte ou à celle du jugement si l'homologation est nécessaire.
- Le changement est **opposable aux tiers** trois mois après que mention en a été portée en marge de l'acte de mariage (sauf si les époux les ont informés avoir modifié leur régime matrimonial).

Il ne faut pas confondre ce délai relatif à l'opposabilité de l'acte avec le délai d'opposition des enfants majeurs et des créanciers (voir paragraphe 4 A).

4 Les formalités postérieures

A L'information des tiers intéressés par le changement de régime matrimonial

Les enfants majeurs, les intervenants au contrat de mariage initial (ou à un précédent changement de régime) et les créanciers des époux peuvent **s'opposer au changement** de régime matrimonial, si ce dernier risque de porter atteinte à leurs droits. Si une opposition est formée, l'acte devra être **homologué par le tribunal de grande instance** du lieu de résidence de la famille. Par conséquent, ces personnes doivent être avisées, **après la signature de l'acte**, du changement de régime matrimonial, pour purger leur droit d'opposition.

- Les **enfants et les intervenants au contrat de mariage initial** sont informés personnellement par LRAR, ou par exploit d'huissier;
- Les **créanciers** sont informés au moyen d'une insertion d'un avis dans un journal habilité à publier des annonces légales du lieu du département ou de l'arrondissement du domicile des époux.

<table>
<tr><th>Information des enfants et des intervenants</th><th>Information des créanciers</th></tr>
<tr><td>Contenu de la lettre :</td><td>Contenu de l'avis :</td></tr>
<tr><td colspan="2">(voir modèles dans le Carnet professionnel)
1. Informations concernant les époux (nom et prénoms des époux, domicile des époux, date et lieu de mariage)
2. Désignation du régime matrimonial modifié (type de régime, mention de la date du contrat de mariage éventuel et du nom du notaire qui l'a établi)
3. Informations concernant la modification du régime matrimonial (modification opérée, désignation du notaire rédacteur de l'acte, date de l'acte)</td></tr>
<tr><td>4. Informations concernant l'opposition : sont exposés le droit à opposition et ses modalités.</td><td>4. Informations concernant l'opposition : nom et adresse du notaire auprès duquel les oppositions doivent être faites</td></tr>
</table>

Les enfants et les intervenants à l'acte modifié peuvent former opposition dans un délai de **3 mois** à compter de la réception de la lettre ; les créanciers, dans le même délai à compter de la publication de l'avis. L'opposition doit être adressée au notaire, par LRAR ou par exploit d'huissier.

B Les formalités postérieures après l'expiration du délai d'opposition

Les formalités postérieures diffèrent selon que l'homologation judiciaire est nécessaire ou non.

En cas de non-opposition et d'absence d'enfant(s) mineur(s)	En cas d'opposition(s) ou d'enfant(s) mineur(s)
1. Dépôt au rang des minutes des preuves de l'accomplissement des formalités (copies des lettres recommandées, récépissés, avis dans le JAL) et constatation de l'absence d'opposition dans un **acte de non-opposition** reçu par le notaire. 2. Établissement d'un **certificat de non-opposition** par le notaire (voir carnet professionnel).	1. **Homologation** de l'acte par le TGI, sous peine de caducité. 2. **Réception d'un acte d'obtention de l'homologation par lequel le notaire dépose au rang de ses minutes** la copie exécutoire du jugement d'homologation, une fois qu'il est devenu définitif.

En cas de non-opposition et d'absence d'enfant(s) mineur(s)	En cas d'opposition(s) ou d'enfant(s) mineur(s)
3. **Information de l'officier d'état civil** du lieu de célébration du mariage du changement opéré, pour **mention en marge de l'acte de mariage**. Sont joints au courrier : le certificat de non-opposition, les copies des pièces relatives aux formalités d'opposition et un extrait de l'acte.	3. Information de l'officier d'état civil **par l'avocat** pour mention en marge de l'acte de mariage. Dans ce cas, le changement de régime matrimonial est porté au Répertoire civil (**une mention RC sera apposée en marge de l'acte de naissance de chaque époux**).
4. Mention du changement de régime en marge de la minute du contrat de mariage éventuel et/ou d'un précédent acte de changement de régime.	

C Les formalités fiscales

L'acte doit être enregistré. S'il contient une mutation de la propriété d'un immeuble, il doit être publié pour être opposable aux tiers.

- L'acte est soumis à la **formalité fusionnée** dans un délai d'un mois à compter de l'expiration des délais d'opposition, en cas de changement de régime non soumis à homologation judiciaire.

→ Le certificat de non-opposition est joint au dossier habituel de publication (fiche 7).

- L'acte est subordonné à la **double formalité en cas de changement soumis à homologation judiciaire**. L'enregistrement (avec le paiement des droits, le cas échéant) est réalisé dans le mois et la publication (avec le paiement de la TPF, si elle est due) dans les trois mois à compter du jour où la décision d'homologation est passée en force de chose jugée (c'est-à-dire que les voies de recours sont épuisées ou les délais de recours expirés).

→ Il faut joindre au dossier habituel de publication (fiche 7) une copie authentique et une copie pour publier tant de l'acte de changement de régime que de l'acte par lequel le notaire a déposé au rang de ses minutes la copie exécutoire du jugement homologuant le régime.

5 La taxation

L'acte est enregistré sur état au droit fixe de 125 €, sauf dans les cas où l'acte contient une donation entre vifs ou l'apport d'un immeuble à la communauté (voir fiche 38).
Cependant, la taxation dépend du type de changement et est réalisée au cas par cas. Par exemple :
– les droits fiscaux ne sont pas dus si les époux passent d'un régime de séparation de biens à un régime de communauté ou s'ils élargissent la communauté existant entre eux ;
– si l'acte contient un partage de biens anciennement communs, un droit de partage de 2,5 % sur les biens communs partagés est dû et la TPF à taux réduit (seulement si l'acte n'est pas soumis à la formalité fusionnée) est due sur la valeur de l'immeuble transféré.
La rémunération du notaire est fixée par l'article A 444-82 C.com (n° 41 du tableau). Les demandes de pièces et la réalisation des formalités sont rémunérées par des émoluments de formalités (art. A 444-171 et s. C.Com), entre autres la rédaction des courriers ouvrant droit à opposition (n° 216 du tableau), la rédaction de l'avis à insérer dans un JAL (n° 218) et le cas échéant, le forfait de publication (n° 194).

40 LES RELATIONS DU COUPLE

Le pacte civil de solidarité

Le pacte civil de solidarité (PACS) est un contrat, sous signatures privées ou notarié, par lequel deux personnes majeures organisent leur vie commune. Les modalités du PACS notarié ont été réformées suite à la loi du 28 mars 2011 (entrée en vigueur le 30 mars 2011) et au décret du 20 août 2012.

1 L'analyse du dossier

A L'intérêt d'un PACS notarié

La forme notariée n'est obligatoire que si le PACS contient une mutation de la propriété d'un immeuble, aux fins de publication au service de publicité foncière.

Dans les autres cas, le recours au PACS notarié est un facteur de sécurité juridique pour les partenaires car ses avantages sont nombreux :

– la convention a date certaine, forces probante et exécutoire (voir fiche 2);

– le notaire est garant de la conservation de la minute ;

– il éclaire le choix des parties et les conseille ;

– il enregistre directement le PACS, qui prend ainsi effet rapidement entre les parties.

➜ Le partenaire survivant, bien qu'actuellement exonéré de droits de succession, n'est pas un héritier de son partenaire prédécédé. C'est pourquoi chaque partenaire institue souvent un legs au profit de l'autre, par testament (voir fiche 44).

B Le choix du régime du PACS

Le notaire analyse la situation personnelle, professionnelle, familiale (existence d'enfants communs ou non) et patrimoniale des futurs partenaires pour les conseiller quant au régime de PACS à adopter.

• Le **régime légal** du PACS (depuis le 1er janvier 2007) est la **séparation des patrimoines** :

– les biens des partenaires sont personnels ;

– les biens acquis par les deux partenaires sont indivis.

• **Le régime de l'indivision** du PACS est le **régime optionnel**, choisi par les partenaires :

– les biens acquis à titre onéreux par les partenaires ou l'un d'eux à compter de l'enregistrement du PACS sont indivis par moitié, sans recours entre eux si l'un a contribué davantage que l'autre ;

– les biens personnels des partenaires sont :

1. les deniers perçus après le PACS et non employés à l'acquisition d'un bien ;

2. les biens à caractère personnel, les biens créés et leurs accessoires ;

3. les biens acquis à titre onéreux par l'emploi de deniers appartenant au partenaire avant l'enregistrement du PACS, ou par l'emploi de deniers reçus par donation ou succession ;

4. les biens acquis par donation ou succession.

> → Les biens acquis au 3° doivent faire l'objet d'une mention d'emploi dans l'acte d'acquisition. À défaut, le bien est réputé indivis.

2 Les formalités préalables

Le notaire doit recueillir les pièces suivantes afin de déterminer si les conditions de validité du PACS sont réunies :

– les pièces d'identité et d'état civil pour vérifier l'identité et la capacité des futurs partenaires ainsi que l'absence de mariage ou de PACS en marge de l'acte de naissance (voir fiche 4) ;

> → **Si le futur partenaire est de nationalité étrangère et né à l'étranger, on demande un certificat de non-PACS auprès du TGI de Paris. À compter du 1er novembre 2017, ce certificat sera délivré par le service central d'état civil rattaché au ministère des Affaires étrangères.**

– une attestation (ou un engagement) de résidence commune remise par les parties ;

– une attestation d'absence de lien de parenté par laquelle les partenaires certifient qu'ils ne sont ni parents, ni alliés en ligne directe, ni collatéraux jusqu'au 3e degré inclus.

3 La rédaction

Les principales clauses qui peuvent être stipulées dans le PACS sont les suivantes.

Clauses	Contenu des clauses
DÉCLARATION DES PARTENAIRES	• Consentement des parties pour la conclusion du PACS. • Déclarations des partenaires relatives à leur capacité à conclure un PACS.
DROITS ET OBLIGATIONS DES PARTENAIRES	• Obligation d'une communauté de vie. • Aide matérielle et assistance réciproque. • Participation aux charges de la vie commune. • Solidarité des partenaires quant aux dettes relatives aux besoins de la vie courante. • Imposition commune à l'impôt sur le revenu et l'impôt de solidarité sur la fortune.
CHOIX DU RÉGIME DES PARTENAIRES	Régime légal de la séparation des patrimoines **ou** régime optionnel de l'indivision.
COMPOSITION DES PATRIMOINES	• Détermination de l'actif des patrimoines (en fonction du régime choisi) : biens personnels et/ou indivis. • Mise en indivision d'un bien personnel d'un partenaire. • Détermination du passif : - dettes personnelles (exemple : dettes conclues avant le PACS) ; - dettes indivises (exemple : dettes relatives aux biens indivis) ; - dettes solidaires (dettes relatives aux besoins de la vie courante).
RÈGLE DE GESTION DES BIENS	• Détermination des pouvoirs de gestion des partenaires relativement aux biens personnels et indivis. • Information sur la co-titularité du bail en cas de demande conjointe par les partenaires au bailleur (si le bail assurant le logement de famille est au nom d'un seul partenaire)
DISSOLUTION DU PACS	• Rappel des causes de dissolution du PACS et des modalités de dissolution (voir paragraphe 6 B). • Conséquences de la dissolution du PACS (liquidation-partage de l'indivision).
PROTECTION DU PARTENAIRE SURVIVANT	• Droit temporaire et gratuit au logement. • Faculté d'attribution préférentielle d'un bien à usage d'habitation ou professionnel appartenant au partenaire prédécédé.

4 Les formalités postérieures

Le PACS est publié au service de publicité foncière si un partenaire met en indivision un bien qui lui était personnel. Dans tous les cas, le PACS doit être :

- **enregistré** sur le registre des conventions notariées de PACS pour prendre effet entre les partenaires ;
- **puis publié** en marge de l'acte de naissance de chaque partenaire pour être opposable aux tiers.

→ Avant le 30 mars 2011, tous les PACS sous signatures privées et notariés étaient enregistrés par les partenaires auprès du greffe du tribunal d'instance de leur résidence commune. Depuis cette date, les notaires enregistrent eux-mêmes les PACS qu'ils reçoivent.

→ Les PACS sous signatures privées sont toujours enregistrés par les partenaires eux-mêmes auprès du greffe du tribunal d'instance. Mais à compter du 1er novembre 2017, ils seront enregistrés auprès de l'officier d'état civil de la commune de résidence des partenaires.

A Les modalités de l'enregistrement du PACS

Le PACS notarié est enregistré au moyen d'une inscription dans un **registre** spécifique **des conventions notariées de PACS**, tenu dans chaque étude notariale, soit sur support papier, soit sur support informatique appelé « **PACSen** » (registre mis en place par la profession, accessible grâce un réseau sécurisé pour procéder aux opérations liées à l'enregistrement des PACS par les notaires).

L'enregistrement de la conclusion du PACS précise :

- l'identité des partenaires (prénoms, noms, dates et lieux de naissance, sexe) ;
- la date et le lieu de l'enregistrement ;
- le numéro d'enregistrement (N + 15 chiffres) attribué par le notaire (chaque numéro est **unique** : il est réutilisé lors de la modification et de la dissolution du PACS).

Le notaire remet un récépissé d'enregistrement aux partenaires.

B Les modalités de la publicité du PACS

Après l'enregistrement du PACS, le notaire doit, sans délai, procéder à sa publicité.

Les modalités de la publicité dépendent de la nationalité et du lieu de naissance de chaque partenaire. La publicité doit être réalisée :

- auprès de la mairie du lieu de naissance pour mention en marge de l'acte de naissance si le partenaire est né en France ;
- auprès du service central d'état civil pour mention en marge de l'acte de naissance si le partenaire est français né à l'étranger ;
- à compter du 1er novembre 2017, auprès du service central d'état civil pour mention sur un registre spécifique si le partenaire est étranger et né à l'étranger.

À cet effet, le notaire envoie à l'officier d'état civil compétent un avis indiquant les éléments qui figureront sur la mention :

- identification des partenaires ;
- dates de l'acte de PACS et de son enregistrement ;
- nom et prénom du notaire qui a reçu et enregistré le PACS ;
- lieu et code d'identification CRPCEN de l'office notarial.

L'officier d'état civil accuse réception de l'avis de mention et envoie une copie de l'acte de naissance revêtu de la mention, à la demande du notaire.

5 La taxation

Le PACS est enregistré sur état, au droit fixe de 125 €. Le notaire perçoit un émolument de rédaction de 192,31 € HT (A 444-81 C. Com, n° 40 du tableau) et un émolument de 11,54 € pour les publicités en marge des actes de naissance (A 444-172 C. Com, n° 200 du tableau).

6 La modification et la dissolution du PACS

A La modification du PACS

Les partenaires peuvent, d'un commun accord, procéder à des changements de la convention initiale du PACS. Sa modification doit être enregistrée :
- auprès du greffe du Tribunal d'instance où le PACS initial a été enregistré, s'il a été reçu avant le 30 mars 2011 ;
- auprès du notaire qui a enregistré le PACS initial, s'il a été reçu après le 30 mars 2011.

La modification doit être publiée selon les mêmes modalités que lors de la conclusion du PACS.

B La dissolution du PACS

Les formalités à réaliser dépendent de la cause de la dissolution.

Causes de dissolution	Décès d'un partenaire	Mariage d'un partenaire	Déclaration conjointe de dissolution	Rupture unilatérale du pacs
Modalités de la dissolution	Décès apposé en marge de l'acte de naissance	Mariage apposé en marge de l'acte de naissance	Remise d'une déclaration écrite conjointe au notaire	Signification par huissier de la rupture
Date d'effet de la dissolution entre les partenaires	Au jour du décès	Au jour du mariage	Au jour de l'enregistrement de la dissolution par le notaire	
Formalités à réaliser	1. L'officier d'état civil informe sans délai le notaire. 2. Le notaire enregistre la dissolution (précision de la date d'enregistrement et de dissolution). 3. Le notaire en informe le(s) partenaire(s). 4. Le notaire avise de l'enregistrement les officiers d'état civil détenteurs des actes de naissance.		1. Les partenaires (si déclaration conjointe) ou l'huissier informent le notaire de la volonté de dissoudre le PACS. 2. Le notaire enregistre la dissolution. 3. Il informe les partenaires de l'enregistrement de la dissolution du PACS. 4. Il avise sans délai les officiers d'état civil pour mention en marge des actes de naissance de la dissolution du PACS.	
Éléments communs	L'enregistrement précise la cause de la dissolution. Le notaire conserve les pièces justificatives de la dissolution. Toutes ces démarches sont réalisées par lettre recommandée avec avis de réception.			

Ces formalités sont rémunérées par un émolument fixe de 11,54 € (n° 201 pour la modification du PACS et n° 202 pour sa dissolution).

7 L'élaboration de statistiques officielles

Les notaires et les tribunaux d'instance (les mairies à compter du 1er novembre 2017) doivent réaliser des statistiques semestrielles relatives aux PACS, en distinguant selon le sexe : le nombre de PACS, le nombre et la cause de dissolution, la durée moyenne du PACS, l'âge moyen des partenaires... Pour les notaires, le registre PACSen permet d'élaborer ces statistiques.

41 LES RELATIONS DU COUPLE

La liquidation-partage du régime matrimonial

La liquidation est une opération comptable qui consiste à fixer et à chiffrer les droits de chacun des époux sur leurs biens communs ou indivis.
Le partage a pour objet de répartir l'actif et le passif entre les époux en attribuant à chacun leur part: les époux deviennent chacun personnellement propriétaires d'une partie des biens anciennement communs ou indivis.

1 L'analyse du contexte

Spécialiste du droit de la famille, le notaire est souvent sollicité pour procéder à la liquidation-partage du régime matrimonial. Si les opérations portent sur un ou plusieurs immeubles, l'acte doit être reçu sous forme notariée, afin d'être publié au service de publicité foncière. La liquidation du régime matrimonial doit être réalisée à l'occasion de la rupture du mariage (par exemple, en cas de divorce ou de décès de l'un des époux). Parfois, elle est effectuée sans que le mariage ne soit pour autant rompu : tel est le cas pour certains changements de régimes matrimoniaux (voir fiche 39).

2 Le rôle du notaire en matière de divorce

En matière de divorce, le rôle du notaire diffère selon le type de procédure.

A Le divorce par consentement mutuel

Dans le cadre du **divorce par consentement mutuel**, les époux sont d'accord sur le principe de la rupture du mariage et ses effets. La loi du 18 novembre 2016 de modernisation de la justice du XXIe siècle a supprimé le recours au juge pour ce type de divorce depuis le 1er janvier 2017.

Désormais, les époux, assistés chacun de leur avocat, préparent une convention de divorce relatant leur consentement au divorce et réglant toutes ses conséquences personnelles et patrimoniales. Chaque avocat adresse à l'époux qu'il assiste, par lettre recommandée avec avis de réception, un projet de convention. Les époux disposent d'un délai de réflexion de 15 jours à compter de la réception. À l'issue de ce délai, la convention de divorce est signée par les époux et contresignée par les deux avocats (trois originaux, comportant les 4 signatures, sont établis au minimum : un pour chaque époux et un pour le notaire). Dans un délai de 7 jours à compter de la signature, cette convention doit être communiquée au notaire désigné par la convention. Celui-ci dispose d'un délai de 15 jours à compter de la réception pour déposer cette convention au rang de ses minutes.

→ Le recours à ce « divorce sans juge » n'est pas possible si les époux ont un enfant mineur, capable de discernement, qui demande son audition par le juge **ou** si l'un des époux est soumis à un régime de protection.

Le notaire intervient à plusieurs reprises dans ce nouveau divorce par consentement mutuel.
- Au stade de la préparation de la convention de divorce, les époux peuvent confier au notaire le soin de **réaliser la liquidation-partage** de leur régime matrimonial. Le partage est obligatoirement notarié en présence d'immeubles (une copie authentique de cet acte sera annexée à la convention).
- Avant le dépôt de la convention de divorce au rang de ses minutes, le notaire doit :
  - **procéder au contrôle formel de la convention**, en vérifiant qu'elle contient toutes les mentions imposées par la loi (identifications des époux, de leurs enfants et des avocats, références du mariage, consentement des époux quant au principe du divorce et ses effets, le règlement complet des conséquences du divorce, l'état liquidatif du régime matrimonial, et la mention que l'enfant mineur, informé de son droit à être entendu par le juge, renonce à cette faculté – selon un modèle fixé par un arrêté du 28 décembre 2016).
  - **contrôler le respect du délai de réflexion** de 15 jours (le notaire recueille à cet effet les copies des envois des projets de convention et les accusés de réception auprès des époux).
- Enfin, le notaire **dépose au rang de ses minutes** la convention, qui acquiert ainsi date certaine et force exécutoire. Il délivre à chaque époux une attestation de dépôt (voir Carnet professionnel) qui permettra aux époux de justifier du divorce à l'égard des tiers et de procéder à sa transcription en marge de l'acte de mariage et des actes de naissance des époux.

Divorce par consentement mutuel judiciaire

Si les époux ont un enfant mineur capable de discernement demandant son audition par le juge, la convention de divorce est soumise au contrôle du juge aux affaires familiales, afin que ce dernier prononce le divorce et homologue la convention. Après l'obtention de l'homologation, le notaire dresse un PV de dépôt de la copie exécutoire du jugement au rang de ses minutes.

B Les divorces contentieux

- Dans les **divorces contentieux**, le rôle du juge est plus important. Saisi par l'un des époux, il rend une ordonnance de non-conciliation (date à laquelle, en cas de régime communautaire, la communauté est dissoute). Le juge prononce ensuite le divorce et, en l'absence d'accord entre les époux, ordonne la liquidation-partage du régime matrimonial.

Le notaire peut intervenir dans cette procédure à divers titres :

– il peut recevoir, à la requête des parties, tout au long de l'instance, des actes de liquidation du régime matrimonial sous la condition suspensive d'homologation par le juge ;

– il peut agir en tant qu'**auxiliaire de justice** : le notaire intervient ici dans le cadre des missions (d'expertise ou de liquidation) confiées par le magistrat qui l'a nommé. En tant qu'**expert**, le notaire intervient après l'ordonnance de non-conciliation et avant le prononcé du divorce pour collecter les informations auprès des parties (en respectant le principe du contradictoire) et trouver des éléments d'accord pour la liquidation du régime. Le notaire ne reçoit pas d'acte signé par les parties : il relate les conclusions de son expertise dans un document qu'il signe seul et qu'il transmet au juge dans le délai imparti. En tant que **liquidateur**, le notaire intervient après le prononcé du divorce pour établir un projet de liquidation du régime matrimonial. Si les désaccords entre les ex-époux persistent, il dresse un procès-verbal de difficultés. Le juge peut soit accorder un délai supplémentaire au notaire, soit procéder à un tirage au sort ou à la vente aux enchères des biens des ex-époux.

3 La préparation de la liquidation

La liquidation n'est pas un acte : c'est une opération, préalable au partage, qui a pour objet de préciser la composition des patrimoines des époux et de chiffrer les droits de chacun d'eux. À ce stade, la question de la répartition des biens et des dettes entre les époux ne se pose pas.

A L'identification du régime à liquider

Il est nécessaire d'identifier le régime matrimonial des époux, au moyen de la copie de l'acte de mariage, et, éventuellement, de la copie du contrat de mariage et/ou de celle d'un changement de régime matrimonial (et de son homologation le cas échéant, voir fiche 39).

→ Les époux mariés sans contrat après le 1er février 1966 sont soumis au régime légal de la communauté d'acquêts. Des époux peuvent avoir choisi un régime conventionnel (voir fiche 38).

B La détermination de la composition des patrimoines

- En premier lieu, une **description précise des patrimoines** des époux est établie :
  - pour connaître la consistance de l'actif, le notaire demande les titres de propriété, les arrêtés de comptes bancaires, les certificats d'immatriculation des véhicules, les statuts de société… ;
  - pour déterminer le passif, sont obtenus les soldes de prêts, les avis d'imposition…
- Le notaire procède en second lieu à la **qualification des biens** des époux, selon leur régime matrimonial (voir Carnet professionnel), pour déterminer l'objet de la liquidation :
  - les **biens indivis** en cas de régime **séparatiste** ;
  - les **biens communs** en cas de régime **communautaire**.
- Il **qualifie** également chacune des **dettes** des époux, pour déterminer si la dette est à la charge des deux époux ou d'un seul (voir Carnet professionnel).

4 Les opérations de liquidation

La méthode présentée ci-dessous est celle de la liquidation-partage du régime légal de la communauté d'acquêts, modèle qui sert de référence pour la liquidation des autres régimes (voir, pour un exemple, le Carnet professionnel : schémas liquidatifs).

A Les reprises

La première étape consiste pour chaque époux à reprendre les biens qui lui sont **propres** et qui **existent en nature** au jour de la liquidation. Cette opération permet de constituer **trois masses** : une masse propre par époux (contenant les biens propres de chaque époux) et la masse commune (constituée des biens communs). Cette étape permet d'isoler la communauté qui, seule, est liquidée.

B Les récompenses

1. L'identification des récompenses

Au cours du mariage, il est fréquent que des fonds communs aient participé à financer des biens propres ou inversement. L'intérêt d'une récompense est de **rétablir l'équilibre** entre la masse (propre ou commune) qui s'est appauvrie au détriment d'une autre masse.
Tel est le cas par exemple si la communauté a encaissé des fonds reçus par un époux à la suite de la succession de ses parents. Ici, la communauté doit récompense à l'époux.

→ **Il ne faut pas confondre les récompenses** (liées à un flux financier entre une masse propre et la masse commune) **et les créances entre époux**, qui correspondent à des flux financiers entre les masses propres de chaque époux. Par exemple, il y a une créance entre époux si des fonds propres à Madame (non déposés sur un compte) ont permis de financer les travaux sur un bien propre à Monsieur. Par contre, si ces fonds ont été déposés sur un compte, ils sont devenus communs et il y a 2 récompenses : une récompense due par la communauté à Madame pour l'encaissement de fonds propres et une récompense due par Monsieur à la communauté pour le financement des travaux. Les créances entre époux sont évaluées comme les récompenses, sauf volonté contraire des époux.

2. L'évaluation des récompenses

Les récompenses peuvent être évaluées de deux façons :
- **évaluation de la dépense faite** (la valeur retenue est celle de la dépense au jour où elle a été effectuée) ;
- **évaluation du profit subsistant** (la valeur retenue est celle de l'avantage qu'a procuré la récompense, au jour de la liquidation de la communauté).

Pour savoir l'évaluation qui doit être retenue, il faut qualifier la récompense :
- si la récompense correspond à une **dépense nécessaire**, sa valeur ne peut être inférieure à la dépense faite ;
- si la récompense correspond à une **dépense de conservation, d'amélioration, ou d'acquisition**, sa valeur ne peut être inférieure au profit subsistant ;
- si la récompense correspond à une **dépense nécessaire et de conservation**, la valeur retenue est la plus élevée des deux ;
- si aucune des qualifications n'est applicable, la valeur retenue est la plus faible des deux.

(Voir exemples dans le Carnet professionnel).

CALCUL DU PROFIT SUBSISTANT

→ en cas de dépense d'acquisition : $\dfrac{\text{Dépense faite} \times \text{Valeur actuelle du bien}}{\text{Valeur initiale du bien} + \text{frais d'acte}}$

→ en cas de dépense d'amélioration, de conservation :
Valeur actuelle du bien – Valeur actuelle du bien sans la dépense d'amélioration ou de conservation.

3. Les soldes des comptes de récompense

Pour chaque époux, le notaire établit un compte dans lequel il relate les différentes récompenses entre la communauté et la masse propre de cet époux.

- **Le solde est en faveur de l'époux** si la somme des récompenses dues par la communauté à cet époux est supérieure à la somme des récompenses dues par lui à la communauté.
- **Le solde est en faveur de la communauté** dans le cas inverse.

C La liquidation de la communauté

- On calcule d'abord l'**actif brut de communauté**, en additionnant :
- les valeurs des biens communs des époux au jour de la liquidation ;
- et éventuellement, le(s) solde(s) des comptes de récompense en faveur de la communauté.
- Ensuite, le **passif brut de communauté** est évalué, en additionnant :
- les dettes communes aux époux ;

– et éventuellement, le(s) solde(s) des comptes de récompense en faveur d'un ou des époux.
• Enfin, le solde peut être déterminé :
– si l'actif brut est supérieur au passif brut, le solde est un **actif net de communauté (ou boni de communauté)** ;
– à l'inverse, apparaît un **passif net de communauté (ou mali de communauté)**.

D La fin des opérations de liquidation

Les opérations de liquidation s'achèvent par deux étapes.
• **La détermination des droits de chaque époux** a pour objectif de chiffrer les droits de chacun d'eux dans l'actif net de communauté : chaque époux a droit à la ½ du boni de communauté. Sur cette part, soit on ajoute le solde des comptes de récompense s'il est en faveur de l'époux, soit on soustrait le solde s'il est en faveur de la communauté.
• **Le rappel du passif à acquitter**, à savoir le passif commun (les éventuelles récompenses dues par la communauté à l'un des époux ne sont pas incluses).

5 L'acte de partage

• Le partage a pour objet de répartir les biens et le passif anciennement communs entre les époux. L'acte procède à l'attribution de lots sur lesquels les parties ont des droits privatifs.
• Le partage n'est pas obligatoire : des époux peuvent souhaiter rester en indivision après liquidation de la communauté par exemple (et conclure une convention d'indivision, fiche 37).
• Le partage est un acte reçu sous forme notariée s'il porte sur un ou plusieurs immeubles en vue de la publicité foncière de la mutation de la propriété.
• Les règles du partage de communauté sont, pour l'essentiel, celles du partage de succession (voir fiche 49). Il faut cependant, en cas de partage de communauté, prendre en compte l'incidence des avantages matrimoniaux (voir fiche 38).

Les effets du divorce sur les avantages matrimoniaux

- Le divorce est sans incidence sur les avantages matrimoniaux et les donations de biens présents (voir fiche 42) qui prennent effet au cours du mariage : le partage doit être réalisé en les prenant en compte.
- Les avantages matrimoniaux qui n'ont pas pris effet au cours du mariage et les libéralités à cause de mort (voir fiche 44) sont révoqués de plein droit par le divorce : ils sont donc sans incidence sur le partage.
- Les biens apportés par un époux à la communauté peuvent être repris si le contrat de mariage a prévu une clause de reprise d'apport.

6 Les formalités postérieures et la taxation

• Dans le cas du divorce par consentement mutuel, la convention rédigée par les avocats et déposée au rang des minutes du notaire est soumise à la formalité fusionnée (voir fiche 7) **si** elle contient des dispositions concernant des immeubles (pour les droits fiscaux – fiche 49).
• Dans le cas du divorce par consentement mutuel judiciaire, la convention de liquidation-partage et le dépôt au rang des minutes du jugement d'homologation sont soumis à la double formalité (voir fiche 7).
• La rémunération du notaire est fixée à 42 € HT (art. A 444-173-1 C.Com) pour le dépôt de la convention au rang de ses minutes. Aucun émolument de formalité ne peut être ajouté dans ce cas.
• Dans les autres cas, la rémunération pour la rédaction de l'acte de partage est fixée par l'art. A444-121 1° (n° 101 du tableau) et celle de la liquidation sans partage, par l'art. A 444-123 (n° 103).

La donation et la donation-partage

La donation et la donation-partage sont des actes graves: ces libéralités entre vifs procèdent de manière irrévocable à l'appauvrissement d'un patrimoine sans contrepartie dans une intention libérale. Ce sont des actes solennels, reçus par le notaire personnellement en minute.

1 La donation simple

A L'analyse du dossier

1. L'identification du donateur

La donation peut être consentie par une personne ou plusieurs; dans ce dernier cas, elle est dite «**conjonctive**». Ainsi des époux peuvent donner dans le même acte un ou plusieurs biens.

2. L'identification du donataire

La donation peut être faite en faveur d'un membre de la famille ou d'un tiers.

Si la donation est consentie à un héritier présomptif (c'est-à-dire une personne qui serait appelée à la succession si le donateur décédait), il est nécessaire de savoir si le donateur souhaite ou non préserver l'égalité entre ses héritiers présomptifs.

- La donation **en avancement de part successorale** s'imputera sur la part dévolue au donataire au jour de la succession du défunt: elle préserve l'égalité entre les héritiers.
- La donation **hors part successorale** favorise le donataire au jour du décès du donateur car elle s'ajoutera à la part qui lui sera dévolue à la succession (voir fiches 47 à 49).

B Les formalités préalables

1. Les parties

L'identité, la capacité et la situation personnelle des parties doivent être vérifiées (voir fiche 4).

- **Le donateur doit être majeur et sain d'esprit**. Par conséquent, il convient d'être vigilant sur sa capacité s'il est soumis à un régime de protection.
- Il en va de même **si le donataire doit assumer une charge** (voir paragraphe 1C 3).

En fonction de la limite de capacité, les autorisations nécessaires doivent être obtenues.

	Capacité à donner	Capacité à accepter une donation
Mineur non émancipé	**Incapacité de jouissance** à disposer entre vifs à titre gratuit	avec **ou** sans charge: **représenté** par son administrateur légal, son tuteur, ou ses autres ascendants
Majeur sous curatelle	**Assisté** par son curateur	sans charge: par le majeur seul
		avec charge: **assisté** par le curateur

	Capacité à donner	Capacité à accepter une donation
Majeur sous tutelle	**Assisté** ou au besoin **représenté** par le tuteur avec **autorisation** du juge (ou du conseil de famille)	sans charge : **représenté** par le tuteur avec charge : **représenté** par le tuteur avec **autorisation** du juge (ou du conseil de famille)

L'analyse du livret de famille permet de vérifier le lien de parenté qui peut exister entre le donateur et le donataire.

Les procurations sont **authentiques**, reçues en minute. Elles sont spéciales et mentionnent tous les éléments de la libéralité (comparution des parties, désignation des biens, charges et conditions...). Une copie authentique de la procuration est annexée à l'acte de donation.

2. L'objet de la donation

En cas de donation de meubles, un **état estimatif** de ceux-ci doit être annexé à l'acte, sous peine de nullité.

Si la donation porte sur un immeuble, les pièces d'usage sont demandées (voir fiche 5). L'ERNMT est nécessaire. Le notaire demande les renseignements d'urbanisme (sauf si les parties l'en dispensent). D'autres pièces doivent être demandées selon les spécificités du dossier (par exemple, l'état daté si le bien est situé dans une copropriété, voir fiche 23).

→ Les aliénations à titre gratuit sont soumises au DPU (sauf entre personnes ayant des liens de parenté jusqu'au 6e degré ou des liens issus d'un mariage ou d'un pacte civil de solidarité – voir fiche 19). La déclaration d'intention d'aliéner ne mentionne pas le prix, c'est le titulaire du droit de préemption qui indique l'estimation du bien par les services fiscaux s'il souhaite l'acquérir.

3. Les donations antérieures

Pour le calcul des droits de donation (voir fiche 43), il est nécessaire de demander la copie des donations consenties **depuis moins de 15 ans**.

C La rédaction

La donation étant un **acte solennel**, le notaire doit être identifié. Le préambule peut l'indiquer de la façon suivante : « Par-devant Maître... » ou « A reçu personnellement le présent acte... ». Les principales clauses d'une donation sont les suivantes.

1. Les parties

• Les parties comparaissent à l'acte (voir fiche 4). Leur lien de parenté est précisé le cas échéant. L'acte doit contenir leur **consentement** : *« Monsieur X fait donation à Monsieur Y qui l'accepte expressément des biens ci-dessous désignés... »*, en précisant le cas échéant *« ...avec les charges ci-après stipulées... »*. L'acceptation du donataire peut être reçue par acte séparé.

• Il est nécessaire de faire intervenir selon les cas :

– le conjoint si le bien donné constitue le logement de famille ;

– le précédent donateur pour renoncer à une interdiction d'aliéner et/ou à son droit de retour ;

• Il est préférable de faire intervenir tous les héritiers réservataires présomptifs pour qu'ils consentent à la donation (ainsi ils ne pourront pas exercer l'action en revendication contre un tiers détenteur si cette donation portait atteinte à leur réserve – art. 924-4 C. Civ). À défaut, ils devront intervenir à la vente pour y consentir (voir fiche 20).

2. L'objet de la donation

• L'acte désigne le bien donné (pour un immeuble, voir fiche 5) et la nature du droit transmis : le donateur peut vouloir transmettre la propriété du bien, mais s'en réserver l'usufruit pour lui seul (clause RÉSERVE D'USUFRUIT) ou pour son conjoint, au cas où il lui survivrait (le conjoint doit intervenir dans la clause REVERSION D'USUFRUIT pour l'accepter). Le donataire aura la pleine propriété du bien au décès du donateur ou du dernier des époux, selon les cas.

- L'ÉVALUATION du bien ou du droit donné est précisée dans l'acte. Le notaire avertit les parties du risque de sous-estimation du bien au regard de l'impôt sur la plus-value (voir fiche 10) qui serait dû en cas de revente du bien.

3. Les modalités, charges et conditions de la donation

Les modalités sont précisées si le donataire est un héritier présomptif du donateur (donation en avancement ou hors part successorale, voir paragraphe 1 A).
La donation peut être **graduelle** ou **résiduelle** (voir paragraphe 2 D).
Le donateur peut vouloir assortir la donation de restrictions.

- L'INTERDICTION D'ALIÉNER ET/OU D'HYPOTHÉQUER prohibe toute cession et/ou toute constitution de sûreté sur le bien par le donataire. Elle est justifiée par un intérêt légitime et doit être limitée dans le temps (au décès du donateur ou au jour de sa retraite par exemple).
- L'EXCLUSION DE COMMUNAUTÉ impose au donataire de laisser le bien en dehors de toute communauté (présente ou à venir) alors que l'ENTRÉE EN COMMUNAUTÉ prévoit qu'il devient un bien commun au donataire et à son conjoint.
- La donation peut prévoir un DROIT DE RETOUR CONVENTIONNEL, en vertu duquel le bien retournera dans le patrimoine du donateur en cas de prédécès du donataire (et de ses héritiers le cas échéant). Dans ce cas, le droit de retour légal des parents devient sans objet.
- Il peut être stipulé que la donation sera révoquée si le donateur, sans enfant au jour de la donation, en a ultérieurement (RÉVOCATION POUR SURVENANCE D'ENFANTS). Une action en justice reste nécessaire cependant.
- La donation peut stipuler des CHARGES OU CONDITIONS (obligations imposées au bénéficiaire par le donateur). Elles doivent être indiquées précisément (exemple : si le donataire prend en charge un prêt, le solde restant à rembourser, demandé préalablement à la banque, est indiqué et le tableau d'amortissement du prêt est annexé à l'acte).

→ La **condition** fait effet sur la personne du gratifié et peut être résolutoire, entraînant rétroactivement la disparition de la libéralité (obtention d'un diplôme, d'une autorisation de réaliser des travaux ou de construire sur le terrain...).

→ La **charge** porte sur l'objet de la libéralité et ne peut avoir d'effet résolutoire (par exemple, obligation d'entretenir un immeuble, de reprendre le prêt contracté par le donateur, de nourrir ou d'entretenir le donateur ou un de ses proches ou de conserver un immeuble dans le cas d'une donation graduelle). La réserve d'usufruit et le paiement d'une soulte ne sont pas considérés comme des charges.

4. Les frais et la fiscalité

En principe, les frais sont à la charge du donataire (mais l'acte peut stipuler une répartition des frais ou leur prise en charge par le donateur ; dans ce cas, ils ne pourront être pris en compte en cas de revente pour le calcul de l'impôt sur la plus-value – voir fiche 10 – et cette prise en charge des frais par le donateur n'augmente pas fiscalement la valeur des droits transmis). L'acte contient le détail du calcul des droits de donation (voir fiche 43).

2 La donation-partage

La donation-partage est un acte par lequel une personne donne un bien ou une masse de biens à plusieurs donataires **tout en procédant au partage anticipé de sa succession** entre eux (de manière égalitaire ou non).

Le traitement du dossier est similaire à celui d'une donation simple. Seules sont développées ici les spécificités de la donation-partage.

A L'intérêt de l'acte

• Procédant à un partage anticipé des biens, la donation-partage n'est **pas rapportable**, c'est à-dire qu'elle n'est pas prise en compte lors des opérations de partage au décès du donateur (voir fiche 49).

• Lors de la liquidation civile de la succession du défunt (voir fiche 47), la **valeur** de la donation-partage prise en compte est celle **au jour de l'acte** (et non au jour du décès), à condition :
– que tous les héritiers réservataires vivants ou représentés (voir fiche 45) aient été allotis ;
– qu'il n'ait pas été prévu une réserve d'usufruit portant sur une somme d'argent.

B Les bénéficiaires de la donation-partage

Elle peut être consentie à un héritier présomptif ou à un descendant. Un tiers peut être bénéficiaire **uniquement** dans le cas de la donation d'une entreprise individuelle ou de parts de société (voir fiche 55), si le donateur y exerce une fonction dirigeante (art. 1075-2 C.Civ).
La donation-partage peut être réalisée au profit des petits-enfants, à condition que la génération intermédiaire (les enfants) consente dans l'acte à ne pas être bénéficiaire (« donation-partage transgénérationnelle »).

C L'objet de la donation-partage

La donation-partage porte sur des biens présents (meubles et/ou immeubles).
Cependant, il est possible d'inclure des biens déjà donnés, avec l'accord des donataires, afin de les intégrer aux opérations de partage anticipé. Les actes de donation antérieurs doivent être demandés.
Enfin, l'acte peut porter sur des biens appartenant au conjoint survivant et sur des biens issus de la succession du conjoint prédécédé (donation-partage dite **cumulative**). Le notaire demande les attestations immobilières suite à ce décès.

D La rédaction de l'acte

• La donation-partage contient les clauses de la donation (voir paragraphe 1) **et** du partage (formation de lots, soulte éventuelle... – voir fiche 49).

• L'acte contient généralement un EXPOSÉ dans lequel sont précisés :
– l'identification de tous les donataires et l'indication de leur lien de parenté avec le donateur ;
– la précision de la souche (auteur commun) à laquelle ils appartiennent et l'acceptation des enfants du donateur que leurs propres descendants soient allotis à leur place (pour une donation-partage transgénérationnelle) ;
– l'exposé des motivations du donateur (notamment en présence d'un tiers pour la donation d'une entreprise individuelle ou de parts sociales).

• Si la donation porte sur des droits sociaux, les biens donnés sont désignés. L'acte précise si l'**agrément** du donataire par les associés est nécessaire (voir fiche 55).

• L'acte peut enfin prévoir que le bien donné sera transmis, au décès du donataire à un autre bénéficiaire, choisi par le donateur dans l'acte :
– si le donataire a la charge de conserver le bien (transmis à son décès au bénéficiaire), la donation-partage est **graduelle** ;
– si le donataire peut librement effectuer toute disposition à titre onéreux sur le bien (vente, transformation), mais ne peut en disposer à titre gratuit, la donation-partage est **résiduelle** (le second gratifié ne recevra que ce qui subsistera du bien).

3 Les formalités postérieures

Les donations et donation-partage doivent être enregistrées. En présence d'immeubles, elles sont soumises à la **formalité fusionnée** (voir fiche 7) depuis le 1er juillet 2014. Le délai est d'un mois à compter de la signature de l'acte.
Quand l'acceptation de la donation a fait l'objet d'un acte séparé, elle doit être notifiée au donateur.
Il ne faut pas oublier de réaliser les formalités liées à la spécificité du bien (notification syndic pour un lot de copropriété - voir fiche 23; notification au locataire si le bien est loué - voir fiche 21; notification à la SAFER si le bien est à usage ou vocation agricole - voir fiche 31).

4 La taxation des libéralités entre vifs

A Les émoluments

- Le notaire perçoit les émoluments proportionnels suivants, sur la **valeur en pleine propriété** des biens donnés **par chaque donateur** (même en cas de réserve d'usufruit):
  - si l'acte contient les consentements du donateur et du donataire, ils sont fixés par l'art. A444-67 1° C.Com (n° 16 du tableau);
  - si l'acte ne contient que le consentement du donateur (le donataire acceptant par acte séparé), ils sont fixés par l'art. A 444-67 2° C.Com (n° 17) pour l'acte de donation non accepté et par l'art. A 444-67 3° C.Com (n° 18) pour l'acceptation séparée par le donataire;
  - fixés par l'art. A 444-67 4° C.Com (n° 19), si la donation porte uniquement sur des créances, des espèces ou des valeurs mobilières cotées.
- La donation-partage ouvre droit à des émoluments proportionnels (calculés pour chaque donateur en cas de donation-partage conjonctive) sur la valeur en pleine propriété des biens donnés **y compris les rapports** (soit les biens déjà donnés ou reçus par succession qui ont été réintégrés), fixés par l'art. A. 444-68 du C.Com (n° 20 et 21).

B Les droits fiscaux

Les libéralités sont soumises aux **droits de mutation à titre gratuit** (voir fiche 43) **et**, en présence d'immeuble, à la **TPF** au taux de **0,615 %** sur la masse des immeubles **donnés**. La CSI (0,10 %) est due sur la même assiette.
En cas de donation-partage, le **droit de partage** au taux de **2,5 %** est dû sur la valeur des biens qui sont **uniquement partagés** (en cas de réintégration de donations antérieures ou de donation-partage cumulative), les biens donnés sont soumis à la TPF.

La taxation de la réversion d'usufruit

La clause de réversion d'usufruit est soumise à l'enregistrement au droit fixe de 125 € (perçue en sus des droits de mutation à titre gratuit).
La CSI est calculée sur la valeur de la nue-propriété transmise **et** sur l'évaluation de l'usufruit successif en second (s'il s'agit d'un bien propre) ou sur la valeur de l'usufruit le plus important (s'il s'agit d'un bien commun).
Exemple : Monsieur, âgé de 75 ans et Madame, âgée de 67 ans, donnent un bien commun en nue-propriété avec réserve d'usufruit et réversion d'usufruit au conjoint survivant.
L'usufruit de Monsieur est évalué à 30 % de la valeur du bien, celui de Madame à 40 %, compte tenu de leur âge respectif (voir Carnet professionnel).
La CSI sera calculée sur la valeur de la nue-propriété et sur la valeur de l'usufruit de Madame (usufruit le plus important).

43 LES LIBÉRALITÉS

La fiscalité des donations

Les donations entre vifs sont soumises aux droits de mutation à titre gratuit. Leur calcul nécessite de respecter la méthodologie suivante. Les tableaux nécessaires aux calculs sont présentés dans le Carnet professionnel. Les astérisques (*) renvoient à ces tableaux, qui permettent d'effectuer les calculs.

1 Le calcul de l'assiette taxable

Le calcul s'effectue sur la part donnée **par chaque donateur à l'égard de chaque donataire**.

- Les biens sont donnés en pleine propriété. La **valeur des biens donnés en pleine propriété au jour de la donation** constitue l'assiette taxable.
- Les biens sont donnés avec réserve d'usufruit. La **valeur de la nue-propriété* sur les biens donnés au jour de la donation** constitue l'assiette taxable.

Exemple 1

Une mère donne à sa fille la nue-propriété d'un bien immeuble estimé à 250000€ **le 13 janvier 2017**. La mère est née le 15 juin 1935.

1. Recherche de la valeur de l'usufruit* : **au jour de la donation**, la mère est âgée de 81 ans (soit moins de 91 ans révolus). Son usufruit est évalué à 20 % de la valeur du bien.

▸ Valeur de l'usufruit : 250 000 € × 20 % = 50 000 €.

2. Détermination de l'assiette taxable de la donation : la fille reçoit la nue-propriété évaluée à 80 %.

▸ **Assiette taxable :** 250 000 € × 80 % = 200 000 €.

Exemple 2

Un père et une mère donnent à leur fille un bien commun estimé en pleine propriété à 250 000 € (le bien donné est commun aux époux : il leur appartient pour ½ chacun).

▸ **Assiette taxable :** 250 000 € / 2 = 125 000 € **par donateur**.

2 La recherche de l'abattement applicable

A La détermination de l'abattement

Afin d'encourager la transmission de patrimoine, certains bénéficiaires ont droit à un **abattement** (somme déduite de l'assiette taxable, sur laquelle aucun droit n'est dû) sur la donation consentie.

Les abattements sont fixés par la loi. Leur montant est variable selon le **lien de parenté***. Ils sont **cumulables**, c'est-à-dire qu'il est possible de recevoir de différents membres de sa famille, en bénéficiant ainsi de plusieurs abattements.

Dans l'exemple 2, la fille bénéficie de l'abattement en ligne directe* de 100 000 € sur la part donnée par son père, et du même abattement sur la part donnée par sa mère.
Quand le montant de la donation est supérieur au montant de l'abattement, le **surplus (assiette nette taxable) est soumis aux droits de mutation à titre gratuit**.

Exemple 3 : donation conjonctive

Une mère donne à sa fille le 30 août 2016 un terrain de loisirs (bien propre) en pleine propriété d'une valeur de 35 000 €.
Sa grand-mère lui donne dans le même acte un terrain agricole d'une valeur de 20 000 € en pleine propriété.

Donation consentie par la mère

- **Assiette taxable** = 35 000 €
- **Abattement** ligne directe* = 100 000 €

La fille ne paie pas de droits de mutation à titre gratuit sur cette donation et bénéficie d'un abattement disponible de 65 000 €.

Donation consentie par la grand-mère

- **Assiette taxable** = 20 000 €
- **Abattement** grands-parents – petits-enfants* = 31 865 €

La petite-fille ne paie pas de droits de mutation à titre gratuit sur cette donation et bénéficie d'un abattement disponible de 11 865 €.
La fille peut donc recevoir à la fois de sa mère et de sa grand-mère en exonération de droits de mutation à titre gratuit. Les donateurs peuvent lui consentir des donations ultérieures en exonération de droits dans la limite des abattements encore disponibles.

Les **donations de parts ou d'actions d'une société** sont exonérées de droits de mutation à hauteur de 75 % de leur valeur, **à condition notamment que le donataire prenne un engagement collectif** de conserver les parts (pacte Dutreil du 29 juillet 2011, voir paragraphe 4). Cette exonération est cumulable avec l'abattement accordé aux salariés en CDI pour la cession des fonds de commerce (voir fiche 54).

B Le rappel fiscal

Le rappel fiscal est la **prise en compte des donations antérieures** consenties **depuis moins de 15 ans**, dans le calcul des droits de mutation à titre gratuit. Le donataire ne peut bénéficier de l'abattement qu'une seule fois tous les 15 ans.

Exemple 3 (suite)

En janvier 2017, la mère lui donne un autre immeuble propre, estimé à 200 000 €, en nue-propriété. La mère est née le 15 juin 1949. Son usufruit* est évalué à 40 %, la valeur de la nue-propriété à 60 %.

- Assiette taxable = (200 000 € × 60 %) = 120 000 €
- Abattement ligne directe = 100 000 €
- **Rappel fiscal** (donation antérieure du 30/08/16) = 35 000 €
- **Abattement disponible** = (100 000 € - 35 000 €) = 65 000 €
- **Assiette nette taxable** = (120 000 € - 65 000 €) = 55 000 €

L'assiette nette taxable est de 55 000 €, correspondant au surplus de la valeur de la donation dépassant l'abattement disponible.

À partir de l'assiette nette taxable le calcul des droits s'effectue en partant de la première tranche du barème*.

- Si une autre donation intervient entre les mêmes personnes dans les 15 ans qui suivent la première donation, les abattements et les tranches du barème de taxation déjà appliqués ne peuvent être réutilisés pour cette nouvelle donation. Le calcul des droits s'effectue à partir de la tranche de barème restant inutilisée lors de la première donation.
- En revanche, si une nouvelle donation est consentie au-delà du délai de rappel fiscal, les abattements sont de nouveau disponibles et peuvent s'appliquer.

C L'exonération applicable aux dons familiaux de sommes d'argent

La donation d'une somme d'argent est **exonérée** de droits **tous les 15 ans**, à hauteur de **31 865 €** (art. 790 G CGI), à la double condition :
- que le donateur soit âgé de **moins de 80 ans** au jour de la donation ;
- que le donataire soit un enfant, petit-enfant ou arrière-petit-enfant **majeur** (neveu ou nièce **à défaut** de descendance directe).

Cet abattement est cumulable avec l'abattement personnel.

La déclaration des dons familiaux de sommes d'argent s'effectue à l'aide de l'imprimé n° 2731.

Exemple 4

Un père donne à son fils 35 000 € en espèces et 85 000 € en titres négociables. La somme d'argent est exonérée à hauteur de 31 865 €.

Le surplus (soit 3 135 €) et les titres ne sont pas taxables, car cumulés (88 135 €), ils sont inférieurs à l'abattement personnel de 100 000 €.

3 Le calcul des droits de mutation à titre gratuit

Le calcul des droits de mutation à titre gratuit s'effectue en appliquant le barème par tranche (qui est **fonction du lien de parenté*** entre donateur et donataire) à l'assiette nette taxable, c'est-à-dire **après** déduction de l'abattement personnel.

Exemple 3 (suite)

En janvier 2017, le montant qui reste taxable sur la donation après déduction de l'abattement est de 55 000 €. La donation est en ligne directe*. Le calcul des droits dus s'effectue comme suit.

▸ Sur la 1re tranche (inférieure à 8 072 €) : 8 072 € x 5 % =	403,60 €
▸ Sur la 2e tranche (de 8 072 € à 12 109 €) : (12 109 - 8 072) x 10 % =	403,70 €
▸ Sur la 3e tranche (de 12 109 € à 15 932 €) : (15 932 - 12 109) x 15 % =	573,45 €
▸ Sur la 4e tranche (de 15 932 € à 552 324 €) : (55 000 - 15 932) x 20 % =	7 813,60 €
Total des droits de mutation =	9 194,35 €

Total arrondi à 9 194 € (règles d'arrondis, voir fiche 9)

4 La déduction des réductions applicables aux droits de mutation

Après le calcul des droits dus, certaines situations permettent au donataire de bénéficier d'une réduction sur le montant des DMTG à payer. C'est le cas :
- si la donation est consentie sur la pleine propriété de **parts ou de droits dans une société** ou d'une **entreprise individuelle** et que le donateur est âgé de moins de 70 ans ;
- ou si le donataire est mutilé de guerre (art. 78 2 CGI).

La réduction pour charges de famille a été supprimée par la loi de finances 2017.

Exemple 5

Un père, âgé de 68 ans, fait donation en pleine propriété à son fils des parts qu'il détient dans l'entreprise familiale qu'il dirige, pour une valeur de 500 000 €. À cette occasion, un pacte de conservation est signé avec les associés, permettant de bénéficier d'une exonération de droits à hauteur de 75 % (art. 787 B CGI).

▸ Assiette taxable = 500 000 × 25 %	= 125 000 €
▸ Abattement en ligne directe	= 100 000 €
▸ Assiette nette taxable (125 000 – 100 000)	= 25 000 €

Cette donation réunit les conditions permettant de bénéficier d'une réduction de 50 % sur le total des DMTG dus (article 790 CGI). Calcul des droits :

▸ Sur la 1re tranche (inférieure à 8 072 €) : 8 072 € × 5 %	= 403,60 €
▸ Sur la 2e tranche (de 8 072 € à 12 109 €) : (12 109 – 8 072) × 10 %	= 403,70 €
▸ Sur la 3e tranche (de 12 109 € à 15 932 €) : (15 932 - 12 109) × 15 %	= 573,45 €
▸ Sur la 4e tranche (de 15 932 € à 552 324 €) : (25 000 - 15 932) × 20 %	= 1 813,60 €
Total des droits de mutation	= 3 194,35 €
Réduction des droits de mutation (3 194 € × 50 %)	= 1 597 €

Droits dus (arrondis) : **1 597 €**

5 La retranscription des calculs dans l'acte de donation

L'application de cette méthodologie permet de déterminer le montant des droits de mutation dus dans le cadre d'une donation et de rédiger la clause DROITS FISCAUX de l'acte de donation.

Exemple 3 (suite)

L'exemple développé ci-dessus (donation en janvier 2017) est ainsi retranscrit dans l'acte.

- Valeur des biens donnés	200 000,00 €
- Valeur l'usufruit 4/10e	80 000,00 €
- Valeur de la nue-propriété	120 000,00 €
- Abattement disponible (100 000 € – 35 000 €)	65 000,00 €
- Assiette nette taxable	55 000,00 €
Total des droits dus	**9194,00 €**

La clause DÉCLARATIONS FISCALES de l'acte de donation permet de :
- préciser le lien de parenté unissant donateur et donataire (*dans l'exemple, ligne directe*) ;
- préciser la réduction de droits applicables, le cas échéant ;
- rappeler les donations consenties antérieurement (*la donation consentie le 30 août 2016*).

44 LES LIBÉRALITÉS

Le testament et la donation entre époux

Le testament et la donation entre époux de biens à venir sont des libéralités à cause de mort : celles-ci ont la particularité de prendre effet au moment du décès de celui qui la consent.

1 L'établissement de la libéralité à cause de mort

Deux types de libéralités à cause de mort sont établis par acte notarié : le testament authentique et la donation entre époux.

A Le testament authentique

Le testament est reçu par acte notarié, **sous la dictée** du testateur, **en présence** de deux témoins ou d'un autre notaire (notaire en concours, voir fiche 8).
La forme authentique est obligatoire si le testateur ne sait pas écrire, si un époux souhaite priver son conjoint survivant du droit viager sur le logement familial (voir fiche 47), ou pour reconnaître un enfant.

1. L'analyse du dossier

Le notaire interroge le testateur sur sa situation familiale et patrimoniale, ainsi que sur les dispositions qu'il souhaite stipuler dans son testament.

• **Transmettre son patrimoine :** le testateur peut vouloir consentir des libéralités qui ne prendront effet qu'à son décès (« **legs** »). Il existe trois types de legs :
– **en cas de legs universel**, le légataire a vocation à recueillir l'intégralité de la succession (à l'actif et au passif) ;
– **en cas de legs à titre universel**, le légataire a vocation à recueillir une quote-part des biens, et le passif correspondant (exemples : la totalité des immeubles ou ¼ de la succession) ;
– **en cas de legs à titre particulier**, le légataire a vocation à recueillir un ou des biens particuliers. Aucun passif ne lui est transmis.

• **Exhéréder un héritier**, c'est-à-dire priver cet héritier de ses droits dans la succession. Cette exhérédation n'est possible que si l'héritier n'est pas réservataire (voir fiche 45).

• **Inclure des dispositions diverses** : organiser ses funérailles, désigner un exécuteur testamentaire, reconnaître un enfant, désigner les bénéficiaires d'une assurance-vie...

2. Les formalités préalables

Il est nécessaire de contrôler l'identité et la capacité du testateur et des témoins (voir fiche 4). La situation familiale de l'auteur du testament est identifiée, afin de déterminer ses héritiers présomptifs (c'est-à-dire les personnes qui auraient vocation à lui succéder).

3. Les étapes d'élaboration d'un testament authentique

D'abord, le testateur dicte ses volontés au notaire. Ce dernier rédige le testament sur-le-champ. Lors de cette dictée, il prodigue son conseil et propose des reformulations.
Ensuite, le notaire lit à haute voix l'intégralité du testament. Cette lecture permet au testateur de vérifier le contenu de l'acte.
Enfin, le testament est signé par le testateur, les témoins (ou le notaire en concours) et le notaire instrumentaire.
Le testament authentique **doit contenir** les éléments suivants :
- en préambule, l'identification du notaire et, le cas échéant du notaire en concours, ainsi que la comparution du testateur et, le cas échéant, des deux témoins ;
- mention de la présence continue du second notaire ou des deux témoins ;
- mention de la dictée et de la lecture du testament ;
- mention de l'approbation de l'acte par le testateur.

→ Une personne muette, sourde et muette ou ne s'exprimant pas en français peut désormais établir un testament authentique (loi du 16 février 2015) :
- si le testateur ne peut s'exprimer en français, ou s'il est sourd et muet, la dictée et la lecture peuvent être accomplies par un interprète que le testateur choisit sur la liste nationale des experts judiciaires ;
- si le testateur est muet, le notaire écrit lui-même le testament d'après les notes rédigées devant lui par le testateur, puis en donne lecture à ce dernier.

4. Les formalités postérieures et la taxation

Les formalités internes sont réalisées (répertoire, remise d'une copie authentique... – voir fiche 6). Sauf volonté contraire du testateur, le notaire procède à l'inscription du testament au Fichier Central des Dispositions de Dernières Volontés (FCDDV). Cette inscription constitue un débours (voir fiche 8) à la charge du testateur.
Le notaire perçoit des émoluments fixes de 115,39 € (A. 444-60 C.Com, n° 3 du tableau) pour la réception du testament et pour l'inscription au FCDDV, un émolument de formalités (n° 216).

LES AUTRES FORMES DE TESTAMENT

→ Les testaments **olographes** sont écrits, datés et signés de la main du testateur.
→ Les testaments **mystiques** (rares) sont présentés clos, cachetés et scellés au notaire, qui établit sur l'enveloppe un **acte de suscription**, par lequel le testateur atteste qu'il s'agit de son testament.
Les testaments olographes et mystiques peuvent être déposés chez un notaire afin d'être inscrits sur le FCDDV.

B La donation entre époux de biens à venir

La donation entre époux de biens à venir a pour objectif d'élargir les choix du conjoint survivant dans la succession de son époux prédécédé. Elle est consentie du vivant des époux.

→ En l'absence d'une donation entre époux et en présence d'enfants, les droits légaux du conjoint survivant dans la succession de l'époux prédécédé sont les suivants :
- ¼ en pleine propriété ou la totalité en usufruit si tous les enfants sont communs au conjoint survivant et au défunt ;
- ¼ en pleine propriété en présence d'enfants non communs.

1. Les formalités préalables

L'identité, la capacité et la situation matrimoniale des époux (donateur pour l'un, donataire pour l'autre) sont vérifiées (voir fiche 4).

2. La rédaction de l'acte

• Après la COMPARUTION DES ÉPOUX, l'acte indique l'objet particulier de la donation, à savoir l'éventail des CHOIX DU DONATAIRE, en cas de décès de son époux donateur :
– en l'absence d'enfants, le conjoint survivant recueillera l'universalité de la succession ;
– en présence d'enfants, le conjoint survivant pourra recueillir à son choix la totalité en usufruit, la quotité disponible, ou ¼ en pleine propriété et ¾ en usufruit.
L'acte mentionne souvent que le conjoint pourra disposer de la quotité la plus favorable au décès. Ainsi, le choix du conjoint survivant peut être adapté à l'évolution de la loi.
• L'acte rappelle l'incidence de la donation entre époux sur les droits de retour (en vertu desquels les biens reçus à titre gratuit par le défunt réintègrent le patrimoine du donateur) :
– elle **met en échec le droit de retour légal des frères et sœurs** du défunt (ce droit porte sur la moitié des biens reçus par le défunt de son vivant par donation ou succession de ses parents) ;
– elle est **sans incidence sur le droit de retour légal des parents** (sur les biens qu'ils ont donnés à leur enfant prédécédé), et sur **les droits de retour conventionnels** (voir fiche 42).
• L'acte indique que le conjoint a la faculté :
– de demander la conversion de l'usufruit en rente viagère ou en capital ;
– de limiter la donation à une partie des biens (FACULTÉ DE CANTONNEMENT).
• Enfin, les cas de révocation de la donation entre époux de biens à venir sont listés (par révocation unilatérale ou par l'effet d'un divorce ou d'une instance de divorce en cours).

3. Les formalités postérieures et la taxation

En plus des formalités classiques (voir fiche 6), le notaire procède à l'inscription de la donation entre époux sur le FCDDV (voir paragraphe 1 A 4, une fois pour chaque époux). Le notaire perçoit un émolument de rédaction fixe de 115,39 € (A. 444-69 C.Com, n° 22 du tableau).

2 Les formalités à réaliser après le décès

Au décès du testateur ou de l'auteur de la donation entre époux, le notaire en charge de la succession doit réaliser des formalités spécifiques concernant ces libéralités à cause de mort.

A Les formalités propres aux testaments olographes et mystiques

Le notaire établit un **procès-verbal d'ouverture et de description du testament** olographe ou mystique (PVODT) pour le déposer au rang de ses minutes. Le testament est annexé à cet acte (les lignes blanches sont barrées), qui le décrit matériellement et contient sa reproduction littérale et intégrale (les fautes d'orthographe commises par le testateur sont recopiées).
Dans le délai d'un mois suivant le procès-verbal, le notaire envoie au greffe du TGI du lieu du dernier domicile du défunt une copie authentique du PVODT et une copie figurée du testament (c'est-à-dire une reproduction fidèle – en pratique une photocopie du testament).
Après réception, le greffier envoie un avis de réception testamentaire à l'étude.

B La saisine des légataires

Les héritiers légaux sont « saisis de plein droit » : ils peuvent ainsi appréhender les biens et exercer les droits et actions du défunt. Les légataires ne sont pas, en principe, saisis de plein droit : ils doivent accomplir des formalités pour entrer en possession des biens légués.

1. Les légataires à titre universel et à titre particulier

Les légataires à titre universel ou à titre particulier doivent demander la **délivrance de legs** aux héritiers réservataires, ou, à défaut, au légataire universel, ou, à défaut, aux héritiers légaux. La délivrance de legs est consentie par acte notarié : après l'identification du défunt, du/des testaments et des héritiers (voir fiche 45), cet acte contient le consentement des héritiers auxquels la délivrance de legs est demandée ainsi que son acceptation par le légataire.

→ Le légataire à titre particulier ou à titre universel est dispensé de demander la délivrance de legs s'il a également la qualité d'héritier.

2. Le légataire universel

• **En présence d'héritiers réservataires**, le légataire universel doit leur demander la délivrance de legs (sauf s'il est lui-même un héritier réservataire).

• **En l'absence d'héritiers réservataires**, les légataires universels sont saisis de plein droit. Si le testament est authentique, le légataire est dispensé de toute formalité. Si le testament est olographe ou mystique, le légataire doit se faire envoyer en possession. Mais cet envoi en possession ne sera plus systématique (loi du 18/11/2016) à compter du 1er novembre 2017 :
– le notaire devra mentionner, dans le PVODT, avoir vérifié le caractère universel du legs et l'absence d'héritiers réservataires ;
– dans les 15 jours à compter du PVODT, le notaire devra procéder à l'insertion d'un avis (comportant le nom du défunt, l'identification du notaire chargé de la succession et l'existence d'un legs universel) au BODACC et dans un JAL diffusé dans le ressort du TGI du lieu d'ouverture de la succession ;
– pendant un mois à compter de la réception du PVODT par le greffe du TGI, tout intéressé pourra s'opposer à l'exercice de ses droits par le légataire universel. Ce n'est qu'**en cas d'opposition que le légataire universel devra se faire envoyer en possession**.

Procédure d'envoi en possession

Une requête d'envoi en possession est déposée par un avocat auprès du Président du TGI du dernier domicile du défunt. Après contrôle de la validité apparente du testament, de la qualification du legs et de la communication du PVODT au TGI, le magistrat rend une ordonnance d'envoi en possession. Une copie exécutoire de cette ordonnance est déposée au rang des minutes du notaire.

C La formalité particulière en cas de donation entre époux

En marge de la minute de la donation entre époux, la mention du décès est apposée par le notaire rédacteur.
Si la donation entre époux n'a pas été établie par le notaire en charge de la succession, ce dernier demande par courrier à son confrère d'apposer cette mention et de lui adresser une copie de la minute annotée et enregistrée.

D La taxation

• Les libéralités à cause de mort sont enregistrées dans un délai de **3 mois** à compter du décès, au droit fixe de 125 €. Si le testament est olographe ou mystique, sont enregistrés le testament (125 €) et le PVODT (125 €).

• Le notaire est rémunéré par un émolument fixe de 26,92 € HT pour l'établissement du PVODT (A.444-60 C.Com, n° 5 du tableau). Il perçoit des émoluments proportionnels pour la réception d'un acte de délivrance de legs, fixés par l'art. A.444-64 C.Com (n° 9 et 10 du tableau).

L'ouverture du dossier de succession

La succession s'ouvre au décès de la personne. Un membre de la famille ou la personne désignée par le défunt de son vivant demande au notaire de prendre en charge la succession.

1 L'intérêt du recours à un notaire

La mission du notaire dans un dossier de succession consiste à :
1. déterminer les ayants-droit du défunt (héritiers légaux et bénéficiaires de legs contenus dans un testament) et leur part dans la succession ;
2. identifier le patrimoine du défunt et réaliser les actes nécessaires (inventaire, attestations de propriété...) ;
3. conseiller les ayants-droit et les accompagner dans les démarches, notamment fiscales ;
4. procéder au partage de la succession.
L'intervention du notaire pour régler une succession n'est pas obligatoire, **sauf si** le défunt était propriétaire d'immeuble(s), ou si un acte de notoriété doit être établi (voir paragraphe 5).

2 Les informations relatives au décès et au défunt

A L'analyse de l'acte de décès

La première pièce à obtenir est la copie intégrale de l'acte de décès, car elle constitue la **preuve de la réalité du décès**. Le notaire la demande à la famille ou à la mairie du lieu de décès. En pratique, il est nécessaire d'avoir plusieurs copies de cet acte pour les différentes formalités à réaliser dans le dossier.
L'analyse de l'acte de décès permet de connaître :
- les **lieu et date du décès** (celle-ci constitue la date d'ouverture de la succession) ;
- **l'état civil complet du défunt et son dernier domicile** (ce dernier fixe le lieu d'ouverture de la succession).

Date et lieu de l'ouverture de la succession

La date d'ouverture de la succession est le point de départ de nombreux délais à respecter (tels que le dépôt dans les 6 mois de la déclaration de succession).
Le lieu d'ouverture de la succession fixe la compétence territoriale du Service des impôts auprès duquel les droits de succession sont payés, ainsi que celle du TGI chargé de recevoir les actions et formalités relatives au dossier.

L'acte de décès est également utile pour commencer à identifier les héritiers, au regard des indices que cette pièce contient (âge du défunt, sa situation matrimoniale, indication de sa filiation...).

B L'identification précise du défunt

Le notaire demande l'acte de naissance du défunt pour vérifier son état civil et analyser les mentions en marge relatives au(x) mariage(s), divorce(s), PACS, adoption(s)... Il obtient toutes pièces utiles pour établir sa situation personnelle (acte de mariage, contrat de mariage, changement de régime matrimonial, PACS...).
Les livrets de famille permettent de savoir si le défunt avait des enfants, et, en présence d'un conjoint survivant, si ces derniers sont communs ou non.

3 L'établissement de la dévolution successorale

A L'identification des ayants-droit du défunt

1. Les héritiers légaux

En l'absence de dispositions de dernières volontés, les héritiers appelés à la succession sont déterminés par la loi, à savoir les descendants (enfants, petits-enfants...), à défaut les ascendants et collatéraux privilégiés (père, mère, frères et sœurs), à défaut les ascendants ordinaires (grands-parents, arrière-grands-parents...), à défaut les collatéraux ordinaires (tantes, oncles, cousins).
La loi accorde un statut spécifique au conjoint survivant : il bénéficie de droits en présence des descendants et des père et mère (voir fiche 47). Il exclut tous les autres héritiers.

Le mécanisme de la représentation

Un héritier prédécédé (ou qui a renoncé à la succession) est représenté à la succession par sa descendance.
Exemple : le défunt a deux enfants F et G. G est prédécédé et laisse trois enfants. Ces derniers sont appelés à la succession de leur grand-père, en représentation de leur père (ils se partagent la part qu'aurait eue leur père).
La représentation ne joue qu'au profit des descendants du défunt ou de ceux de ses collatéraux privilégiés.

Lorsque la succession est complexe, le notaire peut avoir recours à un généalogiste.

2. La recherche de dispositions de dernières volontés

Le notaire a l'obligation de vérifier si le défunt avait consenti des libéralités qui ne prennent effet qu'à sa mort (testament et/ou donation entre époux – voir fiche 44). Pour ce faire, il consulte le fichier des testaments de son étude et son minutier. Il demande aux proches du défunt s'ils ont connaissance d'un éventuel testament.
Le notaire interroge également par procédé informatique le **Fichier central des dispositions de dernières volontés (FCDDV)**, en étant muni de sa clé USB Réal et d'une copie originale de l'acte de décès. Ce fichier révèle s'il existe un testament enregistré ou une donation entre époux reçue par un autre notaire. Si tel est le cas, la réponse du FCDDV indique la date de l'acte et l'identité du notaire qui l'a inscrit au FCDDV, afin que le notaire en charge de la succession puisse en demander copie à son confrère.
En présence d'un testament ou d'une donation entre époux, le notaire réalise des démarches spécifiques (détaillées dans la fiche 44).

B Les pièces à recueillir

Le notaire vérifie l'identité, la capacité et la situation personnelle de chacun des héritiers et légataires, à l'aide des pièces d'usage (voir fiche 4).

C La rédaction de la dévolution successorale

La dévolution successorale identifie les héritiers appelés à la succession et précise pour chacun d'eux leur qualité héréditaire (voir modèle dans le Carnet professionnel). **Ce n'est pas un acte**.

> **La qualité héréditaire**
>
> La **qualité héréditaire** est le lien qui existe entre le défunt et l'héritier appelé à la succession. Ce lien est la justification de la vocation successorale de cet héritier.
> **Exemple :** « Monsieur Robert DUPONT, FILS DU DÉFUNT, issu de son union avec le conjoint survivant » ou « Madame Anne MARTIN, PETITE-FILLE DU DÉFUNT, venant en représentation de son père prédécédé, Jean MARTIN, décédé le... à ... ».

4 La détermination de la composition de la succession

A La consistance du patrimoine du défunt au jour du décès

- Il faut obtenir toutes les pièces sur **l'actif du patrimoine** : soldes des comptes bancaires, contrats d'assurance-vie, salaires et congés payés dus, arrérages de retraites échus, cartes grises de véhicule et tout justificatif de propriété. En présence d'immeubles, les pièces d'usage sont demandées (voir fiche 5).
- Le notaire demande également les pièces pour déterminer **le passif du patrimoine** : factures diverses (EDF, téléphone...), loyers échus, soldes de prêt, avis d'imposition, charges de copropriété, frais funéraires... Si le défunt bénéficiait de prestations sociales (allocations vieillesse par exemple), il faut déterminer si elles sont **récupérables**, c'est-à-dire si elles doivent être remboursées par la succession à l'organisme (dépendant de l'État ou du département) qui les a fournies.

B Les libéralités consenties par le défunt

Le notaire doit savoir si le défunt avait consenti, de son vivant, des libéralités entre vifs (donations, dons manuels... voir fiche 42).
Cette information est capitale **en présence d'héritiers réservataires** (les descendants, ou, à défaut, le conjoint survivant) : ils bénéficient en effet d'une **réserve**, c'est-à-dire d'une part dans la succession que la loi leur garantit au minimum. Ainsi, de son vivant, le défunt ne peut librement disposer à titre gratuit (par libéralités entre vifs ou à cause de mort) que d'une partie de son patrimoine, appelée **quotité disponible**.
Le notaire doit ainsi obtenir copies des donations et testaments établis par le défunt afin de vérifier que ces libéralités ne portent pas atteinte à la réserve (voir fiche 47).

5 L'acte de notoriété

L'acte de notoriété, qui ne peut être reçu que par un notaire, est un des moyens de **preuve de la qualité héréditaire** (la preuve de la qualité d'héritiers peut être faite par tous moyens).

A La rédaction de l'acte de notoriété

• La première partie de l'acte est consacrée à la **réquisition** : le notaire ne peut pas recevoir d'office un acte de notoriété. Il doit avoir été demandé par au moins un héritier appelé à la succession. Les **intervenants éventuels** sont ensuite identifiés. Il peut s'agir d'un généalogiste si le notaire y a eu recours, et de témoins ou de toute personne ayant connaissance d'éléments importants pour attester la détermination des ayants-droit.

• La rédaction se poursuit avec la **dévolution successorale** (voir paragraphe 3 C). La fiabilité de cette dévolution s'appuie sur deux éléments dans l'acte.

1. D'abord, la dévolution est attestée par des preuves écrites. La copie de l'acte de décès et le compte-rendu de l'interrogation du FCDDV doivent être annexés à l'acte. Toute pièce justifiant la dévolution (état civil du défunt et des héritiers…) est visée, voire annexée.

2. Ensuite, les ayants-droit attestent de la véracité de la dévolution relatée : ils affirment qu'ils ne connaissent pas d'héritiers qui n'auraient pas été appelés (clause AFFIRMATION DE LA QUALITÉ HÉRÉDITAIRE) et qu'ils ne dissimulent aucun bien dépendant de la succession.

→ L'acte de notoriété est signé par au moins un ayant-droit. Un héritier absent peut être représenté au moyen d'une procuration (sous signatures privées ou authentique). Il est opportun que tous les ayants-droit soient présents ou représentés à l'acte, afin qu'ils certifient tous la fiabilité de la dévolution successorale.

• Enfin, le notaire relate dans l'acte le conseil qu'il a fourni aux héritiers :
- sur les formalités qui doivent être réalisées (déclarer fiscalement la succession – voir fiche 48 – et/ou établir une attestation immobilière – voir fiche 46) ;
- sur la portée de l'acte de notoriété (**l'affirmation de la qualité héréditaire ne signifie pas acceptation de la succession**) ;
- sur l'option successorale dont ils disposent (voir fiche 46).

B Les formalités postérieures et la taxation

L'acte est enregistré sur état, au droit fixe de 25 € (mais 125 € si l'acte contient l'option du conjoint survivant – voir fiche 47).

Le notaire envoie un courrier à la mairie du lieu de décès pour que la mention de l'acte de notoriété soit portée en marge de l'acte de décès du défunt.

Le notaire perçoit des émoluments fixes de 57,69€ HT (A. 444-66 1° C.Com, n° 13 du tableau). La consultation du fichier ADSN fait l'objet d'un émolument de formalités, fixé par l'art. A 444-173 C.Com (n° 219 du tableau).

Autres preuves écrites de la qualité d'héritier

- Un héritier en ligne directe peut obtenir le déblocage des comptes du défunt (dans la limite de 5 000 €) sur la présentation d'une **attestation signée par l'ensemble des héritiers** et répondant aux conditions de l'article L 312-1-4 du code monétaire et financier.
- Les héritiers peuvent prouver leur qualité d'héritier dans tout Etat membre de l'Union européenne au moyen d'un **certificat successoral européen**. Ce CSE, établi en France par un notaire, est établi sur un formulaire standardisé (ce n'est pas un acte authentique).

Les actes liés au règlement successoral

Le notaire conseille les héritiers quant à l'option dont ils disposent et reçoit les actes relatifs aux biens de la succession.

1 Les actes et formalités liés à l'option successorale des héritiers

A L'option successorale

Chaque héritier (ou légataire) appelé à la succession peut librement accepter ou refuser la succession. Il a le choix entre :

– l'**acceptation pure et simple** (il recueille l'actif et le passif de la succession, à hauteur de sa part) ;

– l'**acception à concurrence de l'actif net** (il ne répond du passif qu'à hauteur de l'actif de succession reçu) ;

– la **renonciation à la succession** (il ne recueille ni passif, ni actif ; le renonçant est considéré comme n'ayant jamais été héritier).

B Les modalités de l'acceptation ou de la renonciation

- L'héritier peut **accepter purement et simplement** la succession :

– soit de **manière expresse** (par acte séparé sous signatures privées ou authentique, ou à l'occasion d'un acte du dossier – acte de notoriété, attestation immobilière, inventaire...) ;

– soit de **manière tacite** (en réalisant des actes, tels que la vente d'un bien de la succession, qui suppose son intention d'accepter).

→ Il est déconseillé d'accepter la succession dès la signature de l'acte de notoriété, à défaut de connaître précisément la consistance du patrimoine du défunt.

- L'héritier qui **accepte à concurrence de l'actif net** doit en faire la déclaration auprès du greffe du TGI du lieu d'ouverture de la succession. Cette déclaration est enregistrée et publiée au Bulletin officiel des annonces civiles et commerciales (BODACC) ainsi que dans un journal d'annonces légales, afin d'informer les créanciers de la succession. Un inventaire doit être établi (voir paragraphe 3).
- Enfin, la **renonciation** s'effectue par déclaration au greffe du TGI du lieu du dernier domicile du défunt, sur formulaire n° 14037*02.

Les nouvelles attributions du notaire suite à la loi du 18/11/2016

À compter du 1er novembre 2017, la renonciation et l'acceptation à concurrence de l'actif net pourront être reçues par **acte notarié**. Le notaire devra adresser une copie de l'acte (de renonciation ou de déclaration d'acceptation à concurrence de l'actif net), dans le mois de l'acte, au greffe du TGI du dernier domicile du défunt. Le greffe lui adressera avis de réception.
En cas d'acceptation à concurrence de l'actif net, le notaire devra informer l'héritier de l'obligation de faire insérer, dans le mois de la déclaration, un avis dans un JAL diffusé dans le ressort du TGI du lieu d'ouverture de la succession.

Les modalités du choix du conjoint survivant sont différentes et détaillées dans la fiche 47.

2 L'attestation immobilière ou de propriété

Par l'effet du décès, les héritiers du défunt deviennent propriétaires des immeubles de celui-ci. Cette transmission de propriété doit être **constatée** (acte déclaratif – voir fiche 5) par acte notarié aux fins de publication foncière. Cet acte constituera le titre de propriété des héritiers.

A L'analyse du dossier

1. L'obligation d'établir une attestation immobilière

En présence d'immeuble(s), les héritiers doivent, dans un délai de **6 mois** à compter du décès, requérir le notaire pour qu'il établisse une attestation immobilière. Le notaire doit la recevoir et la publier dans un délai de **4 mois** à compter du jour où il a été requis. L'attestation n'est cependant pas nécessaire si un acte de partage (voir fiche 49) est publié au service de publicité foncière dans les 10 mois du décès.

→ Il n'est pas nécessaire d'établir une attestation immobilière si le défunt était usufruitier d'un immeuble, dont il avait précédemment donné la nue-propriété. En effet, au décès, l'usufruit s'éteint et le nu-propriétaire devient pleinement propriétaire (voir fiche 42).

2. L'objet de l'attestation en présence d'un conjoint survivant

Dans cette hypothèse, il est nécessaire de déterminer si le bien était propre ou personnel au défunt, ou s'il était commun ou indivis au défunt et à son conjoint, selon leur régime matrimonial. Ainsi, si le bien était commun, l'attestation immobilière ne porte que sur la moitié de la propriété de l'immeuble (le conjoint survivant demeure plein propriétaire de l'autre moitié).

L'incidence d'un avantage matrimonial

Les époux peuvent s'être consenti un avantage matrimonial (voir fiche 38). Ainsi, par l'effet d'une attribution intégrale de communauté, le conjoint survivant devient pleinement propriétaire de l'immeuble si celui-ci était commun. Ici, une attestation immobilière doit également être réalisée.

B Les formalités préalables

Les pièces d'usage sont demandées, relativement aux immeubles (voir fiche 5).

C La rédaction de l'acte

1. Les clauses relatives au défunt et aux ayants-droit

Après le préambule contenant l'identification des requérants, l'acte rappelle la dévolution successorale (voir fiche 45). L'acte de notoriété est visé (date et notaire rédacteur).
L'acte doit préciser si les héritiers ont ou non accepté la succession.

- Si les héritiers ont **opéré leur choix**, les modalités de l'acceptation sont précisées, l'option du conjoint survivant (voir fiche 47) indiquée.
- S'ils n'ont **pas encore opéré leur choix**, cette information doit être relatée dans l'acte.

Dans ce cas, les ayants-droit **peuvent** prendre leur décision d'accepter ou non la succession à l'occasion de l'établissement de l'attestation immobilière. De même, le conjoint survivant peut effectuer son choix. L'acte contient alors les clauses ACCEPTATION DE LA SUCCESSION et OPTION DU CONJOINT précisant leur choix.

➜ Si l'attestation immobilière constate le transfert de propriété d'un immeuble au profit d'un légataire, l'acte doit mentionner en exposé le testament et relater la réalisation des formalités de saisine du légataire (délivrance de legs ou envoi en possession – voir fiche 44).

2. Les clauses relatives à l'immeuble

L'immeuble est désigné conformément aux règles de la publicité foncière. L'EFFET RELATIF et l'ORIGINE DE PROPRIÉTÉ sont relatés (voir fiche 5). L'acte précise si le bien était propre ou commun, indivis ou personnel, selon le régime matrimonial du défunt et de son conjoint survivant. L'ÉVALUATION de l'immeuble est précisée. Si le bien est commun, la valeur totale est relatée, ainsi que la valeur revenant à la succession (à savoir la moitié) et les quotités détenues par chaque héritier.

➜ Le notaire expose aux ayants-droit les dangers d'une sous-estimation de l'immeuble du point de vue de l'impôt sur la plus-value (voir fiche 10) qui serait dû en cas de revente du bien.

Lorsque l'immeuble objet de l'attestation immobilière constitue le logement de famille, l'acte rappelle utilement les droits du conjoint survivant (voir fiche 47).

D Les formalités postérieures et la taxation

L'attestation immobilière est soumise à la formalité fusionnée (voir fiche 9), avec paiement d'un droit fixe de 125 €. Le délai de publication est donc d'**un mois à compter de la signature de l'acte**, mais elle doit être publiée au plus tard dans les **4 mois** à compter du moment où le notaire a été requis par les héritiers pour établir l'acte (article 33-A du décret du 4 janvier 1955).
La contribution de sécurité immobilière est due (0,10%) sur la valeur de l'immeuble.
Le notaire perçoit des émoluments proportionnels (art. A 444-59 C.Com, n° 1 du tableau).

3 L'inventaire

L'inventaire est un acte dont l'objet est de **décrire et d'évaluer la consistance d'un patrimoine** (à l'actif et au passif). Il a une nature conservatoire : son objectif est de protéger les personnes susceptibles d'être titulaires de droits sur ce patrimoine.

A La nécessité de l'inventaire

Un inventaire doit être établi, notamment :
- si un héritier est soumis à un régime de protection (mineur, majeur sous tutelle...) ;
- si un héritier accepte à concurrence de l'actif net ;
- si un héritier le demande.

L'inventaire peut également présenter un intérêt pour échapper au forfait de 5 % de l'actif brut successoral retenu pour l'évaluation des meubles meublants dans la déclaration de succession (voir fiche 48).

Pour établir l'inventaire, le conjoint (ou le partenaire) survivant, les héritiers appelés à la succession (et éventuellement l'exécuteur testamentaire, ainsi que les légataires universels ou à titre universel) doivent être prévenus et invités à être présents pendant ces opérations.

B La rédaction

L'inventaire, qui peut être établi par un notaire, est structuré en quatre parties.

1. L'intitulé de l'inventaire : la date, l'heure et le lieu de réalisation de l'inventaire sont indiqués. Les requérants sont identifiés, ainsi que le commissaire-priseur qui participe aux opérations. En exposé, la dévolution successorale est rappelée (fiche 45). L'acte de notoriété est visé. Il est d'usage de faire signer les parties à la fin de l'intitulé.

→ Il est possible de réaliser l'inventaire à des moments différents et en divers lieux (au domicile du défunt, dans une banque où le défunt disposait d'un coffre-fort...). Dans ce cas, l'acte précise les ajournements et les transports en cours de séance, en procédant à un nouvel intitulé, signé par les parties.

2. La description et la prisée des biens concerne particulièrement les meubles (meubles meublants, espèces, fonds de commerce...). L'acte contient une description détaillée des biens et leur estimation (« prisée »), article par article. La liste est annexée à l'acte.

3. L'analyse des titres et des papiers détermine l'actif et le passif de la succession.

4. La clôture de l'inventaire : les parties prêtent serment que l'inventaire comprend tous les biens du défunt dont elles ont connaissance, et qu'elles n'ont détourné aucun bien. Les parties doivent prêter personnellement serment dans les 5 ans du décès. Un gardien des meubles est désigné du consentement des parties. L'acte rappelle l'heure de début et de fin des opérations d'inventaire, et il est signé par les parties, le commissaire-priseur et le notaire.

C Les formalités postérieures et la taxation

L'inventaire est enregistré sur état au droit fixe de 125 €.

Le notaire est rémunéré par des émoluments fixes de 76,92 € HT (A. 444-155 C.Com, n° 156 du tableau). Le commissaire-priseur perçoit des émoluments (tarif des commissaires-priseurs judiciaires).

Si un héritier accepte à concurrence de l'actif net, l'inventaire est déposé au TGI du dernier domicile du défunt dans le délai de deux mois à compter de la déclaration, et il est soumis à une publicité au BODACC et à un avis dans un JAL, pour lequel l'émolument de formalités est fixé à 38,46 € (art. A 444-173 du C.Com, n° 218 du tableau).

La liquidation civile de la succession

La liquidation de la succession est l'ensemble des opérations comptables consistant à établir les éléments d'actif et de passif de la succession, et à déterminer les droits des héritiers dans la succession.

1 La liquidation civile de la succession en l'absence de conjoint survivant

L'objectif de la liquidation est ici de vérifier, en présence d'héritiers réservataires, que leur part garantie par la loi (la réserve) est respectée. Les calculs présentés ci-après permettent de déterminer si, par les libéralités entre vifs ou à cause de mort qu'il a consenties de son vivant, le défunt a dépassé la quotité disponible (c'est-à-dire la part de son patrimoine dont il peut disposer librement). Les méthodologies présentées dans cette fiche nécessitent de maîtriser au préalable les fiches 41 à 45.

A Le calcul de l'actif net de succession

- D'abord, **l'actif brut de succession** est calculé, en additionnant tous les biens et droits dont était propriétaire le défunt au jour de son décès. Il est nécessaire, pour chacun d'eux, de retenir leur valeur au jour du décès.
- Ensuite, le **passif brut de succession** est déterminé par la somme de toutes les dettes (financières, fiscales, sociales...) du défunt au jour de son décès.
- L'**actif net de succession** (ou bon de succession) est obtenu en soustrayant le passif brut à l'actif brut (un passif net peut apparaître si le solde est négatif).

B Le calcul de la réserve et de la quotité disponible

Il faut **réunir fictivement** toutes les donations effectuées par le défunt de son vivant, à leur valeur au jour du décès (sauf une donation-partage, réunie pour sa valeur au jour de l'acte, voir fiche 42). Toutes les donations sont prises en compte, quelles qu'elles soient (rapportables ou non, donations notariées et dons manuels) et quel que soit le donataire.

En additionnant l'actif net de succession et le montant total des donations ainsi réunies, on obtient la **masse de calcul de la quotité disponible**.

Il est alors possible de calculer la réserve et la quotité disponible. On applique à cette masse le taux de réserve, en fonction du nombre d'héritiers réservataires.

Nombre d'héritiers réservataires	Réserve héréditaire globale	Quotité disponible
1 enfant	1/2	1/2
2 enfants	2/3	1/3
3 enfants et plus	3/4	1/4

C L'imputation des libéralités

Pour déterminer si les libéralités consenties par le défunt dépassent la quotité disponible, on doit procéder à l'imputation des libéralités, selon les règles suivantes.

- Les libéralités sont imputées dans un **ordre chronologique** : il faut commencer par les libéralités entre vifs (de la plus ancienne à la plus récente) et terminer avec les legs.
- Une libéralité consentie en avancement de part successorale s'impute sur la réserve individuelle de l'héritier réservataire concerné ; si elle est hors part successorale, elle s'impute sur la quotité disponible.
- Une donation en avancement de part successorale qui dépasserait la réserve héréditaire est imputée pour le solde sur la quotité disponible.

À la fin des imputations, on peut déterminer si la quotité disponible est épuisée, voire même dépassée. Dans ce dernier cas, cela signifie que la ou les dernières libéralités imputées portent atteinte à la réserve. Ces libéralités, qualifiées d'**excessives**, peuvent être **réduites**, à la requête des héritiers réservataires concernés, pour protéger leur réserve.

➜ Les héritiers réservataires peuvent avoir renoncé, du vivant de leur auteur, à agir en réduction des libéralités excessives au profit d'une ou plusieurs personnes déterminées, par acte solennel reçu par deux notaires (articles 929 et suivants du Code civil).

2 La liquidation civile de la succession en présence d'un conjoint survivant

La liquidation a ici le double objectif de vérifier que la réserve héréditaire est respectée et de déterminer les droits du conjoint survivant dans la succession.

Les droits du conjoint survivant

Si le défunt n'avait pas consenti de donation entre époux à son conjoint (voir fiche 44), les droits du conjoint survivant en présence d'enfants sont les suivants :

- En cas d'enfants uniquement communs, le conjoint survivant a le choix entre l'usufruit de la totalité des biens existants ou le quart en pleine propriété de ces biens.
- En cas d'enfants non communs, il a droit au quart en pleine propriété des biens existants.
- Il dispose d'un **droit de jouissance temporaire**, pendant un an à compter du décès, sur le logement de famille et les meubles meublants. Ce droit est d'ordre public (il ne peut en être privé) et gratuit.
- S'il n'en a pas été privé par testament authentique (voir fiche 44), le conjoint survivant peut se prévaloir d'un **droit viager** (jusqu'à son décès) de jouissance sur le logement de famille et les meubles meublants. Ce droit n'est pas gratuit : il s'impute sur les droits successoraux du conjoint survivant.

La méthodologie présentée ci-dessous est illustrée dans le Carnet professionnel : « Schémas liquidatifs ».

A Le calcul de l'actif net de succession

• Il faut d'abord **liquider le régime matrimonial** entre le défunt et le conjoint survivant (voir fiche 41). Ainsi, si le défunt était marié sous un régime communautaire, il est nécessaire d'établir l'actif net de communauté.

• Ensuite, l'**actif net de succession** est calculé (= actif brut de succession – passif brut de succession).

Actif brut de succession	• Biens propres du défunt + part du défunt dans le boni de communauté. ou • Biens personnels du défunt + sa part dans les biens indivis (en cas de régime séparatiste).
– Passif brut de succession	• Dettes personnelles ou propres du défunt. • Frais funéraires pour leur montant réel. • Incidences du droit temporaire au logement (exemples : prise en charge des loyers pendant un an si le logement est loué, charges de copropriété).

B Le calcul des droits du conjoint survivant qui opte pour la totalité en usufruit

• D'abord, il faut calculer l'assiette sur laquelle porte l'usufruit, qui est « la totalité des biens existants » (art. 757 Code civil), c'est-à-dire l'actif net de succession. Cependant, certains auteurs estiment qu'il est nécessaire de retrancher de cette assiette les legs non rapportables. L'assiette de l'usufruit (ou **masse de calcul de l'usufruit**) est ainsi calculée en appliquant la formule suivante :

→ Actif net de succession – Legs non rapportables

• Ensuite, pour déterminer la valeur des droits du conjoint survivant usufruitier, on applique sur cette masse le **taux en fonction de l'âge de l'usufruitier**, selon le barème fiscal (article 669 CGI, voir Carnet professionnel).

L'usufruit du conjoint survivant

L'usufruit dont est titulaire le conjoint survivant recouvre le droit viager d'habitation et d'usage du mobilier. Cet usufruit ne porte pas atteinte à la réserve héréditaire car les héritiers réservataires, en tant que nus-propriétaires, ont vocation à devenir pleins propriétaires au décès de l'usufruitier.

Cependant, si le défunt avait consenti des libéralités, il convient de vérifier qu'elles ne dépassent pas la quotité disponible (voir paragraphes 1 B et C).

C Le calcul des droits du conjoint survivant qui opte pour le ¼ en pleine propriété

1. Le calcul du droit théorique du ¼ en pleine propriété

En premier lieu, la **masse de calcul du droit en propriété** du conjoint survivant est déterminée grâce à la formule suivante (art. 758-5 al. 1 Code civil) :

→ Actif net de succession + libéralités rapportables – legs non rapportables

En second lieu, on détermine la valeur du droit théorique au ¼ en pleine propriété, qui s'élève au **quart de la masse de calcul**.

2. Le calcul de la masse d'exercice du droit en propriété du conjoint survivant

La question est de savoir si la quotité disponible est suffisante pour que le conjoint survivant puisse exercer son droit théorique au ¼ en pleine propriété, tout en respectant les libéralités consenties par le défunt et la réserve héréditaire.

→ En présence d'enfants, ce quart en pleine propriété n'est pas une réserve garantie par la loi au conjoint survivant. Il est donc possible que le conjoint ne puisse pas obtenir pleinement le ¼ en pleine propriété.

Pour calculer la **masse d'exercice du droit en propriété** (art. 758-5 al. 2 CC), il est nécessaire de:
1. calculer la masse de calcul de la quotité disponible;
2. calculer la réserve et la quotité disponible;
3. imputer les libéralités sur la réserve et la quotité disponible (voir paragraphe 1 B et C).
Le **solde de la quotité disponible**, après imputation des libéralités, constitue la masse d'exercice.

3. L'imputation du droit théorique en propriété sur la masse d'exercice

Deux hypothèses peuvent se présenter:
- la valeur du droit théorique du ¼ en pleine propriété est inférieure à la masse d'exercice: le conjoint survivant peut exercer pleinement son droit;
- si la valeur du droit théorique du ¼ en pleine propriété est supérieure à la masse d'exercice, le conjoint survivant ne peut exercer son droit que dans la limite de cette masse.

4. L'incidence des droits viagers d'habitation et d'usage du mobilier

Le conjoint survivant a un délai d'un an à compter du décès pour se prévaloir de ses droits viagers d'habitation et d'usage du mobilier.
Ces droits viagers d'habitation et d'usage du mobilier sont évalués à **60 % de la valeur en usufruit de (l'immeuble + meubles meublants)**.
Ces droits s'imputent sur les droits successoraux du conjoint survivant (art. 765 Code civil):
- si la valeur des droits viagers est inférieure à celle du droit en pleine propriété, le conjoint peut prendre le complément sur les biens existants;
- au contraire, si la valeur est supérieure, le conjoint n'a pas à restituer le surplus à la succession.

D Le choix du conjoint survivant

Seule une comparaison des droits du conjoint survivant selon les différentes alternatives dont il dispose, lui permet de pouvoir **opter** de manière éclairée pour l'une d'entre elles:
- soit à l'occasion de la réception de l'acte de notoriété ou de l'attestation immobilière;
- soit par acte séparé, dit « acte de déclaration d'option ».

→ Le conjoint survivant exerce librement le choix dont il peut disposer entre la totalité en usufruit et le ¼ en pleine propriété. Un héritier peut l'inviter par écrit à exercer son option. À défaut de réponse dans les 3 mois, le conjoint survivant est réputé avoir opté pour l'usufruit. Il en est de même s'il décède avant d'avoir opté.

La liquidation fiscale de la succession

La succession doit être enregistrée: elle est ainsi déclarée aux services fiscaux et les droits de succession dus par les héritiers sont versés. Pour calculer ces droits, il est nécessaire de procéder à la liquidation fiscale de la succession (voir les schémas liquidatifs dans le Carnet professionnel pour exemple).

1 La détermination de l'assiette des droits de succession

La première étape de la liquidation fiscale est le calcul de l'actif net de succession, dont le mode de calcul **diffère de celui de la liquidation civile** (voir fiche 47).
Si le défunt était marié, il est nécessaire de procéder au préalable à la liquidation du régime matrimonial (voir fiche 41).

A Le calcul de l'actif brut de succession

L'actif brut de succession est composé de l'ensemble des biens et droits dont le défunt était propriétaire à son décès : part du défunt dans le boni de communauté, comptes bancaires, immeubles, fonds de commerce, parts de société, salaires et congés payés non versés, véhicules, brevets... La valeur retenue est celle au jour du décès. Cependant, pour certains biens, le droit fiscal fixe des règles spécifiques (qui diffèrent de la liquidation civile).

1. L'évaluation de la résidence principale

Si le défunt était propriétaire de sa résidence principale, un **abattement de 20 %** est admis sur la valeur de ce bien, à condition qu'il continue à être occupé, après le décès, par le conjoint ou le partenaire survivant, ou par au moins un de ses descendants ou de son conjoint ou partenaire (mineur ou majeur protégé ou atteint d'une infirmité physique ou mentale).

2. L'évaluation des meubles meublants

La valeur retenue pour les meubles meublants (meubles qui garnissent un immeuble) est spécifique. Il s'agit :
- de la valeur lors de leur vente aux enchères dans les 2 ans du décès ;
- à défaut, celle retenue lors des opérations d'inventaire (voir fiche 46) ;
- à défaut, leur valeur ne peut être inférieure à **5 % de l'actif brut de succession**.

Précision sur la valeur des meubles meublants

- Si le défunt était marié sous un régime de communauté, l'assiette des 5 % se calcule sur la base suivante : ½ actif brut de communauté + biens propres du défunt.
- S'il est possible de prouver par écrit que le défunt n'était pas propriétaire de meubles meublants (une personne en maison de retraite par exemple), aucune valeur n'est retenue.

3. L'assurance-vie

Les assurances-vie font en principe l'objet d'une taxation distincte, calculée par l'assureur. Cependant, doivent être déclarées lors de la liquidation fiscale les primes versées après le

70e anniversaire du défunt. Si la police a été souscrite après le 20 novembre 1991, seule la fraction des primes qui excède 30 500 € est soumise aux droits de succession.

4. Les exonérations

Le droit fiscal prévoit des exonérations spécifiques.
Certaines exonérations tiennent à la **situation du défunt** (par exemple, sont exonérés les biens des victimes de guerre ou d'actes de terrorisme). D'autres sont liées à la **nature du bien** (par exemple, les monuments historiques, les bois et forêts, les parts de sociétés, les entreprises individuelles sont, sous conditions, partiellement ou totalement exonérés).

B Le calcul du passif brut de succession

- Le passif brut de succession est composé de toutes les dettes (financières, fiscales...) du défunt. Les dettes qui peuvent être déduites fiscalement sont celles qui répondent aux trois critères cumulatifs suivants :
- la dette est personnelle au défunt ;
- elle existe au jour du décès (elle n'est pas éteinte et est antérieure au décès) ;
- elle peut être justifiée par un écrit.
- Par exception, certaines dettes nées après le décès peuvent être déduites :
- les frais funéraires, dans la **limite** d'un forfait de 1 500 € ;
- les frais relatifs au droit temporaire au logement du conjoint survivant.

Les frais déductibles fiscalement au titre du droit temporaire

Fiscalement, ne peuvent être déduits que les loyers effectivement versés (si le logement est loué) ou l'indemnité d'occupation versée (si le logement est soumis à indivision). Contrairement à la liquidation civile (fiche 47) les charges de copropriété et la taxe d'habitation ne sont pas fiscalement déductibles au titre du droit temporaire et gratuit.

- Enfin, les legs consentis par le défunt font également partie du passif brut (la taxation des legs est en effet établie distinctement pour chaque légataire).

C Le calcul de l'actif net de succession

L'**actif net de succession** est calculé : actif brut de succession – passif brut de succession (un passif net apparaît si le passif est supérieur à l'actif).

2 La détermination des droits de succession

Le calcul des droits de succession suit la même méthode que celle retenue pour les droits de donation (voir fiche 43), sous réserve des différences développées ci-dessous. Les astérisques (*) renvoient aux tableaux du Carnet professionnel, qui permettent d'effectuer les calculs.

A La détermination de la part taxable de chaque héritier

1. Les parts des héritiers sont déterminées en fonction de leurs droits dans la succession. En cas de conjoint survivant ayant opté pour l'usufruit*, celui-ci et les droits en nue-propriété* sont calculés en fonction de l'âge de l'usufruitier.

2. Sur cette part, chaque héritier peut bénéficier d'un **abattement* en fonction de son lien de parenté** avec le défunt. **La loi TEPA exonère le conjoint survivant et le partenaire survivant** de droits de succession.

B L'incidence des donations antérieures

Les donations antérieures consenties par le défunt peuvent avoir une incidence sur la part taxable de chaque héritier.

1. L'incidence des règles civiles

En matière fiscale, les règles civiles (voir fiche 47) ont un impact sur la détermination de la part taxable de chaque héritier, s'il a reçu une donation de la part du défunt.

- S'il a reçu une donation **en avancement de part successorale** :

– la valeur de la donation au jour du décès est ajoutée à l'actif net de succession pour déterminer la part de chaque héritier ;

– la part de l'héritier qui a reçu la donation est diminuée de la valeur des biens donnés au jour du décès.

- Si la donation a été consentie **hors part successorale** :

– la valeur de la donation au jour du décès n'est pas ajoutée à l'actif net de succession pour calculer la part de chaque héritier ;

– la part de l'héritier qui a reçu la donation n'est pas affectée.

Exemple

X décède en mars 2017 et laisse pour lui succéder deux enfants, A et B. L'actif net de succession s'élève à 140 000 €. X avait consenti à A une donation en avancement de part successorale d'un montant de 70 000 € en avril 1994. **Le bien donné vaut 80 000 € le jour du décès**.

- La donation étant en avancement de part, la masse totale est de 220 000 € (140 000 + 80 000) : la part de chaque enfant est de 110 000 €.
- L'actif net de succession (140 000 €) est réparti comme suit : la part taxable de A s'élève à 30 000 € (110 000 – 80 000, la donation étant consentie en avancement de part). B n'ayant reçu aucune donation de la part du défunt, sa part taxable est de 110 000 €.

2. L'incidence du rappel fiscal

Il faut prendre en compte les **donations de moins de 15 ans** (qu'elles soient rapportables ou non, sous forme notariée ou par don manuel) pour le calcul de l'abattement disponible et des droits de succession (voir explications sur le rappel fiscal en fiche 43).

Exemple (suite)

Reprenons l'exemple ci-dessus. B n'ayant reçu aucune donation, il bénéficie d'un abattement de 100 000 €. Le montant de sa part taxable est donc de 10 000 €. La donation reçue par A datant de plus de 15 ans (avril 1994), il bénéficie à nouveau de l'intégralité de l'abattement : ce dernier étant supérieur à sa part (30 000 €), A n'a aucun droit à payer.

C Le calcul des droits de succession

Les droits de succession sont calculés en appliquant sur la part taxable de chaque héritier (après application de l'abattement) les **taux* en fonction du lien de parenté** avec le défunt. Une **réduction*** peut être appliquée sur le montant des droits dus.

3 La déclaration et le paiement des droits de succession

Pour procéder à la déclaration de la succession et au paiement des droits, il est nécessaire de renseigner et de déposer une **déclaration de succession**.

A Le renseignement de la déclaration de succession

La **déclaration de succession n'est pas un acte** : les formulaires n° 2705, 2705 S et 2706 sont renseignés en deux exemplaires (un seul exemplaire suffit si l'actif brut de succession est inférieur à 15 000 €). Il est nécessaire d'y indiquer les éléments suivants :

- identification du défunt et des date et lieu de décès ;
- identification de sa situation conjugale ;
- indication des libéralités consenties de son vivant par le défunt ;
- identification du ou des héritiers procédant à la déclaration ;
- reproduction de la dévolution successorale (voir fiche 45) ;
- mention de l'acte de notoriété (date et notaire rédacteur) ;
- exposé indiquant les assurances-vie et les donations antérieures consenties par le défunt ;
- indication de l'inventaire (voir fiche 46) le cas échéant ;
- désignation précise des éléments d'actif et de passif, et de leur valeur respective ;
- calculs de l'actif net de succession et des droits de succession dus par chaque héritier.

La déclaration doit être établie et signée par au moins un héritier. Les héritiers sont **solidaires** du paiement des droits de succession (les légataires ne sont pas concernés par cette solidarité).

B Le dépôt de la déclaration de succession

La déclaration de succession est déposée au **Service des impôts du lieu du dernier domicile du défunt**, avec le paiement des droits dus (par prélèvement, voire par la remise d'un objet d'art…). Si le défunt était domicilié à l'étranger, elle est déposée auprès du Sevice des impôts des non-résidents (à Noisy-le-Grand).

La déclaration doit être déposée dans **les six mois du décès**, sous peine d'intérêts et de majorations de retard. Des délais spécifiques s'appliquent dans certaines situations (par exemple, si le défunt est décédé à l'étranger, le délai est d'un an).

→ **La déclaration doit être déposée même si aucun droit n'est dû par les héritiers. Ce dépôt n'est pas obligatoire dans les cas suivants :**
- pour les successions bénéficiant **aux enfants ou au conjoint (ou partenaire de PACS)** lorsque l'actif brut de succession est **inférieur à 50 000 €** (sauf si les héritiers ont bénéficié d'une libéralité non enregistrée ou non déclarée de la part du défunt),
- **ou** lorsque l'actif brut est **inférieur à 3 000 €**.

C La taxation

Le notaire qui établit la déclaration de succession est rémunéré par des émoluments proportionnels fixés par l'art. A 444-63 C.Com (n° 8 du tableau).

Le partage et la licitation

Pour sortir de l'indivision, les indivisaires (par exemple des héritiers suite à un décès, des ex-époux suite à un divorce) peuvent décider soit de procéder au partage des biens indivis, soit de se céder entre eux leur part dans l'indivision.

1 Le partage

Le partage est un acte qui a pour objectif de **répartir les biens et les dettes indivis** entre les indivisaires, en fonction de leurs droits dans l'indivision successorale. Le partage a un **effet déclaratif** (voir fiche 5) : il efface rétroactivement l'indivision.

A L'analyse du dossier

Le partage est **amiable** lorsque les indivisaires s'accordent sur la répartition de l'actif et du passif à partager.

→ En cas de mésentente, le partage est **judiciaire** (ce dernier n'est pas étudié ici).

Le partage s'effectue à égalité des droits de chaque copartageant. Il s'agit d'une **égalité en valeur** : des **lots** sont constitués et **attribués** à chacun des copartageants, **en fonction de leur part** dans la masse indivise. Deux situations peuvent se présenter.

- La consistance des biens permet de constituer des lots correspondant aux droits de chaque copartageant : le partage est **pur et simple**.
- La consistance des biens ne permet pas de constituer des lots correspondant aux droits des copartageants. L'inégalité est compensée par une **soulte**, versée par le copartageant recevant un lot supérieur à ses droits, au profit du copartageant dont le lot est inférieur à ses droits.

Le partage est **total** s'il porte sur l'ensemble des biens indivis. À défaut, il est **partiel** : après le partage, certains biens demeurent en indivision.

Le partage est reçu sous forme notariée s'il porte sur un ou plusieurs immeubles, aux fins de publication foncière.

B Les formalités préalables

En présence d'un indivisaire mineur ou placé sous un régime de protection, les autorisations nécessaires doivent être obtenues (voir fiche 4 et Carnet professionnel).

1. La détermination de la masse à partager

Il est nécessaire de lister l'ensemble des biens et dettes à partager. La valeur retenue doit être celle à la date **la plus proche possible du partage**. Cette date, dite « date de jouissance divise », doit être fixée. Avant cette date, les fruits et revenus des biens indivis font partie intégrante de la masse à partager.

Il convient d'ajouter à cette masse les libéralités qui sont **rapportables** (à leur valeur au jour du partage), c'est-à-dire les legs et les donations en avancement de part successorale, à l'exception des donations-partages (voir fiches 42 et 44).
Les libéralités consenties **hors part successorale** ne sont pas rapportables au partage. Cependant, la masse à partager est augmentée de l'indemnité de rapport en cas de libéralité excessive (c'est-à-dire une libéralité qui dépasserait la quotité disponible – voir fiche 47).

2. La préparation des lots

Les lots sont préparés à l'amiable entre les copartageants, en répartissant les biens et les dettes à partager. La soulte éventuelle est calculée.
Deux éléments doivent être pris en compte :
- le conjoint survivant peut avoir le droit de prélever un bien avant le partage (notamment par l'effet d'une clause de PRÉCIPUT dans un régime communautaire, ou d'une clause FACULTÉ D'ATTRIBUTION OU D'ACQUISITION dans un régime séparatiste : voir fiche 38) ;
- certains copartageants peuvent bénéficier d'une ATTRIBUTION PRÉFÉRENTIELLE de certains biens dans leur lot (par exemple, le conjoint survivant ou un héritier peut demander l'attribution de l'entreprise appartenant au défunt s'il participait à son exploitation).

C La rédaction

Le préambule contient la COMPARUTION de tous les copartageants (voir fiche 4).
En exposé, il est utile :
- de préciser si le partage fait suite à un décès (la dévolution successorale est alors rappelée) ou à un divorce (voir fiche 41) ou à la dissolution d'un PACS (voir fiche 40) ;
- de décrire les biens et dettes à partager (pour la DÉSIGNATION d'un immeuble, voir fiche 5) ;
- de rappeler les donations antérieures le cas échéant ;
- d'indiquer la date de jouissance divise.

L'acte procède ensuite à la liquidation de l'indivision (voir fiche 47) pour déterminer **l'actif net à partager** et chiffrer la **part de chaque copartageant**.
Puis il opère le partage proprement dit : les lots de chaque copartageant sont désignés (en indiquant les biens et les dettes affectés au lot, ainsi que la soulte éventuelle). La valeur totale du lot est précisée. Le partage étant amiable, le consentement du copartageant est relaté.

Exemple de rédaction de l'attribution d'un lot

« Il est attribué à Madame Gaëlle VERNIER, qui **accepte**, avec l'accord des copartageants, la part lui revenant dans la masse à partager, ainsi composée :

LOT NUMÉRO UN

L'immeuble sis à Toulon (83 000), 3 rue de la Marine :	320 000,00 €
À déduire :	
- le montant du remboursement du prêt n° 1433 212PR :	34 000,00 €
- la soulte à verser à Monsieur Franck VERNIER :	100 000,00 €
Total égal à ses droits :	186 000,00 € »

En présence d'une soulte, il est nécessaire d'indiquer son mode de paiement (à terme ou comptant). Si le paiement est à terme, l'acte rappelle :
- la RÉVISION DE LA SOULTE si la valeur des biens attribués au débiteur augmente ou diminue de plus d'¼ ;

– le **privilège de copartageant** reconnu par la loi au créancier de la soulte sur l'immeuble attribué au débiteur (en garantie du paiement de la soulte).

Enfin, à titre d'information, une clause indique aux copartageants qu'ils peuvent **agir en complément de part** s'ils subissent une lésion de plus d'¼ : un copartageant dont le lot attribué aurait une valeur inférieure au ¾ de la valeur de sa part peut demander le complément, dans le délai de 2 ans suivant le partage. Cette action en complément de part n'est pas ouverte aux copartageants si le partage est judiciaire ou s'il a été homologué par une décision de justice.

D Les formalités postérieures

Le partage doit être enregistré. Lorsqu'il porte sur un ou plusieurs immeubles, le partage est soumis à la formalité fusionnée (voir fiche 7).

En présence d'une soulte payée à terme, le privilège de copartageant doit être inscrit dans un délai de 2 mois suivant le partage, afin de prendre rang rétroactivement à la date de l'acte (voir fiche 29).

E La taxation

Le partage est soumis à un **droit de partage** (voir fiche 9), au taux de **2,5 %**.

L'assiette taxable est constituée par l'**actif net partagé**, **sans déduction** de la soulte éventuelle **si** le partage porte sur des biens dépendant d'une succession ou d'une communauté conjugale, **et s'il** intervient entre les membres originaires de l'indivision, leurs conjoints, ascendants ou descendants. Il en est de même pour les partages de biens indivis entre époux ou partenaires.

Dans les autres partages, la soulte n'est pas soumise au droit de partage de 2,5 % (elle est donc déduite de l'actif net partagé) : elle est taxée comme une vente au taux de 5,81 % (par exemple, en cas de partage d'un bien indivis entre des concubins). La CSI (0,10 %) est perçue sur la valeur de chaque immeuble qui est attribué.

Le notaire perçoit des émoluments proportionnels (art. A 444-121 1° C.Com, n° 101 du tableau).

2 La licitation

Pour sortir de l'indivision, il est également possible qu'un indivisaire cède ses droits indivis à son co-indivisaire. Cet acte, appelé **licitation**, peut avoir pour effet :

– soit de **faire cesser l'indivision** si, après l'opération, les biens sont la propriété personnelle d'un seul ;

– soit, à l'inverse, de **ne pas faire cesser l'indivision** (seul un indivisaire est sorti, mais le bien demeure en indivision).

→ Si un indivisaire souhaite sortir de l'indivision en cédant ses droits indivis à un tiers non-membre de l'indivision (cette cession est une vente et non une licitation), il doit proposer en priorité la cession aux co-indivisaires, sous peine de nullité de l'acte.

→ Pour purger ce **droit de préemption** (voir fiche 19), il doit notifier **par exploit d'huissier** sa volonté de vendre en précisant les conditions projetées. Les co-indivisaires disposent d'un délai d'un mois à compter de la notification pour préempter.

A Les formalités préalables

La vérification de l'identité et de la capacité des indivisaires (cédant pour l'un, cessionnaire pour l'autre) est réalisée à l'aide des pièces d'usage (voir fiche 4).
Il est nécessaire d'obtenir les pièces justifiant la part indivise du cédant (titre de propriété **et** état hors formalité). Les documents informant sur l'état du bien ne sont pas demandés, les parties déclarent dans l'acte connaître parfaitement l'état du bien.
Si l'indivision porte sur un immeuble situé dans une zone où a été institué un droit de préemption urbain, ce dernier ne s'applique pas à la licitation.
Le cessionnaire ne bénéficie pas du délai de rétractation (ou de réflexion) prévu par la loi SRU. S'il finance le prix par un prêt, il est recommandé de respecter les dispositions des lois Scrivener (voir fiche 28), mais il n'est pas certain que la licitation entre dans leur champ d'application.

B La rédaction

La licitation est structurée en deux parties (normalisée et développée) et contient les clauses analogues à la vente (voir fiche 20) :
- les indivisaires, cédant et cessionnaire, comparaissent à l'acte ;
- un exposé rappelle les QUOTITÉS détenues par chaque co-indivisaire ;
- la part indivise cédée est désignée et son prix déterminé ;
- les biens sur lesquels les droits indivis portent sont désignés.

Les garanties du paiement du prix de la licitation

La licitation ayant un **effet déclaratif**, qu'elle fasse ou non cesser l'indivision (article 883 al. 2 du Code civil), les garanties prises en paiement du prix (voir fiche 29) sont les suivantes.
- Si le prix est payé à terme, le cédant peut bénéficier du privilège de copartageant, et non du privilège de vendeur (article 2381 Code civil).
- Si le prix est payé comptant à l'aide d'un prêt, le prêteur peut soit se voir consentir une hypothèque conventionnelle, soit demander à être subrogé dans le privilège de copartageant.

(Pour certains auteurs, ces solutions seraient spécifiques à la licitation faisant cesser l'indivision : en cas de licitation ne faisant pas cesser l'indivision, les garanties seraient celles applicables en matière de vente).

C Les formalités postérieures et la taxation

La licitation est enregistrée. Lorsque les droits indivis portent sur des immeubles, l'acte est soumis à la formalité fusionnée.
En principe, les droits dus sont ceux de la vente (voir fiche 9).
Cependant, **si la licitation** porte sur des biens dépendant d'une succession ou d'une communauté conjugale, **et si** elle intervient entre les membres originaires de l'indivision, leurs conjoints, ascendants ou descendants, elle est alors fiscalement assimilée à un partage (voir ci-dessus). Le droit de partage de 2,5 % est alors dû :
- sur la valeur des droits indivis cédés si la licitation ne fait pas cesser l'indivision ;
- sur la valeur totale des biens indivis (sans soustraction de la part du cessionnaire) si la licitation fait cesser l'indivision.

La CSI (0,10 %) est due sur la valeur des droits transmis à l'occasion de la licitation. Le notaire perçoit des émoluments proportionnels (art. A 444-87 1° C.Com, n° 48 du tableau).

4

L'entreprise et les sociétés

Le bail professionnel

Le bail professionnel, régi par l'article 57A de la loi du 23 décembre 1986, est réservé aux activités dites « libérales ». Le bail notarié vient sécuriser la situation du preneur (il est obligatoire si la durée du bail est supérieure à 12 ans).

1 L'analyse du dossier

A L'activité du preneur

L'activité exercée par le preneur doit être à **caractère libéral**. Selon l'article 29 de la loi du 22 mars 2012, les critères de la profession libérale, activité civile, sont les suivants :
- une prestation principalement intellectuelle, technique, ou de soins ;
- exercée à titre habituel, de manière indépendante, sous la responsabilité du professionnel libéral ;
- exigeant des qualifications professionnelles et le respect d'une déontologie.

Ainsi, huissiers, avocats, notaires, médecins, géomètres-experts... ont une profession libérale.

B L'usage du local

Le bail est professionnel si l'usage du local est **uniquement** réservé à une activité libérale, (un commerçant ne peut en bénéficier – voir fiche 51). Cependant, **si l'usage est mixte** (c'est-à-dire à la fois professionnel et d'habitation), **le bail est soumis à la loi du 6 juillet 1989** sur le bail d'habitation (voir fiche 34).

→ Depuis 2008, si l'usage est exclusivement professionnel, les parties peuvent convenir de se soumettre au régime des baux commerciaux (voir fiche 51), **plus protecteur** pour le preneur.

2 Les formalités préalables

Les formalités communes à tous les actes doivent être effectuées (voir fiches 4 et 5).

A Les pièces relatives aux parties

- Les vérifications concernant la solvabilité, la capacité et les pouvoirs sont les mêmes que pour le bail d'habitation (voir fiche 34). Du point de vue du bailleur, en cas de démembrement de la propriété, l'usufruitier peut conclure seul l'acte. Si le bien est en indivision, les coindivisaires représentant 2/3 des droits indivis peuvent consentir un bail professionnel. Mais s'il est conclu pour plus de 9 ans, il est considéré comme un acte de disposition : l'usufruitier doit obtenir l'accord du nu-propriétaire, et l'unanimité des indivisaires est requise (de plus, il nécessite dans ce cas une autorisation ou assistance si le bailleur une personne protégée – voir fiche 4).
- Il convient de s'assurer également de l'aptitude du preneur à exercer la profession, et notamment sa **capacité d'exercice de l'activité** (plus particulièrement pour les professionnels étrangers). Il faut vérifier que le preneur détient les diplômes professionnels et les autorisations requises pour l'exploitation de l'activité envisagée.

B Les pièces relatives à l'immeuble loué

- Une analyse attentive du **titre de propriété** permet de s'assurer de l'absence de pacte de préférence, de promesse de bail ou d'interdiction de louer pour un usage professionnel.
- Il faut vérifier l'absence d'engagement par le bailleur à conserver un usage d'habitation consécutif à l'octroi d'avantages fiscaux, d'aides ou de prêts au moment de l'acquisition de l'immeuble.
- Un **certificat d'urbanisme** est obtenu pour contrôler l'absence de règles posées par le PLU de la commune (ou tout autre document d'urbanisme) s'opposant à l'exercice de l'activité et/ou à la réalisation des travaux nécessaires à l'activité.

Les changements d'usage et de destination

- Si le local, à usage initial d'habitation est destiné à accueillir une activité économique, **ce changement, dit « d'usage »**, doit être autorisé, préalablement à la signature du bail, si le bien se situe dans une commune de plus de 200 000 habitants, et dans celles la petite couronne parisienne (Hauts-de-Seine, Val de Marne, Seine-Saint-Denis) ou dans une commune ayant institué cette procédure. L'autorisation du changement d'usage, délivrée par le maire, est accordée à titre personnel et cesse lorsqu'il est mis fin au nouvel usage (art. L 631-7 CCH).
- Si la destination du bien est modifiée au regard de celle précisée dans le PLU (commerce en bureaux par exemple), il s'agit alors d'un **changement de destination**, qui nécessite le dépôt d'une **déclaration préalable** (ou d'un **permis de construire**, si des travaux importants sont nécessaires). Le changement de destination, portant sur le local, est définitif au regard du PLU.

Le cas échéant, le cahier des charges ou le règlement de copropriété (voir fiches 23 et 24) peuvent interdire l'exercice de l'activité envisagée ou la réalisation de travaux. Par exemple, un règlement de copropriété peut interdire toute activité économique (commerciale, professionnelle...) par une clause « d'habitation exclusivement bourgeoise ». Si la clause est « simplement bourgeoise », seules les activités libérales sont autorisées dans la copropriété.

- Il faut réunir différents **diagnostics** obligatoires (ERNMT, DPE) et établir un état de pollution des sols. Le local est destiné à accueillir du public (articles R 123-2 et suivants du CCH) et des salariés : il faut donc être en possession du **rapport de la commission de sécurité**, pour prévoir d'éventuels travaux ou aménagements (installations électriques, normes sanitaires...). Les diagnostics amiante, plomb, gaz et électricité sont conseillés.
- Un **état des lieux** est obligatoirement établi contradictoirement entre les parties et annexé à l'acte, tout comme l'annexe environnementale (voir fiche 51).

3 La rédaction

Le bail professionnel est établi par **écrit** sous forme authentique ou sous signatures privées. Les règles de rédaction sont à respecter (voir fiches 2, 4 et 5). Certaines clauses sont particulières au bail professionnel.

Clauses	Contenu des clauses
DURÉE DU BAIL	Rappel de la **durée légale** du bail professionnel : **6 ans au minimum**. *(Le bail ne peut pas prévoir une durée plus courte.)*
RÉSILIATION DU BAIL	Rappel des règles légales (résiliation possible à tout moment par le preneur, avec un congé donné au moins six mois à l'avance). Une clause résolutoire peut être stipulée.

→→→

→→→

Clauses	Contenu des clauses
NON-RENOUVELLEMENT DU BAIL	Rappel des règles légales : - non-renouvellement possible par les parties à l'issue du bail, sans justification ; - avec un congé donné au moins six mois à l'avance (le congé n'a pas à être motivé) par LRAR ou constat d'huissier.
LOYER	• Indication du montant du loyer (fixé librement entre les parties) en lettres et en chiffres, par période, et du loyer annuel. • Ventilation éventuelle du loyer TTC en loyer HT et montant de la TVA.
RÉVISION DU LOYER	• Précision obligatoire pour permettre la modification du loyer (sinon, il reste identique pendant toute la durée du bail, à défaut de révision prévue par la loi). • Mention de l'**indice d'indexation** (publié par l'Insee) et du **mode de calcul** (nouvel indice x loyer /indice de référence) sur l'indice de loyers des activités tertiaires (IALT).
PAS-DE-PORTE	Mention du montant de ce supplément de loyer et de ses modalités de paiement. *(accordé par exemple en contrepartie de l'octroi d'un bail d'une durée supérieure à 6 ans)*
CHARGES ET TRAVAUX	• Précision de la répartition conventionnelle des charges et des réparations concernant le local. • Indication de la prise en charge des travaux nécessaires à l'activité professionnelle (par le bailleur et/ou le preneur).
CESSION ET SOUS-LOCATION	Précision nécessaire de l'autorisation ou de l'interdiction de la cession du bail ou de la sous-location du local par le preneur (librement à défaut).

4 Les formalités postérieures

• Le bail professionnel est exonéré de la formalité d'enregistrement. Cependant, l'enregistrement volontaire est conseillé si le bail est rédigé sous signatures privées pour lui conférer date certaine.

• La publication au service de publicité foncière du lieu de situation de l'immeuble n'est nécessaire que si sa durée excède 12 ans.

• Après la signature de l'acte, la formaliste établit une **copie exécutoire** à la demande du bailleur et une **copie authentique** pour le preneur (voir fiche 6).

5 La taxation

Si le bail doit être publié, il est soumis à la TPF à taux réduit (0,715 %) sur la base du montant cumulé des loyers et des charges sur la durée du bail (si la durée du bail est supérieure à 20 ans, la TPF est assise sur la moyenne annuelle du loyer et des charges x 20).

→ Si le bailleur est assujetti à la TVA (voir fiche 51), la TPF est calculée sur la base des loyers **hors taxe** augmentés des charges. Cependant, pour la liquidation de la CSI, la TVA est assimilée à une charge augmentative du prix : elle est donc calculée sur la base des loyers **toutes taxes comprises**.

La rédaction d'un bail professionnel est rémunérée par des honoraires, sur la base d'une convention établie par écrit et préalable à la prestation (voir fiche 8).

Le bail commercial

Le bail commercial est encadré par le statut mis en place par le décret du 30 septembre 1953. L'avantage principal est qu'il confère au locataire une relative stabilité, caractérisée par son droit au renouvellement du bail : le preneur est protégé pour maintenir son activité économique dans les lieux et sa situation n'est pas remise en cause à chaque renouvellement (on parle ainsi de « propriété commerciale »).

1 L'analyse du dossier

A L'application du statut des baux commerciaux

- Pour bénéficier de ce statut, le locataire doit être inscrit préalablement au Répertoire du commerce et des sociétés (s'il est commerçant) ou au Répertoire des métiers (s'il est artisan) **et** être propriétaire de son fonds de commerce. L'article L 145-2 du Code du commerce prévoit son extension à d'autres activités (voir fiche 50).
- Il est préférable d'établir un **écrit** pour des raisons de preuve, et obligatoirement sous la forme authentique si le bail est conclu pour une durée supérieure à 12 ans.

→ L'exercice d'une activité commerciale est possible dans une partie de locaux à usage d'habitation **sous les conditions restrictives** prévues aux articles L 631-7-2 à L 631-7-4 CCH).

B Les parties

- L'engagement du bailleur est important car il accorde un droit au renouvellement au preneur (s'il refuse de renouveler le bail commercial, il devra verser une **indemnité d'éviction** pour indemniser le locataire du préjudice subi, d'un montant très dissuasif ; elle est due si le bailleur ne peut invoquer son droit de reprise, strictement encadré par la loi – voir paragraphe 3). Par conséquent, **il doit avoir la capacité de disposer pour conclure ce type de bail**. Les personnes protégées sont représentées ou assistées à l'acte (l'autorisation du juge est nécessaire pour accorder le droit au renouvellement). En cas de démembrement de la propriété, l'usufruitier doit obtenir l'accord du nu-propriétaire. Si le bien est en indivision, tous les coindivisaires doivent donner leur accord (si le bien est commun, les deux époux doivent consentir au bail).
- Le preneur doit disposer de la **capacité d'exercer le commerce** et être titulaire des **diplômes et autorisations requises** le cas échéant (le preneur de nationalité étrangère doit pouvoir exercer une activité commerciale ou artisanale en France). La solvabilité du preneur est étudiée pour garantir au bailleur le paiement des loyers. La consultation récente du BODACC est par ailleurs primordiale.

C Le local

La conclusion d'un bail commercial n'est possible que si l'immeuble est destiné à un **usage commercial, artisanal ou industriel**. L'immeuble ne doit pas être insalubre ni faire l'objet d'une procédure de saisie et doit être libre de toute location.

2 Les formalités préalables

- Les formalités communes à tout acte doivent être réalisées (voir fiches 4 et 5).
- Il est impératif d'obtenir l'**extrait KBis** (ou l'**extrait D1** pour un artisan), ainsi que les documents justifiant les **pouvoirs du représentant** (si le commerçant est une personne morale).
- Les **documents d'urbanisme** permettent de vérifier que le commerce est possible dans la zone où le local est implanté en vertu des dispositions du PLU ou de tout autre document d'urbanisme. Une autorisation d'urbanisme (voir fiche 22) est nécessaire en cas de travaux envisagés ou de changement d'usage (voir encadré fiche 50).
- Si le local est situé dans un lotissement ou une copropriété, il convient de vérifier si l'usage commercial y est autorisé, en demandant le **règlement de copropriété** ou le **cahier des charges**.
- Les **diagnostics** amiante, DPE et ERNMT (voir fiche 16) sont effectués, ainsi qu'un **état de la pollution des sols**. Si le local est à usage mixte, il faut obtenir le constat de risque d'exposition au plomb. Depuis le 1er janvier 2012, une **annexe environnementale** est obligatoire pour les locaux de plus de 2 000 m², précisant les consommations énergétiques et présentant les actions à mener pour l'environnement. Ces documents sont annexés au bail.
- Le local doit être conforme aux règles imposées aux **établissements recevant du public** (article R 123-2 CCH et suivants) et être aux normes de sécurité, notamment électriques. Il est donc nécessaire d'obtenir le **rapport de la commission de sécurité**.
- Un **état des lieux** contradictoire doit être établi entre les parties et annexé à l'acte.
- Pour les contrats conclus ou renouvelés après le 01/09/2014, il faut un **inventaire précis et estimatif des impôts, charges, taxes et redevances** liés au bail, et leur répartition entre le bailleur et le preneur (mention dans le bail ou en annexe). La répartition des charges entre les locataires doit être précisée si l'immeuble est en copropriété. Un état récapitulatif des charges devra être transmis chaque année au preneur (ou plus fréquemment, s'il le demande).
- Le bailleur doit également communiquer au preneur (lors de la conclusion du bail, puis tous les 3 ans) un **état prévisionnel des travaux** pour les 3 années à venir (avec un projet de budget) et un **état récapitulatif des travaux** réalisés lors des 3 années précédentes (avec indication de leur coût). L'acte mentionnera cette communication (par exemple en annexant les documents).

3 La rédaction

Les règles de rédaction (voir fiches 4 et 5) sont à respecter. Le bail commercial contient cependant de nombreuses clauses spécifiques, certaines sont d'ordre public.

Clauses	Contenu des clauses
DESTINATION	• Précision de l'usage strictement commercial (ou artisanal ou industriel) ou de l'usage mixte (commercial et d'habitation). **Si l'usage est mixte, le bail reste soumis au statut des baux commerciaux.** • Précision des activités autorisées (à respecter par le preneur). • Indication de la possibilité d'ajout d'une activité complémentaire ou connexe en cours de bail (« déspécialisation partielle »). • Assouplissement possible en autorisant « tous commerces ».

→→→

→ → →

Clauses	Contenu des clauses
DÉSPÉCIALISATION TOTALE	Autorisation du changement complet d'activité à condition de: - demander l'autorisation au bailleur par LRAR ou acte d'huissier; - de le notifier aux créanciers inscrits sur le fonds de commerce.
DURÉE DU BAIL	Indication de la durée du bail (**minimum de 9 ans**) et des dates de début et de fin de bail. *«Le présent bail est consenti pour une durée de NEUF (9) années qui commencera à courir le... pour se terminer le...»*
RÉSILIATION DU BAIL	• Indication de la possibilité pour le preneur de mettre fin au bail **tous les 3 ans** (le congé doit être donné au moins 6 mois avant, par LRAR ou acte d'huissier). • L'acte ne peut plus déroger conventionnellement à cette règle pour les baux 3/6/9 (loi Pinel), mais la dérogation reste possible pour les baux supérieurs à 9 ans..
DROIT AU RENOUVELLEMENT	• Rappel de la demande expresse des parties du renouvellement du bail et des conditions pour en bénéficier (exploitation effective et régulière du fonds de commerce pendant les 3 années précédant la fin du bail). • Mention de la loi du 22 mars 2012. *«À défaut de congé ou de demande de renouvellement, le bail fait par écrit se prolonge tacitement au-delà du terme fixé par le contrat. Au cours de la tacite prolongation, le congé doit être donné au moins* ***six mois à l'avance et pour le dernier jour du trimestre civil****.»* Exemple: un congé envoyé le 4 avril ne prendra pas effet le 4 octobre mais le 31 décembre.
REFUS DE RENOUVELLEMENT	• Possible pour motif légitime et sérieux. • Le congé est notifié par acte d'huissier et doit en préciser les motifs. • Rappel de l'obligation de versement de l'**indemnité d'éviction** due au preneur évaluée en fonction des conséquences pour le preneur, correspondant généralement à la valeur vénale du fonds de commerce (voir fiche 52)
DROIT DE REPRISE DU BAILLEUR	• Rappel des motifs légaux de non-renouvellement de bail pour: - construire ou reconstruire; - habiter le local si l'usage est mixte; - motif grave et légitime (non-paiement des loyers par exemple). • Possibilité de sa mise en œuvre, par congé donné au moins 6 mois avant la fin du bail, par acte d'huissier.
LOYER	• Indication du montant du loyer (fixé librement entre les parties) en lettres et en chiffres, par période et du loyer annuel. • Ventilation éventuelle du loyer TTC en loyer HT et montant de la TVA.
MODALITÉS DE PAIEMENT	Précision du lieu et du mode de paiement, ainsi que de la périodicité du paiement.
RÉVISION DU LOYER	• Rappel de la possibilité de **révision légale** du loyer à la fin de chaque période triennale. • Précision de l'**indice d'indexation** (publié par l'Insee) et du **mode de calcul**: - soit sur l'indice des loyers commerciaux; - soit sur l'indice des loyers des activités tertiaires (pour les activités autres que commerciales et artisanales qui se soumettent au bail commercial).
CLAUSE D'INDEXATION ANNUELLE DU LOYER	Par **dérogation à la révision triennale**, possibilité de procéder à la révision annuelle (à la hausse comme à la baisse) du loyer avec indication: - de l'indice de référence; - de l'indice de base en vigueur à la date de signature; - des modalités de calcul de la révision (nouvel indice × loyer /indice de référence).
CLAUSE RECETTES	Possibilité d'introduire par dérogation un **loyer variable** comprenant: - une part fixe indiquée dans le bail (non soumise à révision légale); - une part indexée sur le chiffre d'affaires annuel du preneur.

→ → →

→ → →

Clauses	Contenu des clauses
PAS-DE-PORTE	Précision du **supplément de loyer** demandé en contrepartie de la « propriété commerciale » (car la valeur de l'immeuble diminue par la conclusion du bail).
CLAUSE DE NON-CONCURRENCE	Mention de l'interdiction faite au bailleur de concurrencer le preneur directement.
CLAUSE D'EXCLUSIVITÉ	Mention de l'interdiction faite au bailleur de louer un local proche pour toute autre activité concurrente (clause importante pour les locaux compris dans des centres commerciaux).
CLAUSE DE GARNISSEMENT	Obligation pour le locataire à maintenir dans les lieux loués un mobilier et/ou un matériel de valeur suffisante pour garantir le paiement des loyers.
CESSION DU BAIL	• Rappel de la cession libre à l'acquéreur du fonds de commerce. • Possibilité d'interdire la cession du bail sans la cession du fonds de commerce ou de la soumettre à l'autorisation préalable du bailleur.

→ La loi Pinel a instauré un droit de préemption pour le preneur en place en cas de vente de l'immeuble dans lequel le bail commercial est consenti (art. L145-46-1 C.Com). La **vente des murs** doit être **notifiée** au preneur par LRAR. Le preneur dispose d'un mois pour accepter l'offre. Dans ce cas, il a deux mois pour réaliser la vente ou quatre mois s'il recourt à un prêt (voir Carnet professionnel).

4 Les formalités postérieures

L'enregistrement volontaire (droit fixe de 25€) est conseillé si le bail est conclu par acte sous signatures privées. La publication au service de publicité foncière est obligatoire si la durée du bail est supérieure à 12 ans.

Le bailleur se voit remettre une **copie exécutoire** du bail à sa demande, et le preneur, une **copie authentique** pour faire valoir leurs droits respectifs sur le bien (voir fiche 6).

5 La taxation

Si le bail est publié, il est soumis à la TPF à taux réduit de 0,715 % (assiette en cas de baux soumis à la TVA : voir fiche 50).

La rémunération du notaire est libre : il perçoit des honoraires (voir fiche 8).

→ Les locaux aménagés ou munis de matériel ou de mobilier sont soumis de plein droit à la TVA. Il en va de même si le bailleur participe aux résultats de l'entreprise locataire.

→ Le bailleur peut opter pour la TVA et doit le déclarer au service des impôts dans les 15 jours suivant la signature.

53 LA CESSION DU FONDS DE COMMERCE

La vente du fonds de commerce

Le fonds de commerce est un bien meuble appartenant à un commerçant (ou à un artisan, s'il s'agit d'un fonds artisanal). Il est composé de biens incorporels (essentiellement la clientèle et le droit au bail) et corporels. Sont exposées ici les formalités préalables et la rédaction.

1 L'analyse du dossier

A Les parties

- Le cédant (le vendeur) doit avoir la capacité de disposer. La lecture du **bail commercial** (voir fiche 51) permet de s'assurer qu'il n'existe pas un pacte de préférence qui serait susceptible de mettre la cession en échec.
- Le cessionnaire (l'acquéreur du fonds) doit avoir la **capacité commerciale** :

– s'il s'agit d'une personne physique, il faut s'assurer qu'il n'existe pas de restriction à l'exercice du commerce (personnes soumises à un régime de protection – voir fiche 55, ressortissants étrangers), d'interdiction ou d'incompatibilité avec l'exercice du commerce ;
– si le cessionnaire est une personne morale, l'examen des statuts permet de vérifier que l'exercice du commerce entre dans l'objet social.

Le cessionnaire doit détenir les **diplômes nécessaires** à l'activité envisagée dans certains cas (par exemple pour acheter une pharmacie ou une agence immobilière). Les chambres de commerce ou des métiers renseignent sur ce point.

La capacité de financement personnelle ou l'obtention du prêt est également vérifiée.

B Le fonds

L'examen attentif des chiffres d'affaires et des résultats d'exploitation des trois derniers exercices clos a pour but d'évaluer la valeur du fonds et de constater sa pérennité (voir fiche 52). Il est nécessaire également de connaître la **composition des éléments incorporels** (clientèle, droit au bail, brevet...) et **corporels** (matériel, outillage et marchandises) **du fonds** cédé. Le cédant peut se réserver certains biens (matériel, agencement...), qui sont ainsi exclus de la vente.

C Les autorisations nécessaires à la cession

- Il faut vérifier, du point de vue des **règles d'urbanisme de la commune**, si le commerce envisagé est autorisé et s'il est possible d'entreprendre des travaux (voir fiche 50).
- Si le cessionnaire souhaite adjoindre une nouvelle activité, il faut obtenir l'autorisation du bailleur. Il en va de même pour la réalisation des travaux.
- L'exploitation du fonds de commerce est parfois régie par des règles spécifiques : la préfecture fournit ces renseignements. Dans ce cas, le cessionnaire doit obtenir une **autorisation administrative**. Il convient de vérifier également que le cédant est en possession de cette autorisation.

• Si des contrats sont attachés au fonds (avec un fournisseur par exemple) et que le cessionnaire souhaite les reprendre, l'autorisation du cocontractant est nécessaire. Par contre, en présence de salariés, les contrats de travail sont cédés automatiquement avec le fonds.

➜ Un **avant-contrat** peut être conclu entre les parties sous **conditions suspensives** d'obtention du financement ou de réalisation des démarches nécessaires à l'exploitation envisagée.

2 Les formalités préalables

A Les formalités relatives aux personnes

Les pièces d'usage sont demandées aux parties, personnes physiques ou morales (voir fiche 4).

• Pour les personnes physiques, il faut obtenir les pièces d'état civil pour vérifier la capacité de disposer du cédant et la capacité commerciale du cessionnaire ainsi que, pour chacun l'**extrait Kbis** et/ou **extrait D1**, un **certificat de non-faillite** et les copies des **diplômes**, s'ils sont nécessaires pour l'exploitation du fonds (voir paragraphe 1 A).

• Pour les personnes morales, il faut réunir l'**extrait Kbis**, un **certificat de non-faillite**, les **statuts** de la société et les pièces justifiant les **pouvoirs du représentant**. Cela permet de vérifier que le gérant de la société cédante peut la représenter pour la vente du fonds, et/ou que l'exploitation du fonds entre dans l'objet social de la société cessionnaire.

B Les formalités relatives au fonds cédé

• Le **titre de propriété** est demandé au cédant.

• Un **état chiffré des marchandises** et du matériel est établi.

• Depuis la loi Sapin 2 du 9 décembre 2016, au jour de la cession, les parties visent un document présentant les chiffres d'affaires mensuels réalisés entre la clôture du dernier exercice comptable et le mois précédant celui de la vente. Pendant 3 ans à compter de l'entrée de l'acquéreur en jouissance du fonds, le vendeur met à sa disposition, à sa demande, tous les livres de comptabilité qu'il a tenus durant les trois exercices comptables précédant celui de la vente (ces **documents comptables n'ont plus à être visés**).

• Le cédant fournit les **contrats** concernant le fonds cédé. Les contrats de travail se poursuivent avec le cédant (art. L 1224-1 du code du travail). Pour les contrats d'exploitation que souhaite maintenir l'acquéreur (avec les fournisseurs, une franchise, un crédit-bail...), il faut demander aux cocontractants leur accord au transfert.

• Dans les entreprises employant moins de 250 salariés, la cession doit être **notifiée aux salariés** pour leur permettre de formuler une offre de rachat (**sauf** si la vente est réalisée au profit du conjoint, d'un ascendant ou d'un descendant ou dans le cadre d'une procédure collective). Le comité d'entreprise avise les salariés du projet de cession. Dans les entreprises de moins de 50 salariés (dépourvues de comité d'entreprise), c'est l'employeur qui notifie par tout moyen (LRAR conseillée) la cession aux salariés au plus tard deux mois avant celle-ci. Le cédant n'est pas lié par l'offre de rachat, mais l'absence d'information est sanctionnée par la nullité de l'acte.

• L'**état des inscriptions** grevant le fonds de commerce ou un de ses éléments (nantissement par exemple) est demandé auprès du Greffe du Tribunal de commerce territorialement compétent, du chef du vendeur (pour les 10 années précédant la vente).

• Un **certificat d'urbanisme** est demandé à la mairie pour connaître les règles de commercialité. Par contre, il n'informe pas de l'existence d'une délibération instaurant un périmètre de **sauvegarde du commerce et de l'artisanat de proximité**. Il est donc nécessaire de demander si une telle délibération a été instaurée en interrogeant la mairie précisément par courrier.

➜ Si le fonds est situé dans un tel périmètre institué par la commune, il est nécessaire de purger son droit de préemption, sous peine de nullité de l'acte. La déclaration d'intention d'aliéner doit comporter le prix et les conditions de la cession et être adressée en 4 exemplaires (formulaire 13644) par LRAR à la mairie (ou à l'EPCI, si la commune lui a délégué son droit de préemption). Ce droit s'applique également aux cessions de terrains sur lesquels sont édifiés des commerces d'une surface de 300 à 1000 m². La DIA doit préciser l'activité de l'acquéreur pressenti, le nombre de salariés et la nature des contrats de travail. Le bail commercial doit être annexé.

C Les formalités relatives au local loué

La copie du **bail** (voir fiche 51) et les **diagnostics** réalisés lors de la conclusion du bail sont collectés (en cas de réalisation de travaux, de nouveaux diagnostics peuvent s'avérer nécessaires).

Le local étant destiné à recevoir du public, le procès-verbal de la visite de la commission de sécurité constitue le **certificat de conformité** nécessaire en matière d'hygiène et de sécurité.

L'attestation de conformité pour l'accès des personnes handicapées est demandée.

Si le local est situé en lotissement ou dans une copropriété, l'analyse du **règlement de copropriété** ou du **cahier des charges** du lotissement permet de vérifier les règles de commercialité applicables (voir fiche 50).

➜ Tous les documents concernant le bien immeuble sont demandés dans l'hypothèse où les murs sont vendus en parallèle de la cession du fonds (voir fiche 5).

3 La rédaction

Les règles de rédaction s'appliquent (voir fiches 2 et 4). Cependant, certaines clauses sont particulières à la cession du fonds de commerce.

Clauses	Contenu des clauses
Clauses communes à toute cession de fonds	
DÉSIGNATION DU BIEN	• **Ventilation des éléments incorporels et corporels :** chaque élément cédé doit être précisé et décrit. ***Le fonds de commerce est un bien meuble** : la désignation du fonds ne comporte donc **aucune référence cadastrale**.*
PRIX DE CESSION	• **Ventilation du prix entre les éléments corporels et incorporels** • Déclaration du prix de cession des marchandises neuves séparément (fiscalité différente – voir fiche 54). • **Inventaires** de l'état des marchandises et du matériel annexés à l'acte.
SÉQUESTRE	Désignation d'une personne chargée de conserver le prix de cession à compter de la signature de l'acte jusqu'à la fin de la période de solidarité fiscale et la levée des inscriptions (voir fiche 54).
GARANTIES	• En cas de paiement à terme, rappel du privilège de vendeur sur le fonds et de l'action résolutoire. • En cas de paiement à l'aide d'un prêt : - mention du nantissement (sûreté grevant le fonds) le cas échéant ; - intervention de la caution si cette sûreté personnelle est exigée par le prêteur des fonds.

➜➜➜

→→→

Clauses	Contenu des clauses
ORIGINE DE PROPRIÉTE	**Mentions obligatoires**: - nom du précédent cédant; - date et nature de l'acte d'acquisition; - prix ventilé. *L'origine trentenaire est inutile, le délai de prescription est de 5 ans en matière commerciale (art. L 110-4 du Code du commerce).*
BAIL EN COURS	• **Mentions obligatoires** relatives au bail: - date d'effet; - durée; - nom et adresse du bailleur. • Précision des principales conditions, notamment le **loyer**. *Copie du bail annexée à l'acte de cession.*
INTERVENTION DU BAILLEUR	• **Accord** du bailleur nécessaire si une nouvelle activité est exploitée dans le local. • **Intervention** du bailleur pour constater la cession et demander la remise de la copie exécutoire (à défaut, voir la formalité postérieure nécessaire, voir fiche 54).
DÉCLARATIONS DU CÉDANT	• **Énonciation obligatoire** des chiffres d'affaires et des résultats d'exploitation au cours des 3 derniers exercices comptables. • Le cédant s'engage à mettre au courant le cessionnaire de ses affaires et de le présenter aux fournisseurs.
ÉTAT DES PRIVILÈGES ET NANTISSEMENTS	**Information obligatoire** du cessionnaire sur les inscriptions grevant le fonds, en précisant pour chacune d'elles: - la date et le numéro d'inscription; - la nature de l'inscription (nantissement, privilège...); - le nom du bénéficiaire; - son montant. *Retranscrire les inscriptions sur les 10 ans précédant la vente.*
Clauses spécifiques à certaines cessions	
BIENS RÉSERVÉS	Énumération des éléments du fonds que le cédant souhaite conserver.
CLAUSE DE NON-CONCURRENCE	• Mention de l'interdiction faite au cédant de concurrencer le cessionnaire directement. • Pour être valable, cette clause doit être limitée: - du point de vue de l'activité (le cédant a l'interdiction d'exercer une activité **similaire**); - dans le **temps** et dans l'**espace**.
CONTRATS	• Mention des contrats de travail existants repris par le cessionnaire. • Mention des modalités des contrats d'exploitation repris et **INTERVENTION** du cocontractant pour donner son accord ou mention de son accord (courrier annexé à l'acte).
CLAUSE D'INDIVISIBILITÉ	Lier les murs et le fonds en cas d'acquisition simultanée par le cessionnaire (lors de la prochaine cession, l'un ne pourra être vendu sans l'autre).
AFFECTATION DU PATRIMOINE	Déclarer l'affectation du fonds de commerce au patrimoine professionnel du commerçant en EIRL (voir fiche 35).

Les formalités postérieures à la cession du fonds de commerce

La cession d'un fonds de commerce est soumise à des formalités postérieures spécifiques. Pendant l'exécution de ces formalités, le prix est indisponible entre les mains du cessionnaire.

→ Ces formalités ont pour objectif de **désintéresser les créanciers** du cédant et de remettre le montant disponible sur le prix de cession au vendeur. La diligence des opérations permet de remettre plus rapidement le prix au vendeur, en respectant les délais (notamment de solidarité fiscale) et en assurant la sécurité de la transaction pour le cessionnaire.

1 L'enregistrement de la cession et le paiement des droits

L'enregistrement de la cession est effectué dans un délai d'un mois à compter de la date de signature (art 635 2 5° du CGI) auprès du Service des impôts, sur l'imprimé 2672 « mutation de fonds de commerce ».

Il s'agit d'un délai théorique. **En pratique, l'enregistrement doit être quasiment immédiat**. En effet, les éléments figurant dans la mention d'enregistrement de l'administration fiscale (voir fiche 7) sont obligatoirement repris pour l'accomplissement d'autres opérations dont les délais sont beaucoup plus courts (notamment l'avis dans un journal d'annonces légales si la cession résulte d'un acte sous signatures privées).

Les droits de mutation sur le fonds de commerce sont calculés comme suit :

Droits de mutation sur fonds de commerce	
Assiette	Prix de cession mentionné dans l'acte + charges augmentatives du prix (charges qui incombent normalement au vendeur et qui sont payées par l'acquéreur)
Abattement	→ Abattement de 300 000 € sur la valeur du fonds en pleine propriété si : - Acquéreur = salarié (titulaire d'un CDI à temps plein depuis au moins 2 ans) ou - Acquéreur = conjoint ou partenaire pacsé, ascendant ou descendant en ligne directe, frère ou sœur Dans ces deux cas, l'acquéreur doit s'engager à poursuivre l'activité 5 ans.
Taux	0 % pour la fraction du prix < 23 000 € 3 % pour la fraction du prix entre 23 000 € et 200 000 € 5 % pour la fraction du prix > 200 000 €
Si prix < 23 000 € : cession taxée au droit d'enregistrement de 25 €	
Réduction	Acquisition se situant dans certaines zones prioritaires de développement, **sous réserve** que l'acquéreur s'engage à maintenir l'exploitation pendant 5 ans.

Exonération des droits d'enregistrement sur les marchandises neuves

Les marchandises neuves (biens destinés à être vendus ou entrant dans la fabrication de tels biens), qui sont vendues en même temps que le fonds, sont exonérées de droits d'enregistrement quand elles sont soumises à la TVA. La liste détaillée des marchandises dispensée de taxation est établie. Dans le cas contraire, un droit de 1,50 % doit être acquitté et les marchandises neuves sont estimées article par article sur le formulaire 2676 établi en quatre exemplaires (art. 723 CGI).
Lorsque le cessionnaire poursuit l'activité du cédant, la cession du fonds de commerce est considérée comme la transmission d'une universalité de biens entre deux assujettis à la TVA (art. 257 bis CGI). À ce titre, le transfert de marchandises neuves et des biens détenus en stock (évalués dans un inventaire) est dispensé de toute taxation. Ces éléments sont rappelés dans une clause TVA – TRANSMISSION D'UNE UNIVERSALITÉ DE BIENS, contenant aussi l'engagement du cessionnaire de soumettre à TVA la cession ultérieure de ces biens.
Dans tous les cas, le prix des marchandises neuves est stipulé dans l'acte pour qu'elles soient soumises à une taxation différente de celle qui s'applique au fonds de commerce.

2 Les formalités destinées à informer les créanciers du cédant

Les créanciers du cédant doivent être informés de la cession du fonds. Le prix de vente doit pouvoir les désintéresser. Le notaire prend connaissance de leur existence et du montant qui leur est dû, pour les payer sur le prix de vente avant de remettre le montant disponible au cédant.

A Information de tous les créanciers

La cession fait l'objet d'un **avis** dans un **Journal d'annonces légales** et au **BODACC** dans les quinze jours à compter de la signature de l'acte (voir modèle dans le Carnet professionnel). Cet avis contient les **mentions obligatoires** suivantes :
- mention de l'enregistrement (voir paragraphe 1) pour les actes sous signature privées (**sous peine de nullité** de la publicité) ;
- date de l'acte ;
- nom, prénoms, domicile du cédant et du cessionnaire ;
- nature et adresse du fonds ;
- prix de cession et charges éventuelles (ou évaluation si la mutation est à titre gratuit) ;
- délai fixé pour les oppositions et élection de domicile.

→ Supprimée par la loi Macron, la publicité dans un journal d'annonces légales a été réintroduite par la loi du 14 novembre 2016 visant à renforcer la liberté, l'indépendance et le pluralisme des médias.

La publication au BODACC est effectuée par le greffe du tribunal de commerce territorialement compétent, à la demande de l'acquéreur, dans le même délai.

→ Pendant les 20 jours qui suivent la publication au BODACC, une copie authentique est tenue à la disposition des créanciers, au domicile élu mentionné dans l'annonce, pour y être consultée (sans être déplacée). Si l'acte a été reçu sous signatures privées, un des originaux doit pouvoir être consulté.

B Information des créanciers inscrits

Le notaire demande au greffe du tribunal de commerce territorialement compétent un **état des inscriptions renouvelé** auprès du RCS, au plus tôt 30 jours après la signature de la cession (= délai pour inscrire, voir paragraphe 3). Une **notification** de la cession est adressée aux créanciers inscrits, par lettre recommandée avec accusé de réception.
Aucun délai légal n'est prévu pour accomplir cette formalité, mais en pratique la notification est effectuée **dès réception** de l'état des inscriptions.

→ Tout créancier inscrit peut, dans le délai de 15 jours des notifications, demander la mise aux enchères publiques du fonds en offrant de porter le prix principal (non compris le matériel et les marchandises) à un dixième en sus (*droit de surenchère du 1/10e*).

C Les formalités destinées à informer l'Administration fiscale

- Deux déclarations doivent être réalisées au Service des impôts, par LRAR :

– par la **déclaration de cession** (art. 201 1 CGI), réalisée dans un délai de 45 jours après la publicité au JAL, le cédant doit informer l'Administration fiscale de la cession (date d'entrée en jouissance du cessionnaire, nom, prénoms, et adresse du cessionnaire) ;
– par la **déclaration de résultats** (art. 201 3 CGI), réalisée dans un délai de 60 jours de la publicité au JAL, le cédant doit déclarer à l'Administration fiscale ses bénéfices réalisés accompagnés d'un résumé de son compte de pertes et profits.

- Ces déclarations permettent de faire courir le **délai de solidarité fiscale** (art. 1684 CGI) qui lie le cédant et le cessionnaire (à hauteur du prix de cession du fonds de commerce). Depuis la loi Sapin 2 du 9 décembre 2016 (entrée en vigueur le 1er janvier 2017), ce délai, qui court à compter de la déclaration de résultats, est de 30 jours ou de 90 jours :

– le délai est de **30 jours** si les déclarations de cession et de résultats ont été réalisées dans les délais impartis et que le cédant est à jour, au dernier jour du mois qui précède la vente, de ses obligations déclaratives et du paiement en matière fiscale ;
– **si ces conditions ne sont pas réunies, le délai est fixé à 90 jours** à compter de l'expiration du délai imparti pour déposer la déclaration de résultats.

- À l'issue du délai de solidarité fiscale, il convient de demander au Service des impôts un **quitus** attestant de l'absence de dettes fiscales impayées à la charge du cédant.

→ Si les déclarations fiscales sont réalisées à temps, la distribution du prix de vente doit être effectuée dans un délai de 105 jours à compter de la signature de l'acte de cession (15 jours pour la publicité au JAL + 60 jours pour la déclaration de résultats + 30 jours du délai de solidarité fiscale -art. L 143-21 C.Com). Ce délai est prolongé de 60 jours si les déclarations fiscales n'ont pas été réalisées à temps (ce qui porte le délai à 165 jours). Il est donc impératif d'agir avec diligence pour respecter les délais et satisfaire le client (voir fiche 12).

3 Les formalités auprès du Registre du commerce et des sociétés

Ces formalités sont destinées à **inscrire les garanties** prises sur le fonds de commerce et à **mettre à jour le RCS** suite à la cession.

<table>
<tr><td rowspan="4">Inscription</td><td>Quoi ?</td><td colspan="2">Privilège de vendeur avec réserve de l'action résolutoire ou nantissement.</td></tr>
<tr><td>Quand ?</td><td colspan="2">Dans les 30 jours de la signature de l'acte de cession, sous peine de nullité de la sûreté.</td></tr>
<tr><td>Où ?</td><td colspan="2">Au greffe du tribunal de commerce.</td></tr>
<tr><td>Comment ?</td><td colspan="2">Sur bordereau d'inscription adressé en double exemplaire pour chaque inscription.</td></tr>
<tr><td colspan="4">Après l'inscription, le greffe restitue un exemplaire complété des mentions d'inscription de chacun des bordereaux. Le formaliste met à jour le registre des formalités.</td></tr>
<tr><td rowspan="4">Immatriculation</td><td>Quoi ?</td><td>Immatriculation du cessionnaire.</td><td>Radiation du cédant.</td></tr>
<tr><td>Quand ?</td><td>Dans les 15 jours du début de l'exploitation par l'acquéreur.</td><td>Dans le mois suivant la cessation d'activité.</td></tr>
<tr><td>Où ?</td><td colspan="2">Auprès du Centre de formalités des entreprises compétent (voir fiche 56).</td></tr>
<tr><td>Comment ?</td><td>Formulaire P0/M0 pour création.
Formulaire P2/M2 pour modification.</td><td>Formulaire P4/M4 pour radiation.</td></tr>
<tr><td colspan="4">Même démarche auprès du Répertoire des métiers pour les artisans.</td></tr>
</table>

4 Les formalités postérieures particulières

- Dans le respect du formalisme lié au contrat de bail, il convient d'adresser une **copie exécutoire au propriétaire des locaux** à sa demande. S'il n'est pas intervenu à l'acte de cession du fonds (voir fiche 53), il faut lui signifier la cession par voie d'huissier.
- D'autres formalités peuvent intervenir pour des fonds de commerce réglementés, par exemple pour les débits de boissons, les pharmacies...
- En présence d'éléments incorporels comme des marques ou des brevets, l'inscription de la cession sur les registres de l'Institut national de la propriété industrielle est nécessaire.

5 La taxation

La rémunération du notaire est libre : il perçoit des honoraires encadrés par une convention d'honoraires (voir fiche 8).

55 LES SOCIÉTÉS

La rédaction des statuts de société

Des personnes qui souhaitent adopter une forme sociétaire pour leur entreprise doivent choisir parmi les formes de société prévues par la loi. Les critères de choix sont nombreux (l'activité, la responsabilité des associés, les capitaux disponibles...). Le choix de la forme de société arrêté, il faut rédiger les statuts de la société.

AVERTISSEMENT

→ Le droit des sociétés n'est pas développé dans ce chapitre.

1 L'analyse du dossier

Le choix de la dénomination de la société incombe aux associés. Il est prudent de vérifier préalablement auprès de l'Institut national de la propriété industrielle que la dénomination envisagée n'est pas déjà utilisée.

A La capacité des associés

- Dans certaines sociétés, les associés ont la qualité de commerçant. Il est impératif de vérifier si les parties détiennent la capacité commerciale (ce qui exclut les mineurs non émancipés et les majeurs sous tutelle; le majeur sous curatelle peut exercer le commerce avec l'assistance du curateur). Il faut également s'assurer que ces associés ne sont pas frappés d'une interdiction de gérer ou d'exploiter auprès du greffe du tribunal compétent en fonction de l'activité de la société.
- Les personnes protégées peuvent être associées dans une société si la capacité commerciale n'est pas exigée, avec assistance ou représentation selon les cas.
- Deux époux ou deux partenaires ont la possibilité d'être associés (dans ce cas, il est conseillé d'établir les statuts sous la forme notariée).
- Une personne morale peut librement être associée si cette participation au capital d'une société entre dans son objet social.

B Le nombre d'associés

Il faut vérifier le nombre d'associés, car la société n'existe que si deux personnes au moins décident de s'associer.

Cependant, les entreprises unipersonnelles à responsabilité limitée (EURL) et les sociétés par actions simplifiées unipersonnelles (SASU) sont constituées d'un associé unique. La société anonyme (SA) ne peut compter moins de sept associés, si elle fait des offres au public de titres financiers (art. L 225-1 C.Com).

Par ailleurs, la société à responsabilité limitée (SARL) ne doit pas compter plus de cent associés.

C Les apports

Les apports sont des biens (liquidités, immeubles, fonds de commerce, etc.) apportés par les associés, dont la propriété ou la jouissance est transférée à la société pour **former son capital social**. En contrepartie, ils reçoivent des droits sociaux (parts sociales ou actions).
Les apports sont d'abord **souscrits** : c'est la promesse de l'engagement du futur associé. Puis, ils sont **libérés** : c'est la réalisation effective de l'apport.
Les vérifications diffèrent en fonction du type d'apports.

- Les **apports en numéraire** (sommes d'argent) sont libérés soit dans leur totalité lors de la constitution, soit en plusieurs échéances. Par ailleurs, dans une SA ou une SARL, ils sont bloqués dans les huit jours de leur réception par une personne habilitée (le notaire, par exemple). Le gérant ou le dirigeant ne pourra débloquer les fonds que sur présentation d'un certificat d'immatriculation.
- Les **apports en nature** (biens meubles ou immeubles) sont intégralement libérés dès leur souscription dans les sociétés de capitaux, les sociétés commerciales et les SARL, à la demande de la gérance dans les sociétés de personnes. Dans les sociétés par actions, l'évaluation des apports en nature par un commissaire aux apports est obligatoire. Dans les SARL, le recours à un commissaire aux apports est également obligatoire, sauf si aucun apport en nature n'excède 30 000 € **et** que la valeur totale des apports en nature n'excède pas la moitié du capital social.
- Les **apports en industrie** (mise à la disposition de la société du travail, de la compétence ou des connaissances techniques des associés) sont libérés au fur et à mesure. Ils ne font pas partie du capital social et sont interdits dans les SA et les SCA.

➜ En cas d'apport d'un bien commun, la qualité d'associé est reconnue à l'époux qui procède à l'apport. Mais l'apport d'un bien commun (acte de disposition) nécessite l'accord des deux époux.
➜ Il faut ainsi que l'époux apporteur avertisse par LRAR son conjoint du projet d'apport. Le conjoint peut soit notifier son intention de devenir associé à hauteur de la moitié des parts, soit renoncer à revendiquer la qualité d'associé (en intervenant à l'acte).
➜ Dans ce 2e cas, seul l'époux apporteur a la qualité d'associé, mais entre les époux, les parts sociales sont communes (les dividendes seront également communs).

2 Les formalités préalables

A Les personnes et les biens

L'identité, la capacité et les pouvoirs des associés sont vérifiés à l'aide des pièces d'usage (voir fiche 4).
En cas d'apport d'un immeuble, les formalités préalables à la vente doivent être accomplies (voir fiches 5 et 19). Les titres de propriété des biens meubles sont obtenus auprès des associés. S'il s'agit d'un fonds de commerce, des formalités similaires à celle d'une cession doivent être réalisées (voir fiche 54).

B Le sort des actes accomplis pour le compte de la société en formation

Entre le moment où les associés décident de constituer une société et le moment où celle-ci est immatriculée, les fondateurs accomplissent divers actes. La société ne peut les conclure, puisque, non immatriculée, elle n'a pas encore la personnalité juridique (à ce stade, il s'agit d'une société en formation). Par conséquent, ces actes effectués par les fondateurs

n'engagent pas la société : ils en sont responsables personnellement.
Aussi, les associés établissent un **état des actes** effectués dans l'intérêt de la société en cours de formation. La société, une fois dotée de la personnalité juridique, reprendra automatiquement à son nom ces engagements.

3 La rédaction

Les statuts sont établis par **écrit**, par acte notarié (obligatoire en cas d'apport d'un immeuble ou d'un droit au bail supérieur à 12 ans, soumis à publicité foncière) ou sous signatures privées. Dans ce cas, ils sont établis en autant d'originaux qu'il est nécessaire pour le dépôt des statuts et pour l'accomplissement des formalités de publicité requises par la loi (voir fiche 56). Ils sont signés par chacun des associés en personne ou par un mandataire.

A Les clauses obligatoires

L'acte fait obligatoirement mention (art. 1 835 C.Civ) de :
- la **FORME JURIDIQUE** de la société ;
- son **OBJET SOCIAL** qui détermine la capacité juridique de la société (la rédaction est suffisamment souple pour permettre son adaptation aux évolutions de la société) ;
- sa **DURÉE** (elle doit être déterminée - durée légale de 99 ans maximum, mais les statuts peuvent fixer une durée plus courte et prévoir sa prorogation) ;
- sa **DÉNOMINATION** ou **RAISON SOCIALE** (qui figure dans tous les documents à destination des tiers) ;
- son **SIÈGE SOCIAL** (qui peut être le lieu où se trouvent les organes de direction et d'administration de la société, le domicile personnel du dirigeant, une société de domiciliation ou une autre entreprise) ;
- le montant de son **CAPITAL SOCIAL** et les **APPORTS** réalisés ;
- la **RÉPARTITION DES PARTS** entre les associés ;
- les **MODALITÉS DE FONCTIONNEMENT** de la société ;
- l'identification de ses **dirigeants** (nommés dans les statuts pour les EURL, SA, SAS, société en commandite par actions, mais leur nomination fait éventuellement l'objet d'un acte ultérieur pour les SARL et les sociétés de personnes).

Selon le type d'apport, les statuts contiennent également l'ÉVALUATION de chaque apport en nature, la LIBÉRATION DES APPORTS et le DÉPÔT DES FONDS relatifs aux apports en numéraire.

B Les aménagements possibles

1. La reprise des engagements

Concernant les actes effectués par les associés pour le compte de la société en cours de formation (voir paragraphe 2 B), cette clause précise que la signature de ceux-ci emporte reprise des engagements. Ces actes seront réputés avoir été souscrits dès l'origine par la société, lorsqu'elle sera immatriculée. À cet effet, l'état des actes concernés doit être **annexé** aux statuts.
Les statuts prévoient des mandats exprès pour les actes qui seront conclus entre la signature et l'immatriculation.

2. Les clauses relatives aux dirigeants

- Les dirigeants sociaux sont appelés, selon le type de société, des « gérants », ou des « administrateurs » et « directeurs généraux »...

- Il est possible de stipuler une clause relative à la **limite d'âge** des dirigeants (à défaut, 65 ans dans les sociétés par actions).
- Les dirigeants, en tant que mandataires sociaux, ont le pouvoir d'agir au nom de la société et donc d'engager la responsabilité de la société, sitôt que l'acte conclu entre dans l'objet social.
- Cependant, **les associés peuvent limiter leurs pouvoirs dans les statuts**. Par exemple, l'autorisation de l'assemblée générale (AG) des associés est parfois nécessaire pour certains actes importants (exemple : en matière de vente immobilière).

3. Les clauses relatives à la cession des parts sociales ou des actions

- Une **clause d'INALIÉNABILITÉ** peut interdire, dans les sociétés par actions, toute cession de parts avant l'expiration d'un certain délai. L'interdiction est obligatoirement limitée dans le temps et justifiée par un intérêt social légitime.
- Une **clause d'AGRÉMENT** permet de contrôler l'entrée de certaines personnes dans la société, en conditionnant la cession à un tiers d'une part sociale ou d'une action à l'autorisation (« agrément ») d'un organe déterminé par les statuts (AG, conseil d'administration...).
- Une **clause d'EXCLUSION** ou de **RACHAT FORCÉ** permet d'autoriser le rachat contraint des parts sociales, si les causes (ex : manquement aux obligations...) et les modalités (prix, procédure...) sont prévues dans les statuts.

4. Les clauses diverses

- Dans les statuts des SARL, SAS et SCA, les associés ont la possibilité de prévoir une clause de **VARIABILITÉ DU CAPITAL** qui permet de changer le montant du capital social sans modification des statuts (la clause doit fixer un montant minimal et maximal).
- Les futurs associés reportent fréquemment la constitution de leur société après la signature des statuts, en la subordonnant à la réalisation d'une condition suspensive (autorisation administrative, obtention d'un prêt, acquisition d'un terrain...). Une clause **STIPULATION DE CONDITIONS** le prévoit.
- Une clause **COMPROMISSOIRE** prévoit qu'en cas de litige entre les associés ou entre la société et un associé, il sera porté devant des arbitres (et non des juges).
- **Toutes les clauses contraires à la réglementation légale sont réputées non écrites** (c'est-à-dire que les statuts ne sont pas nuls, seule la clause litigieuse sera affectée). Les **clauses léonines**, qui accordent à un ou plusieurs associés tous les bénéfices ou les exonèrent de toute contribution aux pertes, ou à l'inverse, qui les privent de tout bénéfice ou met à leur charge toutes les pertes, sont réputées non écrites. Il est possible d'aménager la répartition des bénéfices dans cette limite (tel que le partage égal des bénéfices et pertes malgré des apports inégaux). À défaut, le partage des bénéfices et pertes se fait selon le montant de l'apport.

4 La rémunération du notaire

Pour la rédaction des statuts, le notaire est rémunéré par des honoraires (voir fiche 8). Il perçoit en plus un émolument proportionnel sur la valeur des biens dont l'apport est soumis à publicité foncière, fixé par l'art. A 444-158 (n° 159 du tableau) et, dans ce cas, les émoluments de formalités pour la publication des statuts (n° 194 du tableau).

Les formalités postérieures à la signature des statuts

Après la signature des statuts, la société est créée, mais elle n'a pas encore d'existence juridique. Les formalités postérieures permettent notamment d'obtenir la personnalité juridique par l'immatriculation de la société au Registre du commerce et des sociétés (RCS).

1 Les formalités fiscales

A L'enregistrement des statuts

- Les statuts rédigés par acte authentique doivent être **enregistrés** dans le délai d'**un mois** à compter de la date de signature. Ils sont déposés en quatre exemplaires, dont un est conservé par le Service des impôts. L'enregistrement se fait au Service des impôts du domicile de la résidence du notaire. Cette démarche n'est pas prise en charge par le Centre de formalité des entreprises (voir paragraphe 2 B).
- Les droits d'enregistrement sont calculés en fonction des apports réalisés par les associés:

– les **apports purs et simples** d'immeubles pour les sociétés soumises à l'IS sont soumis aux droits de mutation à 5 % de la valeur de l'immeuble. Les apports purs et simples de fonds de commerce pour les sociétés soumises à l'IS sont taxés comme une mutation (voir fiche 54). Cependant, si l'immeuble ou le fonds de commerce est affecté à l'activité de la société et que l'apporteur s'engage à conserver ses titres pendant 3 ans, l'opération est exonérée;

– les **apports à titre onéreux** sont soumis aux droits de mutation à titre onéreux pour tout type de société. Par dérogation, en cas d'apport de l'ensemble des éléments d'actif immobilisé affectés à l'exercice d'une activité professionnelle, les apports à titre onéreux de droits immobiliers, fonds de commerce et droit au bail sont soumis au droit fixe (voir paragraphe 1 B) à condition que l'apporteur s'engage à conserver les parts sociales pendant 3 ans au moins.

→ Depuis le 1er juillet 2015, seuls les statuts rédigés sous signatures privées et contenant des apports en numéraire sont exonérés de la formalité de l'enregistrement: ils n'ont plus à être présentés à l'Administration fiscale (le CFE se charge de le transmettre au Service des impôts).

B La publication des apports immobiliers

Cette formalité est nécessaire uniquement si les statuts font état d'apports immobiliers. La publication est réalisée auprès du service de publicité foncière du lieu de situation de l'immeuble. Dans ce cas, l'acte est soumis à la formalité fusionnée dans le même délai. Il est **exonéré de TPF** (quel que soit le régime fiscal de la société) et soumis à un droit fixe d'enregistrement de 375 € (porté à 500 € pour les sociétés ayant un capital d'au moins 225 000 €), à condition que les associés prennent l'engagement de conserver les titres pendant 3 ans.

2 Les formalités administratives

Les formalités suivantes doivent être accomplies **dans l'ordre**, en vue de la constitution définitive de la société et de son **immatriculation**.

A La publicité dans un journal d'annonces légales

L'insertion d'un **avis de publication** dans un journal d'annonces légales dans le département où la société a établi son siège social est obligatoire (article R210-3 du Code du commerce). Cet avis est **signé par le notaire** qui a établi l'acte de société ou, si l'acte de constitution est sous signatures privées, par les fondateurs ou un associé habilité à cet effet (voir modèle dans le Carnet professionnel). En pratique, le Centre de formalités des entreprises (CFE) s'occupe de cette formalité, mais il faut en faire la demande par courrier.

L'avis de publication au JAL doit **obligatoirement** contenir les indications précisées à l'article R210-4 du Code du commerce :

- la dénomination sociale suivie, le cas échéant, de son sigle ;
- la forme de la société ;
- le montant du capital social ;
- l'adresse du siège social ;
- l'objet social, indiqué sommairement ;
- la durée pour laquelle la société a été constituée ;
- les nom, prénom usuel et domicile des associés tenus indéfiniment des dettes sociales ;
- les nom, prénom usuel et domicile des associés ou des tiers ayant, dans la société, la qualité de gérant, administrateur, président du conseil d'administration, directeur général, membre du directoire, membre du conseil de surveillance ou commissaire aux comptes ;
- les nom, prénom usuel et domicile des personnes ayant le pouvoir général d'engager la société envers les tiers ;
- l'indication du greffe du tribunal où la société sera immatriculée au Registre du commerce et des sociétés.

S'il s'agit d'une société par actions, l'avis contient en outre les indications suivantes :

- les conditions d'admission aux assemblées d'actionnaires et d'exercice du droit de vote, notamment les conditions d'attribution du droit de vote double ;
- le cas échéant, l'existence de clauses relatives à l'agrément des cessionnaires d'actions et la désignation de l'organe social habilité à statuer sur les demandes d'agrément.

Si la société est à capital variable, l'avis en fait mention et indique le montant au-dessous duquel le capital ne peut être réduit.

B L'immatriculation par dépôt du dossier au Centre de formalités des entreprises (CFE)

• Le CFE, auprès duquel la démarche d'immatriculation est effectuée, dépend du siège social et de la forme de la société. Ainsi, sont compétents :

- les chambres de commerce et d'industrie, pour les sociétés commerciales, industrielles ou de prestations de service ;
- les chambres des métiers, pour les sociétés artisanales (y compris les artisans-commerçants) ;

– les chambres d'agriculture, pour les sociétés agricoles ;
– les greffes des tribunaux de commerce, pour les sociétés civiles (avec un objet civil) et les sociétés d'exercice libéral.

• **Dans leur fonction de CFE**, ces organismes sont chargés de transmettre les déclarations obligatoires des personnes morales ou physiques auprès des organismes destinataires de cette information. Le CFE est l'interlocuteur unique auprès duquel les entreprises souscrivent, au moyen d'**un seul document**, les diverses déclarations administratives au RCS, au Service des impôts, à l'URSSAF (Union pour le recouvrement des cotisations de la Sécurité Sociale et des allocations familiales), à Pôle Emploi, à l'inspection du travail et à l'Insee (Institut national de la statistique et des études économiques, qui leur octroie leur numéro SIREN – voir fiche 4).

• Il est possible de réaliser cette déclaration d'immatriculation par voie électronique. Aucun délai n'est prescrit pour les sociétés, mais il convient d'agir avec diligence. Le notaire (ou le dirigeant) remet au CFE un **dossier** comprenant les pièces suivantes :
– le formulaire M0 (formulaire pour déclarer la création d'une société) accompagné des pouvoirs du gérant s'il est signé par une autre personne (c'est le cas lorsque les formalités sont réalisées par le notaire) ;
– la copie des statuts, enregistrés le cas échéant (et le PV de nomination des gérants, s'ils ne sont pas nommés dans les statuts) ;
– le justificatif du siège social (par tout moyen : facture, copie du bail...), car la société doit être domiciliée ;
– l'attestation de parution de l'avis de constitution au JAL (préalable à la déclaration, voir paragraphe 2 A) ;
– la déclaration sur l'honneur de non-condamnation de moins de 3 mois du gérant (le CFE recherche dans le casier judiciaire d'éventuelles interdictions de gestion dans le fichier national des interdits de gérer) ;
– l'attestation de dépôt des fonds ;
– si l'activité est réglementée, la copie de l'autorisation délivrée par l'organisme de tutelle, le diplôme ou le titre nécessaire.

• Le CFE transmet les éléments nécessaires au greffe du tribunal de commerce, qui procède à l'**immatriculation** de la société au Registre du commerce et des sociétés.

• **La publication** d'un avis d'immatriculation est effectuée à la diligence du greffier **dans le Bulletin officiel des annonces civiles et commerciales** (BODACC), dans les 8 jours qui suivent l'immatriculation au RCS. Cette démarche est effectuée sous forme papier ou par voie électronique.

→ À l'issue de ces démarches, la société a une existence légale, puisqu'elle détient la personnalité juridique. Elle peut donc agir en justice, contracter... Les engagements réalisés par les fondateurs de la société sont automatiquement repris par la société dès cet instant, si les statuts le prévoient (voir fiche 55).

• Ces démarches ont un coût (variable en fonction de la forme juridique choisie), qui représente un débours (voir fiche 8) dans la facture que le notaire adresse au client. La rémunération du notaire est libre : une convention d'honoraires et une lettre de mission (voir fiche 8) fixent le coût des opérations réalisées par l'étude.

Carnet professionnel

5

Fondamentaux

ACTE AUTHENTIQUE CONTENANT CONSENTEMENT À ADOPTION

L'AN DEUX MIL QUINZE,
LE VINGT-SEPT JANVIER
AU MANS (Sarthe), 27, rue Bonnefoi, au siège de l'Office Notarial,
Maître Pierre ROULOIS,

A RECU le présent acte contenant CONSENTEMENT À ADOPTION, à la requête de :

ADOPTE

Madame Juliette MARTIN, enseignante, demeurant à LE MANS (72000),
Née à PARIS (75008), le 6 juillet 1972,
Divorcée de Monsieur Paul Alexandre Emile JULIEN suivant jugement rendu par le Tribunal de Grande Instance de PARIS (75008) le 1er avril 1999, non frappé de recours dans le délai légal,
Non remariée, non soumise à un pacte civil de solidarité, tel qu'il en résulte de son extrait d'acte de naissance, délivré par la mairie de PARIS (75008), en date du 3 décembre 2012.
De nationalité française.
Résidente au sens de la réglementation fiscale.

CONSENTEMENT À ADOPTION SIMPLE

L'adopté a, par les présentes, déclaré consentir expressément à son adoption simple, dans les conditions prévues aux articles 360 et suivants du Code civil.

ADOPTANT

Madame Aline Josiane Evelyne HUGUET, retraitée, épouse de Monsieur Jean-Paul Germain MARTIN, demeurant à LE MANS (72000), 2, rue des déportés
Née à MARSEILLE (13003) le 4 février 1943,
Mariée à la mairie de LE MANS (72000) le 13 août 1983 sous le régime légal de la communauté réduite aux acquêts à défaut de contrat de mariage préalable.
Ce régime n'a subi aucune modification conventionnelle ou judiciaire depuis.
De nationalité française.
Résidente au sens de la réglementation fiscale.

PRÉSENCE-REPRÉSENTATION

Madame Juliette MARTIN est présente à l'acte.
Madame Aline MARTIN est présente à l'acte.

CONSENTEMENT DE L'ADOPTANT À L'ADOPTION SIMPLE DE L'ADOPTÉ

L'adoptant déclare consentir expressément à l'adoption simple dont il s'agit.

PORTÉE DU CONSENTEMENT

Le notaire soussigné a, conformément à l'article 1165 du Code de procédure civile, informé les comparants qui le reconnaissent des conséquences qui résulteront du présent consentement et de la décision d'adoption simple qui, tout en maintenant l'enfant dans sa famille d'origine, emportera transfert à l'adoptant de tous les droits de l'autorité parentale, et de la possibilité qui est offerte par l'article 348-3, alinéa 2, du Code civil, de rétracter le présent consentement dans un délai de deux mois à compter de ce jour, par lettre recommandée avec demande d'avis de réception adressée au notaire soussigné.

Il est précisé qu'en vertu des dispositions de l'article 367 du Code civil, l'adopté doit des aliments à l'adoptant s'il est dans le besoin, et réciproquement l'adoptant doit des aliments à l'adopté.

CONSENTEMENT DU CONJOINT DE L'ADOPTANT

DEUX 2

À l'instant est intervenu :

Monsieur Jean-Paul Germain MARTIN, retraité, époux de Madame Aline Josiane Evelyne HUGUET, demeurant à LE MANS (72000), 2, rue des déportés,

Né à BORDEAUX (33000) le 5 juin 1939,

Marié à la mairie de LE MANS (72000) le 13 août 1983 sous le régime légal de la communauté réduite aux acquêts à défaut de contrat de mariage préalable.

Ce régime n'a subi aucune modification conventionnelle ou judiciaire depuis.

Veuf en premières noces de Madame Annie Léontine JONNEAU, décédée à PARIS (75008), le 30 janvier 1976.

De nationalité française.

Résident au sens de la réglementation fiscale.

Le conjoint de l'adoptant, époux non séparé de corps, pleinement informé des dispositions qui précèdent, consent conformément aux dispositions du Code civil à l'adoption par l'adoptant de l'adopté sans pour autant être lui-même adoptant. Il est précisé en tant que de besoin que ce consentement à l'adoption ne crée aucune obligation à son égard. Ce consentement prend effet immédiat, sans délai de rétractation.

MENTION LÉGALE D'INFORMATION

Conformément à l'article 32 de la loi n°78-17 «Informatique et Libertés» du 6 janvier 1978 modifiée, l'office notarial dispose d'un traitement informatique pour l'accomplissement des activités notariales, notamment de formalités d'actes. A cette fin, l'office est amené à enregistrer des données concernant les parties et à les transmettre à certaines administrations. Chaque partie peut exercer ses droits d'accès et de rectification aux données la concernant auprès de l'office notarial : Etude de Maître Pierre ROULOIS, Notaire au MANS (72000), 27, rue Bonnefoi Téléphone : 02.43.43.19.19 Télécopie : 02.43.43.19.39 Courriel : etude.roulois@notaires.fr

DONT ACTE sur DEUX (2) pages

Comprenant

- renvoi approuvé : néant
- blanc barré : néant
- ligne entière rayée : néant
- nombre rayé : néant
- mot rayé : néant

Paraphes

Fait et passé aux lieu, jour, mois et an ci-dessus indiqués.

Après lecture faite, les parties ont signé le présent acte avec le notaire soussigné.

ATTESTATION DE NON-RÉTRACTATION DU CONSENTEMENT À ADOPTION

Conformément à l'article 348-3, alinéa 2, du Code civil, le consentement à adoption peut être rétracté dans un délai de deux mois. Si aucune rétractation n'est intervenue dans ce délai, le notaire dresse une attestation (ou un acte authentique) de non rétractation. Ces documents sont alors transmis au juge pour qu'il prononce (ou non) l'adoption. Il est d'usage que le notaire dépose par la suite au rang des minutes le jugement d'adoption.

ATTESTATION

Je, soussigné Maître Pierre ROULOIS, notaire à LE MANS, certifie et atteste qu'aucune rétractation n'est intervenue dans le délai légal de deux mois de l'acte reçu le 27 janvier 2015 aux minutes de l'Office Notarial, situé à LE MANS (72 000) 27 rue Bonnefor contenant **consentement à adoption simple**

De :

Madame Juliette MARTIN, enseignante, demeurant à LE MANS (72000),

Née à PARIS (75008), le 6 juillet 1972,

Divorcée de Monsieur Paul Alexandre Emile JULIEN suivant jugement rendu par le Tribunal de Grande Instance de PARIS (75008) le 1er avril 1999, non frappé de recours dans un délai légal,

Non remariée, non soumise à un pacte civil de solidarité, tel qu'il en résulte de son extrait d'acte de naissance, délivré par la mairie de PARIS (75008), en date du 3 décembre 2015.

De nationalité française.

Résidente au sens de la réglementation fiscale.

Par :

Madame Aline Josiane Evelyne HUGUET, retraitée, épouse de Monsieur Jean-Paul Germain MARTIN, demeurant à LE MANS (72000), 2, rue des déportés

Née à MARSEILLE (13003) le 4 février 1943,

Mariée à la mairie de LE MANS (72000) le 13 août 1983 sous le régime légal de la communauté d'acquêts à défaut de contrat de mariage préalable.

Ce régime n'a subi aucune modification conventionnelle ou judiciaire depuis.

De nationalité française.

Résidente au sens de la réglementation fiscale.

EN FOI DE QUOI la présente attestation est délivrée pour servir et valoir ce que de droit.

Fait à LE MANS (72000),
le 28 mars 2015

COMPLÉTER UNE DEMANDE DE RENSEIGNEMENT AUPRÈS DU SPF

cerfa
11194*04
DIRECTION GÉNÉRALE
DES FINANCES PUBLIQUES
Formulaire obligatoire
Décret n° 55-1350 du 14/10/1955, art. 39

Liberté • Égalité • Fraternité
RÉPUBLIQUE FRANÇAISE

N° 3233-SD
(01-2017)
@internet-DGFiP

Enregistrer sous...

CADRE RÉSERVÉ À L'ADMINISTRATION

N° de la demande : ....
Déposée le : ....
Références du dossier : ....

Demande de renseignements
pour la période à compter du 1er janvier 1956

à souscrire en **DEUX** exemplaires auprès du service de publicité foncière du lieu de situation des biens pour lesquels les renseignements sont demandés.
(voir la notice n° 3241-NOT-SD d'aide au remplissage des demandes de renseignements hypothécaires et d'information sur les tarifs).

Service de publicité foncière :
LIEU ET NUMÉRO DE BUREAU DU SPF COMPÉTENT

IDENTIFICATION ET SIGNATURE DU DEMANDEUR

Identité [1] : Coordonnées de l'étude notariale
Adresse : ....
Courriel [2] : ....
Téléphone : ....
À .... , le ____ / ____ / ________
Signature *(obligatoire)* :

Signature du notaire et cachet de l'étude

IDENTIFICATION DES PERSONNES (toute erreur ou imprécision dégage la responsabilité de l'État – art. 9 du décret du 04/01/1955 modifié).
Si le nombre de personnes est supérieur à trois, utiliser la feuille de suite.

N°	Personnes physiques : Nom (en majuscules) Personnes morales : Dénomination (en majuscules)	Prénom(s) dans l'ordre de l'état civil Siège social [3]	Date et lieu de naissance N° SIREN
1	NOM OU DÉNOMINATION SOCIALE	Conforme à l'extrait d'acte d'état civil ou à l'extrait Kbis	
2			
3	SI PLUS DE 3 PERSONNES PROPRIÉTAIRES	Utiliser la demande intercalaire (Cerfa 3234 SD)	

DESIGNATION DES IMMEUBLES (toute erreur dégage la responsabilité de l'État – art. 8-1 et 9 du décret du 04/01/1955 modifié).
Si le nombre d'immeubles est supérieur à cinq, utiliser la feuille de suite.

N°	Commune (en majuscules) (arrondissement s'il y a lieu, rue et numéro)	Références cadastrales (préfixe s'il y a lieu, section et numéro)	Numéro de division volumétrique	Numéro de lot de copropriété
1		Conforme au modèle 1		Uniquement si bien en copropriété
2				
3				
4				
5				

PÉRIODE DE DÉLIVRANCE

CAS GÉNÉRAL

Période allant du 1er janvier 1956[4] à la date de mise à jour du fichier au jour de réception de la demande, pour les demandes portant uniquement sur des personnes, ou à la date de réception de la demande pour tout autre type de demande.

CAS PARTICULIER

Vous souhaitez une période différente du cas général, veuillez préciser :
- le point de départ (date postérieure au 1er janvier 1956) : ____ / ____ / ________
- le point d'arrivée, au plus tard le ____ / ____ / ________

Pour une demande portant uniquement sur des immeubles, souhaitez-vous limiter la délivrance à l'information concernant le dernier propriétaire connu ? ☐ ***(si oui, cochez la case)***

[1] Nom (en majuscules), prénom(s) ou dénomination sociale (en majuscules). [2] **L'indication du courriel autorise l'administration à vous répondre par courriel.**
[3] Pour les associations ou syndicats, la date et le lieu de la déclaration ou du dépôt des statuts. [4] ou date de rénovation du cadastre pour les demandes portant uniquement sur les immeubles.

Page n° 1

MINISTÈRE DE L'ÉCONOMIE
ET DES FINANCES

emande
sonnelle

emande
lle
sonnalisée

emande
lle

À utiliser de préférence afin de remonter au dernier titre translatif.

Forfait 12 € pour une demande réelle personnalisée.
Si la demande contient plus de 3 personnes ou plus de 5 immeubles , utiliser le formulaire 3234 SD.
Ajouter au coût de la demande 5€ par personne supplémentaire et 2€ par immeuble supplémentaire.

COÛT ET FACTURATION (voir notice n° 3241-NOT-SD)

	Nombre de personnes ou d'immeubles	Tarif	Total
Tarif des demandes portant sur des personnes ou sur des immeubles		x 12 € =	€
Tarifs des demandes portant à la fois sur des personnes et des immeubles		12 €	12 €
- nombre de personnes au-delà de 3 :		x 5 € =	+ €
- nombre d'immeubles au-delà de 5 :		x 2 € =	+ €
Frais d'expédition (2 € ; 0 € si envoi par courriel) :			+ 2 €
		TOTAL =	14 €

MODE DE PAIEMENT

☐ chèque à l'ordre du Trésor public ☑ virement ☐ numéraire (pour un total inférieur à 300 €)

CADRE RÉSERVÉ À L'ADMINISTRATION

Le dépôt de la présente demande est refusé pour le (ou les) motif(s) suivant(s) :

☐ insuffisance de la désignation des personnes et/ou des immeubles

☐ défaut ou insuffisance de provision

☐ demande non signée et/ou non datée

☐ autre : ....

Le ____/____/______

Le comptable des finances publiques,
Chef du service de publicité foncière

Formulaire à renvoyer **en double exemplaire** au service de publicité foncière du lieu de situation de l'immeuble pour lequel les documents sont demandés.
Pour obtenir la **copie d'un document** en particulier, utiliser **le formulaire 3236**. Le coût varie selon le document demandé :

- 6 € par bordereau d'inscription ;
- 30 € par état descriptif de division, règlement de copropriété ou modificatif ;
- 15 € par document pour les autres (titre de propriété, constitution de servitude...).

COURRIER (PRÉSENTATION NORMALISÉE) : DEMANDE D'UN EXTRAIT D'ÉTAT CIVIL DANS LE CADRE D'UNE ADOPTION

Maître ROULOIS
27, rue Bonnefoi
72000 LE MANS
← **Émetteur**

Destinataire →

Mairie
Service de l'état civil
CP Ville (de naissance)

Références dossier pour répartition du courrier dans l'étude →

Nos réf : Adoption MARTIN/DUPONT
Objet : Demande extrait d'acte de naissance
← **Objet : résumé concis du courrier**

Ville,
le *date*
← **Date et lieu d'émission du courrier**

Titre de civilité adapté au destinataire →

Monsieur le Maire,

Je suis en charge du dossier d'adoption de Madame MARTIN par Madame DUPONT.
← **Introduction = rappel du contexte**

Pour la rédaction de l'acte, je vous remercie de me faire parvenir une copie intégrale de l'acte de naissance, avec filiation contenant toutes les mentions marginales éventuelles, de :
Madame **Juliette MARTIN**, née le 6 juillet 1972, de Monsieur et Madame (noms, prénoms de parents), enregistrée sur les registres de l'état civil de votre commune.
← **Développement = exposé de l'objet de la lettre**

Je vous précise que j'agis en ma qualité de mandataire de la personne ci-dessus identifiée, elle-même habilitée par la loi à obtenir la délivrance d'un tel document.

Cette demande est effectuée conformément aux termes de l'instruction générale relative à l'état civil du 11 mai 1999 (article 197-5 al. 3).
← **Précisions nécessaires pour obtenir l'extrait d'acte**

Je vous adresse une enveloppe timbrée pour votre réponse.

Je vous prie de recevoir, Monsieur le Maire, mes salutations distinguées.
← **Conclusion = exposé de l'action attendue**
← **Formule de politesse**

PJ : 1
← **Indication de la présence de pièces jointes et leur nombre**

Maître *nom du notaire*,
Notaire.
← **Signataire (nom et qualité)**

Ce document est établi en pratique sur le papier en-tête de l'étude qui comprend le logo, des indications complémentaires (numéro de téléphone, fax, adresse mail, heures d'ouverture de l'étude), ainsi que les informations comptables obligatoires.
En rouge, sont indiqués les éléments que l'on doit retrouver obligatoirement dans un courrier. Les éléments précisés dans les cartouches en marge du courrier correspondent à la structure de tout courrier.

FORMALITÉS PRÉALABLES CONCERNANT LES PERSONNES

Document	À qui le demander?	Durée de validité	Informations contenues dans le document
Carte nationale d'identité	Aux parties	15 ans depuis le 01/01/2014	Nom, prénoms, domicile, signature, photographie d'identité
Carte de séjour		1 à 4 ans	
Carte de résident		10 ans	
Extrait d'acte de naissance	• Français né en France: à la **mairie** du lieu de naissance	2 mois	• Nom, prénoms, date et lieu de naissance • Éventuellement filiation • Mentions marginales sur PACS, mariage, jugement de divorce, de séparation de corps, décès du conjoint, adoption, changement de nom… • Mention Répertoire civil (par exemple: « RC n° 2016/456 ») • Mention du décès de l'intéressé (seul endroit où cette mention apparaît pour l'instant)
	• Français né à l'étranger: au **service central de l'état civil** à Nantes (www.diplomatie.gouv.fr ou par courrier)	2 mois	
	• Étranger: aux parties ou au consulat avec traduction certifiée. À défaut, passeport ou acte de notoriété		
Extrait d'acte de mariage	À la **mairie** du lieu de mariage (ou au service central de l'état civil ou aux parties)	3 mois	• Date et lieu du mariage • Existence d'un contrat de mariage et nom du notaire rédacteur le cas échéant • Mention du divorce, séparation de corps • Modification du régime matrimonial
Extrait d'acte de décès	À la **mairie** du lieu de décès (ou au service central de l'état civil ou aux parties)		Date et lieu du décès et nom du notaire rédacteur de l'acte de notoriété
Livret de famille	Aux parties		• Date et lieu du mariage • Décès des époux • Date de naissance et de décès des enfants
Copie du contrat de mariage	Aux parties ou au notaire rédacteur		Régime matrimonial, existence d'avantages matrimoniaux
Jugement de divorce	Aux parties ou au TGI du lieu de naissance		Date du prononcé du jugement ou du dépôt de la convention chez le notaire
Pacte civil de solidarité	Aux parties ou au notaire rédacteur		• Date de conclusion • Régime légal ou optionnel • Date et lieu d'enregistrement
Extrait Kbis (extrait du Répertoire du commerce et des sociétés)	Auprès du greffe du tribunal de commerce ou site www.infogreffe.fr	3 mois	• n° d'immatriculation (RCS + n° SIREN, éventuellement n° SIRET), dénomination, siège social, forme juridique, représentant • Mention de l'existence d'éventuelles procédures collectives

Document	À qui le demander?	Durée de validité	Informations contenues dans le document
Extrait D1 (extrait du Répertoire des métiers)	Auprès de la Chambre des métiers	3 mois	• n° SIREN, dénomination, activité, siège social • Mention de l'existence de procédures collectives
Extrait d'immatriculation au registre de l'agriculture	Auprès de la Chambre d'agriculture		Informations concernant l'exploitant agricole (inscription non obligatoire sur ce registre, un agriculteur peut donc être immatriculé au RCS ou au RM)
Certificat de non-faillite *(pour les activités commerciales et artisanales)*	Auprès du greffe du tribunal de commerce		Attestation d'absence de procédures collectives
Extrait du registre des procédures collectives (TGI) *(pour les activités libérales et agricoles)*	Auprès du greffe du TGI		Mention de l'existence éventuelle de procédures collectives
Consultation du BODACC	Site www.bodacc.fr	Modifications quotidiennes	• Procédures collectives • Avis de redressement personnel (dans le cadre des procédures de surendettement)
Statuts	Auprès du représentant de la personne morale ou du notaire rédacteur ou auprès du greffe du tribunal de commerce (site www.infogreffe.fr)	Tant qu'ils ne sont pas modifiés	• Dénomination • Forme juridique • Objet social • Pouvoirs des représentants...
Délibération	Auprès du représentant de la personne morale		Nom du représentant et pouvoirs conférés
Procuration	Auprès du mandant (pour les ASSP ou les actes délivrés en brevet) ou du notaire rédacteur (pour les procurations reçues en minute)		Nom du mandataire et pouvoirs conférés

➔ Désormais, les documents justifiant de l'état civil des personnes sont demandés à l'aide du dispositif COMEDEC (COMmunication Électronique des Données de l'État Civil) via l'intranet de la profession.
Ce dispositif d'échange dématérialisé de documents permet d'obtenir les extraits d'acte de naissance, de mariage et de décès. Il dépend du ministère de la Justice.
Sa mise en place est progressive (c'est pourquoi le modèle de courrier pour obtenir un extrait d'acte de naissance dans le Carnet professionnel peut s'avérer encore utile). Toutes les communes sur lesquelles est établie une maternité doivent avoir mis en place ce dispositif le 1er novembre 2018.

MENTION FINALE D'UNE COPIE EXÉCUTOIRE À ORDRE

QUARANTE-TROISIÈME ET DERNIÈRE PAGE

Type et nombre de copies exécutoires délivrées

La présente copie exécutoire **À ORDRE UNIQUE** est transmissible par endossement, et dans les conditions déterminées par la loi du 15 juin 1976, dont les articles 6, alinéas 1er et 7, sont ci-après littéralement reproduits :

Reproduction des articles 6, alinéa 1er et 7 de la loi n° 76-519 du 15 juin 1976

Reproduction inutile si la copie est créée au profit d'un établissement bancaire ou si reproduits dans une clause de l'acte

EN CONSÉQUENCE, la République Française mande et ordonne à tous Huissiers de Justice sur ce requis de mettre les présentes à exécution. Aux Procureurs Généraux et aux Procureurs de la République, près les Tribunaux de Grande Instance d'y tenir la main. À tous commandants de la force publique de prêter main forte lorsqu'ils en seront légalement requis.

*Formule de mandement dite **formule exécutoire***

En foi de quoi, la présente copie exécutoire **À ORDRE UNIQUE** (transmissible par endossement), établie par reprographie sur quarante-trois pages, a été collationnée, reconnue conforme à la minute, signée, scellée et délivrée par Maître DUPONT, notaire à LE MANS (72000).

Indication du nombre de pages
Certificat de conformité à la minute
Nom du notaire

Pour unique copie exécutoire.

SCEAU + signature du notaire

Le (*jour de retour du bordereau d'inscription du SPF*), la présente copie exécutoire à ordre est remise à (*nom du créancier*) , pour lui valoir titre exécutoire à concurrence de la somme principale de (*montant de la créance*), due ou restant due.

La créance est garantie par une inscription de privilège de prêteur de deniers et/ou par une hypothèque conventionnelle prise au service de publicité foncière de (*lieu du service*), le (*date d'inscription*) volume (*références d'inscription du bordereau*), ayant effet jusqu'au (*date dernière échéance + 1 an*).

CACHET de l'étude + signature du notaire

*Éléments ajoutés **au retour** du bordereau d'inscription → datés et approuvés par le notaire*

- ***Mention de délivrance de la copie***
- ***Montant de la créance***
- ***Nom du créancier***
- ***Références d'inscription de la sûreté***
- ***Date extrême d'effet de la sûreté***

MODÈLES DE RÉDACTION DE LA CLAUSE ORIGINE DE PROPRIÉTÉ

Les modèles de clauses présentés ci-dessous sont à introduire dans la clause ORIGINE DE PROPRIÉTÉ (de la plus récente à la plus ancienne) et à compléter à l'aide des éléments contenus dans le dossier et l'état hypothécaire hors formalité. Elles sont à répéter autant que nécessaire jusqu'à obtenir une origine de propriété trentenaire (voir fiche 5 et fiches correspondantes au thème de chaque origine de propriété).

➔ Rédaction de l'origine de propriété en cas d'ACQUISITION

L'immeuble ci-dessus appartient à M. *identité du propriétaire* (le cas échéant : en propre), au moyen de l'acquisition qu'il en a faite, de M. *identité du cédant*,
Suivant acte reçu par Me *nom du notaire*, notaire à *ville (CP)*, le *date d'acquisition*, publié au service de la publicité foncière de *ville SPF numéro bureau (CP)*, le *date de publication volume et numéro* (**ou si la formalité est antérieure au 1er janvier 1956** : dont une expédition a été retranscrite au service de la publicité foncière de *ville publication* le *date et numéro de publication*)
Moyennant le prix de *prix de vente en lettres* € (ou francs), payé comptant et quittancé à l'acte, (ou : payé comptant à concurrence de *prix de vente en lettres* €/francs et stipulé payable à terme pour le surplus).
L'état délivré sur publication était négatif de saisie, demande en nullité et inscription (ou l'état délivré a révélé l'inscription d'un privilège de prêteur de deniers et/ou d'une hypothèque conventionnelle publiée le *lieu, date et références d'inscription* ; le vendeur s'engage à obtenir la mainlevée de cette inscription).
À ajouter en cas de paiement à terme :
M. *nom du cédant* s'est libéré du solde de son prix d'acquisition, ainsi que le constate un acte reçu par Me *nom du notaire*, le *date de l'acte*, contenant en outre mainlevée de l'inscription de privilège de vendeur, qui a été radiée depuis.

➔ Rédaction de l'origine de propriété en cas d'ACQUISITION du terrain ET de CONSTRUCTION

L'immeuble ci-dessus appartient à M. *identité du propriétaire*, savoir :
1) Le terrain pour l'avoir acquis de M *identité du cédant*,
Suivant acte reçu par Me *nom du notaire*, notaire à *ville (CP)*, le *date d'acquisition*, publié au service de la publicité foncière de *ville SPF numéro bureau (CP)*, le *date de publication, volume et numéro*
Moyennant le prix de *prix de vente en lettres* € (ou francs), payé comptant et quittancé à l'acte.
L'état délivré sur publication était négatif de saisie, demande en nullité et inscription (ou présence d'inscription, voir ci-dessus).
2) Et Les constructions pour les avoir faites édifier après avoir obtenu un permis de construire *numéro du permis de construire* de M. le maire de *ville (CP)*, le *date permis* ; la déclaration attestant l'achèvement et la conformité des travaux a été déposée à la mairie de *ville (CP)*, le *date dépôt*.

➔ Rédaction de l'origine de propriété en cas de DIVORCE (par consentement mutuel avant la réforme de la loi du 18 novembre 2016)

L'immeuble ci-dessus appartient en propre à M. *identité du propriétaire*, savoir :
1ent – moitié indivise comme ayant été acquise au cours de son union avec Mme *identité ex-conjoint* de … (poursuivre comme pour acquisition)
2ent – l'autre moitié indivise au moyen de l'attribution qui lui en a été faite aux termes d'un acte reçu par Me *nom du notaire, notaire à ville (CP)*, le *date*, contenant entre M. et Mme *comparution ex-conjoint* la liquidation et le partage des biens dépendant de leur communauté, à défaut de contrat préalable à leur union, célébrée à *ville (CP)* le *date*.

Cet acte constituait la convention définitive portant règlement des effets du divorce établie en vue du dépôt d'une requête conjointe présentée à M. le juge aux Affaires familiales du TGI de *ville (CP)* et sous condition suspensive du prononcé de leur divorce. Le bien a été estimé à *(estimation en €)*. La condition suspensive a été réalisée par l'effet du jugement rendu par le TGI de *ville* (CP) le *date*, prononçant le divorce entre les époux et homologuant la convention. La copie exécutoire du jugement d'homologation a été déposée au rang des minutes de Me *nom du notaire*, le *date*. Les copies de la convention et du dépôt du jugement ont été publiées le (*date, lieu et références de publication*).

→ Rédaction de l'origine de propriété en cas de DONATION

L'immeuble ci-dessus appartient à M. *identité du propriétaire*, au moyen de la donation entre vifs qui lui en a été faite en pleine propriété (ou en nue-propriété), sans charge (ou avec charge, à préciser), par M. *identité du donateur*, et qu'il a acceptée
Suivant acte reçu par Me *nom du notaire*, notaire à *ville (CP)*, le *date de la donation*, publié au service de la publicité foncière de *ville SPF numéro bureau (CP)*, le *date de publication, volume et numéro*
L'état délivré sur publication était ...
Ajouter le cas échéant,
Cette donation est devenue définitive (ou l'usufruit est éteint), le donateur étant décédé à *lieu de décès*, le *date du décès* sans laisser d'héritier à réserve, tel que le constate un acte de notoriété dressé par Me *nom du notaire*, notaire à *ville (CP)*, le *date de la notoriété*.

→ Rédaction de l'origine de propriété en cas d'ÉCHANGE

L'immeuble ci-dessus appartient à M. *identité du propriétaire*, pour l'avoir reçu en échange d'un immeuble lui appartenant, de *nom du coéchangiste* aux termes d'un acte passé devant Me *nom du notaire*, notaire à *ville (CP)*, le *date de l'acte d'échange*,
Cet échange a eu lieu sans soulte de part ni d'autre (ou : avec soulte à la charge de *débiteur de la soulte*, quittancée à l'acte).
Chacune des parties a renoncé pour ce qui la concernait à l'action en répétition. Cet acte a été publié au service de la publicité foncière de *ville SPF numéro bureau (CP)*, le *date de publication, volume et numéro*
L'état délivré sur publication était...

→ Rédaction de l'origine de propriété en cas de LEGS UNIVERSEL

Si le legs a été fait par testament authentique

L'immeuble ci-dessus appartient à M. *identité du propriétaire*, en sa qualité de légataire universel aux termes d'un testament dicté, en présence de témoins, à Me *nom du notaire*, notaire à *ville (CP)*, le *date du testament*, par M. *nom du testateur* décédé en son domicile à *lieu de décès (CP)*, le *date du décès*, (éventuellement veuf de Mme *nom du conjoint*) et n'ayant laissé aucun héritier à réserve, ainsi qu'il a été constaté par un acte de notoriété dressé par Me *nom du notaire*, notaire à *ville (CP)*, le *date de la notoriété*.
Il est précisé que cette transmission de propriété a été constatée par une attestation immobilière dressée par Me *nom du notaire*, notaire à *ville (CP)*, le *date de l'attestation*, publiée au service de la publicité foncière de *ville SPF numéro bureau (CP)*, le *date de publication, volume et numéro* et que l'état délivré sur publication était...

Si le legs a été fait par testament olographe

L'immeuble ci-dessus appartient à M. *identité du propriétaire*, en sa qualité de légataire universel aux termes d'un testament rédigé en la forme olographe le *date du testament* déposé chez

M^e^ *nom du notaire*, notaire à *ville (CP)*, le *date de dépôt*, en son vivant, par M. *nom du testateur* demeurant à *domicile défunt (CP),* décédé à *lieu du décès (CP)* le *date du décès,* célibataire, sans laisser d'héritier réservataire, ainsi que le constate un acte de notoriété dressé par Me *nom du notaire*, notaire à *ville (CP)*, le *date de la notoriété*, et comme ayant été envoyé en possession par ordonnance de M. le président du Tribunal de grande instance de *ville (CP)* le *date envoi en possession* dont la copie exécutoire a été déposée aux minutes de Me *nom du notaire*, notaire à *ville (CP)*, le *date du dépôt* (à modifier en fonction de la situation au décès).
(puis indication attestation immobilière, comme ci-dessus)
À compter du 1er novembre 2017, l'envoi en possession ne sera plus systématique (voir fiche 44).

→ Rédaction de l'origine de propriété en cas de LEGS À TITRE UNIVERSEL ou À TITRE PARTICULIER

L'immeuble ci-dessus appartient à M. *identité du propriétaire*, comme lui ayant été légué à titre particulier par M. *identité du testateur,* aux termes de son testament rédigé en la forme olographe, déposé aux rangs des minutes de Me *nom du notaire*, notaire à *ville (CP)*, le *date de dépôt*, décédé à son domicile *lieu du décès (CP)* le *date du décès,* célibataire, sans laisser d'héritier réservataire, ainsi que le constate un acte de notoriété dressé par Me *nom du notaire*, notaire à *ville (CP)*, le *date de la notoriété*.
Ce legs a été délivré par M. *identité de l'héritier,* (seul) héritier (à réserve éventuellement) du testateur, suivant acte reçu par Me *nom du notaire*, notaire à *ville (CP)*, le *date de la délivrance de legs*.
Il est précisé que cette transmission de propriété a été constatée par une attestation dressée par Me *nom du notaire*, notaire à *ville (CP)*, le *date de l'attestation*, publiée au service de la publicité foncière de *ville SPF numéro bureau (CP)*, le *date de publication, volume et numéro* et que l'état délivré sur publication était ...

→ Rédaction de l'origine de propriété en cas de PARTAGE

L'immeuble ci-dessus appartient à M. *identité du propriétaire*, demeurant à *domicile du propriétaire* pour lui avoir été attribué aux termes d'un acte de partage reçu par Me *nom du notaire*, notaire à *ville (CP)*, le *date du partage*, contenant entre lui et Mme (ou M.) *identité du (des) copartageant(s)* le partage des biens dépendant de la succession de M. *nom du défunt*, leur père (ou autre qualité) en son vivant, demeurant à *domicile du défunt (CP),* décédé en son domicile à *lieu du décès (CP)*, le *date du décès,* veuf de Mme *nom du conjoint prédécédé* (ou autre situation) et dont ils étaient héritiers pour moitié (ou autre quotité, le cas échéant), ainsi qu'il est constaté dans un acte de notoriété dressé par Me *nom du notaire*, notaire à *ville (CP)*, le *date de la notoriété*.
Le présent acte de partage a été publié au service de la publicité foncière de *ville SPF numéro bureau (CP)*, le *date de publication, volume et numéro* et que l'état délivré sur publication était...

→ Rédaction de l'origine de propriété en cas de SUCCESSION

L'immeuble ci-dessus appartient à M. *identité du propriétaire*, pour l'avoir recueilli dans la succession de M. *identité du défunt*, son frère de son vivant, demeurant à *domicile du défunt (CP),* décédé à *lieu du décès (CP)*, le *date du décès,* dont il était seul héritier.
Ainsi que le constatent :
- Un acte de notoriété dressé par Me *nom du notaire*, notaire à *ville (CP)*, le *date de la notoriété*,
- Et une attestation immobilière établie par le même notaire, le *date de l'attestation*, publiée au service de la publicité foncière de *ville SPF numéro bureau (CP)*, le *date de publication, volume et numéro*, étant précisé que l'état délivré sur cette formalité du chef du défunt était...

MODÈLES DE RÉDACTION DES CLAUSES COMPARUTION

→ COMPARUTION des personnes physiques

COMPARUTION d'un célibataire

L'absence de mentions marginales sur l'extrait d'acte de naissance indique que la personne est célibataire.

Monsieur Pascal François DAUBAIN, étudiant, demeurant à [*ville*] (*code postal*), rue...
Né à [*ville*] (*code postal*), le [*date de naissance*]
Célibataire majeur non soumis à un pacte civil de solidarité
De nationalité française,
Résident au sens de la réglementation fiscale

COMPARUTION d'un célibataire soumis à un pacte civil de solidarité

Le PACS fait l'objet d'une mention marginale sur l'extrait d'acte de naissance, précisant la date et le lieu d'enregistrement du PACS, ainsi que le nom du partenaire. Les dates de modification ou de dissolution sont également indiquées le cas échéant.

Madame Michèle DUMIND, commerçante, demeurant à [*ville*] (*code postal*), rue ...
Née à [*ville*] (*code postal*), le [*date de naissance*]
Célibataire majeure soumise à un pacte civil de solidarité conclu avec [*prénoms, nom, profession, domicile, date et lieu de naissance du partenaire*] par acte sous signatures privées en date du [*date du PACS*] à [*lieu de signature*], ayant fait l'objet d'une déclaration conjointe au greffe du tribunal d'instance de [*ville*] (*code postal*) le [*date d'enregistrement*], (ou par acte authentique reçu par Maître..., enregistré sur le registre PACSen sous le numéro [*n° enregistrement*] le ...) soumis au régime de (*l'indivision ou de la séparation des patrimoines*) lequel pacte n'a pas été modifié depuis lors ainsi qu'elle le déclare,
De nationalité française,
Résidente au sens de la réglementation fiscale

COMPARUTION d'un veuf (d'une veuve) en premières noces, non remarié

Le décès du conjoint est retranscrit sur le livret de famille et la comparution est dressée au regard d'un acte de décès. La mention du décès apparaît sur l'acte de naissance du défunt.

Monsieur Raymond Jean DURAND, médecin, demeurant à [*ville*] (*code postal*), rue ...
Né à [*ville*] (*code postal*), le [*date de naissance*]
Veuf en premières noces de Madame Louise CHATEAU, décédée à [*ville du décès*] (*code postal*) le [*date du décès*]
Non remarié, non soumis à un pacte civil de solidarité,
(...)

COMPARUTION d'un divorcé, ex-époux, remarié ou non

Monsieur Pascal DUPONT, ingénieur, demeurant à [*ville*] *(code postal)*, rue .....
Né à [*ville*] *(code postal)*, le [*date de naissance*]
Divorcé en premières noces de Madame Sophie LEBEAU, ainsi qu'il en a été justifié par un extrait d'acte de mariage, célébré à la mairie de [*ville mariage*] *(CP)*, le [*date du mariage*], et portant en marge la mention du divorce prononcé par jugement du tribunal de grande instance de [*ville*] *(CP)*, en date du [*date du prononcé du divorce*], non frappé de recours dans un délai légal **ou** ... portant en marge la mention de divorce suite au dépôt de la convention de liquidation-

partage contresigné par Maître (avocat premier époux) et Maître (avocat second époux), aux rangs des minutes de Me... le [*date du dépôt*],
Non soumis à un pacte civil de solidarité, non remarié depuis,
Ou, si remarié, Époux en secondes noces de Madame Nicole DARMOND, née à... le..., avec laquelle il est marié sous le régime de [*précision du régime*], mariage célébré à...le... (comme ci-dessus)
(...)

COMPARUTION de deux époux

Deux époux comparaissent ensemble, mais pas deux partenaires ni deux concubins. Les partenaires et concubins comparaissent l'un après l'autre.
Monsieur Marc-Louis DUSSOT, enseignant, **et** Madame Joséphine Irène MAURIN, sans profession, **son épouse**, demeurant ensemble à [*ville*] *(code postal)*, rue .....
Nés savoir :
Monsieur à [*ville*] *(code postal)*, le [*date de naissance*]
Madame à [*ville*] *(code postal)*, le [*date de naissance*]
Si mariés sans contrat de mariage, indiquer
Mariés sous le régime légal, à défaut de contrat de mariage préalable à leur union célébrée à la mairie de [*ville*] *(CP)*, le [*date du mariage*] ; ledit régime n'ayant subi aucune modification contractuelle ou judiciaire postérieure, ainsi déclaré.
ou *Avec contrat de mariage, indiquer (à décliner en fonction du régime matrimonial)*
Mariés sous le régime de la séparation de biens (ou autre régime conventionnel) aux termes de leur contrat de mariage, reçu par Me [*nom du notaire*], notaire à [*ville*] *(CP)*, le [*date du contrat de mariage*], lequel régime n'a pas été modifié depuis.
Avec modification du régime matrimonial, indiquer
Mariés initialement sous le régime légal, à défaut de contrat de mariage préalable à leur union célébrée à la mairie de [*ville*] *(CP)*, le [*date du mariage*] ; ledit régime a été modifié pour adopter le régime de la communauté universelle (ou autre régime conventionnel), aux termes d'un acte reçu par Me [*nom du notaire*], notaire à [*ville*] *(CP)*, le [*date du contrat de mariage*]; ledit régime n'ayant subi aucune modification contractuelle ou judiciaire postérieure, ainsi déclaré.
(...)

COMPARUTION d'un seul époux

Monsieur Marc-Louis DUSSOT, enseignant, demeurant à [*ville*] *(code postal)*, rue...,
Né à [*ville*] *(code postal)*, le [*date de naissance*]
Époux en secondes noces de Madame Joséphine Irène MAURIN, née à [*ville*], le [*date*], sous le régime légal de la communauté, à défaut de contrat de mariage préalable à leur union, célébrée à la mairie de [*ville*] *(CP)*, le [*date du mariage*]; ledit régime n'ayant subi aucune modification contractuelle ou judiciaire postérieure, ainsi déclaré
(...)

→ COMPARUTION et représentation des personnes physiques protégées

Pour les actes les plus graves (exemple : vente d'un immeuble appartenant à une personne protégée), **le représentant doit obtenir préalablement l'autorisation du juge** (juge aux affaires familiales auprès du TGI pour les mineurs, juge aux affaires familiales auprès du TI pour les majeurs) pour pouvoir valablement représenter la personne protégée. L'autorisation est demandée par requête au juge (voir Carnet professionnel).

COMPARUTION d'un mineur (administration légale, ordonnance du 15 octobre 2015)

Monsieur [*Prénoms*], [*nom*], [*domicile*]
Né à [*ville*] (*code postal*), le [*date de naissance*]
Célibataire mineur
(...)

<u>À insérer dans la clause **PRÉSENCE – REPRÉSENTATION**</u>

[*Nom, prénom du mineur*] est représenté par [*prénoms et nom des père/mère*], [*domicile*]
Agissant en qualité d'administrateur légal de son fils mineur, ci-dessus nommé <u>spécialement habilité à l'effet des présentes en vertu d'une ordonnance</u> rendue en date du [*date*] par le juge aux affaires familiales auprès du tribunal de grande instance de [*ville TGI*], non frappée de recours, dont une copie authentique de l'ordonnance demeurera annexée après mention.

COMPARUTION d'un majeur placé sous curatelle (sans autorisation du juge)

Monsieur [*Prénoms, nom, domicile*]
Né à [*ville*] (*code postal*), le [*date de naissance*]
Célibataire majeur, placé sous le régime de la curatelle des majeurs ainsi qu'il résulte d'un jugement rendu par Monsieur le juge des tutelles du tribunal d'instance de [*ville*] (*CP*), en date du [date du jugement] devenu définitif, régulièrement inscrit au répertoire civil et publié par la mention de cette inscription apposée en marge de l'acte de naissance du majeur protégé, le [*date de la mention RC*], tel qu'il en résulte d'une copie d'un extrait d'acte de naissance délivré le [*date extrait d'acte de naissance*] par la mairie de [*ville de naissance*] (CP) ne révélant l'existence d'aucune mention d'inscription au répertoire civil autre que celle prise en vertu du jugement sus-énoncé (...)

<u>À insérer dans la clause **PRÉSENCE – REPRÉSENTATION**</u>

Présent et assisté aux présentes par [*comparution du curateur*]
Ainsi que ces faits et qualités ont été justifiés par la production des pièces suivantes qui demeureront ci-annexées après mention :
– une copie du répertoire civil délivrée par Monsieur le greffier du tribunal de grande instance de [*ville TGI*] (*CP*), le [*date extrait RC*]
– un extrait du jugement rendu par Monsieur le juge des tutelles du tribunal d'instance de [*ville*] (*CP*), en date du [*date du jugement*] devenu définitif, confiant la curatelle à [*nom du curateur*].

COMPARUTION d'un majeur placé sous tutelle (autorisation du juge nécessaire)

Monsieur [*Prénoms, nom, domicile*]
Né à [*ville*] (*code postal*), le [*date de naissance*]
Célibataire majeur, placé sous le régime de la tutelle des majeurs ainsi qu'il résulte d'un jugement rendu par Monsieur le juge des tutelles du tribunal d'instance de [*ville*] (*CP*), en date du [*date du jugement*] devenu définitif, régulièrement inscrit au répertoire civil et publié par la mention de cette inscription apposée en marge de l'acte de naissance du majeur protégé, le [*date de la mention RC*], tel qu'il en résulte...

<u>À insérer dans la clause **PRÉSENCE – REPRÉSENTATION**</u>

Représenté aux présentes par [*comparution du représentant*]
<u>Spécialement habilité aux présentes par ordonnance du juge des tutelles</u> de [*ville*], en date du [*date*], dont une copie exécutoire est annexée après mention, ladite ordonnance passée en force de chose jugée ainsi qu'il résulte du certificat de non-appel délivré par le greffe du tribunal d'instance de [*ville*], le [*date*],

Ainsi que ces faits et qualités ont été justifiés par la production des pièces suivantes qui demeureront ci-annexées après mention :

- une copie du répertoire civil délivrée par Monsieur le greffier du tribunal de grande instance de [*ville TGI*] (*CP*), le [*date extrait RC*],
- un extrait du jugement sus-énoncé ouvrant la tutelle et confiant la tutelle à [*nom du tuteur*],
- et une ordonnance rendue par M. le juge des tutelles de [*ville tribunal d'instance* (*CP*)] en date du [*date de l'ordonnance*] autorisant la conclusion de l'acte.

→ COMPARUTION et représentation des personnes morales

COMPARUTION d'une société

La société [*dénomination*], [*forme de la société (SA, SCI ...)*], au capital de [*montant du capital en euros*], dont le siège social est à [*ville*] *(CP)* rue...

Constituée pour une durée expirant le [*terme (ou durée)*] aux termes d'un acte reçu par Maître [*nom du notaire*], notaire à [*ville*] *(CP)* le [*date des statuts*], enregistré le [*date/lieu d'enregistrement*] (ou par acte sous signatures privées en date du... enregistré le ...)

Immatriculée au Registre du commerce et des sociétés de [*ville*] *(CP)* le [*date d'immatriculation*] sous le numéro [*numéro SIREN ou SIRET*]

À insérer dans la clause **PRÉSENCE – REPRÉSENTATION**

La société [*dénomination*] est représentée par Monsieur Y *[Prénoms, Nom, domicile]*, gérant de la société, en vertu des pouvoirs qui lui ont été conférés par les statuts de la société, rédigés en la forme authentique par [*Maître A en date du ..., enregistré le ...*] (ou de la délibération de l'assemblée générale des associés en date du ...)

Monsieur Y est représenté par Madame Z, clerc du notaire soussigné, en vertu des pouvoirs qui lui ont été spécialement conférés par Monsieur Y, aux termes d'une procuration établie sous signatures privées, à [*ville*] (CP) en date du [*date procuration*], dont l'original demeurera annexé aux présentes après mention.

COMPARUTION d'une association

L'association [*dénomination*] dont le siège est à [*ville*] *(CP)* rue...

Formée sous le régime de la loi du 1er juillet 1901 aux termes des statuts établis par acte sous signatures privées, le [*date de création*] et déclarée à la Préfecture de [*ville*] (CP) le [*date de déclaration*] et publiée au Journal Officiel du [*date JO de publication*]

(Suivie de la clause **REPRÉSENTATION**)

COMPARUTION d'une collectivité territoriale

La commune de [*nom de la commune*], ayant son siège à [*adresse*], identifiée au SIREN sous le numéro [*n°INSEE*]

À insérer dans la clause PRÉSENCE – REPRÉSENTATION

La commune est représentée par Madame [*Prénoms, Nom du maire*], Maire,

Agissant en sa qualité, et spécialement autorisée à l'effet des présentes en vertu de l'autorisation donnée par le Conseil Municipal suivant délibération en date du [*date délibération*], régulièrement transmise au représentant de l'Etat compétent, qui l'a reçue le [*date réception en préfecture*], et motivée au vu de l'avis de France Domaine.

Le représentant de la commune déclare que la délibération n'a fait l'objet d'aucun recours auprès du Tribunal Administratif. Une copie certifiée conforme du procès-verbal de cette délibération est demeurée annexée après mention.

NOTE D'INFORMATION TRANSMISE PAR COURRIEL

De : *compta.etude@notaires.fr*	Le 7 juillet 2017
A : *groupe « personnel_étude »*	PJ : Néant
Objet : **Outils d'aide à la gestion du temps**	

NOTE D'INFORMATION

« Management et Qualité : cap sur la performance », est un outil de pilotage pensé par la profession et destiné à mettre en place des procédures d'amélioration. Le volet « Prévention du stress au travail » constitue un premier thème sur lequel nous souhaitons progresser.

Un groupe de travail s'est réuni le 3 juillet dernier pour élaborer des outils de gestion du temps de travail, destinés à aider les collaborateurs de l'étude et à satisfaire au mieux nos clients par le respect des délais qui leur sont annoncés.

Comment s'organiser ?

La méthode NERAC est un moyen mnémotechnique destiné à optimiser l'organisation du travail de chacun.

N	**NOTER** l'ensemble des tâches à réaliser.
E	**ESTIMER** la durée de chacune des tâches.
R	**RÉSERVER** un temps pour les activités non planifiées.
A	**ARBITRER** ou hiérarchiser les tâches en fonction de leur priorité : Tâche importante et urgente → à exécuter en priorité Tâche importante mais non urgente → à planifier Tâche peu importante et urgente → à déléguer si possible Tâche peu importante et non urgente → à laisser de côté
C	**CONTRÔLER** l'avancement des tâches et l'atteinte des objectifs. Prévoir des mesures correctives si nécessaires.

Quels outils informatiques utiliser ?

Le Progiciel de Gestion Intégré (PGI), disponible par l'intranet, propose à chacun une liste des tâches et de contrôle informatisée (dès que la tâche est réalisée, vous pouvez cocher la case « fait »). Votre liste mise à jour vous permet de suivre l'avancement de votre organisation. Le PGI vous propose également un planning d'avancement pour chacun de vos dossiers. Vous pouvez également programmer des rappels.
Ces outils vous permettent d'avoir une vue d'ensemble des tâches que vous avez planifiées sur votre journée (application « planning ») et une vision de l'avancée de vos dossiers au jour le jour.

Soucieux du bien-être de chacun, le groupe de travail espère que ces méthodes et outils vous permettront de mieux gérer votre temps.

Pour le groupe de travail, La comptable, secrétaire de séance.

Les règles d'élaboration d'une note d'information
– mentions obligatoires : date, lieu, émetteur/destinataire, titre (« note d'information »), objet, signature et fonction de l'émetteur. **Il n'y a ni titre de civilité ni formule de politesse** dans une note d'information ;
– style neutre et impersonnel, formulation de phrases courtes.

NOTE DE SERVICE

Date et lieu d'émission de la note

Maître *nom*
Notaire associé SCP…
en-tête simplifié

Émetteur

Ville, le *date*

Destinataire

Destinataires :
Tous les collaborateurs

Numéro pour une note de service uniquement

Titre : peut contenir l'objet de la note

Note de service n° 34 concernant la vente d'un seul local accessoire soumis au régime de la copropriété

Pas de titre de civilité

Depuis plusieurs mois, nous constatons des erreurs dans le traitement des dossiers portant sur des ventes isolées de garages soumis au régime de la copropriété. Le droit de préemption urbain est souvent purgé à tort.

Introduction = rappel du contexte

À toutes fins utiles, nous vous rappelons la réponse ministérielle de la secrétaire d'État au logement, en date du 6 août 2001. Cette réponse est venue éclaircir l'interprétation de l'article L 211-4 a) du code de l'urbanisme.

Il ressort de cette réponse ministérielle que la vente d'un seul local accessoire **n'est pas soumise au droit de préemption urbain simple (ou « ordinaire »)** . Le propriétaire qui ne possède qu'un local accessoire (ici un garage) dans un immeuble soumis au régime de la copropriété depuis plus de dix ans n'est pas tenu « à la purge du droit de préemption non renforcé préalablement à la vente de ce local ».

L'envoi d'une déclaration d'intention d'aliéner ne s'impose que dans les zones d'aménagement différé ou les zones soumises à un droit de préemption renforcé.

Je vous rappelle que si vous purgez un droit de préemption alors même que la loi ne le prévoit pas, vous offrez à son destinataire la possibilité d'acquérir le bien en priorité . Les conséquences sont donc importantes sur l'instruction du dossier.

Développement = exposé de l'objet de la note

Vous voudrez bien respecter scrupuleusement cette consigne pour le bon fonctionnement de notre étude. Vous participerez ainsi à donner une image de sérieux à notre clientèle.

Conclusion = invitation au respect des consignes

Pas de formule de politesse

Maître *nom du notaire*,
Notaire.

Signataire (nom et qualité)

NOTIFICATION DE REJET ET ATTESTATION RECTIFICATIVE

Si le service de publicité foncière constate une irrégularité dans le dépôt d'un acte au fichier immobilier, il envoie une notification de rejet.

→ Contenu d'une NOTIFICATION DE REJET

« Vous avez déposé aux fins de publication le 30 juin 2017 sous le n° volume 2017P n° 1234 l'acte suivant :

VENTE du 18/06/2017 DUPONT/MARTIN

La vérification effectuée par nos services au moment de la publication de l'acte au fichier a révélé l'irrégularité suivante :
Discordances entre les énonciations contenues dans le document à publier et les énonciations correspondantes contenues dans les titres déjà publiés (art. 34-3 du décret du 14 octobre 1955)... ».
Suivent le délai et les formalités à réaliser pour pouvoir publier l'acte.

→ La lecture de l'acte rejeté permet d'analyser les irrégularités constatées par le SPF et de rédiger une attestation rectificative pour corriger les erreurs (délai pour envoyer l'attestation : 1 mois à compter de la notification du rejet par le SPF).

*Dans notre cas, le vendeur est Monsieur DUPOND (et **non T**) et les références de publication de l'acte précédent (effet relatif) sont volume 2010V n° 53 (et **non 35**).*

On ne peut qu'insister sur la nécessité du collationnement et d'une relecture rigoureuse de l'acte au moment de sa rédaction et des formalités postérieures.

→ Attestation rectificative
« Maître ROBERT, notaire à...
Comme notifié le *date et n° du rejet*,
la vente par Monsieur DUPONT à
Monsieur MARTIN, déposée aux fins de publication le *date de dépôt*, volume 2017P n° 1234 est entachée d'irrégularités.
Le notaire atteste qu'il y a lieu de lui apporter les modifications suivantes :
Page 2, paragraphe COMPARUTION DU VENDEUR
Au lieu de lire *rappel de la comparution dans l'acte du 18/06/2017*
Il convient de lire
*Rédaction de la comparution corrigée (DUPON**D**)*
Page 4, paragraphe EFFET RELATIF
Au lieu de lire *rappel de l'EFFET RELATIF de l'acte du 18/06/2017*
Il convient de lire
*Rédaction de l'EFFET RELATIF corrigé (volume 2010 n° **35**)*
Établie en deux exemplaires, certifiés conformes entre eux
À ..., le date de l'attestation rectificative »
Signature du notaire ()

Nature de l'acte
Nom et qualité du signataire

Emplacement, dans l'acte à corriger, indiqué le plus précisément possible

À envoyer en 2 exemplaires + bordereau de dépôt + chèque CSI = 15 € (enregistrement NEANT)

PRÉPARER UN APPEL TÉLÉPHONIQUE

Avant d'émettre un appel, l'utilisation de la méthode CROC est un excellent moyen mnémotechnique pour ne rien omettre d'un message à transmettre, à un client par exemple.

Le tableau ci-dessous peut servir de modèle de formulaire d'émission d'un appel téléphonique. Il peut également être utilisé pour laisser un message sur une boîte vocale en cas d'absence de son destinataire.

<table>
<tr><td colspan="2">Personne à contacter:
....</td><td>Coordonnées téléphoniques:
....</td></tr>
<tr><td colspan="2">À la demande de:
....</td><td>Date de l'appel:
...... / ..... / ....</td></tr>
<tr><td colspan="3">MESSAGE</td></tr>
<tr><td>C</td><td>CONTACT</td><td>• Se présenter
• Demander la personne à contacter</td></tr>
<tr><td>R</td><td>RAISON de l'appel</td><td>Énoncer la raison de l'appel (rappeler les faits) : « je prends contact avec vous dans le cadre d'un dossier de vente confié à l'étude »</td></tr>
<tr><td>O</td><td>OBJET de l'appel</td><td>Exposer l'objet de l'appel (préciser les attendus), par exemple:
- pièces manquantes au dossier;
- date de rendez-vous de signature;
- modification d'un rendez-vous;
- envoi d'une procuration à signer, d'un projet d'acte à lire;
- point sur les demandes de prêt...</td></tr>
<tr><td>C</td><td>CONGÉ</td><td>• Reformuler le contenu de la conversation pour s'assurer de la bonne compréhension de l'action à réaliser : « j'ai bien pris note de l'envoi des pièces manquantes au dossier dans le courant de la semaine du 11 mai ».
• Remercier
• Saluer</td></tr>
</table>

Les règles à respecter pour toute communication orale sont les suivantes:
- respecter les règles de déontologie (voir fiche 3) **dont le secret professionnel** (délivrer le moins d'informations personnelles possibles faute de pouvoir vérifier l'identité de l'interlocuteur de manière certaine);
- utiliser un niveau de langage courant;
- expliquer le vocabulaire technique;
- adopter une intonation et un débit adaptés à la conversation;
- penser à rester souriant(e) et à appliquer les principes de la conduite du dialogue (voir fiche 15).

PROCÈS-VERBAL D'UNE AGE DONNANT POUVOIR AU GÉRANT

SCI Le Clos Boisé
Société civile immobilière au capital de 52 500 €
Siège social : 11 rue des Fleurs – 72100 LE MANS

PROCÈS-VERBAL DES DÉLIBÉRATIONS DE L'ASSEMBLÉE GÉNÉRALE EXTRAORDINAIRE DU 18 JUILLET 2017

L'an deux mille dix-sept,
Le dix-huit juillet,
À dix-huit heures trente minutes

Les associés de la société civile immobilière Le Clos Boisé se sont réunis en assemblée générale extraordinaire, au siège de la société, situé 11 rue des Fleurs au Mans, sur convocation du gérant, réalisée conformément aux statuts.
Il résulte du registre de présence qu'à cette assemblée sont présents :
- Monsieur ROSE Albert,
- Madame PONTE Rosine,

Monsieur ROSE Albert, gérant, préside l'assemblée, Madame PONTE Rosine remplit les fonctions de secrétaire de séance.
La secrétaire donne lecture du procès-verbal des délibérations de la précédente assemblée et l'assemblée générale adopte ce procès-verbal.
Le gérant rappelle que l'assemblée est appelée à délibérer sur l'ordre du jour suivant :

ORDRE DU JOUR

Vente d'un bien immeuble
Le gérant rappelle à l'assemblée que la société est propriétaire d'un bâtiment industriel situé ZAC des Peupliers au Mans, cadastré section AC n°751, qui n'est plus loué et qu'elle souhaite vendre.
Le gérant précise que cette opération immobilière serait conclue sur la base d'un prix de CENT QUATRE-VINGT MILLE EUROS (180.000,00 €).

Puis il offre la parole aux associés.
Après en avoir délibéré, l'assemblée approuve à l'unanimité cette opération et autorise Monsieur ROSE Albert, agissant en sa qualité de gérant, à procéder, pour le compte de la société, à la vente de l'immeuble ci-dessus désigné pour le prix indiqué.
A cet effet, elle confère tous pouvoirs à Monsieur ROSE Albert pour signer tous actes, encaisser toutes sommes, faire toutes déclarations et généralement faire le nécessaire.

L'ordre du jour étant épuisé et personne ne demandant plus la parole, le gérant déclare la séance levée à vingt heures quinze.

Le gérant,
Albert ROSE.

la secrétaire de séance,
PONTE Rosine.

STRUCTURE D'UN COMPTE RENDU

- Date,
- heure
- et lieu de la réunion

Liste des personnes présentes, absentes et excusées

Restitution sous forme authentifiée du déroulement d'une activité soumise à un cadre réglementaire

Indication de l'ordre du jour

Approbation du contenu par toutes les personnes intéressées

Heure de fin de réunion

Signatures du président et du secrétaire de séance

Eline TOMBECK
Chargée d'accueil

à Maître HENRY
Notaire

PJ : 3

Le Mans, le 18 août 2017

RAPPORT SUR L'AMÉNAGEMENT ET LE FONCTIONNEMENT DE L'OFFICE NOTARIAL

Maître,
Lors de mon entretien de recrutement, vous m'avez demandé de réaliser une étude sur le fonctionnement de l'accueil, afin d'améliorer son organisation et son efficacité. Je vous propose les résultats de mon analyse en présentant, dans un premier temps, les principaux dysfonctionnements, puis en second lieu des propositions d'amélioration.

Plan énoncé et respecté

I. LES DYSFONCTIONNEMENTS

A. Le matériel et le mobilier

Le photocopieur situé à l'accueil est obsolète et trop souvent en panne. Le service ne dispose que d'une seule armoire, surchargée de documents qui ne possèdent aucun ordre de classement (accès long et difficile, documents perdus...).

B. Les communications téléphoniques

Les factures téléphoniques sont en augmentation sensible depuis deux ans. En décembre 2016, le montant total s'élevait à 6 283,09 € (soit une augmentation de plus de 30% par rapport à 2015). Il est à noter des appels trop nombreux vers les téléphones mobiles (dont le coût est élevé au regard de l'abonnement téléphonique actuel).

II. LES SOLUTIONS PRÉCONISÉES

A. Le matériel et le mobilier

Il paraît indispensable d'acquérir un photocopieur plus performant (cf. étude de coûts jointe en annexe 1) et une nouvelle armoire. L'acquisition de plusieurs pochettes cartonnées et de dossiers suspendus à visibilité latérale latérale est également souhaitable (cf. étude de coûts jointe en annexe 2).

B. Les communications téléphoniques

En ce qui concerne les appels vers les mobiles, il conviendrait de souscrire un nouvel abonnement. J'ai joint à la présente une étude comparative des tarifs des différents opérateurs (annexe 3).

Je reste à votre disposition pour toutes informations complémentaires.
Je vous prie de recevoir, Maître, mes salutations respectueuses.

Eline TOMBECK

RECEVOIR UN APPEL TÉLÉPHONIQUE

Le chargé d'accueil assure la gestion des appels téléphoniques. Le message d'attente permet à l'interlocuteur d'attendre qu'une ligne se libère. Cet outil de communication doit permettre de diffuser des informations sur les horaires d'ouverture de l'étude et peut être l'occasion de véhiculer un message, par exemple, le service rendu à leurs clients par les notaires.

Le tableau ci-dessous peut servir de modèle de formulaire de réception d'un appel téléphonique, en utilisant la méthode PERP, moyen mnémotechnique permettant de ne pas oublier une étape de la prise de message.

Contact :		Coordonnées téléphoniques : ....
À destination de :		Date de l'appel : ...... / ..... / ....
	MESSAGE	
P	**PRISE de contact**	• Saluer • Se présenter en énonçant le nom de l'étude
E	**ECOUTE du client**	Demander à l'interlocuteur : - l'objet de son appel ; - la personne en charge de son dossier, le cas échéant.
R	**REPONSE au client**	Proposer la solution la mieux adaptée par exemple : - transférer l'appel au clerc ; - fixer une date de rendez-vous ; - prendre un message ; - apporter une réponse au client ....
P	**PRISE de congé**	• Reformuler pour s'assurer de la bonne compréhension du message : « *Mme DUBOIS, votre rendez-vous est fixé le 3 juin prochain. Je vous envoie un courrier de confirmation.* ». • Remercier • Prendre congé

Quelques règles à respecter :
- décrocher ou mettre en attente rapidement l'interlocuteur ;
- se souvenir que le sourire « s'entend » au téléphone ;
- veiller à personnaliser la conversation avec l'interlocuteur ;
- éviter les phrases formulées de manière négative (plutôt que « Je ne sais pas, je ne suis pas votre dossier », préférer « C'est Maître DUPONT qui s'occupe de votre dossier : lui seul peut vous répondre. Je vous propose de prendre rendez-vous avec lui le... »).

REQUÊTE AU JUGE

Les personnes bénéficiant d'une protection légale ne sont pas aptes à conclure tout acte juridique. Il existe trois catégories d'actes correspondant à un ordre croissant de gravité : plus l'acte engage le patrimoine, plus il nécessite de formalités, telles que l'autorisation du juge.

ACTES		
Acte conservatoire	**Acte d'administration**	**Acte de disposition**
Acte par lequel on maintient en état le patrimoine.	Acte d'exploitation ou de gestion courante du patrimoine.	Acte modifiant la composition du patrimoine.

➔ L'ordonnance n°2008-1484 du 22 décembre 2008 présente en annexe la liste des actes regardés comme acte d'administration ou de disposition. La consultation de cette liste est utile pour qualifier la nature de l'acte en fonction du type de protection.

Pour obtenir l'autorisation de vendre un bien immeuble appartenant à une personne protégée, il est nécessaire de rédiger une requête au juge (dont le plan vous est proposé ci-dessous). La requête est établie à la demande du représentant de la personne protégée et elle est adressée :
- au juge des tutelles auprès du tribunal d'instance pour les majeurs protégés (tutelle ou curatelle renforcée) car c'est un acte de disposition ;
- au juge aux affaires familiales auprès du TGI pour les mineurs, conformément à l'art. 387-1 CC.

➔ Requête au juge (plan)

Monsieur [*Identité du requérant = représentant du mineur ou du majeur protégé*], agissant en vertu de [*mention des documents conférant pouvoir : jugement d'ouverture d'une tutelle par exemple*]
Représentant Madame [*identité de la personne protégée*]
A l'honneur d'exposer au juge les éléments suivants :
1. Que la personne vulnérable est propriétaire du bien [*désignation du bien immobilier* – voir fiche 5]
2. Que Madame [*identité de l'acquéreur potentiel*] se propose d'acquérir ce bien au prix de [*proposition de prix en lettres et en chiffres*],
3. Que le prix proposé correspond à la valeur vénale (c'est-à-dire la valeur du marché) du bien (sur la base de 2 avis de valeur d'experts immobiliers ou d'une attestation de valeur d'un notaire).
L'emploi projeté des fonds peut être indiqué dans la requête. Il n'est pas nécessaire d'avoir trouvé un acquéreur mais un avant-contrat sous condition suspensive de l'autorisation du juge n'est pas possible.
Le requérant vous demande de permettre de vendre ce bien dans les conditions ci-dessus précisées.

Date et signature du représentant

➔ Attestation de valeur (modèle)

Je, soussigné Maître [*nom du notaire*], notaire à [*ville et CP*], atteste que :
Le prix de [*prix en lettres*] ([*prix en chiffres €*]) offert à Madame [*identité du vendeur*] par Mademoiselle [*identité de l'acquéreur potentiel*] pour l'acquisition d'une maison [*désignation du bien*] correspond à la valeur vénale du bien, telle qu'elle se pratique actuellement.
En foi de quoi, j'ai délivré la présente attestation pour servir et valoir ce que de droit.
Fait à [*lieu et date d'établissement de l'attestation*].

Signature du notaire

STRUCTURE DE L'ACTE AUTHENTIQUE

→ Présentation des règles de forme sur un extrait d'acte notarié

Page n° 1

Date de l'acte en lettres

L'AN DEUX MIL DIX-SEPT
le treize juillet
Maître Paul ROULOIS, notaire à LE MANS (72000), 12, rue Bonne Foi

Notaire rédacteur

A reçu le présent acte authentique contenant VENTE, à la requête des personnes ci-après dénommées.

VENDEURS

Comparution des parties

Monsieur Jean-Charles André DUPONT, retraité
et Madame Jeanine Charlotte DUPONT, son épouse, née DURAND, retraitée, demeurant ensemble à LE MANS (72000), 19, rue des Fleurs
Nés savoir :
Monsieur à PARIS (V^{e} arrondissement), le 14 août 1932
Madame à NICE (06000), le 6 janvier 1938
Mariés sous le régime de la communauté de biens réduites aux acquêts à défaut de contrat de mariage à la mairie de LE MANS (72000), le 7 juin 1967, ledit régime n'ayant subi aucune modification conventionnelle, judiciaire ou légale depuis,
De nationalité française,
Résidents au sens fiscal.

PRÉAMBULE

ACQUÉREUR

Monsieur Bernard Henri LEBLANC, enseignant, demeurant à Le MANS (72000), 10, rue des Joncs,
Né à BEAUVAIS (60000), le 5 février 1960,
Divorcé en premières noces de Madame Elisabeth Irène BOSCO, ainsi qu'il en a été justifié par la production d'un extrait de leur acte de mariage célébré à la mairie d'ISSY-LES-MOULINEAUX (92130), le 7 août 1982, et portant en marge la mention du divorce prononcé par jugement du tribunal de grande instance de PARIS, en date du 3 avril 1999, non frappé de recours dans le délai légal.
Non remarié depuis,
non soumis à un pacte civil de solidarité,
De nationalité française,
Résident au sens fiscal

..... *JD JD BL*

Paraphes des parties en bas de chaque page

Page 27 — pagination

À LE MANS (72000)

Une maison d'habitation située à LE MANS (72000), 4 rue des Iris comprenant :

Entrée, cuisine, séjour, deux chambres, salle de bains, WC,

Cellier, cave, dépendance,

Hangar

Grenier sur le tout

Terrain avec un puits

Eau, électricité, raccordement au tout-à-l'égoût, chauffage + ~~électrique~~ — renvoi : *au gaz de ville*

Le tout cadastré section XX numéro ZZZ pour une contenance de cent six ares et cinquante-six centiares — Chiffres énoncés en lettres

....

Fin de partie normalisée *

.....

DONT ACTE rédigé sur VINGT-SEPT (27) pages — Rappel nb de pages

Fait et passé à l'étude du notaire soussigné

À la date indiquée en préambule

Et, après lecture faite, les parties ont signé avec le notaire — Mention de la lecture et des signatures

Approuvés

Renvois : un

Barres tirées dans des blancs : néant

Lignes rayées : sans

Mots rayés : sans

Chiffres rayés : sans

Monsieur DUPONT *signature*	Madame DUPONT *signature*
Monsieur LEBLANC *signature*	Maître ROULOIS *signature*

CLOTÛRE — signatures

* marque la fin de la 1re partie de l'acte (obligatoire en cas de publication au service chargé de la publicité foncière) et le début de la 2e partie ou partie développée (nécessaire à l'information des parties). Ces 2 parties constituent le corps de l'acte de vente.

Les éléments soulignés correspondent aux indications obligatoires pour le service chargé de la publicité foncière.

TABLEAUX RELATIFS À L'IMPÔT SUR LA PLUS-VALUE IMMOBILIÈRE

→ Abattements liés à la durée de détention du bien pour le calcul de l'impôt à 19%

Nombre d'années de détention	Taux de l'abattement	Nombre d'années de détention	Taux de l'abattement
0 à 5	0%	14	54%
6	6%	15	60%
7	12%	16	66%
8	18%	17	72%
9	24%	18	78%
10	30%	19	84%
11	36%	20	90%
12	42%	21	96%
13	48%	22 et plus	100 %

Le nombre d'années de détention se calcule sur la base d'années pleines de détention à compter de la date d'acquisition.

→ **La plus-value est donc exonérée après 22 années** de détention du bien.

→ Abattements liés à la durée de détention du bien pour le calcul des prélèvements sociaux

Nombre d'années de détention	Taux de l'abattement	Nombre d'années de détention	Taux de l'abattement
0 à 5	0%	18	21,45%
6	1,65%	19	23,10%
7	3,30%	20	24,75%
8	4,95%	21	26,40%
9	6,60%	22	28%
10	8,25%	23	37%
11	9,90%	24	46%
12	11,55%	25	55%
13	13,20%	26	64%
14	14,85%	27	73%
15	16,5%	28	82%
16	18,15%	29	91%
17	19,80%	30 et plus	100%

Le nombre d'années de détention se calcule sur la base d'années pleines de détention à compter de la date d'acquisition.

→ **Les prélèvements sociaux sont donc exonérés à compter de 30 années** de détention.

→ Taux d'imposition de la plus-value et des prélèvements sociaux

Impôt sur la plus-value	19 %
Contribution sociale généralisée (CSG)	8,2 %
Contribution pour le remboursement de la dette sociale (CRDS)	0,5 %
Prélèvement social	4,5 %
Contribution additionnelle pour la solidarité autonomie	0,3 %
Prélèvement de solidarité	2 %

→ Taxation additionnelle sur les plus-values immobilières supérieures à 50 000 €

Le calcul ne s'effectue pas par tranche : le montant de la plus-value nette détermine la formule à appliquer sur l'intégralité de l'assiette.

Montant de la plus-value imposable (en €)	Montant de la taxe	Montant de la plus-value imposable (en €)	Montant de la taxe
De 50 001 à 60 000	2 % PV-(60 000-PV) × 1/20	De 160 001 à 200 000	4 % PV
De 60 001 à 100 000	2 % PV	De 200 001 à 210 000	5 % PV-(210 000-PV) × 20 %
De 100 001 à 110 000	3 % PV-(110 000-PV) × 1/10	De 210 001 à 250 000	5 % PV
De 110 001 à 150 000	3 % PV	De 250 001 à 260 000	6 % PV-(260 000-PV) × 25 %
De 150 001 à 160 000	4 % PV-(160 000-PV) × 15 %	Supérieur à 260 000	6 % PV

PV = plus-value imposable, à savoir la plus-value nette.

Immobilier

ACQUISITION ET VENTE PAR UNE COMMUNE

Lorsqu'une commune est partie à l'acte, les formalités et la rédaction comportent quelques nuances.

- L'aliénation d'un bien de la commune n'est possible que si l'immeuble appartient au **domaine privé** de la commune. En effet, les immeubles appartenant au domaine public (tous les immeubles dans lesquels des services publics sont implantés) sont incessibles et insaisissables.
- La décision de vente ou d'acquisition est prise par le conseil municipal et exécutée par le maire.
- La COMPARUTION est simplifiée (nom de la commune, le département dans lequel elle est située et son numéro SIREN).
- La commune est généralement représentée par le maire qui a reçu ses pouvoirs du conseil municipal. Une clause REPRÉSENTATION vient le préciser. La délibération du conseil municipal est annexée (voir Modèles de comparution dans le Carnet professionnel).
- La cession d'un immeuble du domaine privé et l'acquisition d'un immeuble par une commune font l'objet d'un **avis de la direction de l'immobilier de l'État** (anciennement France domaine) dès lors que les conditions présentées dans le document ci-dessous sont réunies. La délibération rendue par la commune autorisant la vente doit mentionner que cet avis préalable a été obtenu et que la délibération a été valablement transmise en préfecture. L'acte retranscrit cette information dans la clause REPRÉSENTATION et l'avis du service des domaines est annexé à l'acte.
- L'acquisition par la commune est exonérée de taxe de publicité foncière.
- Les mêmes règles s'appliquent aux départements et aux régions.

Document 1 Étapes relatives à l'acquisition d'un bien par une commune

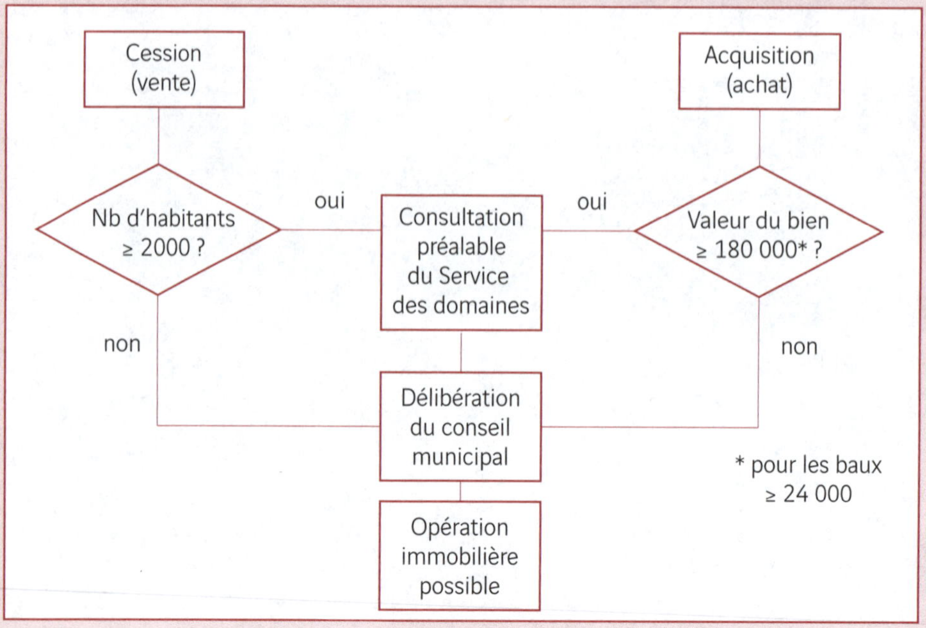

* somme en euros fixée par arrêté du 5/12/2016, valable depuis le 01/01/2017

ACTION INTERROGATOIRE DANS LE CADRE D'UN PACTE DE PRÉFÉRENCE

Maître Francine PAYAN
[*adresse de l'office*
CP Ville]

Madame [*Prénom Nom*]
[*Adresse*
CP Ville]

LETTRE RECOMMANDÉE AVEC ACCUSÉ DE RÉCEPTION

Nos réf : Vente [*X/Y*]
Objet : Action interrogatoire
Pacte de préférence

[*Ville*],
le [*date*],

Madame,
Je vous informe qu'un avant-contrat portant sur l'immeuble indiqué ci-dessous a été signé le [*date signature*] en mon étude.

Monsieur [*prénom, nom du propriétaire*], domicilié [*adresse du propriétaire*] envisage de céder l'immeuble ci-dessous désigné.

Sur la commune de [*VILLE*] (*CP*)
Une maison à usage d'habitation située [*adresse de l'immeuble*]
[*description de l'immeuble*]
cadastrée section AO n° 345 pour une contenance
de vingt-cinq ares et trente-six centiares (25 a 36 ca).

Pour une meilleure identification du bien, je vous adresse en annexe un plan cadastral.

Je vous demande de bien vouloir me confirmer si vous êtes titulaire ou non d'un droit préférentiel d'acquisition de cet immeuble, qui pourrait résulter d'un pacte de préférence ou de tout autre accord.
Dans le cas où vous disposeriez d'un droit de préférence, je vous remercie de bien vouloir m'indiquer (ou au propriétaire actuel du bien) si vous avez l'intention de vous en prévaloir, c'est-à-dire de vous porter acquéreur de cet immeuble en lieu et place du tiers signataire de l'avant-contrat.

Conformément à l'alinéa 3 de l'article 1123 nouveau du code civil, vous disposez d'un délai*, fixé à trois mois par le vendeur, à compter de la présentation de ce courrier pour faire connaître, par lettre recommandée avec avis de réception, soit à l'office notarial, soit au vendeur directement, l'existence de ce droit et votre intention de vous en prévaloir.
J'attire votre attention, conformément à l'alinéa 4 de l'article 1123 nouveau du code civil, qu'à défaut de réponse dans le délai ci-dessus indiqué, vous ne pourrez plus solliciter votre substitution au contrat conclu par Monsieur [*prénom, nom du propriétaire*] avec le tiers, ni invoquer la nullité du contrat.

J'attends votre réponse pour la poursuite des opérations de ce dossier.

Je vous prie d'agréer, Madame, mes salutations distinguées.

Francine PAYAN,
Notaire

PJ : 1 plan cadastral

** le délai fixé doit être « raisonnable », aucune durée n'est prévue par le code civil.*

ANNONCE DE MISE EN VENTE D'UN BIEN

→ Type d'annonce à proscrire

Le ton et la présentation doivent être sobres. Il faut éviter les superlatifs.

Le service de négociation ne doit pas apparaître dans l'annonce.

AFFAIRE À SAISIR

Luc GALADIER
Notaire à Montélimar

Le PRO de la NÉGO
04 01 02 03 04

Exceptionnel !
Magnifique loft rénové avec goût dans belle copropriété. Quartier très prisé
PRIX : nous consulter
Contactez vite notre service de négociation immobilière !

La publicité personnelle est interdite

L'annonce contient une description sommaire du bien.
Le prix et les honoraires de négociation doivent être indiqués.

→ Type d'annonce à réaliser

Luc GALADIER
Notaire à MONTELIMAR
(26200)
4 rue de la Liberté
Téléphone : 04 01 02 03 04
Courriel : luc.galadier@notaires.fr

Insérer une photographie du bien

GRAND LOFT (96 m² loi Carrez)
dans résidence sécurisée, entièr. rénové en 2016, cuisine équipée, 1 salle de bain, toilettes séparées. Exposition plein sud. Quart. Saint James, proximité du centre ville.
DPE : B / GES : C
Prix : 225 000 €
(en ce compris les honoraires de négociation de 7 500 € à la charge de l'acquéreur)

Bien soumis au statut de la copropriété. Nombre de lots : 12
Montant moyen des charges annuelles : 1 560 €
Le syndicat des copropriétaires n'a aucune procédure en cours

AVIS DE VALEUR

Ce document, établi sur papier à en-tête de l'office notarial, présente au client l'estimation du négociateur et la fourchette de prix dans laquelle le bien peut être proposé à la vente.

Date de rédaction
Nom du négociateur

AVIS DE VALEUR
du bien immobilier situé

sur la commune de CERANS-FOULLETOURTE (Sarthe)

Appartenant à Monsieur ARTEMONT

Éventuellement insérer une photographie du bien

VISITE DES LIEUX effectuée par (nom du négociateur)
le (date de la visite)

I. Localisation du bien

Adresse du bien

Insérer un plan de masse

II. Désignation du bien

Une maison de type 4 avec garage et terrain de 1500 m²:

Description détaillée du bien

Références cadastrales

Insérer un extrait de plan cadastral pour visualiser la parcelle et les éventuelles servitudes

Date d'entrée du bien dans le patrimoine du vendeur

Notaire rédacteur de l'acte (avec références de publication)

III. État Général

- Murs et toiture
- Isolation thermique, type et état des fenêtres
- Équipement (cuisine équipée, aménagée, type de chauffage ...)
- Revêtement (carrelage, moquette, linoléum, parquet ...)

IV. Situation

Description du quartier, du village… indication des commerces et services disponibles et accessibles à pied, en voiture…

ESTIMATION

- Préciser que l'estimation est réalisée en tenant compte du marché immobilier du trimestre de l'évaluation et indiquer la méthode utilisée (voir fiche 16)
- Préciser la **fourchette de prix** dans laquelle le bien peut être proposé à la vente.

Nom du négociateur et signature

BORDEREAU D'INSCRIPTION

1

cerfa
11197*02
DIRECTION GÉNÉRALE DES FINANCES PUBLIQUES

Formulaire obligatoire
Décret n° 55-1350 du 14/10/1955, art. 55

Liberté • Égalité • Fraternité
RÉPUBLIQUE FRANÇAISE

N° 3267-C SD
(01-2017)
@internet-DGFiP

Enregistrer sous...

FORMULAIRE À IMPRIMER RECTO/VERSO

BORDEREAU D'INSCRIPTION

Service de la publicité foncière	Dépôt	Date		N°
		Vol.		

Effet jusqu'au :	Principal :	€	Taxes :	€
	Accessoires :	€	CSI[1] :	€
	Total	€	Total	€

Inscription DE PRIVILEGE DE PRETEUR DE DENIERS

☐ l'échéance ☑ la dernière échéance

Ayant effet jusqu'au CINQ JUILLET DEUX-MILLE TRENTE-TROIS

☑ est ☐ n'est pas
déterminée et future

Est requise avec élection de domicile à : DOMICILE ÉLU

En l'office notarial de Maître Joseph PERRAUD, notaire associé de la Société civile professionnelle "Jeanne-Marie COURTOIS et Joseph PERRAUD, Notaires associés", 13 rue Saint Michel, 13 400 AUBAGNE

En vertu de : TITRE DU CRÉANCIER

D'un acte reçu par Maître Joseph PERRAUD, notaire à AUBAGNE, le 23 juin 2017, contenant :

VENTE par Madame Victorine GOUTEL AU PROFIT DE Mesdames Louise JANTIN et Marie MANAN, de l'immeuble ci-après désigné, moyennant le prix principal de CENT VINGT-TROIS MILLE EUROS (123 000,00 €)

et PRET par la Banque ci-après dénommée de la somme de CINQUANTE MILLE EUROS (50 000,00 €) employés au paiement du prix de vente sus-indiqué à due concurrence, ainsi constaté à l'acte tant aux termes de la déclaration d'origine des deniers qu'aux termes du quittancement du prix.

Au profit de : CRÉANCIER

La Société dénommée LE CREDIT PROVENCAL, société anonyme au capital de 13 460 000 €, dont le siège est situé à MARSEILLE (13 009), route de la Valentine, identifiée au SIREN sous le numéro 123 456 789 et immatriculée au Registre du Commerce et des Sociétés de MARSEILLE

PRETEUR

(1) CSI : Contribution de sécurité immobilière.

MINISTÈRE DE L'ÉCONOMIE ET DES FINANCES

Contre :

PROPRIÉTAIRE GREVÉ

Madame Louise JANTIN, infirmière et Madame Marie MANAN, violoniste, son épouse, demeurant à AUBAGNE (13 400), 3 Grand rue,
Nées savoir :
Madame JANTIN à RENNES (35 000), le 4 avril 1973
Madame MANAN à CHAMPS SUR TARENTAINE MARCHAL (15 270), le 23 juin 1975,
Mariées sous le régime légal de la communauté d'acquêts, à défaut de contrat de mariage préalable à leur union célébrée à CHAMPS SUR TARENTAINE MARCHAL (15 270), le 13 juin 2013, ledit régime non modifié depuis.

DEBITRICES SOLIDAIRES

Sur :

IMMEUBLE GREVÉ

Désignation de l'ENSEMBLE IMMOBILIER dont dépendent les BIENS :

Un ensemble immobilier situé à AUBAGNE (13 400), 32 rue Frédéric Mistral, cadastré savoir :
Section B n°123, pour une contenance de 4 a et 65 ca
Section B n°125, pour une contenance de 0 a et 32 ca
Contenant totale de 4 a et 97 ca

Désignation des BIENS :

Lot numéro huit (8)
Lot numéro trente-quatre (34)

REGLEMENT DE COPROPRIETE - ETAT DESCRIPTIF DE DIVISION

L'ensemble immobilier sus-désigné a fait l'objet d'un règlement de copropriété contenant l'état descriptif de division établi aux termes d'un acte reçu par Maître KARILIAN, lors Notaire à AUBAGNE, le 13 août 1998 dont une copie authentique a été publiée au service de publicité foncière de MARSEILLE 4, le 25 septembre 1998, volume 1998, numéro 422.

Ledit règlement de copropriété contenant l'état descriptif de division a été modifié aux termes d'un acte reçu par Maître PERRAUD, notaire à AUBAGNE, le 4 janvier 2004, dont une copie authentique a été publiée au service de publicité foncière de MARSEILLE 4, le 2 février 2004, volume 2004, numéro 23.

EFFET RELATIF

Appartenant à :

Vente sus-énoncée dont la publication est requise simultanément

CRÉANCE GARANTIE

Pour sûreté de :

- de la somme de CINQUANTE MILLE EUROS, dont la dernière échéance sera exigible au plus tard le 5 juillet 2032, ci..	50.000,00
- des intérêts que ledit privilège conserve au même rang que le principal, au taux stipulé dans l'acte, soit au taux annuel de 2,56 %	
- et des accessoires comprenant les commissions convenues, la majoration des intérêts de retard pour le retard de paiement des sommes dues, les primes d'assurance, les frais de renouvellement d'inscription, le tout évalué à la somme de DIX MILLE EUROS, ci..	10.000,00
TOTAL à inscrire (sauf intérêts, pour mémoire)	
Total ...	60.000,00 €

DISPOSITIONS PARTICULIÈRES - RENVOIS

Création d'une copie exécutoire à ordre unique transmissible par voie d'endossement dans les conditions prévues par la loi n°76-519 du 15 juin 1976.
Exonération de taxe de publicité foncière (article 663 CGI)

CERTIFICATIONS

(montant du capital de la créance garantie, conformité des bordereaux entre eux et identité du ou des propriétaires)

Le soussigné, Maître Joseph PERRAUD, notaire associé de la Société civile professionnelle "Jeanne-Marie COURTOIS et Joseph PERRAUD, Notaires associés", 13 rue Saint Michel, 13 400 AUBAGNE, certifie exactement conformes entre eux les deux exemplaires du présent bordereau établi sur quatre pages et approuve aucun renvoi, aucun mot nul.

Il certifie que le montant du capital de la créance garantie figurant dans le présent bordereau n'est pas supérieur à celui figurant dans le titre générateur de la sûreté ou de la créance.

Il certifie que l'identité complète et le domicile des propriétaires telle qu'ils est indiqués ci-dessus sous la quatrième rubrique lui ont été régulièrement justifiés.

Á AUBAGNE..., le ..10.. / ..07.. / ..2017........

Signature : *Cachet (le cas échéant) :*

PARTIE RESERVÉE AU SERVICE DE LA PUBLICITÉ FONCIÈRE

Les dispositions des articles 34, 35 et 36 de la loi n° 78-17 du 6 janvier 1978 relative à l'informatique, aux fichiers et aux libertés modifiée s'appliquent : elles garantissent pour les données vous concernant, auprès du service de la publicité foncière, un droit d'accès et un droit de rectification.

CAS D'EXEMPTION AU DROIT DE PRÉEMPTION DE LA SAFER

La dernière page du formulaire d'information relative à la cession, adressé à la SAFER, reprend les cas d'exemption qui peuvent être invoqués au droit de préemption de la SAFER. Si la cession est concernée par un des cas d'exemption, le formulaire doit être complété, la case correspondant au cas d'exemption doit être cochée et le formulaire est adressé à la SAFER territorialement compétente.

Exemptions tenant à la nature de l'acte	
Apport fait à un GFA ou GFR familial (jusqu'au 4e degré inclus)	Art. L.322-8 CRPM*
Apport réalisé par un propriétaire exploitant à un GFA ou GFR	Art. L.322-8 CRPM
Échanges ou cessions amiables d'immeubles ruraux en application de l'article L.124-1 CRPM	Art. L.143-4, 1° CRPM
Vente en viager (rente servie pour totalité ou pour l'essentiel sous forme de prestations de services personnels)	Art. L.143-4, 2° CRPM
Plan de cession totale ou partielle d'entreprise en redressement judiciaire	Art. L.143-4, 7° CRPM
Plan de cession totale d'entreprise en liquidation judiciaire	Art. L.143-4, 7° CRPM
Exemptions tenant à la qualité de l'acquéreur	
Cohéritiers, parents, alliés jusqu'au 4e degré inclus ou indivisaires	Art. L.143-4, 3° CRPM
Salariés agricoles, aides familiaux, associés exploitants	Art. L.143-4,4°,a) et R.143-3 CRPM
Fermiers ou métayers évincés	Art. L.143-4,4°,b) et R.143-3 CRPM
Agriculteur à titre principal exproprié	Art. L.143-4,4°,a) et R.143-3 CRPM
Personne publique ayant exercé son droit de préemption prioritaire sur le bien vendu	Art. L.143-6 CRPM
Preneur en place exploitant depuis au moins 3 ans et non propriétaire de plus de 3 fois le seuil mentionné à l'article L.312-1 CRPM.	Art. L.143-6 et L.412-5 CRPM
Reconstitution de la pleine propriété (cession de la nue-propriété à l'usufruitier et vice versa)	Art. L.143-4, 8° CRPM
Exemptions tenant à la nature ou destination du bien	
Bien(s) loué(s) par bail rural cessible en dehors du cadre familial, conclu depuis au moins trois ans	Art. L.418-1, al.4° CRPM
Jardins familiaux (sauf cas prévu à l'article L.562-1 CRPM)	Art. L.143-4, 5° b) et R.143-3 CRPM
Construction	Art. L.143-4, 5° a) et R.143-3 CRPM
Aménagement industriel	Art. L.143-4, 5° a) et R.143-3 CRPM
Extraction de substances minérales	Art. L.143-4, 5° a) et R.143-3 CRPM
Surfaces classées en nature de bois et forêt au cadastre (sauf cas a), b), c) et d) du L.143-4, 6° du CRPM)	Art. L.143-4, 6°
Terrain de superficie inférieure au seuil défini par le décret attributif du droit de préemption de la Safer.	Art. L.143-7 et R.143-1 CRPM

** CRPM : Code rural et de la pêche maritime*

CHAMP D'APPLICATION DU DROIT DE PRÉEMPTION URBAIN

Une commune a la possibilité d'instituer un droit de préemption urbain (DPU) dans les zones urbaines et à urbaniser et dans certains secteurs protégés de son territoire. Ce DPU lui permet d'acquérir des immeubles en vue de réaliser des projets d'intérêt général. Ce DPU s'applique aux cessions à titre onéreux (vente, échange, apports en société...) d'immeubles et aux aliénations à titre gratuit (sauf celles effectuées entre personnes ayant un lien de parenté jusqu'au sixième degré ou des liens issus d'un mariage ou d'un PACS).

- Si le DPU est **simple**, il ne s'applique pas à la cession de certains types d'immeubles (liste fixée par l'article L 211-4 du Code de l'urbanisme).
- Si le DPU est **renforcé**, il s'applique également aux cas déterminés par l'article L 211-4.
Les tableaux ci-dessous permettent de déterminer les cessions pour lesquelles la purge du DPU (simple ou renforcé) doit être réalisée.

Type d'immeubles	DPU simple	DPU renforcé
Immeubles non bâtis		
Terrains situés hors d'un lotissement ou d'une zone d'aménagement concerté	oui	oui
Terrains situés dans un lotissement ou une zone d'aménagement concerté	oui	oui
	Sauf exclusion volontaire par délibération du conseil municipal pendant 5 ans à compter du jour où cette délibération est exécutoire	
Immeubles bâtis et lots de copropriété horizontale (maisons individuelles) ou verticale (appartements)		
Immeuble nouveau vendu à terme ou en état futur d'achèvement	non	non
Immeuble achevé depuis moins de 4 ans	non	oui
Immeuble achevé depuis plus de 4 ans :		
- immeuble entier (individuel ou collectif)	oui	oui
- lot de copropriété horizontale	oui	oui
- lot de copropriété verticale	*Voir tableau ci-dessous*	

→ Lots de copropriété verticale achevés depuis plus de 4 ans

<table>
<tr><th rowspan="2">Types et nombre de locaux* cédés</th><th colspan="2">Règlement de copropriété publié au service de publicité foncière :</th></tr>
<tr><th>depuis moins de 10 ans</th><th>depuis plus de 10 ans</th></tr>
<tr><td>Un seul local à usage d'habitation, professionnel ou mixte (d'habitation et professionnel), avec ou sans locaux accessoires.</td><td rowspan="2">Soumis au DPU simple (et renforcé a fortiori)</td><td rowspan="2">• Non soumis au DPU simple
• Soumis au DPU renforcé</td></tr>
<tr><td>Un ou plusieurs locaux accessoires à un local à usage d'habitation, professionnel ou mixte.</td></tr>
<tr><td>Plusieurs locaux à usage d'habitation, professionnel ou mixte cédés à un même acquéreur.</td><td colspan="2" rowspan="2">Soumis au DPU simple (et renforcé a fortiori)</td></tr>
<tr><td>Un ou plusieurs locaux à usage commercial, artisanal ou industriel.</td></tr>
</table>

** Un local peut être constitué d'un ou plusieurs lots tels qu'ils sont déterminés dans l'état descriptif de division. Ainsi, un appartement, qui constitue un local, peut correspondre à plusieurs lots de copropriété.*

CONGÉ POUR VENTE

SCP Jeanne AGAN, Amine HAMZA
et Paul LAVAN, Notaires associés
13 rue des arènes
13 200 ARLES
04 07 08 08 08
scp-agan-hamza-lavan@notaires.fr

Madame Albertine RYFLO
[*adresse*]

Références du dossier : Vente TALI/POLIN
Dossier suivi par : Henriette KLEIN
Ligne directe : 04 07 08 08 27

Objet : congé pour vente

Arles, le 13 novembre 2016,

RECOMMANDÉ A.R.

Madame,

En tant que mandataire habilité de ma cliente Madame Irène TALI, je vous notifie **un congé avec offre de vente** concernant l'immeuble, situé à RAPHELE-LES-ARLES (13 280), route de la Crau, cadastré Section AB n°97 pour une contenance de 6 a et 24 ca, que vous louez en vertu du bail d'habitation conclu le 25 mai 2014. Ce bail expirera le 24 mai 2017.

Ce congé est motivé par la vente du bien par Madame TALI. Le prix de vente convenu est de TROIS CENT QUINZE MILLE EUROS (315 000 €), payables comptant. À ce prix, il y a lieu d'ajouter les frais, droits et émoluments de l'acte, évalués à la somme de VINGT QUATRE MILLE EUROS (24 000 €). La date d'entrée en jouissance est fixée au 1er juin 2017.

Le présent congé étant prématuré (puisque délivré plus de six mois avant l'expiration du bail en cours), vous disposez d'un délai de deux mois à compter du 25 novembre 2016 pour acquérir à ces conditions. Si vous avez l'intention de vous porter acquéreur du bien, vous me ferez parvenir votre décision par lettre recommandée avec accusé de réception. Le délai de réalisation de la vente à votre profit est de deux mois à compter de l'envoi de votre réponse (le délai est porté à quatre mois si vous déclarez avoir recours à un prêt).

Si le bien loué est situé à l'intérieur d'un périmètre dans lequel s'applique un droit de préemption au profit d'une collectivité publique, ce droit s'applique par priorité à votre droit de préemption. Si vous décidez d'acquérir le bien, cette décision n'aura d'effet qu'en cas de renonciation par ladite collectivité à son droit de préemption. Je vous informerai, le cas échéant, de leur décision par lettre recommandée.

Faute de réponse ou à défaut d'acquisition de votre part dans le délai rappelé cidessus, vous devrez quitter les locaux au plus tard le 24 mai 2017. Dans ce cas, vous voudrez bien prendre contact avec Madame TALI afin d'arrêter une date pour réaliser l'état des lieux de sortie.

Conformément à la loi n°89-462 du 6 juillet 1989, vous trouverez ci-après relatés cinq alinéas de l'article 15-II de ladite loi, dont la reproduction est requise sous peine de nullité :

« Lorsqu'il est fondé sur la décision de vendre le logement, le congé doit, à peine de nullité, indiquer le prix et les conditions de la vente projetée. Le congé vaut offre de vente au profit du locataire : l'offre est valable pendant les deux premiers mois du délai de préavis. Les dispositions de l'article 46 de la loi n° 65-557 du 10 juillet 1965 fixant le statut de la copropriété des immeubles bâtis ne sont pas applicables au congé fondé sur la décision de vendre le logement.

À l'expiration du délai de préavis, le locataire qui n'a pas accepté l'offre de vente est déchu de plein droit de tout titre d'occupation sur le local.

Le locataire qui accepte l'offre dispose, à compter de la date d'envoi de sa réponse au bailleur, d'un délai de deux mois pour la réalisation de l'acte de vente. Si, dans sa réponse, il notifie son intention de recourir à un prêt, l'acceptation par le locataire de l'offre de vente est subordonnée à l'obtention du prêt et le délai de réalisation de la vente est porté à quatre mois. Le contrat de location est prorogé jusqu'à l'expiration du délai de réalisation de la vente. Si, à l'expiration de ce délai, la vente n'a pas été réalisée, l'acceptation de l'offre de vente est nulle de plein droit et le locataire est déchu de plein droit de tout titre d'occupation.

Dans le cas où le propriétaire décide de vendre à des conditions ou à un prix plus avantageux pour l'acquéreur, le notaire doit, lorsque le bailleur n'y a pas préalablement procédé, notifier au locataire ces conditions et prix à peine de nullité de la vente. Cette notification est effectuée à l'adresse indiquée à cet effet par le locataire au bailleur ; si le locataire n'a pas fait connaître cette adresse au bailleur, la notification est effectuée à l'adresse des locaux dont la location avait été consentie. Elle vaut offre de vente au profit du locataire. Cette offre est valable pendant une durée d'un mois à compter de sa réception. L'offre qui n'a pas été acceptée dans le délai d'un mois est caduque.

Le locataire qui accepte l'offre ainsi notifiée dispose, à compter de la date d'envoi de sa réponse au bailleur ou au notaire, d'un délai de deux mois pour la réalisation de l'acte de vente. Si, dans sa réponse, il notifie son intention de recourir à un prêt, l'acceptation par le locataire de l'offre de vente est subordonnée à l'obtention du prêt et le délai de réalisation de la vente est porté à quatre mois. Si, à l'expiration de ce délai, la vente n'a pas été réalisée, l'acceptation de l'offre de vente est nulle de plein droit. »

Je vous prie d'agréer, Madame, mes salutations respectueuses.

Maître Amine HAMZA
Notaire
signature

Nota Bene :

- Le courrier doit être adressé à chaque titulaire du bail d'habitation, même s'ils sont mariés ou soumis à un pacte civil de solidarité.
- Ce droit de préemption n'est reconnu au locataire qu'en cas de vente du bien libre de toute occupation.

Incidence de la loi Macron du 6 août 2015

En cas d'acquisition d'un bien occupé :

- lorsque le terme du contrat de location en cours intervient plus de trois ans après la date d'acquisition, le bailleur peut donner congé à son locataire pour vendre le logement au terme du contrat de location en cours ;
- lorsque le terme du contrat de location en cours intervient moins de trois ans après la date d'acquisition, le bailleur ne peut donner congé à son locataire pour vendre le logement qu'au terme de la première reconduction tacite ou du premier renouvellement du contrat de location en cours.

<u>Exemple</u> :

Un bail d'habitation est conclu le 16 juin 2015 pour une durée de 3 ans. Le bien est vendu loué le 23 septembre 2017.

➔ L'acquéreur du bien ne pourra pas délivrer un congé pour vente au locataire en place pour qu'il quitte les lieux au 15 juin 2018 (date d'expiration du bail) car le terme du bail intervient moins de 3 ans après la date de l'acquisition.

➔ Le nouveau propriétaire doit supporter un renouvellement du bail : il ne pourra délivrer un congé pour vente que pour un départ du locataire le 15 juin 2021.

COURRIER À DESTINATION DU SYNDIC

SCP Jeanne AGAN, Amine HAMZA
et Paul LAVAN, Notaires associés
13 rue des arènes
13 200 ARLES
04 07 08 08 08
scp-agan-hamza-lavan@notaires.fr

Identification du syndic
[*adresse*]

Dossier suivi par : Henriette KLEIN
Ligne directe : 04 07 08 08 27

Objet : VENTE BRAHMS/SCHUBERT
PJ : questionnaire vente

Arles, le [*date*]

RECOMMANDÉ A.R.

Monsieur,

Dans le cadre du dossier de vente référencé en objet, vous trouverez ci-joint un questionnaire contenant état daté. Conformément à l'article 5 du décret n°67-223 du 17 mars 1967 modifié, je vous saurais gré de bien vouloir me le retourner dûment complété.

Je vous remercie également de bien vouloir m'adresser un certificat, conformément à l'article 20 II de la loi n° 65-557 du 10 juillet 1965, indiquant :

1° soit que l'acquéreur ou les mandataires sociaux et les associés de la société se portant acquéreur, leurs conjoints ou partenaires liés à eux par un pacte civil de solidarité ne sont pas copropriétaires de l'immeuble concerné par la mutation ;
2° soit, si l'une de ces personnes est copropriétaire de l'immeuble concerné par la mutation, qu'elle n'a pas fait l'objet d'une mise en demeure de payer du syndic restée infructueuse depuis plus de quarante-cinq jours.

Les personnes concernées par cette vérification sont : [*indication des personnes*].

Ce certificat doit avoir moins d'un mois de date au jour de la signature de l'acte authentique de vente. Pour information, la date de signature est prévue le [*date*].

Je vous prie d'agréer, Monsieur, mes salutations respectueuses.

Maître Amine HAMZA
Notaire
Signature

Si le certificat révèle des charges ayant fait l'objet d'une mise en demeure de payer restée infructueuse depuis plus de 45 jours, le notaire notifie aux parties l'impossibilité de conclure la vente.
Mais si un avant-contrat de vente a été signé, l'acquéreur (ou les personnes du chef desquelles la vérification est faite) disposent d'un délai de trente jours à compter de cette notification pour s'acquitter de leur dette vis-à-vis du syndicat. À défaut, l'avant-contrat est réputé nul et non avenu aux torts de l'acquéreur.

COURRIER INFORMANT LE PRENEUR EN PLACE DE SON DROIT DE PRÉEMPTION SUR LA VENTE D'UN IMMEUBLE RURAL

Maître Francine PAYAN
[*adresse de l'office*
CP Ville]

Monsieur [*Prénom Nom*]
[*Adresse*
CP Ville]

LETTRE RECOMMANDÉE AVEC ACCUSÉ DE RÉCEPTION

Nos réf : Vente [*X/Y*]
Objet : Droit de préemption
du preneur en place

[*Ville*],
le [*date*],

Monsieur,

Conformément à l'article L412-8 du code rural et de la pêche maritime, je vous informe de la vente de la parcelle sur laquelle vous détenez un bail rural depuis le 15 octobre 2011.

Monsieur [*prénom nom du propriétaire*], domicilié [*adresse du propriétaire*] envisage de céder moyennant le prix de MILLE CINQ CENTS EUROS (1 500,00 €), auquel il convient d'ajouter TROIS CENTS EUROS (300,00 €) de frais d'acte, stipulés payables comptant, à Monsieur [*prénom nom de l'acquéreur*], domicilié [*adresse de l'acquéreur*], la parcelle ci-dessous désignée.

Sur la commune de [*VILLE*] (*CP*)
Une parcelle de terre située [*adresse de l'immeuble*]
cadastrée section AB n° 545 pour une contenance de vingt-cinq ares et trente-six centiares (25 a 36 ca).

Pour une meilleure identification du bien, je vous adresse en annexe un plan cadastral.

Il est précisé que le vendeur n'a stipulé aucune réserve sur ce bien et que le bien est grevé d'une servitude de passage au profit de la parcelle cadastrée section AB n° 546, pour le passage des véhicules à moteur destinés à la culture de cette parcelle.
La signature de l'acte est prévue en mon étude le [*date de signature*], la date d'entrée en jouissance a lieu le même jour, ainsi que la date de prise en charge du paiement de l'impôt foncier.

Conformément à la loi, je vous rappelle les dispositions des alinéas 2, 3 et 4 de l'article L412-8 ci-dessus mentionné.

« Cette communication vaut offre de vente aux prix et conditions qui y sont contenus. Les dispositions de l'article 1589, alinéa 1er, du code civil sont applicables à l'offre ainsi faite.

Le preneur dispose d'un délai de deux mois à compter de la réception de la lettre recommandée ou de l'acte d'huissier pour faire connaître, dans les mêmes formes, au propriétaire vendeur, son refus ou son acceptation de l'offre aux prix, charges et conditions communiqués avec indication des nom et domicile de la personne qui exerce le droit de préemption. Sa réponse doit être parvenue au bailleur dans le délai de deux mois ci-dessus visé, à peine de forclusion, son silence équivalant à une renonciation au droit de préemption.

En cas de préemption, celui qui l'exerce bénéficie alors d'un délai de deux mois à compter de la date d'envoi de sa réponse au propriétaire vendeur pour réaliser l'acte de vente authentique ; passé ce délai, sa déclaration de préemption sera nulle de plein droit, quinze jours après une mise en demeure à lui faite par acte d'huissier de justice et restée sans effet. L'action en nullité appartient au propriétaire vendeur et à l'acquéreur évincé lors de la préemption. »

Vous disposez donc d'un délai de deux mois à compter de la présentation de ce courrier pour faire connaître, par lettre recommandée avec avis de réception, soit à l'office notarial, soit au vendeur directement, votre intention de vous porter acquéreur aux prix et conditions indiqués ci-dessus. À défaut de réponse de votre part dans le délai indiqué ci-dessus, votre silence vaudra renonciation de votre droit de préemption.

J'attends votre réponse pour la poursuite des opérations de ce dossier.

Je vous prie d'agréer, Monsieur, mes salutations distinguées.

PJ : 1 plan cadastral

Francine PAYAN,
Notaire

NB : les éléments soulignés dans le courrier sont les ***mentions obligatoires*** *de la notification au preneur en place.*

COURRIER INFORMANT LE VOISIN D'UNE PARCELLE BOISÉE DE SON DROIT DE PRÉFÉRENCE SUR LA VENTE D'UN IMMEUBLE RURAL

Maître Jean DUPONT
[*adresse de l'office*
CP Ville]

Madame [*Prénom Nom*]
[*Adresse*
CP Ville]

LETTRE RECOMMANDÉE AVEC ACCUSÉ DE RÉCEPTION

Nos réf : Vente [*A/Z*]
Objet : Droit de préférence des propriétaires de parcelles boisées contigües

[*Ville*],
le, [*date*]

Madame,

Conformément à l'article L331-19 du Code forestier, je vous informe de la vente de la parcelle boisée contigüe à la vôtre sur laquelle vous bénéficiez d'un droit d'acquisition par préférence.
Monsieur [*prénom nom du propriétaire*], domicilié [*adresse du propriétaire*] envisage de céder moyennant le prix de NEUF CENTS EUROS (900,00 €), auquel il convient d'ajouter QUATRE CENTS EUROS (400,00 €) de frais d'acte, stipulés payables comptant, à Madame [*prénom nom de l'acquéreur*], domiciliée [*adresse de l'acquéreur*], la parcelle ci-dessous désignée.

Sur la commune de [*VILLE*] (*CP*)
Une parcelle de terre en nature de futaie située [*adresse de l'immeuble*] cadastrée section AO n° 876 pour une contenance de treize ares et trente-cinq centiares (13 a 35 ca).

Pour une meilleure identification du bien, je vous adresse en annexe un plan cadastral.

Il est précisé que le vendeur n'a stipulé aucune réserve sur ce bien et que le bien n'est grevé d'aucune servitude.
La signature de l'acte est prévue en mon étude le [*date de signature*], la date d'entrée en jouissance a lieu le même jour, ainsi que la date de prise en charge du paiement de l'impôt foncier.

Pour votre parfaite information, ce courrier retranscrit les dispositions de l'article L331-19 susvisé.

« En cas de vente d'une propriété classée au cadastre en nature de bois et forêts et d'une superficie totale inférieure à 4 hectares, les propriétaires d'une parcelle boisée contiguë, tels qu'ils sont désignés sur les documents cadastraux, bénéficient d'un droit de préférence dans les conditions définies au présent article. Les mêmes dispositions sont applicables en cas de cession de droits indivis ou de droits réels de jouissance relatifs à cette propriété.
Le vendeur est tenu de notifier aux propriétaires des parcelles boisées contiguës mentionnées au premier alinéa le prix et les conditions de la cession projetée, par lettre recommandée avec demande d'avis de réception, à l'adresse enregistrée au cadastre ou par remise contre récépissé. Lorsque le nombre de notifications est égal ou supérieur à dix, le vendeur peut rendre publics le prix et les conditions de la cession projetée par voie d'affichage en mairie durant un mois et de publication d'un avis dans un journal d'annonces légales.
Tout propriétaire d'une parcelle boisée contiguë dispose d'un délai de deux mois à compter de

la date d'affichage en mairie ou à compter de la notification pour faire connaître au vendeur, par lettre recommandée avec demande d'avis de réception ou par remise contre récépissé, qu'il exerce son droit de préférence aux prix et conditions qui lui sont indiqués par le vendeur.
Lorsque plusieurs propriétaires de parcelles contiguës exercent leur droit de préférence, le vendeur choisit librement celui auquel il souhaite céder son bien.
Le droit de préférence n'est plus opposable au vendeur en l'absence de réalisation de la vente résultant d'une défaillance de l'acheteur dans un délai de quatre mois à compter de la réception de la déclaration d'exercice de ce droit dans les conditions mentionnées au troisième alinéa.
Ce droit de préférence s'exerce sous réserve du droit de préemption, et de la rétrocession qui en découle, prévu au bénéfice de personnes morales chargées d'une mission de service public par le code rural et de la pêche maritime ou par le code de l'urbanisme. »

Vous disposez donc d'un délai de deux mois à compter de la présentation de ce courrier pour faire connaître, par lettre recommandée avec avis de réception, soit à l'office notarial, soit au vendeur directement, votre intention de vous porter acquéreur aux prix et conditions indiqués ci-dessus. À défaut de réponse de votre part dans le délai indiqué ci-dessus, votre silence vaudra renonciation à votre droit de préférence.

J'attends votre réponse pour la poursuite des opérations de ce dossier.

Je vous prie d'agréer, Madame, mes salutations dévouées.

PJ : 1 plan cadastral

Maître Jean DUPONT,
Notaire.

➔ Si la parcelle appartient à plusieurs propriétaires (communautés ou indivision), la notification doit être adressée à tous les co-indivisaires, à l'**adresse figurant au cadastre**. Le notaire n'est pas tenu de rechercher la nouvelle adresse si le courrier lui revient. Par prudence, il annexera à l'acte les notifications qui lui ont été retournées par le service postal.

➔ Les éléments soulignés dans le courrier sont les **mentions obligatoires** de la notification aux propriétaires de parcelles contigües (prix et conditions de la vente). Si le notaire choisit d'informer les voisins de la parcelle boisée vendue par **voie d'affichage** l'avis affiché en mairie et publié dans un journal d'annonces légales doit contenir les mêmes éléments d'information à destination des voisins (possible à partir de 10 notifications).

Liberté • Égalité • Fraternité
RÉPUBLIQUE FRANÇAISE

Ministère chargé de l'urbanisme

Déclaration d'intention d'aliéner ou demande d'acquisition d'un bien soumis à l'un des droits de préemption prévus par le code de l'urbanisme

cerfa
N° 10072*02

(Article A 213.1 du Code de l'urbanisme)

Déclaration d'intention d'aliéner un bien (1) ☒
- Soumis au droit de préemption urbain (D.P.U) (articles L. 211-1 et suivants du Code de l'urbanisme (2)) ☒
- Compris dans une zone d'aménagement différé (Z.A.D.) (articles L.212-1- et suivants du Code de l'urbanisme (3)) ☐
- Compris dans une zone de préemption délimitée au titre des espaces naturels sensibles de départements (articles L. 142-1- et suivants du Code de l'urbanisme(4)) ☐

Demande d'acquisition d'un bien (1) ☐
- Soumis au droit de préemption urbain (D.P.U.) (2) ☐
- Compris dans une zone d'aménagement différé (Z.A.D.) (3) ☐

Cadre réservé à l'administration

Date de réception	Numéro d'enregistrement	Prix moyen au m²

A. Propriétaire(s)

Personne physique

Nom, prénom:

Profession (facultatif) (5):

Personne morale

Dénomination: SCI ARNOURRIS

Forme juridique: Société civile immobilière

Nom, prénom du représentant: Madame Marie-Christine ARNOURRIS

Adresse ou siège social (6)

N° voie: 123 — Extension: — Type de voie: Boulevard

Nom de voie: de la Libération — Lieu-dit ou boite postale:

Code postal: 38000 — Localité: GRENOBLE

Si le bien est en indivision, indiquer le(s) nom(s)de l'(des) autres co-indivisaires et sa (leur) quote-part (7):

B. Situation du bien (8)

Adresse précise du bien

N° voie: 34 — Extension: — Type de voie: Avenue

Nom de voie: de la Journée des Tuiles — Lieu-dit ou boite postale:

Code postal: 38000 — Localité: GRENOBLE

Superficie totale du bien: 124 m²

Références cadastrales de la ou les parcelles

Section	N°	Lieu-dit (quartier, arrondissement)	Superficie totale
AB	183	34 avenue de la Journée des Tuiles	0ha 1ca 24ca

Plan(s) cadastral(aux) joint(s): OUI ☒ NON ☐

C. Désignation du bien

Immeuble: Non bâti ☐ Bâti sur terrain propre ☒ Bâti sur terrain d'autrui, dans ce cas indiquer nom et adresse du propriétaire ☐ :

Occupation du sol en superficie (m²)

Terres	Prés	Vergers	Vignes	Bois	Landes

Carrières	Eaux cadastrées	Jardins	Terrains à bâtir	Terrains d'agrément	Sol

CARNET PROFESSIONNEL

Bâtiments vendus en totalité (9) ☒

Surface construite au sol (m²) 89 m² Surface utile ou habitable (m²) 145 m²

Nombre de Niveaux ☒ : 2 Appartements ☐ : Autres locaux ☐ :

Vente en lot de volumes ☐

Locaux dans un bâtiment en copropriété (10) ☐

N° du lot	Bâtiment	Etage	Quote-part des parties communes	Nature et surface utile ou habitable	Le bâtiment est achevé depuis :	Plus de 10 ans	☒
						Moins de 10 ans	☐
					Le règlement de copropriété a été publié aux hypothèques depuis :	Plus de 10 ans	☐
						Moins de 10 ans	☐

En cas d'indivision, quote-part du bien vendu :

Droits sociaux (11)

Désignation de la société :

Désignation des droits :

Nature Nombre Numéro des parts

D. Usage et occupation (12)

Usage

habitation ☒ professionnel ☐ mixte ☐ commercial ☐ agricole ☐ autre (préciser) ☐:

Occupation

par le(s) propriétaire(s) ☐ par un (des) locataire(s) ☐ sans occupant ☐ autre (préciser) ☐:

Le cas échéant, joindre un état locatif

E. Droits réels ou personnels

Grevant les biens OUI ☐ NON ☒

Préciser la nature Indiquer si rente viagère antérieure

F. Modalités de la cession

1 - Vente amiable

Prix de vente ou évaluation (en lettres et en chiffres) DEUX CENT VINGT MILLE EUROS (220 000,00 €)

Dont éventuellement inclus :

Mobilier Cheptel Récoltes Autres

Si vente indissociable d'autres biens

Adresse précise du bien (description à porter en annexe) :

Modalités de paiement :

comptant à la signature de l'acte authentique ☒ à terme (préciser) : ☐

Si commission, montant : ☒ 8000 TTC ☒ HT ☐ Bénéficiaire : acquéreur ☒ vendeur ☐

Paiement en nature ☐

Désignation de la contrepartie de l'aliénation

Evaluation de la contrepartie

Rente viagère ☐

Montant annuel Montant comptant

Bénéficiaire(s) de la rente

Droit d'usage et d'habitation (à préciser) ☐

Evaluation de l'usage ou de l'usufruit

Vente de la nue-propriété (à préciser) ☐

Echange ☐

Désignation des biens reçus en échange

Montant de la soulte le cas échéant Propriétaires contre-échangistes

Apport en société ☐

Bénéficiaire | Estimation du bien apporté

Cession de tantième de terrains contre remise de locaux à construire ☐

Estimation du terrain | Estimation des locaux à remettre

Location-accession – Estimation de l'immeuble objet de la location-accession ☐

2 – Adjudication (13)

Volontaire ☐ Rendue obligatoire par une disposition législative ou réglementaire ☐

Mettant fin à une indivision ne résultant pas d'une donation-partage ☐

Date et lieu de l'adjudication | Montant de la mise à prix

G. Les soussignés déclarent :

Que le(s) propriétaire(s) nommé(s) à la rubrique 1

Demande(nt) au titulaire du droit de préemption d'acquérir les biens désignés à la rubrique 3 aux prix et conditions indiqués (14) ☒

A (ont) recherché un acquéreur disposé à acquérir les biens désignés à la rubrique 3 aux prix et conditions indiqués ☐

Nom, prénom de l'acquéreur (15) DIERAN Anaïs

Profession (facultatif)

Adresse

N° voie 76 ter | Extension | Type de voie rue

Nom de voie Hilaire de Chardonnet | Lieu-dit ou boite postale

Code postal 38130 | Localité ECHIROLLES

Indications complémentaires concernant l'opération envisagée par l'acquéreur (facultatif) (16)

Maintien de l'usage actuel

Qu'il est chargé de procéder à la vente par voie d'adjudication comme indiqué à la rubrique F-2 des biens désignés à la rubrique C appartenant a(ux) propriétaire(s) nommé(s) en A ☐

A GRENOBLE | Le 8 AVRIL 2017 | Signature et cachet s'il y a lieu

La DIA étant une offre de vente, elle ne peut être signée par le notaire au nom et pour le compte du vendeur qu'à la condition qu'il soit expressément mandaté (soit par une clause dans l'avant-contrat, soit par un acte distinct).

H. Rubrique à remplir si le signataire n'est pas le propriétaire (17) :

Nom, prénom COURI Agathe

Qualité Notaire

Adresse

N° voie 45 | Extension | Type de voie rue

Nom de voie de la Montagne | Lieu-dit ou boite postale

Code postal 38000 | Localité GRENOBLE

I. Notification des décisions du titulaire du droit de préemption :

Toutes les décisions relatives à l'exercice du droit de préemption devront être notifiées :

A l'adresse du (des) propriétaire(s) mentionné(s) à la rubrique A ☐

A l'adresse du mandataire mentionnée à la rubrique H, adresse où le(s) propriétaire(s) a (ont) fait élection de domicile ☒

J. Observations

K. Cadre réservé au titulaire du droit de préemption :

NOTIFICATION DU DÉLAI DE RÉTRACTATION DE 10 JOURS – LOI SRU

SCP Jeanne AGAN, Amine HAMZA
et Paul LAVAN, Notaires associés
13 rue des arènes
13 200 ARLES
04 07 08 08 08
scp-agan-hamza-lavan@notaires.fr

Monsieur Benjamin POLIN
[adresse]

Références du dossier : Vente TALI/POLIN
Dossier suivi par : Henriette KLEIN
Ligne directe : 04 07 08 08 27

Objet : notification du droit de rétractation de 10 jours – vente TALI/POLIN

Arles,
le [*date*],

RECOMMANDÉ A.R.

Monsieur,

Conformément à l'article L 271-1 du Code de construction et de l'habitation, vous trouverez ci-jointe la copie du compromis de vente que vous avez signé le 3 février dernier avec Madame Irène TALI pour l'acquisition d'une maison à usage d'habitation située à RAPHELE-LES-ARLES (13 280), route de la Crau, moyennant le prix de 315 000 euros.

Je vous notifie ce compromis afin de vous permettre d'exercer, éventuellement, votre faculté de rétractation des engagements que vous avez souscrits aux termes de cet acte.

La loi vous offre un délai de rétractation de dix jours, à compter du lendemain de la première présentation de cette lettre par les services de la Poste. Il sera calculé conformément aux règles de calcul des délais prévus aux articles 641 et suivants du code de procédure civile. Si le délai expire un samedi, un dimanche ou un jour férié ou chômé, il est prorogé jusqu'au premier jour ouvrable suivant.

Votre rétractation devra être envoyée, le cas échéant, avant l'expiration du délai indiqué ci-dessus, par lettre recommandée avec accusé de réception ou par tout autre moyen présentant des garanties équivalentes pour la détermination de la date de réception ou de remise.

Pour une meilleure information, sont reproduits ci-après les articles L 271-1 et L 271-2 du Code de la construction et de l'habitation (*insérer les articles*).

Je vous prie d'agréer, Monsieur, mes salutations respectueuses.

Maître Amine HAMZA
Notaire
signature

PJ : compromis de vente

Si la vente porte sur un lot de copropriété à usage au moins partiel d'habitation, le délai de rétractation ne court qu'à compter de la remise des documents exigés par la loi ALUR du 24 mars 2014. La lettre précisera utilement les pièces (voir fiche 23).

Famille, couple, succession

ANNONCE DANS UN JOURNAL D'ANNONCES LÉGALES RELATIVE À UN CHANGEMENT DE RÉGIME MATRIMONIAL

CHANGEMENT DE RÉGIME MATRIMONIAL

Suivant acte reçu par **Maître Paul LAVAN**, membre de la Société Civile professionnelle titulaire d'un office notarial « Jeanne AGAN, Amine HAMZA et Paul LAVAN, notaires associés » situé à ARLES (13200) 13 rue des arènes, a été reçu le 30 mai 2017 le changement de régime matrimonial portant adoption de la COMMUNAUTÉ UNIVERSELLE avec clause d'attribution intégrale de la communauté au profit du conjoint survivant par :

Monsieur Roger André **LEYER**, retraité et Madame Joséphine Mireille **POLAGIAN**, retraitée, son épouse, demeurant à FOS-SUR-MER (13270), 45 impasse de la Mer, nés savoir : Monsieur LEYER à PARIS (75013), le 3 janvier 1940, Madame POLAGIAN à ARLES (13200), le 18 août 1942,
Mariés à la mairie d'ARLES (13200), le 7 juillet 1964 sous le régime de la communauté de meubles et acquêts à défaut de contrat de mariage préalable à leur union.
Les oppositions des créanciers à ce changement, s'il y a lieu, seront reçues dans les trois mois de la présente insertion, en l'Office notarial où domicile a été élu à cet effet.

Pour insertion
Le Notaire.

ATTESTATION DE DÉPÔT DE LA CONVENTION DE DIVORCE

Régime du nouveau divorce par consentement mutuel issu de la loi du 18 novembre 2016 (voir fiche 41).

ATTESTATION DE DEPÔT

Maître Renaud BAIMEL, notaire associé de la société civile professionnelle « Renaud BAIMEL et Paola DA SILVA, notaires associés », titulaire d'un office notarial à MARSEILLE (13 003), 4, rue de la Friche de la Belle de Mai, identifié sous le numéro CRPCEN [*numéro*],

A reçu, le 22 juin 2017, un acte de dépôt au rang de ses minutes d'un original de la convention sous signatures privées, contresignée par avocats contenant consentement mutuel à divorce, tel que prévu par l'article 229-1 du Code civil, entre :

Madame Yvonne Cunégonde THERET, retraitée, domiciliée à MARSEILLE (13 012), 4 ter rue Fernandel,
Née à AVIGNON (84 000) le 12 janvier 1952,
Veuve de Monsieur Hubert PARI, décédé à AVIGNON, le 10 août 1994,
Divorcée en deuxièmes noces de Monsieur Laurent MONET, suivant jugement rendu par le Tribunal de grande Instance de TARASCON, le 15 décembre 2006,
Remariée en troisièmes noces à Monsieur Diego SANCHEZ, sous le régime de la communauté réduite aux acquêts à défaut de contrat de mariage préalable à leur union célébrée à MARSEILLE (13 012), le 10 janvier 2015,
Assistée par Maître Louisa GOUDINET, avocate au barreau de MARSEILLE

Et Monsieur Diego SANCHEZ, barman, domicilié à MARSEILLE (13 001), 101 avenue Mistral,
Né à LISBONNE (Portugal), le 14 février 1985,
Marié à Madame Yvonne THERET, sous le régime de la communauté réduite aux acquêts à défaut de contrat de mariage préalable à leur union célébrée à MARSEILLE (13 012), le 10 janvier 2015,
Assisté par Maître Franck CORNAC, avocat au barreau de MARSEILLE.

Conformément aux dispositions de l'article 229-1 du Code civil, ce dépôt a donné ses effets à la convention en lui conférant date certaine et force exécutoire.

Le divorce produit ses effets, tant personnels que patrimoniaux entre les époux, à compter de la date dudit dépôt.

En foi de quoi, j'ai délivré la présente attestation pour servir et valoir ce que de droit.

Fait à MARSEILLE (Bouches-du-Rhône),
Le 22 juin 2017

CERTIFICAT DE CONTRAT DE MARIAGE

CERTIFICAT DE CONTRAT DE MARIAGE

Je soussigné Maître Jean DUPONT, notaire à Aix-en-Provence (13090) 3 place de la Rotonde, membre de la société civile professionnelle « Jean DUPONT et Marc MARTIN, notaires associés »,

Certifie avoir reçu le seize juin deux mille dix-sept le contrat de mariage des futures épouses ci-dessous désignées

- Madame Sarah Pascale GRIMALDI commerçante, demeurant à AIX - EN - PROVENCE (13090) 13 ter rue de la Provence, née à TOULOUSE (31000) le 19 novembre 1976, célibataire non soumise à un pacte civil de solidarité,
- Et Madame Ludivine Axelle POHL, luthier, demeurant à AIX-EN-PROVENCE (13090) 13 ter rue de la Provence, née à AVIGNON (84000) le 27 mars 1978, divorcée non remariée, non soumise à un pacte civil de solidarité,

Et **délivre**, conformément à l'article 1394 du Code civil, pour servir et valoir ce que de droit le présent certificat de contrat de mariage qui doit être remis par les futures épouses à l'officier de l'état civil, avant la célébration du mariage.

À AIX-EN-PROVENCE,

le 16 juin 2017,

Signature du notaire
(Cachet de l'office)

CERTIFICAT DE NON-OPPOSITION AU CHANGEMENT DE RÉGIME MATRIMONIAL

CERTIFICAT DE NON-OPPOSITION

Je soussigné **Maître Paul LAVAN**, membre de la Société Civile professionnelle titulaire d'un office notarial « Jeanne AGAN, Amine HAMZA et Paul LAVAN, notaires associés » situé à ARLES (13200) 13 rue des arènes, **certifie et atteste avoir** reçu le 15 septembre 2017 entre :
Monsieur Roger André **LEYER**, retraité et Madame Joséphine Mireille **POLAGIAN**, retraitée, son épouse, demeurant à FOS-SUR-MER (13270), 45 impasse de la Mer,
Nés savoir :
Monsieur LEYER à PARIS (75013), le 3 janvier 1940,
Madame POLAGIAN à ARLES (13200), le 18 août 1942,
Mariés à la mairie d'ARLES (13200), le 7 juillet 1964 sous le régime de la communauté de meubles et acquêts à défaut de contrat de mariage préalable à leur union,
Tous deux de nationalité française,
Résidents au sens de la réglementation fiscale,
Présents à l'acte

Après leur changement de régime matrimonial reçu le 30 mai 2017,
Un acte contenant la date de réalisation des formalités d'information et de publication de l'avis et attestant l'absence d'opposition, conformément aux dispositions de l'article 1300-2 du Code de procédure civile, à la suite de :
1°) l'envoi des courriers adressés à chacun des enfants le 8 juin 2017,
2°) l'insertion légale dans le journal « LE PROVENCAL » du 11 juin 2017, page 22, à l'attention des créanciers

Et qu'aucune opposition n'a été effectuée au domicile élu dans le délai de trois mois de l'accusé de réception de la part des enfants et de la publication de l'insertion de la part des créanciers et ce conformément à l'article 1397 alinéas 2 et 3 du Code civil.

En foi de quoi, j'ai délivré la présente attestation pour servir et valoir ce que de droit.

Fait à ARLES (Bouches-du-Rhône)
Le 15 septembre 2017

Signature du notaire
(Cachet de l'office)

DÉVOLUTION SUCCESSORALE

La dévolution successorale n'est pas un acte : elle est reprise par la suite dans tous les actes relatifs au règlement de la succession (exemples : acte de notoriété, attestation immobilière…) ainsi que dans la déclaration de succession.

PERSONNE DÉCÉDÉE

Madame Raymonde **TOULIER,** de son vivant retraitée, épouse de Monsieur Jacques Fernand **BERTRAND**, demeurant à VOUVRAY (37 210), 12 rue de la Liberté,
Née à TOURS (37 000), le 02 Février 1923
De nationalité française
Décédée à TAVERNY (95 150) le 18 janvier 2017

Éléments relatifs à l'identification du défunt qui ***diffèrent d'une comparution***

MARIAGE - RÉGIME MATRIMONIAL

Monsieur et Madame **BERTRAND-TOULIER** se sont mariés sous le régime de la communauté de meubles et acquêts à défaut de contrat de mariage préalable à leur union célébrée à la mairie de TOURS (37 000) le 17 septembre 1948.
Le régime matrimonial n'a subi depuis aucune modification conventionnelle ou judiciaire.

DISPOSITIONS DE DERNIÈRES VOLONTÉS

L'interrogation du fichier central des dispositions de dernières volontés, en date du 29 janvier 2017, n'a révélé l'existence d'aucune inscription.

DÉVOLUTION SUCCESSORALE

Indication des droits du conjoint survivant

CONJOINT SURVIVANT

Monsieur Jacques Fernand **BERTRAND**, [*rédaction de la comparution*]
Commun en biens ainsi qu'il est indiqué ci-dessus.
Bénéficiaire légal, à son choix exclusif, en vertu de l'article 757 du Code Civil, du quart en toute propriété ou de l'usufruit de l'universalité des biens et droits mobiliers et immobiliers composant la succession.
Titulaire du droit de jouissance gratuite du logement et du mobilier le garnissant, pendant une année à compter du décès,
Bénéficiaire, s'il en fait la demande dans l'année du décès, du droit viager d'habitation sur ledit logement et du droit d'usage du mobilier le garnissant.

Formule permettant d'indiquer que les personnes appelées à la succession n'ont pas nécessairement accepté la succession.

HÉRITIERS

Laissant pour habiles à se dire et porter HÉRITIERS ensemble pour le tout ou chacun divisément pour la moitié, sauf à tenir compte des droits du conjoint survivant :
Monsieur Alexandre BERTRAND [*rédaction de la comparution*]
Madame Monique BERTRAND, épouse BADA [*rédaction de la comparution*]
SES DEUX ENFANTS, seuls issus de son union avec son conjoint survivant

QUALITÉS HÉRÉDITAIRES

Monsieur Jacques BERTRAND a la qualité d'époux commun en biens de Madame Raymonde BERTRAND, son ÉPOUSE susnommée,
Monsieur Alexandre BERTRAND et Madame Monique BADA, sont habiles à se dire et porter héritiers de Madame Raymonde BERTRAND, leur MÈRE susnommée.

NOTIFICATION DU CHANGEMENT DE RÉGIME MATRIMONIAL AUX ENFANTS MAJEURS

SCP Jeanne AGAN, Amine HAMZA
et Paul LAVAN, Notaires associés
13 rue des arènes
13 200 ARLES
04 07 08 08 08
scp-agan-hamza-lavan@notaires.fr

Alfred LEYER
[*adresse*]

Références du dossier : LEYER/POLAGIAN
Dossier suivi par : Chantal PARELE

Objet : notification du changement du régime matrimonial des époux LEYER/POLAGIAN

Arles,
le 3 juin 2017,

RECOMMANDÉ A.R.

Monsieur,

Je vous notifie le changement de régime matrimonial adopté par vos parents, Monsieur Roger André LEYER et Madame Joséphine Mireille POLAGIAN, demeurant à FOS-SUR-MER (13270), 45 impasse de la Mer, et mariés sans contrat de mariage préalable à leur union célébrée le 7 juillet 1964 à ARLES (Bouches-du-Rhône).

Ce changement de régime matrimonial, reçu en mon Office ci-dessus désigné le 30 mai 2017, porte adoption du régime de la communauté universelle, avec attribution intégrale de communauté au conjoint survivant.

Conformément aux dispositions du deuxième alinéa de l'article 1397 du Code civil, les enfants majeurs des époux et les personnes qui avaient été parties au contrat de mariage modifié peuvent former opposition dans un délai de trois mois à compter de la réception de la présente lettre. Cette opposition est faite, aux termes de l'article 1300-1 du code de procédure civile, par lettre recommandée avec demande d'avis de réception ou par exploit d'huissier adressé au notaire rédacteur de l'acte.

Je vous prie d'agréer, Monsieur, mes salutations respectueuses,

Maître Paul LAVAN,
Notaire
signature

QUALIFICATION DES BIENS SELON LE RÉGIME MATRIMONIAL

- Les époux mariés **avant le 1er février 1966** sans contrat de mariage préalable à leur union sont soumis à l'ancien régime légal : **la communauté de meubles et acquêts**.
- Pour les mariages célébrés **après le 1er février 1966**, les époux qui n'ont pas conclu de contrat de mariage préalable sont soumis au régime légal actuel : **la communauté d'acquêts** (ou « réduite aux acquêts », par opposition à l'ancien régime légal).

<table>
<tr><th rowspan="2">Régimes / Biens</th><th colspan="3">Régimes communautaires</th><th>Régimes séparatistes</th></tr>
<tr><th>Régime légal de la communauté d'acquêts</th><th>Régime de la communauté de meubles et acquêts</th><th>Communauté universelle</th><th>Séparation de biens
Participation aux acquêts</th></tr>
<tr><td>Vêtements, bijoux, effets personnels...</td><td colspan="3">Biens propres à un époux</td><td>Biens personnels à un époux</td></tr>
<tr><td>Biens acquis avant le mariage par un époux</td><td>Biens propres</td><td>• Immeubles : biens propres
• Meubles : biens communs</td><td rowspan="3">Biens communs aux époux</td><td>Biens personnels</td></tr>
<tr><td>Biens acquis à titre onéreux pendant le mariage, par un ou les deux époux</td><td colspan="2">Biens communs sauf emploi/remploi de fonds propres</td><td>• Par un époux : biens personnels
• Par les deux époux : biens indivis</td></tr>
<tr><td>Biens acquis à titre gratuit pendant le mariage</td><td>Biens propres</td><td>• Immeubles : biens propres
• Meubles : biens communs</td><td rowspan="3">Biens personnels</td></tr>
<tr><td>Gains et salaires</td><td colspan="3" rowspan="2">Biens communs aux époux</td></tr>
<tr><td>Fruits et revenus des biens propres ou personnels</td></tr>
<tr><td>Dépôts sur comptes bancaires</td><td colspan="3">Présomption de communauté</td><td>Présomption de propriété au profit du titulaire du compte</td></tr>
</table>

QUALIFICATION DES BIENS SELON LE RÉGIME DE PACS

- Les partenaires pacsés **avant le 1er janvier 2007** sont soumis au régime de **l'indivision**, sauf s'ils ont adopté un autre statut dans leur convention.
- Les partenaires pacsés **après le 1er janvier 2007** sont soumis au régime de **la séparation des patrimoines**, sauf s'ils ont opté, dans leur convention, pour le régime optionnel de **l'indivision spéciale du PACS**.

Régimes / Biens	Séparation des patrimoines	Indivision spéciale du PACS
Vêtements, bijoux, effets personnels...	Biens personnels à un partenaire	Biens personnels à un partenaire
Biens acquis avant l'enregistrement du PACS par un partenaire	Biens personnels à un partenaire	Biens personnels à un partenaire
Biens acquis à titre onéreux après l'enregistrement du PACS, par un ou les deux partenaires	• par un partenaire : biens personnels • par les deux partenaires : biens indivis	• Biens indivis par moitié • Biens personnels si **mention dans l'acte d'emploi de deniers** appartenant au partenaire avant l'enregistrement du PACS ou reçus par donation ou succession
Biens acquis à titre gratuit pendant le PACS	Biens personnels à un partenaire	Biens personnels à un partenaire
Biens créés pendant le PACS	Biens personnels à un partenaire	Biens personnels à un partenaire
Gains et salaires	Biens personnels à un partenaire	Biens personnels à un partenaire si ces deniers ne sont pas employés à l'acquisition d'un bien
Fruits et revenus des biens personnels		
Dépôts sur comptes bancaires	Présomption de propriété au profit du titulaire du compte	

RÉPARTITION DU PASSIF ENTRE LES ÉPOUX

Le tableau ci-dessous permet de déterminer si une dette est personnelle à un époux ou si les deux époux doivent ensemble supporter la charge de la dette. À cet effet, il est nécessaire de se placer à la date de naissance de la dette (date de conclusion du prêt par exemple, et non les dates des échéances de remboursement).

<table>
<tr><th colspan="2" rowspan="2">Régimes / Dettes</th><th>RÉGIMES COMMUNAUTAIRES</th><th>RÉGIMES SEPARATISTES</th></tr>
<tr><th>(communauté légale, communauté des meubles et acquêts, communauté universelle)</th><th>(séparation de biens, participations aux acquêts)</th></tr>
<tr><td rowspan="2">Passif né avant le mariage</td><td>Dettes contractées par un époux seul</td><td colspan="2">La charge de la dette incombe au seul époux qui a contracté la dette</td></tr>
<tr><td>Dettes contractées par les deux époux</td><td colspan="2">Chaque époux doit supporter la moitié de la dette
(ou toute autre répartition convenue lors de la naissance de la dette)</td></tr>
<tr><td rowspan="3">Passif né au cours du mariage</td><td>Dettes liées aux dépenses d'entretien du ménage et d'éducation des enfants</td><td colspan="2">Les deux époux doivent supporter la charge de la dette à hauteur de leurs facultés respectives, sauf en cas de dettes manifestement excessives conclues par un seul époux.
(application du régime primaire impératif, voir fiche 38)</td></tr>
<tr><td>Dettes contractées par les deux époux</td><td colspan="2">Chaque époux doit supporter la moitié de la dette
(ou toute autre répartition convenue lors de la naissance de la dette)</td></tr>
<tr><td>Dettes contractées par un époux seul</td><td>Chaque époux doit supporter la moitié de la dette
Mais si la dette a été contractée dans l'intérêt d'un bien propre à un époux*, ou dans son intérêt personnel, seul celui-ci doit supporter sa charge</td><td>La charge de la dette incombe au seul époux qui a contracté la dette</td></tr>
</table>

* Un époux est en principe seul tenu des dettes liées à l'un de ses biens propres. Mais la jurisprudence estime cependant que, puisque les fruits et les revenus des biens propres sont communs, le **passif lié à la jouissance du bien propre est commun** aux deux époux.

NB : le tableau ci-dessus permet de répartir le passif entre les époux et non de déterminer l'époux contre lequel le créancier peut agir en paiement de la dette (par exemple, pour une dette contactée par les deux époux en cours de mariage, le créancier peut agir contre un seul des époux pour l'intégralité de la dette si les époux sont solidaires).

SCHÉMAS LIQUIDATIFS

Bernard FONT est décédé le 3 mars 2017. Il laisse pour lui succéder son conjoint survivant, Sophie POLIN (avec qui il était marié sans contrat de mariage depuis 1999), Patrice, son fils issu d'une précédente union, et Pauline, la fille qu'il a eue avec Madame POLIN en 1993.

Il est ici nécessaire de liquider le régime matrimonial des époux FONT avant de liquider civilement la succession.

→ 1re étape : Liquidation du régime matrimonial (voir fiche 41)

La famille FONT vit dans une villa située à CAVAILLON (Vaucluse), que Monsieur FONT a reçue par donation de ses parents en 2003 (valeur au jour du décès : 320 000 €). Grâce à ses économies, Monsieur FONT a fait construire une magnifique cuisine d'été, au prix de 23 000 € (sans la cuisine d'été, la villa ne vaudrait au jour du décès que 285 000 €).

Madame FONT exploite à titre individuel une entreprise de vente de chaussures, qu'elle a créée en 1990 et estimée à ce jour à 65 000 €. Le dernier compte de résultat faisait apparaître des dettes d'exploitation à hauteur de 13 000 €.

Au jour du décès de Monsieur FONT, le couple était propriétaire de deux voitures (d'une valeur totale de 23 000 €), des meubles meublants de l'immeuble situé à CAVAILLON (valeur : 13 000 €). Sur les comptes bancaires, apparaît un solde créditeur de 12 500 €.

Le couple a acquis en 2005 un chalet dans les Alpes au prix de 300 000 €. 200 000 € ont été payés à l'aide de leurs économies, le solde au moyen de fonds reçus par Madame FONT de la succession de ses parents (clause d'emploi dans l'acte d'acquisition). Madame FONT a utilisé le reste de la somme reçue par succession à la réfection (à l'identique) de la toiture du chalet qui menaçait de s'écrouler. Le montant des travaux s'est élevé à 46 000 €. Le chalet vaut, au jour du décès, 420 000 € (sans les travaux, il ne vaudrait que 380 000 €).

Enfin, les dettes fiscales du couple au jour du décès s'élèvent à 14 500 €. La banque CRÉDIT CAVAILLONNAIS vous a informé qu'un solde de prêt à la consommation de 17 800 € demeure à rembourser.

Méthode de liquidation du régime légal de la communauté d'acquêts

1. Identifier le régime matrimonial

Les époux se sont mariés sans contrat de mariage préalable en 1999 : ils sont donc soumis au **régime légal de la communauté d'acquêts** (ou communauté réduite aux acquêts).

2. Qualifier les biens des époux

Biens	Qualification	Justification
Villa à Cavaillon	Bien propre à Monsieur	Bien acquis à titre gratuit pendant le mariage
Meubles meublants	Biens communs	Biens acquis à titre onéreux (« acquêts ») pendant le mariage
Fonds de commerce	Bien propre à Madame	Bien acquis avant le mariage
Comptes bancaires	Biens communs	Présomption de communauté
Voitures	Biens communs	Biens acquis à titre onéreux pendant le mariage
Chalet	Bien commun	Bien acquis à titre onéreux pendant le mariage

3. Qualifier les dettes des époux

Faute de précision, les dettes fiscales et le solde du prêt à la consommation restant à rembourser sont présumés communs.

Quant aux dettes liées à l'exploitation du fonds de commerce (bien propre), il s'agit également de dettes communes : en effet, les fruits et revenus des biens propres étant des biens communs, la jurisprudence considère que la communauté doit supporter les charges de jouissance de ces biens (telles que des dettes d'exploitation).

4. Identifier et évaluer les récompenses

- Construction de la cuisine d'été

  • Identification de la récompense

  Cette construction porte sur un bien propre à Monsieur. Elle a été financée à l'aide de ses économies, qui sont des biens communs dans le régime légal.

  Par conséquent, la communauté s'est appauvrie au profit de la masse propre de Monsieur. **Monsieur doit donc récompense à la communauté.**

  • Évaluation de la récompense

  Calcul de la dépense faite (valeur au jour où la dépense a été effectuée) = 23 000 €.

  Calcul du profit subsistant (valeur apportée par la cuisine d'été à la valeur actuelle du bien) = 35 000 € (= 320 000 – 285 000).

  La récompense correspond ici à une **dépense d'amélioration** : elle **ne peut donc être inférieure au profit subsistant**.

  Ainsi, **la récompense due par Monsieur à la communauté est évaluée à 35 000 €**.

- Acquisition du chalet

  • Identification de la récompense

  Cette acquisition du chalet commun a été réalisée en partie grâce à des fonds propres à Madame (puisque reçus par succession).

  Par conséquent, la masse propre de Madame s'est appauvrie au profit de la communauté. **La communauté doit donc récompense à Madame.**

  • Évaluation de la récompense

  Calcul de la dépense faite (valeur au jour où la dépense a été effectuée) = 100 000 €.

  Calcul du profit subsistant (part financée par les fonds propres par rapport à la valeur actuelle du bien) = 140 000 € (= 100 000/300 000 X 420 000)

  La récompense correspond ici à une **dépense d'acquisition** : elle **ne peut donc être inférieure au profit subsistant**.

  Ainsi, **la récompense due par la communauté à Madame est évaluée à 140 000 €**.

- Rénovation de la toiture du chalet

  • Identification de la récompense

  Ces travaux portent sur un bien commun aux époux. Ils ont été financés à l'aide de fonds propres à Madame (puisque reçus par succession).

  Par conséquent, la masse propre de Madame s'est appauvrie au profit de la communauté. **La communauté doit donc récompense à Madame.**

  • Évaluation de la récompense

  Calcul de la dépense faite (valeur au jour où la dépense a été effectuée) = 46 000 €.

  Calcul du profit subsistant (valeur apportée par les travaux à la valeur actuelle du bien) : 420 000 – 380 000 = 40 000 €.

La récompense correspond ici à une **dépense nécessaire et de conservation** : elle est donc **égale à la somme la plus élevée.**
Ainsi, **la récompense due par la communauté à Madame est évaluée à 46 000 €.**

5. Établir le schéma liquidatif de la communauté

I. REPRISES ET RÉCOMPENSES

A. Monsieur (Succession)

- **Reprises en nature**

· Villa à Cavaillon	320 000,00 €

- **Récompenses**

Récompenses dues à la communauté :	
· Construction de la cuisine d'été	35 000,00 €
Récompenses dues par la communauté :	NÉANT
Solde en faveur de la communauté	35 000,00 €

B. Madame

- **Reprises en nature**

· Fonds de commerce	65 000,00 €

- **Récompenses**

Récompenses dues à la communauté :	NÉANT
Récompenses dues par la communauté :	
· Acquisition du chalet	140 000,00 €
· Rénovation de la toiture	46 000,00 €
Solde en faveur de la Madame	186 000,00 €

II. LIQUIDATION DE LA COMMUNAUTÉ

ACTIF BRUT DE COMMUNAUTÉ

· Chalet	420 000,00 €
· Meubles meublants de la villa à Cavaillon	13 000,00 €
· Véhicules	23 000,00 €
· Comptes bancaires	12 500,00 €
· Solde récompense due par Monsieur à la communauté	35 000,00 €
TOTAL ACTIF BRUT DE COMMUNAUTÉ	**503 500,00 €**

PASSIF BRUT DE COMMUNAUTÉ

· Dettes d'exploitation	13 000,00 €
· Dettes fiscales	14 500,00 €
· Solde du prêt à la consommation	17 800,00 €
· Solde récompense due par la communauté à Madame	186 000,00 €
TOTAL PASSIF BRUT DE COMMUNAUTÉ	**231 300,00 €**

BALANCE

ACTIF BRUT DE COMMUNAUTÉ	503 500,00 €
PASSIF BRUT DE COMMUNAUTÉ	231 300,00 €
ACTIF NET DE COMMUNAUTÉ	**272 200,00 €**
½ boni	136 100,00 €

III. DROITS DES PARTIES ET PASSIF RESTANT À ACQUITTER

A. DROITS DES PARTIES

• Monsieur (Succession)

½ Boni de communauté	136 100,00 €
Imputations récompenses dues à la communauté par Monsieur	- 35 000,00 €
Soit	**101 100,00 €**

• Madame Sophie POLIN veuve FONT

½ Boni de communauté	136 100,00 €
Imputation récompenses dues à Madame par la communauté	186 000,00 €
Soit	**322 100,00 €**

B. PASSIF À ACQUITTER

· Dettes d'exploitation	13 000,00 €
· Dettes fiscales	14 500,00 €
· Solde du prêt à la consommation	17 800,00 €
Soit	**45 300,00 €**

➔ 2e étape : Liquidation civile de la succession (voir fiche 47) : suite de l'application précédente

Monsieur FONT n'avait pas consenti de son vivant de donation entre époux de biens à venir à Madame FONT. En présence d'un enfant non commun, celle-ci a donc droit à ¼ en pleine propriété de la succession. Elle souhaite se prévaloir de ses droits temporaire et viager au logement. Elle a 58 ans.
Monsieur a donné (en avancement de part successorale) à son fils Patrice par acte notarié le 13 mars 2008 un portefeuille d'actions pour une valeur de 45 000 € (valeur au jour du décès : 53 000 €). En 2008, aucun droit de donation n'était dû, du fait de l'abattement en ligne directe. Les frais funéraires s'élèvent à 3 500 €. La taxe d'habitation due pour la période du 3 mars 2017 au 2 mars 2018 (c'est-à-dire pendant un an à compter du décès) est estimée à 1 170 € (au *prorata temporis* des taxes d'habitation dues pour l'année 2017 – du 3 mars au 31 décembre 2017 – et l'année 2018 – du 1er janvier au 2 mars 2018).

La liquidation civile de la succession doit être ici établie :
- en présence d'héritiers réservataires (les descendants), pour vérifier que la libéralité consentie par le défunt ne dépasse pas la quotité disponible ;
- en présence d'un conjoint survivant, pour calculer son droit au ¼ en pleine propriété.

Méthode de la liquidation civile de la succession en présence d'un conjoint survivant

1. Calculer l'actif net de succession

L'actif brut de succession comprend ici la ½ du boni de communauté (136 100 €), les biens propres qui appartenaient au défunt (320 000 €), ainsi que le solde de récompenses éventuelles qui lui est dû par la communauté (néant). **L'actif brut s'élève ainsi à 456 100 €.**

Le passif brut de succession se calcule en additionnant les frais funéraires pour leur montant réel (3 500 €) et les dettes personnelles du défunt (ici, le solde de récompenses dû à la communauté, à savoir 35 000 €). Il faut ajouter l'estimation de la taxe d'habitation due pour la période du 3 mars 2017 au 2 mars 2018 (soit 1 170 €), en vertu du droit temporaire (pendant un an à compter du décès) et **gratuit** sur le logement dont bénéficie le conjoint survivant et qui est à la charge de la succession. **Le passif brut s'élève ainsi à 39 670 €.**

Le montant de **l'actif net de succession** est donc de **416 430 €** (= 456 100 – 39 670).

2. Calculer le droit théorique du ¼ en pleine propriété du conjoint survivant
La **masse de calcul de ce droit** s'obtient en ajoutant à l'actif net de succession (416 430 €) les libéralités rapportables (ici, la donation à Patrice d'une valeur au jour du décès de 53 000 €) et en retranchant les legs non rapportables (ici, le défunt n'a consenti aucun legs par testament). La masse de calcul du droit du ¼ en pleine propriété est donc de **469 430 €.**

Ainsi, **la valeur du droit théorique du ¼ en pleine propriété est de 117 357,50 €** (soit 469 430 × ¼).

3. Calculer la masse d'exercice du droit théorique du ¼ en pleine propriété
Cette masse d'exercice est constituée par le solde de la quotité disponible après imputation des libéralités. Cette étape de calcul permet :
- de vérifier que la libéralité consentie par le défunt à son fils ne dépasse pas la quotité disponible ;
- de déterminer si le conjoint survivant peut exercer pleinement son droit en pleine propriété (117 357,50 €, tel que calculé précédemment).

D'abord, il faut calculer la masse de calcul de la quotité disponible, en **réunissant fictivement** à l'actif net de succession (416 430 €) toutes les donations consenties par le défunt, quelles qu'elles soient (ici, le défunt n'avait consenti qu'une donation à son fils Patrice, d'une valeur de 53 000 €). La masse de calcul de la quotité disponible s'élève donc à **469 430 €.**
Ensuite, on calcule la réserve et la quotité disponible. En présence des deux enfants (héritiers réservataires), la réserve globale est de 2/3, soit 1/3 chacun, et la quotité disponible est d'1/3. **La réserve individuelle de chaque enfant s'élève à 156 476,67 €** (= 469 430 x 1/3), la réserve globale (2/3) à 312 953,33 € et la **quotité disponible** (1/3) à **156 476,67 €.**
Enfin, on impute les libéralités consenties par le défunt soit sur la réserve, soit sur la quotité disponible, selon le type de libéralité. Ici, l'unique donation a été consentie à Patrice en **avancement de part successorale** : elle **s'impute donc sur sa réserve**.

Ainsi le solde de la réserve de Patrice s'élève à **103 476,67 €** (= 156 476,67 – 53 000).
La réserve de Pauline (156 476,67 €) et la quotité disponible (156 476,67 €) sont inchangées.

➔ L'analyse permet de tirer deux conclusions ici :
- la donation ne porte pas atteinte à la réserve de Pauline, elle n'est donc pas réductible ;
- le solde de la quotité disponible après imputation, qui constitue la masse d'exercice du droit théorique du ¼ en pleine propriété du conjoint survivant, est supérieur à la valeur de ce droit (117 357,50 €). Le conjoint survivant peut donc exercer pleinement son droit.

4. Imputer le droit viager au logement sur les droits successoraux du conjoint survivant

L'évaluation de ces droits viagers d'habitation et d'usage du mobilier est égale à 60 % de la valeur en usufruit de (l'immeuble + meubles meublants).

- L'immeuble, qui était propre au défunt, vaut au jour du décès, 320 000 €.
- Les meubles meublants (d'une valeur de 13 000 €) étaient communs : seule la moitié dépend de la succession (6 500 €).
- Le conjoint survivant a 58 ans (soit moins de 61 ans révolus) : la valeur de l'usufruit est donc de 50 % (article 669 du code général des impôts).

La valeur des droits viagers au logement et d'usage du mobilier est donc de **97 950 €** (= 60 % × 50 % × (320 000 + 6 500)).

Cette valeur s'impute sur les droits successoraux du conjoint survivant (117 357,50 €). En application de l'article 765 alinéa 2 du Code civil, la valeur des droits viagers étant inférieure (97 950 €), le conjoint survivant peut prendre le complément, à savoir **19 407,50 €** (= 117 357,50 – 97 950) sur les biens existants.

5. Établir le schéma de la liquidation civile de la succession

(à insérer après le schéma liquidatif de la communauté, voir ci-dessus)

IV. LIQUIDATION CIVILE DE LA SUCCESSION

<u>ACTIF BRUT DE SUCCESSION</u>	
· ½ boni de communauté	136 100,00 €
· Villa à Cavaillon	320 000,00 €
TOTAL ACTIF BRUT DE SUCCESSION	**456 100,00 €**
<u>PASSIF BRUT DE SUCCESSION</u>	
· Frais funéraires	3 500,00 €
· Récompenses dues à la communauté	35 000,00 €
· Taxe d'habitation *(en vertu du droit temporaire et gratuit au logement)*	1 170,00 €
TOTAL PASSIF BRUT DE SUCCESSION	**39 670,00 €**
<u>BALANCE</u>	
ACTIF BRUT DE SUCCESSION	456 100,00 €
PASSIF BRUT DE SUCCESSION	39 670,00 €
ACTIF NET DE SUCCESSION	**416 430,00 €**
Réunion fictive des donations	
· Donation à Patrice	53 000,00 €
Masse de calcul de la quotité disponible	**469 430,00 €**
Quotité disponible (1/3)	**156 476,67 €**
Réserve globale (2/3)	312 953,33 €
Réserve individuelle (1/3)	156 476,67 €

Imputations des libéralités

· Donation à Patrice (en avancement de part successorale)	53 000,00 €
Solde de la réserve de Patrice	**103 476,67 €**

Liquidation des droits du conjoint survivant

Biens existants au décès (actif net de succession)	416 430,00 €
+ Libéralités rapportables :	
Donation à Patrice (en avancement de part successorale)	+ 53 000,00 €
– Legs non rapportables :	NÉANT
Masse de calcul du droit au ¼ en pleine propriété	**469 430,00 €**
Valeur du droit au ¼ en pleine propriété	**117 357,50 €**

Masse d'exercice du droit au ¼ en pleine propriété	
(solde de la quotité disponible après imputation des libéralités)	**156 476,67 €**
Solde de la quotité disponible après imputation des droits du conjoint survivant (soit 156 476,67 – 117 357,50)	39 119,17 €

V. DROITS DANS LA SUCCESSION

• **Sophie POLIN veuve FONT (1/4 en pleine propriété)**

Droits viagers d'habitation et d'usage du mobilier	97 950,00 €
(Madame POLIN-FONT a moins de 61 ans révolus)	
Complément	19 407,50 €
TOTAL	**117 357,50 €**

• **Patrice FONT**

Réserve héréditaire individuelle	156 476,67 €
– Donation en avancement de part successorale	- 53 000,00 €
½ solde de la QD après imputation des droits du conjoint survivant	+ 19 559,58 €
TOTAL	**123 036,25 €**

Pauline FONT

Réserve héréditaire individuelle	156 476,67 €
+ ½ solde de la QD après imputation des droits du conjoint survivant	+ 19 559,58 €
TOTAL	**176 036,25 €**

Vérification : 117 357,50 (droits du conjoint survivant) + 123 036,25 (droits de Patrice) + 176 036,25 (droits de Pauline) = 416 430 (ce qui correspond au montant de l'actif net de succession).

→ 3e étape : Liquidation fiscale de la succession (voir fiche 48)

La liquidation fiscale vise à établir le montant des droits de succession dus par chaque héritier. **Elle ne doit pas être confondue avec la liquidation civile**, car certaines évaluations diffèrent.

Méthode de la liquidation fiscale de la succession

Agathe DEBLOUZE décède le 12 octobre 2016 et laisse pour lui succéder son conjoint, Maurice PARO (68 ans) et leur fils commun, Arnaud (41 ans, sans enfant).

Les époux, mariés sous le régime légal, étaient propriétaires de leur résidence principale (d'une valeur au jour du décès de 240 000 €), des meubles meublants de leur logement (estimés à 4 000 €, aucun inventaire n'a été établi). Leurs comptes bancaires présentent un solde créditeur de 12 500 €. Un reliquat de prêt à la consommation de 7 400 € reste à rembourser. Les dettes fiscales du couple s'élèvent à 8 400 €. Les frais funéraires sont d'un montant de 5 000 €.

Agathe avait reçu, par donation de sa tante, un magnifique vase chinois (d'une valeur au jour du décès de 12 000 €) et de 3 garages situés à AIX-EN-PROVENCE. Par acte notarié reçu le 12 mars 2009, Agathe a fait donation de ces garages à son fils Arnaud (valeur au jour de la donation : 60 000 € ; valeur au jour du décès : 80 000 €).

Le conjoint survivant a opté pour la totalité en usufruit.

1. Liquider le régime matrimonial

Si le défunt laisse pour lui succéder un conjoint survivant, il faut d'abord liquider le régime matrimonial (voir fiche 41). Les époux étaient mariés sous le régime de la communauté d'acquêts. Il n'y a aucun cas de récompense dans ce dossier. Certains biens sont cependant évalués de manière spécifique.

- Les meubles meublants (communs dans ce dossier) ne sont pas pris en compte à la valeur déclarée par le conjoint survivant (4 000 €) : à défaut de vente aux enchères et d'inventaire, le forfait mobilier de 5 % s'applique (voir ci-après, calcul de l'actif brut de succession).
- Le défunt était propriétaire de sa résidence principale (bien commun), qui continue d'être occupée par son conjoint survivant. Un abattement de 20 % s'applique donc sur la valeur vénale de ce bien. La valeur retenue fiscalement pour la résidence principale est de **192 000 €** (= 240 000 × 80 %).

I. LIQUIDATION DU RÉGIME MATRIMONIAL (à reporter sur la déclaration de succession)

A. REPRISES ET RÉCOMPENSES

Succession

• **Reprises en nature**	12 000,00 €
Vase chinois	NÉANT
• **Récompenses**	
Monsieur	
• **Reprises en nature**	NÉANT
• **Récompenses**	NÉANT

B. LIQUIDATION DE LA COMMUNAUTÉ

<u>**ACTIF BRUT DE COMMUNAUTÉ**</u>

- Résidence principale

CARNET PROFESSIONNEL

Cet immeuble constitue le logement de famille. Il constituait la résidence principale du défunt, et est occupé par son conjoint survivant. Il bénéficie donc d'un abattement de 20 % sur sa valeur vénale (240 000 €), soit 192 000,00 €

· Comptes bancaires + 12 500,00 €

(les meubles ne sont pas ici intégrés à l'actif brut de communauté)

TOTAL ACTIF BRUT DE COMMUNAUTÉ **204 500,00 €**

PASSIF BRUT DE COMMUNAUTÉ

· Dettes fiscales	8 400,00 €
· Solde du prêt à la consommation	+ 7 400,00 €
TOTAL PASSIF BRUT DE COMMUNAUTÉ	**15 800,00 €**
BALANCE	
ACTIF BRUT DE COMMUNAUTÉ	204 500,00 €
PASSIF BRUT DE COMMUNAUTÉ	15 800,00 €
ACTIF NET DE COMMUNAUTÉ	**188 700,00 €**
½ boni de communauté	**94 350,00 €**

2. Calculer l'actif brut de succession

- L'actif brut de succession est composé ici de la ½ du boni de communauté ainsi que des biens propres du défunt (dans ce dossier, le vase chinois). Aucun bien n'est ici exonéré.
- À défaut de ventes aux enchères publiques et d'inventaire, les meubles meublants doivent être évalués à **5 % de l'actif brut de succession**. Le défunt étant marié de son vivant sous le régime de la communauté d'acquêts, l'assiette est constituée par **la moitié de l'actif brut de communauté** (204 500/2 = 102 250 €) **et les biens propres du défunt** (12 000 €). Par le forfait mobilier, les meubles meublants sont donc évalués à **5 712,50 €** (5 % × (102 250 + 12 000)).

→ **L'actif brut de succession (composé des biens propres du défunt, de la moitié du boni de communauté et du forfait mobilier) s'élève à 112 062,50 €** (= 12 000 + 94 350 + 5 712,50).

3. Calculer le passif brut déductible fiscalement

- Dans ce dossier, il n'y a ni dettes personnelles du défunt, ni de récompenses dues à la communauté.
- Les frais funéraires sont évalués au forfait de 1 500 €, quel que soit leur montant réel.
- Concernant le droit temporaire et gratuit du logement au profit du conjoint survivant, seuls sont déductibles fiscalement les loyers versés (ou l'indemnité d'occupation si le bien est détenu en indivision). Ici, le conjoint survivant est propriétaire de son logement.

→ **Par conséquent, le passif brut de succession s'élève à 1 500 €.**

4. Calculer l'actif net de succession

Il s'élève à **110 562,50 €** (= 112 062,50 – 1 500).

5. Déterminer la part taxable de chaque héritier

- **La part du conjoint survivant**

Le conjoint survivant a opté pour l'usufruit de la totalité des biens existants. Au regard de son âge (68 ans, soit moins de 71 ans), l'usufruit est évalué à 40 % (article 669 CGI).

Ainsi, la valeur de l'usufruit du conjoint survivant s'élève à **44 225 €** (110 562,50 x 40 %).

- **La part du fils**

Le fils reçoit la nue-propriété des biens existants, évaluée dans ce dossier à 60 %, soit **66 337,50 €** (110 562,50 × 60 %). Il faut prendre en compte l'incidence de la donation reçue par le fils.

- L'incidence des règles civiles

Ici, la seule donation réalisée par la défunte de son vivant a été consentie à son unique héritier réservataire. Cette donation n'a donc aucune incidence dans ce dossier (il en aurait été différemment si la donation avait été consentie à une autre personne, ou s'il y avait plusieurs héritiers réservataires).

- L'incidence des règles fiscales

Arnaud bénéficie de l'abattement en ligne directe de 100 000 €.

Il faut fiscalement rappeler les donations consenties depuis moins de 15 ans : or, Arnaud a bénéficié d'une donation en 2009, soit depuis moins de 15 ans, d'une valeur à l'époque de 60 000 €. Son abattement ne s'est donc pas reconstitué : son abattement résiduel s'élève donc à 40 000 € (= 100 000 – 60 000).

Le montant de sa part taxable est ainsi de **26 337,50 €** (= 66 337,50 – 40 000).

En application de la règle de l'arrondi fiscal, la part taxable d'Arnaud s'élève à **26 338 €**.

6. Calculer les droits de succession

- Le conjoint survivant est exonéré de droits de succession.
- Droits dus par Arnaud (taux en vigueur en ligne directe) :

Sur la 1re tranche (inférieure à 8 072 €) : 8 072 € x 5 %	403,60 €
Sur la 2e tranche (de 8 072 € à 12 109 €) : (12 109 – 8 072) x 10 % =	403,70 €
Sur la 3e tranche (de 12 109 € à 15 932 €) : (15 932 – 12 109) x 15 % =	573,45 €
Sur la 4e tranche (de 15 932 € à 552 324 €) : (**26 338** – 15 932) x 20 % =	2 081,20 €
Total des droits de succession =	**3 461,95 €** **arrondi à 3 462 €**

Aucune réduction sur les droits dus ne s'applique pour Arnaud dans ce dossier.

7. Établir le schéma de la liquidation fiscale de la succession (à reporter sur la déclaration de succession sur formulaires 2705 et 2706)

(à insérer après le schéma liquidatif de la communauté, voir ci-dessus)

II. LIQUIDATION FISCALE DE LA SUCCESSION

ACTIF BRUT DE SUCCESSION

- ½ boni de communauté 94 350,00 €
- Vase chinois 120 000 €
- Forfait mobilier – Détail du calcul

Assiette du forfait :

* ½ des biens de communauté :

Total brut de communauté = 204 500 €

Soit la somme de (204 500 €/2 =) 102 250 € (1)

* Biens de succession (biens propres du défunt)

Vase chinois = 12 000 € (2)

Assiette du forfait de 5 % [(1) + (2)] : 114 250 € (102 250 + 12 000)

Le montant du forfait est fixé à la somme de	5 712,50 €
TOTAL ACTIF BRUT DE SUCCESSION	**112 062,50 €**

PASSIF BRUT DE SUCCESSION

• Frais funéraires	1 500,00 €
TOTAL PASSIF BRUT DE SUCCESSION	**1 500,00 €**

BALANCE

ACTIF BRUT DE SUCCESSION	112 062,50 €
PASSIF BRUT DE SUCCESSION	- 1 500,00 €
ACTIF NET DE SUCCESSION	**110 562,50 €**

PARTS IMPOSABLES ET LIQUIDATION DES DROITS

- **Monsieur Maurice PARO (totalité en usufruit)**

Part lui revenant	**44 225,00 €**

(L'usufruit est évalué à 40 %, car le conjoint survivant a 68 ans, soit moins de 71 ans)

• **DROITS À PAYER**	**EXONÉRATION**

- **Monsieur Arnaud PARO**

Part lui revenant	66 338,00 €
Abattement personnel	- 100 000,00 €
Abattement déjà utilisé	+60 000,00 €
Part taxable	**26 338,00 €**
Droits de succession	**3 462,00 €**
Réduction applicable	NÉANT
TOTAL DES DROITS DUS	**3 462,00 €**

TABLEAUX DE CALCUL DES DROITS DE MUTATION À TITRE GRATUIT

➔ Valeur fiscale de l'usufruit (article 669 du Code général des impôts)

Âge de l'usufruitier	Valeur de l'usufruit	Valeur de la nue-propriété
Moins de 21 ans révolus*	90%	10%
Moins de 31 ans révolus	80%	20%
Moins de 41 ans révolus	70%	30%
Moins de 51 ans révolus	60%	40%
Moins de 61 ans révolus	50%	50%
Moins de 71 ans révolus	40%	60%
Moins de 81 ans révolus	30%	70%
Moins de 91 ans révolus	20%	80%
Plus de 91 ans révolus	10%	90%

* révolus = le lendemain du jour de la date d'anniversaire.

➔ L'évaluation de l'usufruit et de la nue-propriété est établie conformément à l'article 669 CGI, pour les mutations à titre gratuit.

➔ Tableau synthétique des abattements

Lien de parenté	En matière de donation	En matière de succession
Entre époux et partenaires Pacsés (sauf si rupture du PACS dans l'année de sa conclusion pour motif autre que mariage des partenaires pacsés ou décès de l'un d'eux)	80 724 €	Exonération[2]
Ligne directe (parent-enfant)	100 000 €	100 000 €
Entre grands-parents et petits-enfants	31 865 €	
Entre arrière-grands-parents et arrière-petits-enfants	5 310 €	
Entre frères et sœurs	15 932 €	15 932 €
Entre tante, oncle et neveu, nièce	7 967 €	7 967 €
Abattement spécifique pour les personnes handicapées [1]	159 325 €	159 325 €
Héritier ne bénéficiant d'aucun autre abattement	aucun	1 594 €

[1] à condition soit de travailler dans des conditions normales de rentabilité, en raison d'une infirmité physique ou mentale congénitale ou acquise, soit d'acquérir une instruction ou une formation professionnelles d'un niveau normal s'il est âgé de - de 18 ans.
[2] applicable aux frères et sœurs vivant sous le même toit (sous conditions).

→ Calcul des droits dus après abattement (article 777 du Code général des impôts)

En ligne directe	
Assiette de taxation comprise entre	Taux de taxation
Inférieure à 8 072 €	5 %
De 8 072 € à 12 109 €	10 %
De 12 109 € à 15 932 €	15 %
De 15 932 € à 552 324 €	20 %
De 552 324 € à 902 838 €	30 %
De 902 838 € à 1 805 677 €	40 %
Supérieure à 1 805 677 €	45 %
Entre époux et partenaires pacsés **donations uniquement**	
Assiette de taxation comprise entre	Taux de taxation
Inférieure à 8 072 €	5%
De 8 072 € à 15 932 €	10%
De 15 932 € à 31 865 €	15%
De 31 865 € à 552 324 €	20%
De 552 324 € à 902 838 €	30%
De 902 838 € à 1 805 677 €	40%
Supérieure à 1 805 677 €	45%
Entre frères et sœurs	
Assiette de taxation	Taux de taxation
Inférieure à 24 430 €	35%
Supérieure à 24 430 €	45%
Entre parents jusqu'au 4e degré inclus	**Entre parents au-delà du 4e degré et non parents**
55 %	60 %

→ Réduction des droits fiscaux (après calcul des droits dus)

- Réduction en faveur des mutilés de guerre atteints d'une invalidité d'au moins 50 % : les droits sont réduits de moitié sans que la réduction ne puisse excéder 305 €.
- Réduction de droits de **50 %**, en cas de donation en pleine propriété de **parts ou de droits dans une société** ou d'une **entreprise individuelle** ayant une activité industrielle, commerciale, artisanale, agricole ou libérale, à condition que le donateur soit **âgé de moins 70 ans (voir fiche 43).**
- La loi de finances 2017 a supprimé la réduction pour charges de famille.

Entreprise et société

ANNONCE DANS UN JOURNAL D'ANNONCES LÉGALES RELATIVE À LA CESSION D'UN FONDS DE COMMERCE

AVIS DE CESSION FONDS DE COMMERCE

Par acte reçu par Maître ROBERT, notaire, titulaire d'un office notarial à LE MANS (72000), 3, rue Bertoux, le 10 juillet 2017, a été cédé un fonds de commerce de vente de vêtements, située 12, rue du Pont à LE MANS, connu sous le nom commercial « Vet'cool ».
Vendeur : Mme Rose GRELOT, 7 rue des Fleurs à LE MANS (72000)
Acquéreur : M. Eric ROUJET, 112, rue Nationale à ARNAGE (72230)
Prix de cession : 120 000 €, s'appliquant aux éléments incorporels pour 99 000 € et au matériel pour 21 000 €.
Entrée en jouissance au jour de l'acte (cette mention n'est plus obligatoire).
Oppositions à former en l'office notarial de Maître ROBERT dans les dix jours de la dernière en date des publications.

Pour avis
Me ROBERT

➔ L'annonce publiée à la suite d'un acte reçu sous signatures privées doit contenir en plus les mentions d'enregistrement : « ...enregistré au SIE de LE MANS (72 000), le 13 juillet 2017 bordereau n° 2015-452 case n° 2... »

ANNONCE DANS UN JOURNAL D'ANNONCES LÉGALES RELATIVE À LA CONSTITUTION D'UNE SOCIÉTÉ

AVIS DE CONSTITUTION

Suivant acte reçu par Maître ROBERT, notaire, titulaire d'un office notarial à LE MANS (72000), 3 rue Bertoux, le 10 juillet 2017, enregistré au SIE de LE MANS (72000), le 15 juillet 2017 a été constituée une société à responsabilité limitée « Cotton's », au capital social de 8 000 €, dont l'objet est la commercialisation de vêtement et le siège social est situé à LE MANS (72000) 8 rue de la Juiverie, constituée pour une durée de 99 ans à compter de son immatriculation au RCS.

La cession des parts entre associés est libre. La cession aux tiers est soumise à l'agrément de la majorité en nombre des associés représentant au moins le trois quarts des parts sociales, réunis en assemblée générale. Début de l'exercice social le 1er janvier, fin le 31 décembre de chaque année.

Gérant : Monsieur Gérard NOURION, domicilié 9, rue des églantiers à ECOMMOY (72220)

La société sera immatriculée au registre du commerce et des sociétés de LE MANS.

Pour avis

Le notaire.

NOTIFICATION AUX SALARIÉS DE LA CESSION DU FONDS DE COMMERCE (entreprise de moins de 50 salariés)

Maître Pierre ROULOIS
[*adresse de l'office CP Ville*]

Monsieur [*Prénom Nom*]
[*Adresse*
CP Ville]

LETTRE RECOMMANDÉE AVEC ACCUSÉ DE RÉCEPTION

Nos réf : Cession Fonds de commerce [*X/Y*]
Objet : Notification possibilité d'offre de rachat

[*Ville*],
le [*date*],

Monsieur,

Je vous informe, conformément à l'article L 141-23 du code du commerce, que Monsieur [*prénom, nom du cédant*] souhaite céder le fonds de commerce qu'il détient et qu'il exploite (ou qui est actuellement exploité par Monsieur [*prénom, nom de l'exploitant du fonds*]) et dans lequel vous détenez la qualité de salarié.

Cette notification vous offre la possibilité de formuler une offre d'achat de ce fonds de commerce, mais elle ne vaut pas offre de vente.
Vous voudrez bien nous indiquer par courrier si vous avez l'intention de formuler cette offre de rachat ou si vous ne souhaitez pas utiliser cette possibilité.

J'attire votre attention, conformément à l'article L 141-25 du code du commerce, que vous êtes tenu à une obligation de discrétion à l'égard de cette information, sous peine de sanction civile prévue au dernier alinéa de l'article L141-23 du code du commerce.
Je vous informe également que vous pouvez vous faire assister dans cette démarche par un représentant de la chambre de commerce et d'industrie régionale, ou de la chambre régionale d'agriculture, ou de la chambre régionale des métiers et de l'artisanat, territorialement compétente, en lien avec les chambres régionales de l'économie sociale et solidaire (et par toute personne désignée par les salariés, le cas échéant).

J'attends votre réponse pour la poursuite des opérations de ce dossier.

Je vous prie d'agréer, Monsieur, mes salutations distinguées.

Pierre ROULOIS,
Notaire

PURGE DU DROIT DE PRÉEMPTION DU PRENEUR À BAIL COMMERCIAL

Si le propriétaire d'un local commercial loué souhaite le vendre, il doit en priorité proposer l'acquisition au preneur, selon les modalités indiquées ci-dessous.

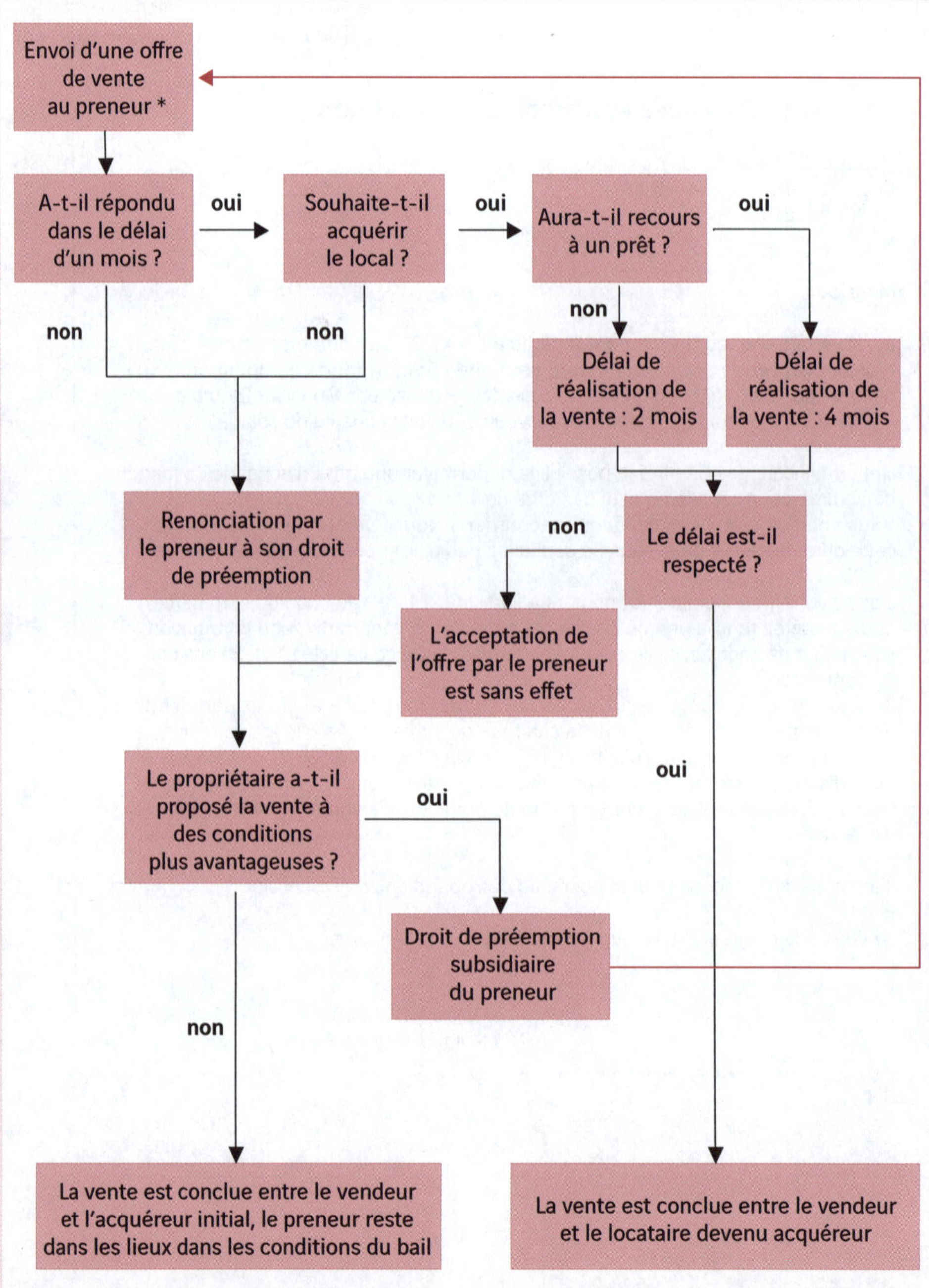

* L'offre de vente, envoyée par LRAR ou remise en mains propres contre récépissé, doit contenir le prix, les conditions de vente, et reproduire les quatre premiers alinéas de l'article L 145 – 46 – 1 du code de commerce.

LEXIQUE

A

Acte authentique. Acte reçu avec les solennités requises (formalités), par un officier public ayant compétence pour instrumenter (dresser un acte) dans le lieu où il a été rédigé.

Acte solennel. Acte dont la validité est subordonnée au respect de certaines formes (forme notariée par exemple) déterminées par la loi sous peine de nullité.

Activités agricoles. Sont réputées agricoles, selon l'article L 311-1 du Code rural :

- toutes les activités correspondant à la maîtrise et à l'exploitation d'un cycle biologique de caractère végétal ou animal et constituant une ou plusieurs étapes nécessaires au déroulement du cycle ;
- ainsi que toutes les activités exercées par un exploitant agricole qui sont dans le prolongement de l'acte de production ou qui ont pour support l'exploitation.

Activités de commerce. Au sens large, les activités de commerce concernent l'achat et la revente de biens et/ou de services dans un but lucratif.

Agriculteur. Celui qui réalise des activités agricoles (voir définition ci-dessus) à titre individuel et pour son compte.

Apports. Ensemble des biens apportés par chaque associé pour constituer le capital social lors de la création d'une société, en contrepartie de la remise de parts sociales ou d'actions à l'apporteur.

Artisan. Personne qui exerce de manière indépendante et pour son compte un métier manuel et participe personnellement à une activité de production, transformation, réparation de biens ou de prestation de services.

Avant-contrat. Contrat dit « préparatoire » destiné à déterminer les conditions de l'acte définitif à venir.

Ayant-cause. Personne titulaire de droits transmis par une autre personne appelée auteur.

Ayant-droit. Personne titulaire d'un droit dans une situation juridique déterminée (exemple : en matière de succession).

B

Bail. Contrat par lequel une personne (propriétaire ou bailleur) confère la jouissance de son bien à une autre personne (locataire ou preneur) pour une durée déterminée moyennant le versement mensuel d'une rémunération (« loyer »).

Bornage. Opération qui consiste à fixer de manière définitive matériellement et juridiquement la séparation entre deux propriétés privées contiguës.

C

Cadastre. Désigne à la fois l'administration fiscale en charge du cadastre et le registre public qui recense l'ensemble des informations sur les propriétés foncières situées sur une commune. Ce registre est constitué de plans (cartographiant et numérotant les différentes parcelles) et de registres (identifiant les personnes assujetties, pour chaque parcelle, aux impôts fonciers).

Capacité. Aptitude à être titulaire de droits et d'obligations et à les exercer soi-même. On distingue la capacité de jouissance (l'aptitude à être titulaire d'un droit) et la capacité d'exercice (l'aptitude à exercer un droit dont on est titulaire).

Capital social. Somme des apports réalisés par les associés lors de la constitution d'une société ; un montant minimal est exigé par la loi pour certaines formes sociales.

Carte communale. Document d'urbanisme simplifié utilisé dans les communes ne disposant pas d'un plan local d'urbanisme qui délimite les secteurs du territoire sur lesquels un permis de construire peut être délivré.

Cautionnement. Contrat par lequel une personne (la caution) s'engage auprès d'un créancier à garantir l'exécution du contrat par son débiteur. Le cautionnement est une sûreté personnelle.

Commerçant. Personne qui réalise des activités de commerce (voir définition ci-dessus) à titre de profession habituelle, en son nom et pour son compte.

Condition résolutoire. Événement futur et incertain (par exemple, un divorce) dont la survenance efface rétroactivement les effets d'un acte.

Condition suspensive. Événement futur et incertain (par exemple, l'obtention d'un prêt) stipulé dans un acte dont les effets sont suspendus jusqu'à la survenance de cet événement.

Curatelle. Mesure judiciaire de protection simple ou renforcée d'un majeur dont les facultés mentales ou physiques sont altérées. Le majeur sous curatelle est assisté d'un curateur pour réaliser certains actes juridiques.

D

Document d'arpentage. Document établi par un géomètre-expert qui constate l'identification de nouvelles parcelles issues d'une division du sol, en vue de la mise à jour du cadastre. Il doit être publié auprès du fichier immobilier du lieu de situation de l'immeuble.

Donation. Contrat par lequel une personne (le donateur) transmet la propriété d'un bien ou d'un droit de façon irrévocable et sans contrepartie à une autre personne (le donataire), dans une intention libérale (volonté de gratifier le donataire).

Droit de gage général. Droit légal dont dispose tout créancier sur l'ensemble des biens de son débiteur, lui permettant de faire saisir et vendre un bien quelconque pour assurer le paiement de sa créance.

Droit de préemption. Prérogative légale ou contractuelle reconnue à une personne d'acquérir un bien, prioritairement à tout acheteur, si le propriétaire du bien décide de le céder à titre onéreux.

Droit de propriété. Droit réel portant sur un bien qui confère à son titulaire (personne physique ou morale) le droit d'en user (usus), d'en jouir (fructus) et d'en disposer (abusus).

Droit personnel ou de créance. Droit que détient une personne (le créancier) envers une autre personne (le débiteur) d'exiger l'exécution d'une obligation, c'est-à-dire de donner, faire ou ne pas faire quelque chose.

Droit réel. Droit qui porte sur un bien. Il peut être principal (exemple : le droit de propriété, l'usufruit, la nue-propriété) ou accessoire (exemple : les sûretés portant sur un bien).

E

Émoluments. Sommes versées au notaire au titre de sa rémunération et fixées par décret.

Enregistrement. Formalité administrative qui consiste à déclarer et à mentionner un acte juridique sur un registre public tenu par le Service des impôts moyennant le paiement d'un droit au profit du Trésor public.

Entrepreneur individuel. Personne physique qui exerce pour son compte une activité économique sans personnalité morale distincte.

État descriptif de division. Document technique rédigé sous forme authentique lors de la mise en copropriété d'un immeuble. Il permet d'identifier l'ensemble immobilier en copropriété, de distinguer et de numéroter les lots, d'identifier chaque lot par son emplacement dans l'immeuble, au besoin par référence à un plan.

F

Fermage. Loyer versé de façon périodique au bailleur par l'agriculteur qui loue l'immeuble à usage agricole qu'il exploite (dit « loyer de la terre »).

Fonds artisanal. Entité juridique distincte qui regroupe l'ensemble des éléments corporels et incorporels qu'un artisan réunit en vue de rechercher une clientèle.

Fonds de commerce. Entité juridique distincte qui regroupe l'ensemble des éléments corporels (matériel, outillage, marchandises) et incorporels (clientèle, droit au bail, nom, enseigne) qu'un commerçant ou un industriel réunit en vue de rechercher une clientèle.

Fonds libéral. Entité juridique reconnue dans le cadre de l'exercice d'une profession libérale. Elle est essentiellement composée de la clientèle attachée au professionnel. Disposant d'une valeur patrimoniale, ce fonds peut être cédé.

Force exécutoire. Effet attaché à certains actes juridiques (tels que les décisions de justice ou les actes notariés) qui permet au créancier d'obtenir l'exécution forcée par un débiteur de sa dette impayée sans avoir besoin d'une condamnation de ce dernier par un tribunal.

Force probante. Notion qui désigne l'efficacité et la crédibilité d'un moyen de preuve. L'acte authentique fait foi jusqu'à inscription de faux.

Formalités postérieures. Ensemble des opérations administratives et fiscales réalisées après la signature d'un acte authentique et rendues nécessaires par la loi et les règlements.

Formalités préalables. Ensemble des opérations de toute nature, préalables à la signature d'un acte, dont l'objectif est la vérification des parties et des biens, l'obtention des informations nécessaires pour la rédaction de l'acte et la réalisation des actions rendues nécessaires par la loi ou les règlements.

H

Honoraires. Rémunération versée au notaire pour les services rendus, compatibles avec l'exercice de ses activités, dont le tarif n'est pas fixé par décret. Elle est librement fixée entre le client et le notaire.

Hypothèque. Droit réel accessoire (sûreté) portant sur un immeuble reconnu à un créancier par la loi, un jugement ou une convention, lui permettant de faire saisir le bien et de le faire vendre en justice en cas de non paiement de sa créance.

I

Indivision. Situation légale ou volontaire dans laquelle plusieurs personnes sont titulaires de droits identiques et concurrents sur le même bien ou sur une masse de biens.

L

Legs. Libéralité contenue dans un testament et qui prend effet au décès du testateur.

Lésion. Préjudice subi du fait de l'inégalité entre la valeur des prestations réciproques dans un contrat ou entre celle des lots attribués à des copartageants. Celui qui subit une lésion peut, sous conditions, agir en rescision (dont l'effet est similaire à la nullité de l'acte) ou, en matière de partage, agir pour obtenir le complément de sa part.

Libéralités. Ensemble des opérations ayant pour objet, ou pour effet, la transmission sans contrepartie de biens d'une personne à une autre, entraînant l'appauvrissement du disposant (celui qui transmet) et l'enrichissement corrélatif du bénéficiaire (celui qui reçoit).

M

Majeur protégé. Personne physique qui a atteint l'âge légal de la majorité et qui est soumise à un régime de protection (sauvegarde de justice, curatelle, ou tutelle). Il ne peut exercer seul ses droits.

Mandat. Acte de source conventionnelle, légale ou judiciaire par lequel une personne (le mandant) charge une autre personne (le mandataire) d'accomplir pour son compte un ou plusieurs actes juridiques. Le mandataire représente le mandant. Le mandat peut être formalisé dans un écrit appelé en pratique « procuration ».

Mineur émancipé. Personne physique n'ayant pas atteint l'âge légal de la majorité fixé à 18 ans mais qui dispose des mêmes prérogatives qu'un majeur capable suite à son émancipation (par mariage ou par demande auprès du procureur de la République).

Mineur. Personne physique n'ayant pas atteint l'âge légal de la majorité fixé à 18 ans. Il est représenté pour certains actes soit par son ou ses deux parents (en cas d'administration légale), soit par son seul parent (en cas soit par son tuteur (s'il est pupille de l'État).

N

Nantissement. Droit réel accessoire (sûreté) portant sur un meuble incorporel (exemple : un fonds de commerce) reconnu à un créancier par la loi, un jugement ou une convention, lui permettant de faire saisir le bien et de le faire vendre en justice en cas de non paiement de sa créance.

Nue-propriété. Droit réel issu du démembrement du droit de propriété, qui donne vocation à son titulaire (le nu-propriétaire) à devenir plein propriétaire à l'extinction de l'usufruit.

Nullité. Sanction prononcée par un juge à l'encontre d'un acte juridique qui ne respecte pas les conditions requises pour sa formation. Elle entraîne la disparition rétroactive de l'acte.

O

Opposabilité. Une convention ne produit d'effets qu'entre les parties. Cependant, en raison de son opposabilité, la convention doit être respectée par les tiers. Dans certains domaines (exemple: en matière immobilière), l'opposabilité est conditionnée par la réalisation de certaines formalités.

P

Partage. Lorsque plusieurs personnes sont en indivision sur des biens déterminés, l'acte de partage a pour objectif de former des lots attribués à chacune d'elles, en fractionnant la masse indivise.

Patrimoine. Ensemble des biens et droits (actif) et des obligations (passif) d'une personne.

Personnalité juridique. Aptitude reconnue aux personnes physiques et morales, sous certaines conditions, à être titulaires de droits et d'obligations.

Personne morale. Groupement doté d'une personnalité juridique distincte de celle de ses membres.

Personne physique. Tout être humain né vivant et viable.

Plan local d'urbanisme (PLU). Document communal qui établit un projet global d'urbanisme et d'aménagement. Il fixe les règles générales d'utilisation des sols dans une commune ou un groupement de communes. Les PLU ont remplacé progressivement les anciens plans d'occupation des sols (POS).

Possession. Situation de fait dans laquelle une personne a l'emprise matérielle d'un bien et a la volonté de se comporter comme son propriétaire.

Prescription acquisitive (ou usucapion). Mode d'acquisition de la propriété d'un bien ou d'un droit par la possession, après un certain laps de temps, en l'absence d'un titre de propriété.

Prescription extinctive. Mode d'extinction d'un droit personnel ou d'un droit réel du fait de l'inaction de son titulaire pendant un certain laps de temps.

Privilèges. Droit réel accessoire (sûreté) portant sur un bien (meuble ou immeuble), reconnu par la loi à un créancier en raison de la qualité de sa créance, lui permettant de faire saisir le bien et de le faire vendre en justice en cas de non paiement de sa créance.

Profession libérale. Profession exercée par une personne, à titre habituel, de manière indépendante et sous sa responsabilité, qui exerce une activité de prestations intellectuelles, encadrée par des organismes professionnels et soumise à des règles déontologiques.

Propriété commerciale. Prérogative octroyée au commerçant titulaire d'un bail commercial pour les locaux où il exerce son activité, d'obtenir le renouvellement de son bail à son expiration, ou à défaut, d'obtenir une indemnité d'éviction sous certaines conditions.

Q

Quittance. Écrit par lequel le créancier reconnaît qu'il a reçu de son débiteur le paiement total ou partiel d'une dette.

Quotité disponible. Part du patrimoine dont une personne peut librement disposer par libéralités, en présence d'héritiers bénéficiant d'une réserve.

R

Répertoire. Registre obligatoirement tenu par tout notaire où est résumé l'ensemble des actes reçus.

Réserve. Part de la succession dont la loi impose la transmission à certains héritiers (dits « réservataires ») et qui ne peut être diminuée.

Résolution. Anéantissement rétroactif d'un contrat, qui sanctionne son inexécution par l'une des parties.

S

Sauvegarde de justice. Mesure de protection provisoire et souple d'un majeur dont les facultés mentales ou physiques sont légèrement altérées. Elle n'entraîne pas l'incapacité d'exercice du majeur concerné. Cependant, la décision de justice de mise sous sauvegarde peut imposer la représentation de ce dernier par un mandataire pour certains actes.

Servitudes. Charge grevant un immeuble bâti ou non (fonds servant) au profit d'un autre immeuble bâti ou non (fonds dominant), pour l'utilité ou l'usage de ce dernier.

Société. Groupement constitué par contrat conclu entre deux ou plusieurs personnes qui décident de mettre en commun des biens ou leur industrie dans le but de partager les bénéfices, les économies ou les pertes qui pourront en résulter. Ce groupement peut acquérir la personnalité morale au moyen de l'immatriculation.

Soulte. Somme d'argent destinée à compenser des parts inégales en valeur dans un partage ou un échange de biens. Elle est versée par celui qui reçoit une part supérieure en valeur à ses droits.

Succession *ab intestat*. Succession dans laquelle le défunt n'a pas laissé de dispositions de dernières volontés et qui est soumise ainsi aux règles légales (par opposition à testamentaire).

Sûretés. Garanties réelles (hypothèque, privilège, nantissement...) et personnelles (cautionnement) concédées par le débiteur au créancier pour le recouvrement de sa créance.

T

Testament. Acte juridique unilatéral (sous signature privée ou authentique) dans lequel une personne (le testateur) dicte ses dispositions de dernières volontés et la dévolution de ses biens après son décès.

Tutelle. Mesure judiciaire de protection provisoire et lourde d'un majeur dont les facultés mentales ou physiques sont altérées. Le majeur sous tutelle est représenté par un tuteur pour réaliser la quasi-totalité des actes juridiques. Elle vise également le mineur qui n'est pas sous l'administration légale de ses parents.

U

Usufruit. Droit réel issu du démembrement de la propriété, qui confère à son titulaire le droit d'utiliser un bien, d'en percevoir les fruits, de les conserver ou de les consommer. L'usufruit est temporaire : il s'éteint au terme convenu entre l'usufruitier et le nu-propriétaire ou au décès de l'usufruitier.

V

Vente. Convention par laquelle une personne (le vendeur) transfère un bien ou un droit à une autre personne (l'acquéreur), moyennant le versement d'un prix.

Vente à terme. Contrat par lequel le vendeur s'engage à livrer un immeuble à son achèvement, et l'acheteur à en prendre livraison et à en payer le prix à la date de la livraison.

Vente d'immeubles à construire. Vente par laquelle le vendeur s'oblige à édifier un immeuble dans un délai déterminé par contrat. Elle peut être conclue à terme ou en l'état futur d'achèvement.

Vente en état futur d'achèvement. Contrat par lequel le vendeur transfère immédiatement à l'acquéreur ses droits sur le sol ainsi que la propriété des constructions existantes. Les ouvrages à venir deviennent la propriété de l'acquéreur au fur et à mesure de leur exécution ; l'acquéreur est tenu d'en payer le prix à mesure de l'avancement des travaux.

Liste des abréviations

AGE	Assemblée générale extraordinaire
AGO	Assemblée générale ordinaire
ALUR	Accès au logement et à un urbanisme rénové
ASL	Association syndicale libre
BODACC	Bulletin officiel des annonces civiles et commerciales
C.Civ.	Code civil
C.Com	Code de commerce
CCH	Code de la construction et de l'habitat
CERFA	Centre d'enregistrement et de révision des formulaires administratifs
CFE	Centre de formalités des entreprises
CRPCEN	Caisse de retraite et de prévoyance des clercs et employés de notaires
CRPM	Code rural et de la pêche maritime
CNIL	Commission nationale informatique et liberté
CSI	Contribution de sécurité immobilière
CSN	Conseil supérieur du notariat
CU	Certificat d'urbanisme
DDAF	Direction départementale de l'agriculture et de la forêt
DHN	Document hypothécaire normalisé
DIA	Déclaration d'intention d'aliéner
DIUO	Dossier d'intervention ultérieure sur l'ouvrage
DPU	Droit de préemption urbain
DO	Dommage-ouvrages (garantie)
ENS	Espaces naturels sensibles
EHF	État hors formalité
EIRL	Entreprise individuelle à responsabilité limitée
ESF	État sur formalité
EURL	Entreprise unipersonnelle à responsabilité limitée
FCDDV	Fichier central des dispositions de dernières volontés
INPI	Institut national de la propriété industrielle
INSEE	Institut national de la statistique et des études économiques
IRL	Indice de référence des loyers
JAF	Juge aux affaires familiales
JAL	Journal d'annonces légales
MICEN	Minutier central électronique des notaires
MSA	Mutualité sociale agricole
NRU	Note de renseignements d'urbanisme
PACS	Pacte civil de solidarité
PLU	Plan local d'urbanisme
POS	Plan d'occupation des sols
PUV	Promesse unilatérale de vente
RC	Répertoire civil
RCS	Registre du commerce et des sociétés
SAFER	Société d'aménagement foncier et d'établissement rural
SA	Société anonyme
SARL	Société à responsabilité limitée
SAS	Société par actions simplifiée
SASU	Société par actions simplifiée unipersonnelle
SPF	Service de publicité foncière
SRU	Solidarité et renouvellement urbain
TI / TGI	Tribunal d'instance -Tribunal de grande instance
TPF	Taxe de publicité foncière
TVA	Taxe sur la valeur ajoutée
UV	Unité de valeur
VEFA	Vente en état futur d'achèvement
ZAC	Zone d'aménagement concerté
ZAD	Zone d'aménagement différé

PAPIER À BASE DE FIBRES CERTIFIÉES

FOUCHER s'engage pour l'environnement en réduisant l'empreinte carbone de ses livres. Celle de cet exemplaire est de :
1.2 kg éq. CO_2
Rendez-vous sur www.editions-foucher-durable.fr

Maquette intérieure : Sylvie Huret/Fiat Lux – Mise en page : IDT – Août 2017 – AF – JF/SM
Achevé dimprimer en France par Jouve - 1, rue du Docteur Sauvé - 53100 Mayenne
N° d'impression : 2594624F - Dépôt légal n°14631-4/01 - août 2017